国家"十二五"重点图书出版规划项目

国家出版基金资助项目

湖南省社会科学基金项目（06YB26）

教育部人文社会科学研究规划基金项目（13YJA740010）

湖南师范大学中国语言文学省级重点学科成果

湖南桂阳六合土话研究

邓永红｜著

湖南师范大学出版社

图书在版编目（CIP）数据

湖南桂阳六合土话研究／邓永红著．—长沙：湖南师范大学出版社，
2016.12

ISBN 978 - 7 - 5648 - 2673 - 4

Ⅰ.①湖… Ⅱ.①邓… Ⅲ.①湘语—方言研究—桂阳县 Ⅳ.①H174

中国版本图书馆 CIP 数据核字（2016）第 238281 号

湖南桂阳六合土话研究

Hunan Guiyang Liuhe Tuhua Yanjiu

邓永红 著

◇策划组稿：刘苏华 曹爱莲
◇责任编辑：曹爱莲
◇责任校对：许雅兰 袁学嘉
◇出版发行：湖南师范大学出版社
　　　　　地址／长沙市岳麓山 邮编/410081
　　　　　电话/0731.88873070 88873071 传真/0731.88872636
　　　　　网址／http：//press. hunnu. edu. cn
◇经销：湖南省新华书店
◇印刷：长沙超峰印刷有限公司
◇开本：710mm×1000mm 1/16
◇印张：19.5
◇插页：16
◇字数：357 千字
◇版次：2016 年 12 月第 1 版 2016 年 12 月第 1 次印刷
◇印数：1 - 1200 册
◇书号：ISBN 978 - 7 - 5648 - 2673 - 4
◇定价：61.80 元

如有印装质量问题，请与承印厂调换（厂址：长沙市金洲新区泉洲北路 100 号，邮编：410600）

作者（右）与发音合作人廖廷顺（左）、雷江红（中）的合影

作者（右）与发音人
廖廷周（左）的合影

作者（右）与发音人廖廷梅（左）的
合影

发音合作人廖廷梅（左）、廖土国（右）

发音合作人廖定玲（左）、廖桐移（右）

坛山西河寨寨门（张日生摄）

坛山西河寨城墙（张日生摄）

宗祠戏台全景图。桂阳板桥乡麻布村廖氏宗祠戏台是清代嘉庆十四年（1809）建筑，郴州市市级文物保护单位。六合乡龙源村杉林廖氏是从板桥乡麻布村迁过去的

戏台屋顶一角

戏台 [tɕʻi⁴⁵ tʻa¹³]

戏台屋檐雕花

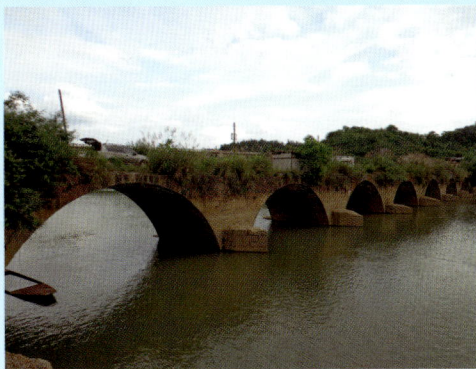

七拱桥 [tɕʻie³³ kəŋ⁴² tɕʻɔ¹³]　　古称永济桥，位于桂阳县仁义镇与敖泉镇交界的舂陵江上，明万历十二年（1584）桂阳知州罗大奎倡建，十四年（1586）竣工，全长125米，宽6.5米，原为花桥，后桥上亭损毁。桂阳州志以"衡以南桥壮丽无比"赞誉该桥。后曾作为公路桥使用。2012年被定为市级文物保护单位

桂阳北半县民居（张日生摄）

青石板路 [ts'iɔ³³ɕia⁴⁵pã⁴²lu⁴⁵]（张日生摄）

桂阳北古老仪，扫邪驱鬼傩（张日生摄）

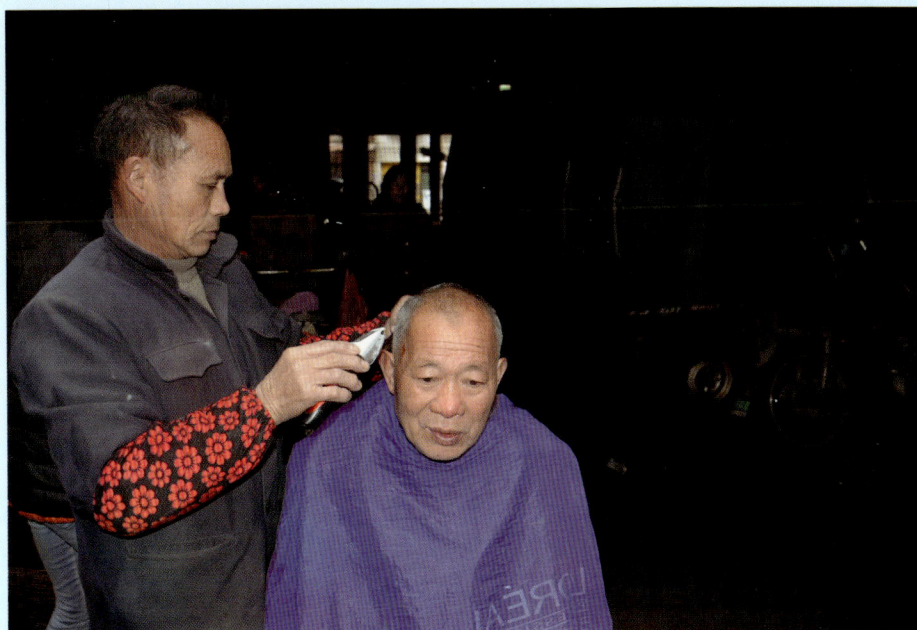

剃脑 [tʻi⁴⁵ lɔ⁴²] 赶圩时在集市上专门有理发师傅摆摊剃头

家先 [[ʨa³³siã³³] 神位、牌位，多用木头制成，供奉家族祖先的名字

纺丝帕 [fɔ⁴²sʅ³³pʻa⁴⁵] 黑色头帕，用来保暖，多为年长妇女戴

方巾帕 [fɔ³³kĩ³³pʻa⁴⁵] 年长妇女拿方巾扎在头上保暖，兼装饰

大衣襟 [tʻa⁴⁵ꜙ³³ tɕĩ³³] 旁边开布扣，即左右不对称的衣服

江村鼎 [tɔ̃³³tsʻuən³³ tiɔ̃⁴²] 煮饭锅，底部是尖形。六合乡曾经叫江村，本地产铁，古时候一直是铸鼎之地，江村鼎在古桂阳州比较出名

蒸饭甑 [tɕĩ³³ fã⁴⁵tsĩ⁴⁵]（图上） 底部是木条而不密封
烧酒甑 [ɕiɔ³³tɕiəu⁴²tsĩ⁴⁵ ꜚɕiɔ]（图下） 上下均空，酿烧酒时把糟和水分离的用具

小抓子 [siɔ⁴²tsua³³ tsɿ⁴²] 种黄豆时用来挖小坑的工具

□ [tia³³] 专门用来晒烟叶、红薯片、萝卜等的篾制品

簸箕 [po⁴⁵ tɕi³³] 图中大的用竹篾编成的器具

团□ [t'uã¹³ ɕiɔ̃³³] 图中小的用竹篾编成的器具

罩笼 [tsɔ⁴⁵ləŋ⁴⁵] 竹编笼子，主要用来烘烤小孩的衣物等

糍粑 [tsʻʅ¹³pa³³] 每年冬至，家家把糯米舂白、蒸熟、抖烂，制成大小不等的圆饼形糍粑，有的还在上面用红水印上田字花或米字花

饺粑 [tɔ⁴⁵ pa³³] 用米磨成粉，擀成一张张皮，包肉馅，做成饺子形状的食品，蒸着吃

桐子叶饺粑 [tʻən¹³tsʅ⁴²ie⁴⁵ tɔ⁴⁵pa³³] 把糯米粉或米粉加红糖，有些也加芝麻，和水搅匀，用桐树叶包起来蒸熟。桂阳北半县通常在端午节包（张礼君摄）

魔芋豆腐 [mo^{13} y^{45}t'e^{45} fu^{42}]

酿豆腐 [ȵiã^{45}t'e^{45}fu^{42}] 新鲜水豆腐切成方块，油煎稍转黄色后开口，放入配好佐料的肉馅，锅内煮熟即可。吃起来豆腐鲜嫩爽口，极具营养

鸡蛋□ [tɕi³³tã⁴⁵ɔ̃³³] 学名金樱子。于 10—11 月果实成熟变红时采收。采后除去毛刺，桂阳人多买来泡酒喝，有益气补肾等功效

□**糟菌** [ɔ³³tsɔ³³kʰuən⁴²] 地皮菜。打雷下雨后长在地上，显得很脏，□₃³糟是垃圾的意思，所以把地皮菜叫□₃³糟菌

总　序

　　湖南西部和南部有一些地区的汉语方言已处于濒危状态或临近濒危状态，如湘西的乡话和湘南的土话。

　　湘西乡话是一种未分区的非官话方言，有人称为"瓦乡话"（实际上是"讲乡话"的意思，此处的"瓦"是用的同音字，本字当为"话"，用作动词）。这种方言主要分布在沅陵县以及周边的溆浦、辰溪、泸溪、古丈、永顺等地，另外，湘西南湘桂交界的南山地区也有一些分布。

　　湘南土话分布在永州和郴州两个地级市之内（永州辖两区九县，郴州辖两区一市八县）。各县土话冠以具名，如永州内有东安土话、江永土话、道县土话、蓝山土话，等等；郴州内有桂阳土话、宜章土话、临武土话、嘉禾土话，等等。这些土话又分成纷繁多枝的小范围土话，令人应接不暇。

　　无论湘西乡话或湘南土话，它们所处的地区，相对来说都比较封闭，经济上也比较滞后，有的甚至是相当贫困，但说到它们所蕴藏的、对于研究汉语发展演变历史颇有价值的语言矿藏却是极其丰富的。

　　20世纪40年代王力先生谈到古语的死亡时曾指出有多种原因，其中有的是今字代替了古字，如"绔"字代替了"裈"；有的是同义的两字竞争，结果是甲字战胜了乙字，如"狗"战胜了"犬"，等等。

不过，在汉语方言众多的窗口中有时你所看到的东西会使人意想不到。譬如湘西沅陵麻溪铺乡话有下面的记录："裤子"就说"裈"[kuɛ⁵⁵]，"单裤"说"单裈"[tõ⁵⁵kuɛ⁵⁵]，"短裤"说"秸裈"[tɕʰia⁵⁵kuɛ⁵⁵]；"公狗"叫"犬公／公犬"[kʰuæ⁵³kɯɯ⁵⁵／kɯɯ⁵⁵kʰuæ⁵³]，"母狗"叫"犬娘／娘犬"[kʰuæ⁵³ɲioŋ⁵⁵／ɲioŋ⁵⁵kʰuæ⁵³]。

湘南土话里也有珍奇的材料，如江永桃川土话：

"树林"说成"木园"[mau²¹uəŋ²¹]，"树苗"说成"木秧"[mau²¹iaŋ³³]，"树梢"说成"木末"[mau²¹muo³³]，"种树"说成"种木"[tɕiɛ²⁴mau²¹]，"一棵树"说成"一蔸木"[i⁵⁵ləu³³mau²¹]。

这种称"树"为"木"的事例是笔者 2001 年在江永桃川调查中所获。有些巧合的是乔全生教授在晋南方言中也发现了称"树"为"木"的语言事实（参见 2002 年第一期《中国语文》所登《山西南部方言称"树"为[po]考》一文）。此前据汪维辉教授的研究（《东汉—隋常用词演变研究》，南京大学出版社，2000 年 5 月），称"树"为"木"的语言状况至少是保留了两汉以前的用法。

十多年前，我初次调查桃川土话时，一位主要发音人就曾对我说过："很多人学讲官话了，青年人很少讲土话，最多十年就难得听到土话了。"

这里且以她家三代人为例，第一代是发音人自己（时年 60 岁，现已 72 岁），土话保存较好，虽有时夹杂一些官话，但尚能加以区别；第二代，她的三个孩子，老大是女儿，能说一些土话，但已不如母亲，老二、老三是儿子，会土话的程度更差（这和他们都已离开本土有关）；第三代有五人，其中两个外孙是双胞胎，26 岁，一个在长沙，一个在深圳，都不会说土话，两个大孙女，分别为 25 岁和 22 岁，基本不会说土话，一个小孙女，12 岁，土话"更不会了"（发音人语）。

一方面是土话或乡话的丰富蕴藏，一方面是土话或乡话的日益萎缩，抓紧时间做土话或乡话的调查研究，其迫切性毋庸置疑，这是落在湖南方言工作者肩上责无旁贷的历史使命。

2001 年炎夏之季，湖南师范大学一支方言工作者的队伍奔赴湘南各地，调查了十余个土话点。自此以后，一批土话研究的论文在《方言》期刊上陆续发表，一批土话或乡话研究的博士学位论文应运而生，一批以土话或乡话为研究内容的国家课题先后立项。可以说，湘南土话或湘西乡话研究的气候大致形成。

还在 2009 年接近年尾我们去中山大学参加濒危方言学术研讨会的那一段时间，我校出版社就在酝酿要编写一套濒危方言的丛书。不久，2010 年以"濒危汉语方言研究丛书（湖南卷）"为题的国家"十二五"重点图书出版规划项目获得了批准。该项目申报时曾敦请两位著名专家予以推荐。一位是中国社会科学院语言研究所研究员张振兴先生，一位是南开大学文学院教授曾晓渝先生，感谢他们热心的鼓励与荐举。2011 年 11 月湖南师范大学出版社就召开了该项目的作者讨论会，"濒危汉语方言研究丛书（湖南卷）"这一规划项目就此正式上马。2013 年 10 月又举行了第二次作者讨论会，重点讨论了如何提高丛书质量，如期完成规划的问题。2014 年学校出版社又经专家论证就这套丛书申报国家出版基金项目，并再次获得批准。

我受托组织编写这套丛书，深感重任在肩。好在我是和我的一群年轻的战友们来共同完成此项任务，看到他们一个个沉着应战，信心满满，我的心也自然是踏踏实实的了。

寒来暑往，一段时间过后，我接触到一部一部的书稿，各地土话的鲜活材料扑面而来。今天和这位作者讨论，明天和那位作者磋商，围绕的中心议题，是对语言事实如何准确地把握、深入地发掘、详实地记录，以及如何尽可能做到合理的解释。

一稿、二稿、三稿……每一位作者对自己的书稿多次修改，反复加工。胡萍最后交稿时，托她的先生捎来一封信（她本人尚在美国做访问学者），信里有一段话："您这次二稿又帮我审出一些问题，我自己也发现了不少疏漏，所以查遗补缺，未敢懈怠，这次修改完后，我又从头至尾看了两三遍，但仍不敢说万无一失！可见出书之难，体会颇深。临近交稿，虽心有忐忑，但不敢延期。此稿交送后，有时间我还会继续复查，以便校稿时纠正遗漏。"

这种未敢懈怠、追求完善的精神也是丛书其他作者所共同具备的。我想，在田野调查的基础上，编纂、出版一套丛书，对濒危汉语方言的研究无疑会有多重意义，而在这一过程中，一群作者在学术研究的道路上勇于探索、锲而不舍的精神得到的锻造也是至为宝贵的。

这一套丛书包括：《湖南蓝山太平土话研究》《湖南道县祥霖铺土话研究》《湖南双牌理家坪土话研究》《湖南江永桃川土话研究》《湖南东安石期市土话研究》《湖南永州岚角山土话研究》《湖南桂阳六合土话研究》《湖南泸溪梁家潭乡话研究》《湖南城步巡头乡话研究》《湖南绥宁关峡苗族平话研究》。其中大多数为湘南土话，乡话仅两种，最后一种是少数民族使用的汉语方言。

如果加上此前在学界先后出版的湘南土话或湘西乡话的单本研究著作，总共就二十余种。这与湖南丰富的濒危汉语方言的总量相比，还有不小的差距。

眼前这一批学术成果能汇成丛书出版，得衷心感谢湖南师范大学出版社的热情关注与大力支持。特别要致谢的是刘苏华同志，他自始至终全盘负责这套丛书的编纂工作，还有曾经为我校出版方言学术著作贡献良多的曹爱莲同志，也对丛书出版给予了充分的关注。

我们参与的是一项有深远意义的学术建设工程。令人欣慰的是，在我们集合队伍为推动湖南濒危汉语方言抢救性调查研究工作投入力量的过程中，适逢教育部、国家语委决定自 2015 年起启动中国语言资源保护工程，在全国范围开展以语言资源调查、保存、展示和开发利用等为核心的各项工作。这将形成一股巨大的洪流，我们的工作如同涓涓溪水也将汇入其中。是为序。

鲍厚星

2015 年 5 月初稿

2016 年 6 月修改

目　录

第一章　导论

一、桂阳地理人口与历史沿革

桂阳县地处湖南省南部，位于南岭山脉北侧，东邻永兴县、郴州市苏仙区和北湖区，南接临武县，西与新田县、嘉禾县接壤，北与常宁市、耒阳市毗连。地处东经112°13′26″至112°55′46″，北纬25°27′15″至26°13′30″之间。东西宽71公里，南北长85.5公里，全县总面积2972.8平方公里。境内南北多山地，中部多岗丘，最高为泗洲山，海拔1428.3米；最低为野鹿滩，海拔84.7米。春陵水由西入境向东折北流，将全县切成西北、东南两大块。2000年全县总人口约75.9万人，包括汉、瑶、侗、壮、苗、土家、满、白、回、黎、仡佬、彝、蒙古、朝鲜、布依、仫佬、藏等17个民族，其中汉族占99.34%，少数民族5040人，瑶族占绝大部分，有4789人（人口数据出自《桂阳县志（1989—2000年）》评议稿第二十五篇第一章民族宗教）。瑶族主要聚居在杨柳瑶族乡石门冲、社口源、八担、雷婆岭、桐木源、庙山源，华山瑶族乡的李白田、王大源、黄家、鸭婆冲、观竹山，清和乡芙蓉村的半亩田、四清塘、竹溪水、郭家、南头边、猪婆窝、峰源村的小南溪，桥市乡的茶叶冲、毛岭上，莲塘乡的润冲，泗洲乡的水滴冲、架枧冲、鸡婆冲，华泉乡的欧菜园，光明乡的板木塘，荷叶乡的岩门口村，此外，还有少数瑶胞在正和乡的芦村、樟市乡的高塘村与汉族杂居。除瑶族外，其他少数民族均因工作或婚姻关系入居县内。2015年6月桂阳县政府门户网站桂阳概况介绍全县总人口88万。

桂阳历史悠久，自古是湘南重镇。据考古发现，旧石器时代晚期，境内已有先民栖息繁衍。桂阳汉属桂阳郡郴县地。东晋建武元年（317），陶侃析郴西地置平阳县、平阳郡。平阳县隶平阳郡，桂阳县建置始此。唐贞元二十年（804），置桂阳监于平阳城，掌矿冶铸铜钱，不领县。唐天佑元年（904），撤平阳县，入桂阳监，监始为行政实体，隶属郴州。后晋天福元年（936），桂阳监领临武县，监领县为特别行政区，隶长沙府。郴、桂自此分治。宋朝桂阳为全国重要银冶监，银产量占全国 1/3。后桂阳一直为桂阳军、桂阳路、桂阳府、桂阳州治地，直至 1913 年 9 月改名桂阳县。现桂阳属郴州市，是郴州市面积、人口第一大县。

截至 2000 年，桂阳县辖 14 个镇 25 个乡（其中少数民族乡 2 个），71 个居民委员会，493 个村民委员会（即行政村），4991 个村民小组，还设有 11 个县直农林场所及 25 个机关厂矿居委会。14 个镇是城关、仁义、黄沙坪、太和、荷叶、方元、洋市、樟市、和平、敖泉、莲塘、流峰、塘市、飞仙。25 个乡是城郊、正和、团结圩、浩塘、燕塘、清和、雷坪、青蓝、东成、桥市、银河、欧阳海、华泉、光明、泗洲、樟木、板桥、四里、华山瑶族、白水、杨柳瑶族、余田、十字、古楼、六合①。

交通方面，粤汉铁路通车前，进出口交通运输主要是南北流向，水陆兼备。水路以春陵水为主，上可沿溯到嘉禾、新田、蓝山，下可经常宁、耒阳入湘江，是衡阳、常宁等地通往广东星子、连州必经之地。粤汉铁路通车后，随着公路的不断增多，欧阳海大坝的建成，水路运输逐渐被陆路运输所代替，主要交通运输转为东西流向，桂阳又成为新田、宁远、道县、江华、江永、嘉禾、蓝山、临武通往京广铁路郴州站的咽喉。现桂阳有京珠高速复线、夏蓉高速通过，并设有互通。

桂阳物产丰富，尤以矿产、烟草著名。

桂阳古称平阳县，建县之初，人口数失考。北宋天禧三年（1019）后，疆域户籍逐渐稳定。崇宁元年，平阳县有 53758 人。北宋末、南宋初，中原战乱频仍，北方人民纷纷南迁，江西人口又向湖南移居（今县内刘、邓、雷、陈、张、侯、罗、曹、唐、黄、欧阳等姓均于此时由江西迁入），县内人口逐渐增多，到南宋嘉定十六年（1223），全县增至 72558 人。

据 1988 年调查，桂阳有 273 姓，其中人口在万人以上的有 24 姓，占全县总人口的 66.81%。24 个大姓中，来源不一，有的一个姓就有几个来源，其中最多的是从江西迁入，有 12 个姓都有从江西迁来桂阳的。还有从河南、湖北、安徽、陕西、广东等地迁入的。本省境内迁入的也不少，如耒阳、宜章、临武、郴县、嘉禾、茶陵等地。廖姓排在 24 个大姓的第 14 位。今

---

① 数据出自《桂阳县志（1989-2000 年）》评议稿第一篇第一章第一节。2012 年，桂阳县乡镇行政区划调整，乡镇数由 39 个减少为 26 个，六合乡和四里乡并为四里镇。本书仍以 2000 年的区划为准。

全县廖姓共 3710 户、14843 人，占全县总人口的 2.11%，但县境内廖姓来源不一。六合乡龙源村廖姓和塘市乡廖家湾村、板桥乡麻布村的廖姓是一个来源，我们在塘市乡廖家湾村廖廷礼家中看到了廖家族谱的总谱，据家谱中《英公原序》记载："开基祖讳英公出至江西鹅颈丘，善明山水，得游兹土，见坛山高耸，秀吉广开，八面营造，俱居于山脚下，因名之曰西麓。……"《官祖英公原委传》记载："……始祖英公原住江右，生于宋之高宗绍兴戊午八年……"而据《桂阳县志》第三篇"人口篇"中第二章"人口构成"中第二节"姓氏构成"记载："廖光胜河南邓州人。宋乾德四年（966）率兵征粤徭，后迁入黄田盘家（今青蓝乡）定居。"可见青蓝乡的廖姓和六合乡以及附近乡如塘市、板桥的廖姓不是同一个来源。

六合乡位于县西北，乡治六合圩，有 15 个行政村，128 个村小组，1 个居委会。县道南北直通，乡道连接村组。大宗作物是烤烟和稻谷。灌江河与大溪河流经乡境。有名山——坛山，坛山又名九鼎山，为板桥与流峰、塘市、四里、六合、樟木、十字、古楼等乡镇所围合，海拔 742 米。坛山方圆百余里，山体分两截，山腰以下缓坡绵延，而山的上截则如刀削陡峭，山顶却又宽阔平坦，前人称有"绝顶宽坪容万马"之势。从四周环视此山，而面如一，故曰"八面坛山"。坛山一巨石留有舜帝足迹，唐朝在此建有广润寺，为江南名刹之一。坛山顶有一七层宝塔，相传为清朝重臣——桂阳泗洲人陈士杰所造。2000 年在坛山发现安贞寨城墙，又名西河寨城墙，宏伟壮观，人称南长城，始建年代大约为宋之前。2001 年又在城墙东发现幽深莫测的龙背天坑，乃旷世一绝之景观。

六合乡龙源村比较靠近四里、塘市、板桥，龙源村两个村小组有廖姓。其中龙源村沙林自然村（龙源村 7 组）共 23 户，廖姓 16 户，雷姓 5 户，黄姓 1 户，陈姓 1 户。本书主要发音人是龙源村沙林人，词汇调查时也访问了六合乡其他村村民。沙林自然村的名字现在百度地图上搜索叫杉林村，是因为村子里杉树成林，风景优美，而之前村里门牌号码均写成沙林村，是因为在方言中"杉"字跟"沙"同音，误写成"沙林"了。

二、桂阳方言概况

桂阳县方言复杂。除城关镇说西南官话外，其余 13 镇 25 乡多半都通行两种话，对内使用土话，对外使用西南官话。《桂阳县志》（1994）把桂阳方言分成西南官话和本地土话两种。城关及其附近一些村庄说官话。土话按1988年行政区划，大体分为5个区，每区以一个乡（镇）的话为代表，它们是：

仁义圩话：仁义、银河、樟市、浩塘、黄沙坪镇、方元、燕塘、团结圩、城郊（部分）、正和（部分）

洋市话：洋市、东成、雷坪、青蓝、和平、敖泉、桥市

流峰话：流峰、欧阳海、莲塘、光明、华泉、华山、杨柳、白水、塘市、四里、板桥、泗洲

飞仙话：飞仙、余田、十字、古楼、六合、樟木

荷叶话：荷叶、太和、清和

范俊军《郴州土话语音及词汇研究》（1999）认为桂阳方言可以分成：

官话：城关、城郊、团结、东成、太和、正和、樟市（部分）、荷叶、清和、方元、燕塘、仁义（大部分）、浩塘（部分）

湘语：黄沙坪铅锌矿、宝山铅锌银矿、雷坪有色矿

土话大致分为4片：

流峰片：流峰、板桥、塘市、泗洲、莲塘、四里、欧阳海、光明、华泉、白水、十字（部分）、六合（部分）

和平片：和平、桥市、敖泉（部分）、洋市、雷坪、青蓝

银河片：银河、仁义（部分）、樟市（部分）、敖泉（部分）

飞仙片：飞仙、浩塘（部分）、余田、古楼、十字（部分）、六合（部分）、樟木

除流峰片外，多数人基本上通桂阳城关话。流峰片的人多数能听得懂官话，少数人能说，可见流峰片的土话在桂阳土话中是受官话影响最小的。

范俊军《桂阳方言词典》（2008）中附了一张桂阳县方言分布图，从图中来看，他把1999年划的土话飞仙片都合到流峰片了。也即土话只分成流峰片、和平片、银河片。

三种划分我们比较倾向于范俊军先生2008年的划分，因为六合话明显跟流峰话接近，而且六合乡龙源村杉林组的廖家跟板桥乡麻布村的廖家是同一族谱，板桥乡在《桂阳县志》也是划归到流峰片。范俊军（1999）选取了板桥乡麻布村的廖家话作为一个代表点，跟我们记录的六合龙源村杉林村的声韵调极为相似，所以六合乡应划归到流峰片。而且官话的范围

确实不止是城关及附近村庄，范先生提到的官话范围中，城关、城郊、团结、太和、正和、清和、方元、樟市（部分）、荷叶、仁义（大部分）的话我们虽没正式调查，但都听过，比较熟悉，不能说小到每一个村都是说官话，比如燕塘乡据唐湘晖调查就有土话，但多数从语感上划归官话是没问题的。

桂阳以春陵江为界大体可分为南北两半，北半县的土话一致公认最难懂，内部有差异，但能互相沟通。范先生划分的流峰片基本上在北半县。六合乡位于桂阳县的北部，可以作为桂阳北半县话的代表。而六合乡龙源村划归流峰片，当地人不长期出门在外的话，是不会说官话的。我们桂阳城关的人也都知道流峰一带的话最难听懂，形容别人说话听不懂时，就说"你话滴红么吗咖话，听啊听不懂。（你说些什么"吗咖"话，听也听不懂。）"。这里的"吗咖"话就是流峰一带话的代名词，因为流峰一带（包括六合话）用"吗咖"这一明显带有客赣方言色彩的词做疑问代词。因此本书以六合乡龙源村的土话为描写对象，来探讨湘南桂阳六合土话的特色。

三、桂阳方言研究概述

《桂阳县志》（1994）第三十篇第二章方言里记录了桂阳方言的语音、词汇、语法，在语音部分把桂阳话分成官话和 5 种土话，把六合话归入飞仙土话这一区，声调分为阴平 22、阳平 13、上声 32、去声 52、入声 45 五种。词汇分不同土话举出了几十条常用词语。语法不分官话土话阐述了几条。范俊军博士论文《郴州土话语音及词汇研究》（1999）中，桂阳话选取了敖泉乡船山、板桥乡廖家麻布、银河乡秦家 3 个点为代表，选取的桂阳县板桥乡廖家（麻布）话和六合龙源沙林的廖家是同一族谱，他记录的声调阴平 44、阳平 13、上声 31、去声 45 和本书记录的声调调类数目和调型都一致。范俊军《桂阳方言词典》（2008）以敖泉话为代表语音详尽记录了和平片土话的词汇。

桂阳方言语音和语言归属探讨方面的研究论文有：范俊军《湖南桂阳敖泉土话同音字汇》（《方言》2000 年第 1 期）；范俊军《湖南桂阳县半县（敖泉）土话音系》（《郴州师专学报》1995 年第 1 期）；唐湘晖《湖南桂阳燕塘土话语音特点》（《方言》2000 年第 1 期）；李星辉《湖南桂阳流峰土话音系》和邓永红《湖南桂阳洋市土话音系》（《湘南土话论丛》

湖南师范大学出版社 2004）；欧阳国亮《湖南桂阳流峰土话语音研究》（2011年辽宁师范大学硕士学位论文）；刘海慧《湖南桂阳太和方言同音字汇》（《中国文学研究》2013年增刊）；杨春宇、欧阳国亮《湖南桂阳方言的独立音节 [ŋ]——兼论 [ŋ] 在汉语方言中的分布及成因》（《民办教育研究》2010年第 8 期）；欧阳国亮《桂阳土话古全浊声母清化的类型》（《清远职业技术学院学报》2011年第 1 期）；欧阳国亮《湘南流峰土话的归属》（《遵义师范学院学报》2010年第 6 期）。

语法方面的研究论文有：邓永红《桂阳方言"提"字的介词用法》（《现代汉语研究》湖南师范大学出版社 2004）；邓永红《湘南桂阳六合土话的否定词》（《语言研究》2006年第 2 期）；邓永红《湘南桂阳土话的语气词》（《湖南方言的语气词》湖南师范大学出版社 2006）；邓永红《桂阳土话的否定副词》（《湖南方言的副词》湖南师范大学出版社 2007）；邓永红《桂阳土话的介词》（《湖南方言的介词》湖南师范大学出版社 2009）；邓永红、吴贤英《桂阳方言的代词》（《湖南方言的代词》湖南师范大学出版社 2009）；《桂阳六合话的体貌系统》（《湘语研究》湖南师范大学出版社 2009）；邓永红《桂阳六合土话的"AX 了"式状态形容词》（《现代语文》2013年第 18 期）；欧阳国亮《桂阳方言中的重叠式反复问句》 [《理论语言学研究》（日本）2009年第 1 期]；欧阳国亮《湖南桂阳县流峰土话的被动句和处置句》（《现代语文》2009年第 1 期）；杨春宇、欧阳国亮《桂阳方言中的古语词》（《鸡西大学学报》2010年第 3 期）。

四、标音符号和发音合作人

（一）标音符号

本书采用国际音标系统。

下面是本书用到的辅音、元音、声调符号。

辅音

本书所用的辅音符号如表 1-1：

表1-1 辅音表

			双唇	唇齿	舌尖前	舌尖后	舌面前	舌根
塞音	清	不送气	p		t		ȶ	k
		送气	p'		t'		ȶ'	k'
	浊				d			
塞擦音	不送气				ts	tʂ	tɕ	
	送气				ts'	tʂ'	tɕ'	
	鼻音		m		n			ŋ
	边音				l			
擦音	清			f	s	ʂ	ɕ	x
	浊					ʐ	ʑ	

表中舌尖后音 [tʂ tʂ' ʂ ʐ] 是在比较北京话时用的；[d ʑ] 是和其他方言比较时用到的；[ŋ] 自成音节时写作 [ŋ̩]。

元音

本书所用舌面元音符号如图 1-1：

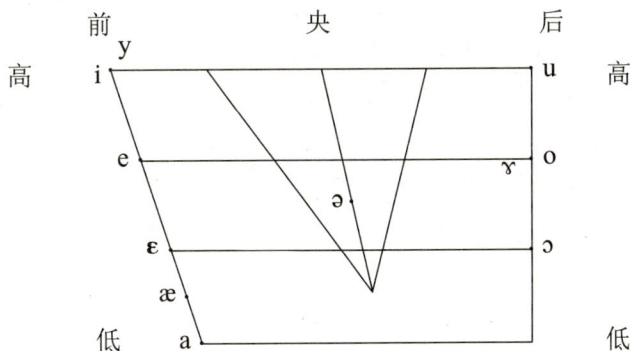

图 1-1

除元音图上的舌面元音外，还有舌尖元音 [ɿ ʮ]、卷舌元音 [ɚ] 和鼻化元音 [ã ɔ̃ ĩ]。其中 [ɿ ɚ] 是用来说明北京话的。

声调符号

标调用数字声调符号。

本书所用声调符号如下：

平调型 33 55

升调型 13 35 45

降调型 42 51

降升型 214

声调标在音节右上方，连读变调一律在原调后面加短横再标变调。

其他符号参见各章说明。

（二）发音合作人

主要发音合作人有：

1. 廖廷顺，男，1956 年 9 月生，中专学历，桂阳六合乡龙源村杉林（杉林也叫 7 组）人。小学在六合乡龙源村念书，初中在六合乡念书，高中在桂阳飞仙乡念书，高中毕业后一直在六合乡下面的各个村当教师。2001 年之后离开六合乡，在桂阳仁义乡教书。

2. 廖廷梅，女，1954 年 2 月生，高中学历，桂阳六合乡龙源村杉林人。小学在六合乡龙源村念书，初中、高中在隔壁四里乡念书，毕业后留在六合乡政府工作，1978 年离开六合到县城工作。

3. 雷江红，女，1960 年 1 月生，桂阳四里乡排楼村石岭下人，（这里属六合乡和四里乡交界处，离六合乡龙源村杉林只有将近 2 里路。以前排楼村和龙源村都属四里公社，1969 年分开，另成立了六合乡，龙源村才属六合乡。牌楼村石岭下和龙源村杉林语言非常接近。）1982 年 1 月嫁到龙源村杉林，在家务农。1994 年 10 月到桂阳县城。

4. 廖定玲，女，1982 年 10 月生，研究生学历，桂阳六合乡龙源村杉林人。小学、初中都在六合乡读书，1998 年考上湖南省第一师范。现为湖南大学附小英语教师。

5. 廖桐移，女，1985 年 4 月生，大专学历，桂阳六合乡龙源村杉林人。小学二年级前一直在六合，小学三年级开始一直到初中在隔壁四里乡读书，2000 年到桂阳县城读高中，2003 年到长沙念大学，现为中国移动职员。

其他发音人：

雷达香，女，1916 年 10 月生，桂阳六合乡龙源村杉林人。

廖廷周，男，1952 年 5 月生，桂阳六合乡龙源村杉林人。

陈土玉，男，1933 年生，桂阳六合乡龙源村杉林人。

欧阳支凤，女，1958 年生，桂阳六合乡龙源村 2 组人。

欧阳海燕，女，1975 年生，桂阳六合乡龙源村 10 组人。

廖土国，男，1984 年 10 月生，桂阳六合乡龙源村杉林人。

廖做武，男，1974 年生，桂阳六合乡龙源村 8 组，即□$_{po45}$□$_{lo45}$冲人。

雷元清，女，1963 年生，桂阳六合乡何家冲人，1982 年嫁到杉林。

第二章　　桂阳六合土话语音

一、声韵调分析

1. 声母。包括零声母在内，共有 21 个

p 布坡饱表笔　p' 牌被薄病蜂　m 蛮猛麦网雾　f 富活饭风分

t 多鸟担装等　t' 大代地豆垫　　　　　　　　　　　　l 老脑凉

ts 左租栽酒争 ts' 迟寻菜在柴　　　　　　s 四晒瘦心雪

ȶ 加交脚姜肿 ȶ' 尺桥轻长虫　n̠ 人女你牛人

tɕ 鸡九捡砖针 tɕ' 棋丑欠穿住　　　　　　ɕ 稀树十烧收

k 姑瓜沟棍鬼 k' 靠关近裙刻　ŋ 我芽矮眼恶　x 鞋咸糠肯红

ø 野盒染叶远

2. 韵母。包括自成音节的辅音，共有 33 个

ɿ 字事是纸池　i 米低眉衣飞　　u 做补谷哭毒　y 书猪住雨水

a 骂戴假落台　ia 姐石锡借夜　ua 花怪块坏话

o 坐禾百哥火　io 弱约药勺学

ɤ 佢去

e 杯狗来偷呕　ie 铁急舌切力　ue 菜盖堆队外　ye 绝缺出血月

æ 鸭黑核狭咳　iæ 默夹发粒八　uæ 挖刮骨国割　yæ 滑物袜

ɔ 毛讨糙考二　iɔ 摇尿要庙晓

　　　　　　　iəu 竹酒有绿抽

ã 三难贪胆散　iã 变甜面盐店　uã 短乱敢兄宽　yã 全选软砖劝

ɔ̃ 帮壮黄放行　iɔ̃ 枪想香鼎听

ĩ 根金忍灯冰

　　　　　　　　　　　　　uən 村寸孙菌问　yn 军君均俊

əŋ 东梦洞送空 iəŋ 胸雄嗅勇用

ŋ̍ 鱼五唔不

3. 声调。单字调 4 个，轻声在外

    阴平　　33　高肝翅篮湿

    阳平　　13　茶埋雷神平

    上声　　42　好走碗被厚

    去声　　45　到秤粽桃十

4. 声韵调说明

（1）[a] 在单韵母及复韵母 [ia]、[ua] 中，实际音值为 [ɑ]。

（2）韵母 [o]、[io] 中的元音 o 发音时，唇形略紧。

（3）韵母 ɤ 实际发音舌位稍高。

（4）边音 l 跟鼻化韵相拼带上了鼻音色彩。

5. 连读变调与轻声

    六合话两字组连调中，阳平做后字时有变化，阳平变为去声。

    阳平变调举例：

阴平 + 阳平　　沙螺 $sa^{33}lo^{13-45}$　冬茅 $təŋ^{33}mɔ^{13-45}$　铁锤 $t'ie^{33}tɕ'y^{13-45}$

               □泥_{稀泥} $ia^{33}\ ȵi^{13-45}$　飞蛾 $fi^{33}\ ŋo^{13-45}$　猪栏_{猪圈} $tɕy^{33}lã^{13-45}$

               高粱 $kɔ^{33}liɔ̃^{13-45}$

阳平 + 阳平　　田螺 $t'iã^{13-45}lo^{13-45}$　枇杷 $pi^{13-45}\ pa^{13-45}$　葫芦 $fu^{13-45}lu^{13-45}$

               杨梅 $iɔ̃^{13-45}\ me^{13-45}$　门前 $mĩ^{13-45}ts'iã^{13-45}$　黄牛 $ɔ̃^{13-45}ȵieu^{13-45}$

               眉毛 $mi^{13-45}mɔ^{13-45}$　禾镰_{锯齿镰刀} $o^{13-45}liã^{13-45}$　禾堂_{场院} $o^{13-45}t'ɔ̃^{13-45}$

               门牙 $mĩ^{13-45}ŋa^{13-45}$

    在阳平 + 阳平两字组连调中，前后两字均变成去声调。

上声 + 阳平　　老娘 $lɔ^{42}ȵiɔ̃^{13-45}$　耳环 $ɔ^{42}\ uã^{13-45}$　斗篷_{斗笠} $te^{42}p'əŋ^{13-45}$

               蚌螺_蚌 $p'ɔ̃^{42}lo^{13-45}$　扯鼻_{打鼾} $t'a^{42}p'i^{13-45}$　垛脑门_{奔儿头} $to^{45}lɔ^{42}mĩ^{13-45}$

               础牙_{大牙，即白齿} $ts'u^{42}ŋa^{13-45}$　纸媒_{纸媒儿} $tsɿ^{42}\ me^{13-45}$

去声 + 阳平　　算盘 $suã^{45}p'ã^{13-45}$　旋螺_{陀螺} $ts'ya^{45}\ lo^{13-45}$　汗毛_{寒毛} $xuã^{45}\ mɔ^{13-45}$

有时阳平做后字变调不但变去声，而且声母也由送气变为不送气，如：

灰尘 $xue^{33}\ tɕ'ɿ^{13}$ 变读为 $xue^{33}\ tɕɿ^{45}$

猪头_{种猪} $tɕy^{33}t'ɛ^{13}$ 变读为 $tɕy^{33}tɛ^{45}$

柱头_{柱子} $tɕ'y^{42}t'ɛ^{13}$ 变读为 $tɕ'y^{42}tɛ^{45}$

天池_{天井} $t'iã^{33}ts'ɿ^{13}$ 变读为 $t'iã^{33}tsɿ^{45}$

霜婆 $sɔ̃^{33}p'o^{13}$ 变读为 $sɔ̃^{33}po^{45}$

牛婆_{母牛} $ȵieu^{13}p'o^{13}$ 变读为 $ȵieu^{45}po^{45}$

老婆 lɔ⁴²p'o¹³ 变读为 lɔ⁴²po⁴⁵

松耙_{耙子}ts'əŋ¹³ p'a¹³ 变读为 ts'əŋ⁴⁵pa⁴⁵

蒲团 p'u¹³t'ɔ̃¹³ 变读为 p'u⁴⁵tɔ̃⁴⁵

红天皮_霞xəŋ¹³t'iã³³p'i¹³ 变读为 xəŋ¹³t'iã³³pi⁴⁵

铲皮_{刨花}ts'ã⁴²p'i¹³ 变读为 ts'ã⁴²pi⁴⁵

大肠 t'a⁴⁵ʈ'ɔ̃¹³ 变读为 t'a⁴⁵ʈɔ̃⁴⁵

细肠 ɕi⁴⁵ʈ'ɔ̃¹³ 变读为 ɕi⁴⁵ʈɔ̃⁴⁵

猪肠 tɕy³³ ʈ'ɔ̃¹³ 变读为 tɕy³³ʈɔ̃⁴⁵

铁锤_{钉锤}t'ie³³ tɕ'y¹³ 变读为 t'ie³³tɕy⁴⁵

其他两字组变调规律性不强，现列举如下：

去声＋阴平→去声＋去声

滑溜_{光滑}yæ⁴⁵ liəu³³⁻⁴⁵

阳平＋阴平→阳平＋上声

头丝_{头发}t'e¹³sʅ³³⁻⁴²

阳平＋上声→去声＋上声

鼻子 p'i¹³⁻⁴⁵ tsʅ⁴²

游水_{游泳}iəu¹³⁻⁴⁵ ɕy⁴²

上声＋上声→上声＋上声

口水 k'e⁴²ɕy⁴²⁻⁴⁵

二、声韵调配合关系

（一）声韵配合关系

六合土话的声韵配合关系如表 2-1。表中把韵母分成开、齐、合、撮 4 类，声母分成 7 组。空格表示声韵不能配合。

从表 2-1 中看到各组声母和韵母的配合关系有如下特点：

（1）[p p' m f] 这一组只拼开口呼、齐齿呼、合口呼三呼，拼合口呼只限于拼 [u] 韵母。

（2）[t t'] 能拼开、齐、合三呼。[l] 能拼四呼，但 [l] 拼撮口呼时只能和 [y] 和 [yã] 韵相拼。

（3）[ts ts' s] 能拼四呼。

（4）[ʈ ʈ‘] 只拼开口呼，不拼齐、合、撮。[n̠] 只拼齐、撮，不拼开、合。

（5）[tɕ tɕ‘ ɕ] 只拼齐、撮，不拼开、合。

（6）[k k‘ x] 只拼开、合，不拼齐、撮。[ŋ] 只拼开口呼。

表2-1　声韵配合关系表

	开口呼	齐齿呼	合口呼	撮口呼
p p‘ m f	巴盘梦饭	比票庙肥	布蒲木富	
t t‘ l	打讨篮	敌梯料	对团乱	吕
ts ts‘ s	走茶霜	姐青心	装赚梳	绝浅雪
ʈ ʈ‘ n̠	脚茄	日		女
tɕ tɕ‘ ɕ		鸡直舍		砖出树
k k‘ ŋ x	过靠牙厚		姑快　汗	
∅	阿	衣	屋	雨

（二）声韵调配合表

六合土话的声韵调配合表见表 2-2。表中同一横行表示声母相同，同一竖行表示韵母和声调相同。空格表示没有声韵调配合关系。有意义而无适当字可写的，表里用数字表示，并在表下加注。另有一些需要说明的字用黑体标出，也在表下加注说明。

表2-2 桂阳六合土话声韵调配合表之一

	ɿ				i				u				y			
	阴平 33	阳平 13	上声 42	去声 45	阴平 33	阳平 13	上声 42	去声 45	阴平 33	阳平 13	上声 42	去声 45	阴平 33	阳平 13	上声 42	去声 45
p					蓖	枇	比	备	**晡**		补	布				
p'					批	皮	被	屁	**铺**	蒲	普	**铺**				
m					**搣**	迷	米	篾	木		母	穆				
f					飞	肥	匪	废	**麸**	服	斧	富				
t					低		底	蒂			堵	杜				
t'					梯	题	体	剃	秃	徒	土	读				
l						犁	李	利	录	炉	卤	路			吕	
ts	资	**脐**	纸	痣					租	族	祖	做				
ts'		糍	耻	次					粗	锄	**础**	醋				
s	私	时	死	四					梳	俗	数	素				
ȶ																
ȶ'																
ȵ		'			日	泥	你	义							女	
tɕ					鸡		挤	记					猪	菊	煮	句
tɕ'					欺	齐	**徛**	**气**					区	厨	柱	住
ɕ					稀		洗	细					**圩**		鼠	树
k									姑		古	顾				
k'									哭		**苦**	裤				
ŋ																
x																
ø					衣	姨	以	意	屋	吴	武	务	**秽**	余	雨	芋

脐 tsɿ¹³ □ piæ³³ ～带：脐带

搣 mi³³　　～开：掰开

倚 tɕ'i⁴²　　～起：站起

气 tɕ'i⁴⁵　　胀～：生气

晡 pu³³　　夜～：晚上

铺 p'u³³　　一～床：一张床；～马路：把柏油倒在马路上

铺 p'u⁴⁵　　～子：卖东西的店铺

麸 fu³³　　麦～

础 ts'u⁴²　　～石：垫在房屋柱子底下的石头

苦 k'u⁴²　　吃得～。另见 fu⁴²

圩 ɕy³³　　赶～：赶集

秽 y³³　　大～：粪肥；小～：尿肥

表2-3 桂阳六合土话声韵调配合表之二

	a				ia				ua				o			
	阴平33	阳平13	上声42	去声45	阴平33	阳平13	上声42	去声45	阴平33	阳平13	上声42	去声45	阴平33	阳平13	上声42	去声45
p p' m f	巴 趴 妈 **法**	① 爬 麻	摆 ② 买	霸 怕 骂 发									百 泼 摸	**婆** 磨		簸 薄 麦
t t' l	搭 胎 挪	**台** 拿	打 断 **奶**	带 代 赖	提		点	⑥					多 脱 **挶**	驼 萝	⑩	剁 糯
ts ts' s	渣 差 沙	茶 洒	踩	炸 寨 晒	锡	邪	姐 写	借 **席** 泻	抓 帅			⑧ 刷	桌 撮 蓑	⑪	左 坐 锁	错 ⑫
ȶ ȶ' ȵ	加 车	茄	假 **扯**	价 ③		黏	惹	⑦					脚 确			**着**
tɕ tɕ' ɕ					赊	蛇	舍	射								
k k' ŋ x	家 开 ⑤ 虾	牙 鞋	改 卡 矮 下	嫁 ④ 艾 **害**					瓜 夸 花	华	寡 垮	挂 快 坏	歌 **窠** 恶 ⑬	鹅 和	果 可 我 火	过 课 饿 货
ø	阿		哑		压	爷	野	夜	鸹	歪		⑨	**屙**	禾		盒

① pa¹³ 划。～船

② p'a⁴² 一～：两臂平伸两手伸直的长度

③t‘a⁴⁵ 跨。～过去

④k‘a⁴⁵ 树～子：桠杈

⑤ŋa³³ ～巴子：一天到晚哭的人，多指小孩

⑥lia⁴² 舔。～干净

⑦n̠ia⁴⁵ 手被门缝夹住。～倒嘞

⑧tsua⁴⁵ ～毛：刘海儿

⑨ua⁴⁵ ～～：弟弟

⑩lo⁴² 涩～了：很涩

⑪ts‘o¹³ 装稻谷的大柜子，从上面开门，可装800斤左右的稻谷

⑫so⁴⁵ ～鼻齈：吸溜鼻涕

⑬xo³³ 嫩～了：很嫩

法 fa³³ 犯～

台 t‘a¹³ ～桌：桌子

断 t‘a⁴² 凭箇那～：从这里断（即故事讲完了）

奶 la⁴² 吃～～：吃奶

扯 t‘a⁴² ～布

害 xa⁴⁵ ～崽女客：孕妇

席 ts‘ia⁴⁵ 草～。另见 sie⁴⁵

婆 p‘o¹³ 大姑～：称呼爸爸的姑姑

挦 lo³³ 只衣袖～上来：把衣袖挦上来

着 t‘o⁴⁵ ～急

窠 k‘o³³ 鸟～：鸟窝；狗～：狗窝

屙 o³³ ～屎：拉屎

表 2-4　桂阳六合土话声韵调配合表之三

	io				ɤ				e				ie			
	阴平 33	阳平 13	上声 42	去声 45	阴平 33	阳平 13	上声 42	去声 45	阴平 33	阳平 13	上声 42	去声 45	阴平 33	阳平 13	上声 42	去声 45
p pʻ m f									杯 胚 ①	赔 煤	**眥** 每	辈 配 妹	笔 撇			别 灭
t tʻ l									兜 偷 豆	头 来	陡 **敨** 缕	斗 漏	敌 铁 力			裂
ts tsʻ s									② **搁** 馊		走 在	皱 凑 瘦				
ȶ ȶʻ ȵ			弱										业			
tɕ tɕʻ ɕ	学		勺										织 及 湿		**扯**	④ 直 舌
k kʻ ŋ x							佢	去	钩 抠 ③	猴	狗 口 藕 厚	够 扣 后				
ø	约		药								呕	怄	一			叶

① me³³ 那。远指，指最远
② tse³³ 蹲。～倒：蹲着
③ xe³³ 玩
④ tɕie⁴⁵ 副词。～人：每人

佢 kɤ^{42} 第三人称代词单数"他、她、它"

背 p'e^{42} ～书。另见 pe^{45}

敲 t'e^{42} ～口气：透一口气

缕 le^{42} ～袜子：线袜

搊 ts'e^{33} ～尿：（给小孩）把尿

后 xe^{45} ～□ tiæ^{42}：后来。另见 xe^{42}

扯 tɕ'ie^{42} ～耀光：闪电。另见 t'a^{42}

表2-5　桂阳六合土话声韵调配合表之四

	ue 阴平33	ue 阳平13	ue 上声42	ue 去声45	ye 阴平33	ye 阳平13	ye 上声42	ye 去声45	æ 阴平33	æ 阳平13	æ 上声42	æ 去声45	iæ 阴平33	iæ 阳平13	iæ 上声42	iæ 去声45
p p' m f											⑥		八 拍 默 法			⑧ 墨 活
t t' l	堆 推 ②	雷	① 腿 ③	对 袋 滤							**俚**	⑦	答 叠 肋		⑨ **俚**	贴 辣
ts ts' s	锥 **吹**	随	最 ④ **水**	脆 碎	绝 雪								鲫 擦 色			
ȶ ȶ' ȵ																
tɕ tɕ' ɕ					决 出 血		**术**						翅 侧 杀			
k k' ŋ x	归 亏 灰	葵 回	鬼 悔	桂 柜 会					咳 黑		狭		格 克 额			
ø	煨	围	尾	外	⑤			月	鸭							

①tue^{42} 打～：包圆儿，即剩下的全部买了

②lue^{33} ～轱：轮子

③lue^{42} ～疬：脖子上长的一种疬子，比疬崽小

④ts'ue^{42} ～雨：淋雨

⑤ye^{33} ～进去：擩进去

⑥ p'æ⁴² 肚子～起蛮高：肚子挺得很高

⑦ læ⁴⁵ □ li⁴⁵ ～：脏

⑧ p'iæ⁴² 只脚～倒嘞：脚崴了；～嘴巴：歪嘴巴的人

⑨ tiæ⁴² 名词后缀。细人～：小孩儿

吹　ts'ue³³ ～牛。另见 tɕ'y³³

水　sue⁴² ～泥。另见 ɕy⁴²

术　ɕye⁴⁵ 白～：多年生草本植物，花紫红色。根块茎肥大，可入药

俚　læ⁴² 相当于"们"。又 liæ⁴²

默　miæ³³ ～事：想事

贴　t'iæ⁴⁵ ～佢唔倒：不像他

俚　liæ⁴² 相当于"们"。又 læ⁴²

表 2-6　桂阳六合土话声韵调配合表之五

	uæ 阴平33	uæ 阳平13	uæ 上声42	uæ 去声45	yæ 阴平33	yæ 阳平13	yæ 上声42	yæ 去声45	ɔ 阴平33	ɔ 阳平13	ɔ 上声42	ɔ 去声45	iɔ 阴平33	iɔ 阳平13	iɔ 上声42	iɔ 去声45
p p' m f									包抛猫	浮袍毛	宝跑卯	报**菢**帽	膘飘	嫽苗	表秒	票庙
t t' l									刀②	淘劳	倒讨脑	桃套闹	刁③	条	鸟**鸜**	**吊**跳**料**
ts ts' s	腮								糟操骚	曹	早草嫂	罩造燥	焦锹消		小	嚼笑
ȶ ȶ' ɲ									招超	桥	缴巧	叫轿				**尿**
tɕ tɕ' ɕ													烧	韶	晓	**饺**醮
k k' ŋ x	国①			或					高**篙**欧**薅**	熬毫	搞考咬好	告靠傲号				
∅	挖		**掊**			物	滑			儿	耳	二	妖	摇	舀	要

① k'uæ^{33} ～～：圆圈

② lɔ^{33} ～气：鱼、肉等腥臊味、膻味

③ liɔ^{33} ～起脑壳：抬头

掊 uæ^{42} ～水：舀水

菢 p'ɔ^{45} ～鸡崽崽

篙　$k^{\prime}\mathfrak{o}^{33}$　竹～

薅　$x\mathfrak{o}^{33}$　～田

吊　$ti\mathfrak{o}^{45}$　～颈：上吊

斢　$t^{\prime}i\mathfrak{o}^{42}$　交换

料　$li\mathfrak{o}^{45}$　棺材；～子：面料

饺　$t\mathfrak{\mathit{c}}i\mathfrak{o}^{45}$　～巴：用米粉做皮、肉做馅的食物，包法与饺子相同

表2-7　桂阳六合土话声韵调配合表之六

	iəu				ã				iã				uã			
	阴平 33	阳平 13	上声 42	去声 45	阴平 33	阳平 13	上声 42	去声 45	阴平 33	阳平 13	上声 42	去声 45	阴平 33	阳平 13	上声 42	去声 45
p p' m f					班 盘 蛮 翻	板 伴 满 烦	半 办 慢 反		边 编	扁 便 **明**	变	骗 面				
t t' l	竹 踢 溜	滴 留	柳	绿	单 摊 篮	胆 弹 男	担 淡 懒	炭 烂	癫 天 镰	点 甜 **簟**	店 **垫** 练		端 团 **圈**	短 卵	缎 **栾** 乱
ts ts' s					簪 参 三	盏 蚕	站 产 ① 伞	散	尖 千 先	剪 钱	贱 匠 线		装 窗 酸	**劗** 闯	钻 赚 蒜
ȶ ȶ' ɲ	肉	牛								鲇	念				
tɕ tɕ' ɕ	州 抽 收	九 求	救 丑 手	臭 **受**					间 **铅** 掀	捡 钳 闲	占 **件** 显	欠 **扇**			
k k' ŋ x					甘 康 安	减 砍 颜	② 看 眼	岸					干 宽 欢	敢 狂 皇	惯 款 汗
∅	优 游		有	又	寒	喊		汉	烟 盐		染	燕	弯 完		碗 万

① ts'ã⁴⁵ 碗橱

② kã⁴⁵ 一〜井：一眼井

受 ɕiəu⁴⁵ 唔〜人劝：不听劝

明 miã¹³ 〜日：明天

面 miã⁴⁵ 洗～：洗脸；～条

癫 tiã³³ ～子：疯疯癫癫的人

簟 t'iã⁴² 竹席。一床～

垫 t'iã⁴⁵ ～被：垫在床下面的棉被

铅 tɕ'iã³³ ～锌银矿。另见 yã¹³

件 tɕ'iã⁴² 一～衣裳。另见 tɕ'iã⁴⁵

扇 ɕiã⁴⁵ 蒲～。另见 ɕiɔ̃⁴⁵

桊 t'uã⁴⁵ 牛～头：牛笼嘴。另见 tɕ'yã⁴⁵

圈 luã¹³ ～凳：圆凳

劄 tsuã⁴² ～手：扎手

表2-8　桂阳六合土话声韵调配合表之七

	yã 阴平33	yã 阳平13	yã 上声42	yã 去声45	ɔ̃ 阴平33	ɔ̃ 阳平13	ɔ̃ 上声42	ɔ̃ 去声45	iɔ̃ 阴平33	iɔ̃ 阳平13	iɔ̃ 上声42	iɔ̃ 去声45	ĩ 阴平33	ĩ 阳平13	ĩ 上声42	ĩ 去声45
p p' m f					帮 ③ ④ **方**	螃 房	绑 蚌 网	② 放		平 **名**	**坪**	病	冰 拼 分	盆 门	饼 本 粉	并 聘 命 份
t t' l		①	转		裆 汤	党 堂 郎	**垱** 冷	烫 嫩	装 听	量	鼎 岭	钉 亮	灯	藤 零	等 **挺** 领	凳 定 另
ts ts' s	**鲜**	全	浅 选	**旋**	**争** 仓 霜	床	爽	壮 撞 **算**	将 青 腥	晴	井 抢 想	酱 **像** 相	增 亲 心	寻	**请** 省	进 尽 信
ȶ ȶ' ȵ					姜 轻	长	涨 厂	帐 唱		娘				能		
tɕ tɕ' ɕ	砖 穿 宣	拳 橡	卷	转 劝 县					香	常	响	上	针 称 伸	芹 绳	枕 ⑥	**正** 秤 剩
k k' ŋ x					缸 坑 糠	行	**讲**	虹 矿 苋					根	恒	近 肯	更 ⑦ 恨
∅	冤	丸	远	愿	⑤	王	**影**	硬	秧	洋	**养**	让	阴	银	忍	认

① lyã¹³ 动词。～床被：做一床被卧

② pɔ̃⁴⁵ 泥～麻拐：泥蛙

③ p'ɔ̃³³ 形容词后加成分，表示程度很深。臭～了

④ mɔ̃¹³ ～槌：棒槌

⑤ ɔ̃³³ 腌菜的坛子

⑥ ɕĩ⁴² ～气古：有点傻又有点搞笑的人

⑦ kĩ⁴⁵ ～只牙齿：装一颗牙齿

旋 ts'yã⁴⁵ 毛发呈旋涡状的地方：头上有只～；打～螺：打陀螺

鲜 syã³³ 新～。又见 siã³³

网 mɔ̃⁴² 串～：渔网

方 fɔ̃³³ 四～。另见 fã³³

埫 tɔ̃⁴⁵ ～子：地方

凼 t'ɔ̃⁴² 水坑

争 tsɔ̃³³ 莫要～：不要争。另见 tsĩ³³

仓 ts'ɔ̃³³ 谷～。另见 ts'uã³³

讲 kɔ̃⁴² ～古戏：讲故事

影 ɔ̃⁴² 日头～：太阳。另见 ĩ⁴²

坪 piɔ̃⁴⁵ 草～；一块～

名 miɔ̃¹³ 。另见 mĩ¹³

像 ts'iɔ̃⁴⁵ 蛮～：很像。另见 siɔ̃⁴⁵

养 iɔ̃⁴² ～崽：生小孩

挺 tĩ⁴² ～了一跤：摔了一跤

请 ts'ĩ⁴² ～帖。另见 ts'iɔ̃⁴²

正 tɕĩ⁴⁵ ～方形。另见 tɔ̃⁴⁵

表 2-9　桂阳六合土话声韵调配合表之八

	uən				yn				əŋ				iəŋ				ŋ̍			
	阴平 33	阳平 13	上声 42	去声 45	阴平 33	阳平 13	上声 42	去声 45	阴平 33	阳平 13	上声 42	去声 45	阴平 33	阳平 13	上声 42	去声 45	阴平 33	阳平 13	上声 42	去声 45
p p' m f									**蜂**	篷 **捧**	**捧**② **蒙** 猛	碰 梦								
									蒙 风		讽	凤								
t t' l	吞	囤 轮	顿 **钝**						冬 通 聋	同 农	懂 桶 拢	**筒** 痛 **笼**								
ts ts' s	① 椿 孙	存 纯	准 蠢 髓	圳 寸 顺					宗 葱 松	从 **伀**	总 **捵**③ 耸	**粽** 送								
ʈ ʈ' ȵ									钟 **冲**	虫	种 **重**	中 铳								
tɕ tɕ' ɕ					均	旬		俊						胸 **雄**		嗅				
k k' ŋ x	昆 婚	裙 横	滚 菌	棍 **困** **困**					公 空 烘	红	拱 孔 哄	**供** 共 蕻								
ø	瘟	云	永	运										融	勇	用		鱼	五	**唔**

① tsuən^{33} ～奶奶嘴巴：吮吸奶头

② pəŋ^{45} ～倒：躲起来；打～：捉迷藏

③ tsʻəŋ^{45} ～把：通常用竹制作的爪子形状的扫树叶的工具

钝 tʻuən^{45} ～婆：蠢婆娘

困 kʻuən^{45} ～难

困 xuən^{45} ～觉：睡觉

捧 pəŋ^{42} ～一～瓜子来：捧一把瓜子来

蜂 p'əŋ³³ 糖～：蜜蜂

捧 p'əŋ⁴² 捧 pəŋ⁴² 的又音

蒙 məŋ³³ 乱～：乱猜

蒙 məŋ¹³ ～倒脑壳：蒙住头

筒 təŋ⁴⁵ 米～：量米的筒

笼 ləŋ⁴⁵ 鸡～；一～桥：一座桥

搥 ts'əŋ⁴² ～倒细佢嘞：推倒他了

俆 səŋ¹³ 丑 。长得蛮～：长得很丑

冲 ȶ'əŋ³³ ～发志咯走：冲着往前走（往往是不愿见到某人而快速走）

重 ȶ'əŋ⁴² 蛮～：很重

供 kəŋ⁴⁵ ～样：上供，摆供品给祖先

雄 ɕiəŋ¹³ 蛮～：很有力气，有干劲；很神气

唔 ŋ̍⁴⁵ ～好：不好

三、文白异读

（一）文白异读主要特点

桂阳六合土话中的文白异读不是很系统，但在一部分字中"文读"和"白读"还是明显存在。从这些字中，我们可以看出六合土话语音的历史演变痕迹。

1. 见晓组文读 tɕ、tɕʻ、ɕ，白读 k、kʻ、x

例如：

间 tɕiã³³ 时～	kã³³ 中～
近 tɕi⁴⁵ ～视眼	kʻĩ⁴² 蛮～：很近
锯 tɕy⁴⁵ ～子	ka⁴⁵ ～木
去 tɕʻy⁴⁵ ～火	xɤ⁴⁵ ～唔～：去不去
兄 ɕiən³³ 堂～	xuã³³ ～弟
孝 ɕiɔ⁴⁵ ～子；～顺	xɔ⁴⁵ 带～
下 ɕia⁴⁵ ～旬	xa⁴² ～来

还有一部分见母字文读保留舌面前塞音，白读为 k

例如：

家 ȶa³³ ～庭	ka³³ 一～人
交 ȶɔ³³ ～粮	kɔ³³ ～杯酒
教 ȶɔ⁴⁵ ～育	kɔ⁴⁵ ～书
讲 ȶɔ̃⁴² ～台	kɔ̃⁴² ～古戏：讲故事
甲 ȶa³³ ～午	kiæ³³ 手指～
角 ȶɔ³³ 一～钱	kɔ³³ 八～

2. 溪母字文读送气音，白读擦音

例如：

起 tɕʻi⁴² 一～	ɕi⁴² ～屋：建房子
气 tɕʻi⁴⁵ 胀～：生气	ɕi⁴⁵ □ o⁴⁵ □ lɔ³³ ～：狐臭
去 tɕʻy⁴⁵ ～火	xɤ⁴⁵ 唔～：不去
苦 kʻu⁴² 吃得～	fu⁴² ～瓜
肯 kʻĩ⁴² ～定	xĩ⁴² ～唔～来：愿不愿意来
弃 tɕʻi⁴⁵ ～权	ɕi⁴⁵ 嫌～

3. 山摄字山开一文读 ã, 白读 uã; 山开二文读 iã, 白读 ã; 山合一文读 uã, 白读 ɔ̃

山开一文读 ã, 白读 uã

例如:

肝 kã³³ ~炎　　　　　kuã³³ 猪~

杆 kã⁴² 一~枪　　　　kuã⁴² 笔~子

赶 kã⁴² ~快　　　　　kuã⁴² ~圩

岸 ŋã⁴⁵ 道貌~然　　　uã⁴⁵ 河~

山开二文读 iã, 白读 ã

例如:

间 tɕiã³³ 在人~　　kã³³ 中~

颜 iã¹³ ~色　　　　ŋã¹³ 姓~

眼 iã⁴² ~疾手快　ŋã⁴² ~珠

闲 ɕiã¹³ ~事　　　xã¹³ 莫探~管事: 别管闲事

山合一文读 uã, 白读 ɔ̃

例如:

团 t'uã¹³ ~员　　t'ɔ̃¹³ 蒲~; ~鱼

算 suã⁴⁵ 打~　　sɔ⁴⁵ ~命

暖 luã⁴² ~气片　lɔ̃⁴² ~和

4. 咸、山摄部分入声字文读 a, 白读 iæ

例如:

甲 (咸开二入) ta³³ ~乙丙丁　　　kiæ³³ 手指~

法 (咸合三入) fa³³ 犯~　　　　　fiæ³³ 冇~: 没办法

八 (山开二入) pa³³ ~角　　　　　piæ³³ ~个

扎 (山开二入) tsa³³ ~辫子　　　tɕiæ³³ ~裤脚; ~钢针

发 (山合三入) fa³³ ~表: 发汗　fiæ³³ ~财

5. 宕摄文读 ã/uã, 白读 ɔ̃

例如:

仓 ts'uã³³ ~库　　　　ts'ɔ̃³³ 谷~

光 kuã³³ ~线　　　　　kɔ̃³³ 扯耀~: 闪电

方 fã³³ ~便　　　　　　fɔ̃³³ 四~

旺 uã⁴⁵ ～盛　　　　　　　ɔ̃⁴⁵ 健～：（多指老人家）健康硬朗

6. 梗摄文读ĩ，白读ɔ̃或iɔ̃
例如：

生 sĩ³³ 花～；～意　　　　　　　sɔ̃³³ ～鱼：活鱼；～□ ka⁴⁵ □ tsʅ⁴²：
　　　　　　　　　　　　　　　下蛋；～麻：出麻疹

硬 ĩ⁴⁵ ～是：就是　　　　　　ɔ̃⁴⁵ 好～

争 tsĩ³³ ～气　　　　　　　　tsɔ̃³³ 莫要～

影 ĩ⁴² 　～响　　　　　　　　ɔ̃⁴² 日头～：太阳

名 mĩ¹³ ～气；莫～头：没名堂　　miɔ̃¹³ ～字

精 tsĩ³³ ～怪；～神　　　　　　tsiɔ̃³³ ～肉

清 ts‘ĩ³³ ～楚　　　　　　　　ts‘iɔ̃³³ 水好～

请 ts‘ĩ⁴² ～帖　　　　　　　　ts‘iɔ̃⁴² 我～你去吃饭

净 ts‘ĩ⁴⁵ 干～　　　　　　　　ts‘iɔ̃⁴⁵ 搓～：搓干净

正 tɕĩ⁴⁵ ～方形　　　　　　　tɔ̃⁴⁵ 话唔话得～：能不能说好

声 ɕĩ³³ ～音　　　　　　　　ɕiɔ̃³³ 唔～唔气：不声不气

星 sĩ³³ ～期一　　　　　　　siɔ̃³³ （单说，指天上的星星）

7. 声调方面，受官话或普通话的影响，文读词中的声调有时会随官话或普通话走

　　文读　　　　　　　　　　　白读

静 tsĩ⁴⁵ 安～　　　　　　　　ts‘ĩ⁴² 门府歇～

件 tɕ‘iã⁴⁵ 物～：东西；一～衣衫　　tɕ‘iã⁴² 一～衣衫

后 xe⁴⁵ ～□ tiæ⁴²：后来　　　xe⁴² ～年

（二）文白异读例字

还有一部分文白异读规律性不是很强，开列如下：

声母不同的文白异读

例字　　　文读　　　　　　　　　　　白读

自（从母）tsʅ⁴⁵ ～习　　　　　　　ts‘ʅ⁴⁵ ～家

锅（见母）ko³³ 鼎～：煮饭锅　　　　o³³ 锅（单说，炒菜的器具）

和（匣母）xo¹³ ～气　　　　　　　o¹³ ～尚

盒（匣母）xo⁴⁵ 扡～：抽屉　　　　　o⁴⁵ ～子

守（书母）ɕiəu⁴² ～则　　　　　　tɕiəu⁴² ～屋

晕（云母） xuən³³ ～车 　　　　　　uən³³ 脑壳～：头晕

韵母不同的文白异读

文读	白读
栽（蟹开一）tsa³³ ～田：种田	tsue³³ ～树
解（蟹开二） ka⁴² ～开	kua⁴² ～干：解渴
檐（咸开三）iã¹³ 瓦～：屋檐	yã¹³ ～老鼠：蝙蝠
客（梗开二入）k'iæ³³ ～车	k'a³³ 女～：老婆
百（梗开二入）piæ³³ ～货公司	po³³ 一～
白（梗开二入）p'iæ⁴⁵ ～露	p'o⁴⁵ ～菜
明（梗开三）m ĩ¹³ 好～：很清楚	miã¹³ ～日：明天

声母、韵母不同的文白异读

文读	白读
丫（假开二平麻影） ia³³ ～环	a³³ 手～：手指之间的分叉处
车（假开三平麻昌）tɕ'ie³³ 板～	ȶ'a³³ 风～：扇车
扯（假开三上马昌）tɕ' ie⁴² ～耀光：闪电	ȶ'a⁴² ～布
爱（蟹开一去代影）ŋa⁴⁵ 谈～	ue⁴⁵ ～饱嘞：很喜欢
吹（止合三平支昌）ts'ue³³ ～牛	ɕ'y³³ ～熄
水（止合三上旨书） sue⁴² ～泥	ɕy⁴² 开～
尾（止合三上尾微） ue⁴² ～巴	me⁴² ～主膋：尾膋
活（山合一入末匣）xuæ⁴⁵ 灵～	iæ⁴⁵ ～血
人（臻开三平真日）ĩ¹³ ～品；～情	ȵi¹³ 一个～；证～
角（江开二入觉见）ʈo³³ 一～钱	ka³³ 长豆～；牛～
	ko³³ 八～
席 （梗开三入昔邪）ɕie⁴⁵ 酒～	ts'ia⁴⁵ 草～

四、新老差异

文白异读是语音的历史演变，上面文白异读中我们主要举的是一个字在不同的词里有不同的读法，实际上同一个词在新派和老派人群里都有不同的读法，这就是新老差异了。比如：

例词	新派	老派
尾巴	ue⁴²pa³³⁻⁴⁵	me⁴²pa³³⁻⁴⁵

牛粢头_{牛笼嘴}	ȵiəu¹³tɕʻyã⁴⁵te⁴⁵	ȵiəu¹³ tʻuã⁴⁵te⁴⁵
喂饭	ue⁴⁵fã⁴⁵	u³³fã⁴⁵
蛮像_{很像}	mã¹³ siɔ̃⁴⁵	mã¹³ tsʻiɔ̃⁴⁵
嫌弃	ɕiã¹³tɕʻi⁴⁵	ɕiã¹³ɕi⁴⁵

从词汇的角度来看新老差异，六合土话有一系列词很能体现词汇的新老派区别。

	新派	老派
枕头	枕头 tɕĩ⁴²tʻe¹³	床头 tsʻɔ̃¹³ te⁴⁵
蜡烛	蜡烛 la⁴⁵tsu³³	蜡 liæ³³
姑妈	大姑 tʻa⁴⁵ ku³³	姑娘 ku³³ ȵiɔ̃¹³
枪毙	枪毙 tsʻiɔ̃³³pi⁴⁵	打靶 ta⁴² pa⁴²
走亲戚	走人家 tse⁴²ȵi¹³ ka³³	行人家 xɔ̃¹³ȵi¹³ ka³³
一封鞭炮	一封响炮	一码响炮（十挂鞭炮为一码）
羹匙	调羹 tʻiɔ¹³ kĩ³³	调张 tʻiɔ¹³ tɔ̃³³
开裆裤	丫裆裤 a³³tɔ̃³³ kʻu⁴⁵	开叉裤 kʻa³³ tsʻa³³kʻu⁴⁵
上厕所	解手 ka⁴² ɕiəu⁴²	便恭 pʻiã⁴⁵kəŋ³³
饭馆	饭店 fã⁴⁵ tiã⁴⁵	饭铺 fã⁴⁵pʻu⁴⁵
摇头	撂脑壳 liɔ⁴⁵ lɔ⁴² kʻo³³⁻⁴²	掸脑壳 tã⁴²lɔ⁴² kʻo³³⁻⁴²
旁边	边上 piã³³ ɕiɔ̃⁴⁵	侧边 tɕiæ³³piã³³
桌子	桌子 tso³³ tsɿ⁴²	台桌 tʻa¹³ tso³³
手绢儿	手巾帕 ɕiəu⁴²tɕĩ³³ pʻa⁴⁵	娃□帕 ua⁴⁵ tiæ⁴² pʻa⁴⁵
床单	床单 tsʻɔ̃¹³ tã³³	□单 mo⁴⁵ tã³³
面粉	面灰 miã⁴⁵xue³³	麦崽粉 mo⁴⁵ tse⁴²fi⁴²

"枕头"说成"床头"很有特色，以前六合农村无枕头，把稻秆放在床的一边褥子下面垫高做枕头，即有稻秆凸起的一边叫"床头"，"枕头"就叫"床头"，现在六合也还有人把买的布制枕头也叫"床头"，不过年轻人多把布制枕头叫"枕头"。随着生活水平提高，稻秆做的"床头"现在也已经没有了。估计"床头"迟早会完全被"枕头"取代。

"手绢儿"桂阳官话说成"手巾帕"，新派受官话影响均说"手巾帕"，年级大一点的说"娃□帕"也可以称"细帕"。以前妇女出去劳动在大衣襟口袋边的布扣子上用绳子系一条手绢儿，不用时放进口袋里，用时掏出来擦汗。

"床单"说成"□mo⁴⁵单","□mo⁴⁵"疑为"卧"字,"卧"为疑母字,六合土话疑母字没有读m的,但东安土话疑母字有读m声母的,如"<u>鹅、饿、蜈、梧</u>、误、悟、<u>额</u>"。湖南吉首、安乡、娄底、汨罗和湖北武汉、宜昌、荆州等地都把"床单"说成"卧单"。

"面粉"说成"面灰"是桂阳官话说法,而"麦崽粉"是正宗六合话说法,但新派受官话影响严重,年轻人说"面灰"很常见了。

五、同音字表

(一)字表按照桂阳六合土话音系排列,先以韵母为序,同韵的字以声母为序,声韵相同的字以声调为序。

1. 韵母的排列次序是:ɿ i u y a ia ua o io ɤ e ie ue ye æ iæ yæ ɔ iɔ uei ci c æy æn a y su n i iã iã yã õ iõ ĩ uən yn ɛ̃ a ĩ i͡ɛ̃ ue n uen ã

2. 声母的排列次序是:p pʻ m f t tʻ l ts tsʻ s ʈ ʈʻ n̠ tɕ tɕʻ ɕ k kʻ ŋ x Ø

3. 声调的排列次序是:阴平33 阳平13 上声42 去声45

(二)字下加双线"="的表示是文读音,加单线"—"的表示是白读音。一个字有几读而又不属于文白异读的,在字的右下角加注又音,例如:tu⁴² 肚 又 tʻu⁴²。

(三)方框"□"表示写不出字的音节。

(四)注文中的"~"号代替所注的字,例如:支地~。

(五)同音字下面加波浪线表示。

(六)凡涉及意义有区别的繁简字形,如"干"与"乾"、"松"与"鬆"等,在表中均予以分开(在本书其他部分,一般只采用简化字形)。

ɿ

tsɿ³³ 芝资<u>支</u>一~水笔:一支钢笔

tsɿ¹³ 脐□ piæ33 ~带:脐带

tsɿ⁴² 纸只指手~脑:手指头 子~孙 止<u>趾</u>脚~脑:
脚趾头 址齿牙~ 紫姊~妹□攥

tsɿ⁴⁵ 痔治志痣<u>自</u>~习字又tsɿ⁴⁵ 致

tsʻɿ¹³ 瓷糍~粑迟磁辞词祠池天~:天井

tsʻɿ⁴² 耻

tsʻɿ⁴⁵ 次<u>自</u>~家:自己 又 sɿ⁴⁵ 字又tsɿ⁴⁵ 秩~序 牸
猪~:没生过崽的母猪 莳~田:插秧 □打巴~:
打赤脚 刺砌~窑:砌烧砖的窑 至寺又 sɿ⁴⁵

sɿ³³ 撕私师狮诗<u>丝</u>~头:头发 司尸嘶斯

sɿ¹³ 匙锁~:钥匙 时~辰

sɿ⁴² <u>是</u>死屎厕□y⁴⁵ ~:厕所 始史豉豆~

sɿ⁴⁵ 氏四肆巳寺 又tsʰɿ⁴⁵ 柿~花:柿子 事市试 侍扶~:侍候 世势自~家:自己 又tsʰɿ⁴⁵ 饲~料 示视士是

i

pi³³ 蓖~麻

pi¹³ 枇~杷

pi⁴² 鄙比秕□~菜:摘菜

pi⁴⁵ 毙闭痹备痱沙~崽:痱子 □lo³³~:锅巴 □清~了:粥或汤等很稀

pʰi³³ 批匹

pʰi¹³ 鼻~子皮脾

pʰi⁴² 被~窝

pʰi⁴⁵ 庇包~屁篦~梳

mi³³ 搣~断:掰断 眯□~倒嘴巴:嘴巴抿上 蚊~崽:蚊子

mi¹³ 迷谜~崽:谜语 眉~毛霉发~

mi⁴² 米

mi⁴⁵ 篾□~崽:蚂蚁 □短~了:很短

fi³³ 飞绯

fi¹³ 肥~肉

fi⁴² 匪土~

fi⁴⁵ 废肺费

ti³³ 低□~~(又tia³³tia³³):爸爸

ti⁴² 底~下抵

ti⁴⁵ □完成体标记 蒂□不定量词,点、些□指切碎的一片,做量词,相当于"块"

tʰi³³ 堤梯

tʰi¹³ 题蹄提~手旁

tʰi⁴² 体弟老~:弟弟

tʰi⁴⁵ 帝皇~ 剃~脑:剃头 屉 第~一名 隶奴~ 地~下 笛~子 □lo³³~:浇在蒸菜(如:肘子肉)上的各种调料 替 弟堂~兄:堂兄弟

li¹³ 犁离璃厘狸

li⁴² 礼李里理鲤椅又i⁴²

li⁴⁵ 例厉励梨利□~□læ⁴⁵:脏栗毛~:小板栗 板~莉荔

ȵi³³ 日今~:今天;~头影:太阳。又nie³³ 孽造~

ȵi¹³ 泥宜~章,郴州市下属县名 尼~龙 疑人证~仪~器□~起爷爷:想起爷爷

ȵi⁴² 你

ȵi⁴⁵ 艺卖~义~气睨~倒:对着

tɕi³³ 基地~鸡机饥箕捞~:笊篱 支地~□~长 豆~:长豆角 知~识蜘枝脂

tɕi⁴² 挤杞枸~几己

tɕi⁴⁵ 祭~祖际济计继妓寄记季

tɕʰi¹³ 齐奇骑棋旗其

tɕʰi⁴² 起~~徛~起:站起

tɕʰi⁴⁵ 契~纸:契约技~术戏看~气胀~:生气汽弃~权

ɕi³³ 西稀插禾插得~:插秧插得稀疏 犀

ɕi⁴² 洗起~屋:建房子喜蛮欢~:很高兴

ɕi⁴⁵ 细气□o⁴⁵□lo³³气:狐臭弃嫌~□tsʰɿ⁴⁵~:怎么

i³³ 医衣依

i¹³ 姨

i⁴² 以椅又li⁴²

i⁴⁵ 翳易意~见亿益

u

pu³³ 晡夜~:晚上

pu⁴² 补

pu⁴⁵ 布□量词,一~尿:一泡尿□一~草:一把草

pʰu³³ 铺敷~药

pʰu¹³ 蒲~扇菩葡

pʰu⁴² 谱普簿~子:本子辅~导朴

p'u⁴⁵ 部全~铺~子:店铺 步

mu³³ 木~头

mu⁴² 母阿~:妈妈 姆三~:三婶 拇

mu⁴⁵ 幕~布目穆雾~露:雾

fu³³ 夫麸麦~妇新~:儿媳妇复~发腹覆服~气 □(萝卜)糠了

fu¹³ 胡姓~狐壶葫~芦符画~芙福幅伏糊浆~湖扶

fu⁴² 苦~瓜虎府斧~头腐豆~

fu⁴⁵ 户互护瓠~瓜付傅师~负富副父缚穿服量词:一~药妇幅

tu⁴² 堵赌肚又t'u⁴²

tu⁴⁵ 杜

t'u³³ 秃

t'u¹³ 徒屠涂图

t'u⁴² 土肚又tu⁴²

t'u⁴⁵ 吐~口水兔度独读毒

lu³³ 录~音机

lu¹³ 奴卢~子山水库炉芦葫~驴

lu⁴² 卤

lu⁴⁵ 路露鹭鹿陆六又liəu⁴⁵

tsu³³ 租筑祝菊烛足

tsu¹³ 族轴竹

tsu⁴² 祖组

tsu⁴⁵ 做~事

ts'u³³ 粗初畜~生

ts'u¹³ 锄~田

ts'u⁴² 楚础~石

ts'u⁴⁵ 醋助

su³³ 苏紫~酥梳~脑:梳头疏~戚:远亲速肃严~

su¹³ 俗

su⁴² 数

su⁴⁵ 素塑~料数漱诉肃

ku³³ 姑孤箍~桶:铁~估牯□lue³³~:轮子谷

ku⁴² 古牯牛~:公牛股屁~鼓

ku⁴⁵ 故固雇~农顾~屋□tiæ⁴²:顾家□匮~了:很圆跍蹲

k'u³³ 哭

k'u⁴² 苦吃得~股一~香气

k'u⁴⁵ 库裤酷□~子肉:肘子肉

u³³ 乌嘴巴是~咯:嘴巴是青的诬屋喂~饭。又u⁴⁵

u¹³ 吴梧

u⁴² 武舞鹉五~谷午

u⁴⁵ 误务胡~子糊煮~嘞:煮糊了喂~饭。又u³³ 物~证戊

y

ly⁴² 吕

ŋy⁴² 女语

tɕy³³ 猪车朱珠拘卒

tɕy¹³ 菊

tɕy⁴² 煮举主矩

tɕy⁴⁵ 距注~意蛀虫~□ti⁴⁵了:虫吃了句具著据锯剧

tɕ'y³³ 区吹~熄

tɕ'y¹³ 除渠~道厨做~咯:厨师局~长跪~倒:跪下锤铁~捶徐槌 m5¹³~:以前洗衣用来捶衣服的棒槌

tɕ'y⁴² 苎~麻处~理杵柱~头:柱子取~名

tɕ'y⁴⁵ 住橱去~火□一~骨头:一块骨头

ɕy³³ 书舒圩赶~虚输殊

ɕy⁴² 暑鼠薯红~;甘薯的通称水许

ɕy^{45} 竖树序秩~续

y^{33} 秽大~：粪肥；小~：尿肥

y^{13} 余鱼墨~

y^{42} 雨羽

y^{45} 誉预芋~子崽崽：小芋头 裕玉疫~苗 盂装酒的提壶□~厕：厕所 喻

a

pa^{33} 巴~唔得：巴不得；~锅子：粘锅 疤□扛；背 爸~~，新派面称父亲 八~角 芭□~子：瘸子 粑叭□~细人的：抱小孩

pa^{13} 杷枇 □~船：划船

pa^{42} 把摆靶

pa^{45} 霸把水勺~：水勺柄 坝水~库 拜

p'a^{33} 趴脚~开

p'a^{13} 爬耙排牌扒

p'a^{42} □一~：两臂平伸两手伸直的长度

p'a^{45} 怕帕手巾~；手帕 派稗败

ma^{33} 妈~~：新派面称母亲

ma^{13} 麻埋蟆抹

ma^{42} 马码买蚂

ma^{45} 骂卖吗~咯：什么

fa^{33} 法犯~ 发~汗

fa^{45} 发理~店

ta^{33} 搭~个信去

ta^{42} 打

ta^{45} 戴贷~款 带□介词：被、帮 待代

t'a^{33} 他胎苔舌~ 遍塔

t'a^{13} 台~桌：桌子 抬

t'a^{42} 断凭箇那~：从这里断（即故事讲完了）

t'a^{45} 大~舅：大舅舅；~黄：药名 代几~；~表

la^{33} 挪~用拉邋捼

la^{13} 拿~物件：拿东西 ~□ti^{45}了：丢了 ~尿：尿床

la^{42} 奶吃~~：吃奶 喇

la^{45} 哪~个 耐~烦 奈你~我唔何：你奈何不了我 赖~死：耍赖 癞~子脑壳：癞子头 纳~出 火赖 水~□p'ɔ^{33}嘞：水很烫 落~雪：下雪；~嘞桃：结了桃子 蜡~烛

tsa^{33} 渣灾斋~公：和尚；~婆：尼姑 杂~种 眨~眼珠：眨眼睛 栽~田：种田；~土：种土 抓~人；~鸡 炸~肉：把肉放在油里炸 扎~辫子

tsa^{45} 诈榨再

ts'a^{33} 叉差岔三~路 猜插

ts'a^{13} 茶搽查材财裁豺苴~子柴

ts'a^{42} □~听唔听：爱听不听 镲踩

ts'a^{45} 寨䴔开~：开裂 择~菜；~水：浑水 □凿 岔打~□~行：乖

sa^{33} 沙纱筛米~杉痧刮~：用勺子等（在人体背部等）刮出痧来。夹~：用指（在人体背部、颈部等）夹出痧来 砂萨杀

sa^{42} 洒刷~帚：刷子；~衣服。又sua^{42}

sa^{45} 赛晒

ta^{33} 加家~庭嘉~禾：郴州市下属县名 遮~倒：遮住 炙~火：烤火 甲只

ta^{42} 假真~；放~贾

ta^{45} 价话~：讲价

t'a^{33} 车风~：扇车 尺吃赤

t'a^{13} 茄~子

t'a^{42} 扯~布

t'a^{45} □跨：~过去

ka^{33} 家——人；~□li^{45}□sã^{33}：家具 痴该阶街

系~鞋带角长豆~；牛~；一个~枷胳

ka^{42} 改解~开

ka^{45} 架嫁锯~木介界芥疥届戒械髻

□~子，鸡蛋概盖

k'a^{33} 开客女~；老婆搭一~菜，一把菜掐用双手揩

k'a^{42} 卡楷

k'a^{45} □树~子，桠杈概

ŋa^{33} 额□~巴子，一天到晚哭的人，多指小孩

ŋa^{13} 牙芽捱崖~鹰，老鹰

ŋa^{42} 矮瓦

ŋa^{45} 碍~事艾~叶爱谈~

xa^{33} 虾~公，虾吓~人哈□瘦~了，很瘦□空~，

　　　粑子

xa^{13} 鞋蟹还~有唔有，还有没有

xa^{42} 下~□te^{45}，下面，~来海

xa^{45} 下~是，都是亥~时害~崽女客，孕妇□~倒

　　　了，（吃饭）噎住了

a^{33} 阿~嫂家人，妇人家，已婚妇女复数轭丫手~，手

　　　指之间的分叉处□娇

a^{42} 哑~子，哑巴

ia

tia^{33} 爹~~（又ti^{33}），爸爸□用来晒红薯等的篾制品

tia^{13} 提~水

tia^{42} 点不定量词

lia^{42} □舔，~干净

tsia^{42} 姐

tsia^{45} 借

ts'ia^{13} 邪~气斜

ts'ia^{45} 席草~谢~家村

sia^{33} 锡~盆

sia^{42} 写

sia^{45} 泻~屎，拉肚子

ȵia^{13} 黏粘贴，紧挨

ȵia^{42} 惹~唔得，不能惹

ȵia^{45} □~倒嘞，手被门缝夹住，

tɕia^{33} □~每，亲家母之间互称

ɕia^{33} 赊□~尾，结尾拾畲虱

ɕia^{13} 蛇~婆，虱子□~强，显摆

ɕia^{42} 舍

ɕia^{45} 夏厦下~旬□~米，努力射~箭石疝

ia^{33} 丫~环压~平□~饭，稀饭押

ia^{13} 爷~~，祖父面称

ia^{42} 也野□拜~，作揖

ia^{45} 夜~晡头，晚上；夜第嘞，天黑了爷~~，伯伯面称

ua

tsua^{33} 抓

tsua^{45} □~毛，刘海儿

sua^{42} 刷~帚，刷子，~衣服。又sa^{42} 耍

sua^{45} 帅挂~，元~

kua^{33} 瓜

kua^{42} 寡剐解~干，解渴□唔~佢，不理他

　　　拐~子，拐骗小孩的人□女阴

kua^{45} 怪挂~纸，扫墓卦打~

k'ua^{33} 夸

k'ua^{42} 垮块一~钱□一~米，一把米

k'ua^{45} 会~计快筷块一~糖

xua^{33} 花

xua^{13} 华怀划~得来

xua^{45} 化坏画话话~，说话

ua^{33} 鸹

ua^{42} 歪

ua^{45} 娃~~：弟弟　话~话：说话

o

po^{33} 菠~菜　坡上~　玻　薄~荷　剥　钵~头：钵子　百_~　钹波

po^{45} 簸~物件：簸东西　婆名词后缀：霜~

p'o^{33} 泼

p'o^{13} 婆姑~：称呼爸爸的姑姑

p'o^{45} 破~鱼：杀鱼　薄~□ie^{45}：薄　白~菜　卜　萝~　□~　□ lo^{42}：大雁

mo^{33} 目~的　摸　摩

mo^{13} 磨~刀

mo^{45} 磨~石：磨刀石　推~　冇~得钱：没有钱　莫~走：别走　麦~崽：麦子　茉

to^{33} 多

to^{45} 朵　剁　啄鸡~米　垛

t'o^{33} 拖　脱~皮：脱　□t'i^{45} 离嘞：离婚了　托

t'o^{13} 驼~背　□~碎：唠叨　砣

lo^{33} 捋~衣袖　啰~唆　□~　□~t'i^{45}：浇在蒸菜（如：肘子肉）上的各种调料

lo^{13} 罗　锣打~：敲锣　螺　田~　胭　萝~卜　捼~衣衫　搓衣服　骡

lo^{42} □涩~了：很涩

lo^{45} 乐　笋　糯

tso^{33} 桌台~；~子　作动~；工~

tso^{42} 左

ts'o^{33} 撮

ts'o^{13} □装稻谷的大柜子，从上面开门，可装800斤左右的稻谷

ts'o^{42} 坐

ts'o^{45} 搓~净：搓干净；~手　锉~子：把红薯、萝卜锉成丝的工具，即礤床　错

so^{33} 蓑~衣　梭　嗦

so^{42} 锁　所

so^{45} □~鼻齉：吸溜鼻涕

ʈo^{33} 斫~树：砍树　脚~盆　镬~头　角一~钱

ʈ'o^{33} 确

ʈ'o^{45} 着~急

ko^{33} 歌　哥　鸽　各~人　郭　锅　角八~

ko^{42} 果　□指示代词，中指

ko^{45} 个　过

k'o^{33} 科　窠鸟~：鸟窝；狗~：狗窝　壳

k'o^{42} 可

k'o^{45} 课

ŋo^{33} 恶好~：很凶

ŋo^{13} 蛾飞~　鹅

ŋo^{42} 我

ŋo^{45} 饿

xo^{33} □嫩~了：很嫩

xo^{13} 河　何　荷　和~气

xo^{42} 火　伙

xo^{45} 荷薄~　和~麦崽粉：和面粉　贺　祸　货　合　盒　扯~：抽屉　喝

o^{33} 阿~胶　锅炒菜的器具　窝　苶　屙~屎：拉屎　□~下去：凹下去

o^{13} 禾　和~尚

o^{45} 蜈~蚣蛇：蜈蚣　盒~子　沃　□~ lo^{33}气：狐臭

io

ȵio^{45} 弱

ɕio^{13} 学

çio⁴⁵ 勺

io³³ 约~亲岳

io⁴⁵ 药匿

ɤ

kɤ⁴² 佢第三人称代词单数"他、她、它" 咯结构助词。

又 kɔ⁴²

xɤ⁴⁵ 去

e

pe³³ 杯碑

pe⁴⁵ 辈被~告背~□tçi³³:背

p'e³³ 胚坯

p'e¹³ 培陪赔

p'e⁴² 背~书□孙~:孙媳妇

p'e⁴⁵ 倍配佩焙~干鐾

me³³ □那(远指,指最远)□~~摸摸:形容很慢

me¹³ 梅媒煤霉

me⁴² 每姆~~:姊姊尾~主骨:尾骨

me⁴⁵ 妹

te³³ □猪~:给小猪喂食的木槽兜~点物件:(在口袋里)

兜点东西逗~人爱:惹人爱苑

te⁴² 斗——米陡抖~糍粑

te⁴⁵ 斗~地主头名词后缀

t'e³³ 偷

t'e¹³ 头~丝:头发投

t'e⁴² 敨~口气:透一口气

t'e⁴⁵ 豆黄~痘透

le¹³ 来楼

le⁴² 缕~袜子:线袜

le⁴⁵ 漏~雨

tse³³ □蹲。~倒:蹲着

tse⁴² 走崽

tse⁴⁵ 皱在实~

ts'e³³ 搁~尿:(给小孩)把尿

ts'e⁴² 在~唔~咖屋嗲:在不在家

ts'e⁴⁵ 凑~□ti⁴⁵钱:凑点钱

se³³ 馊

se⁴⁵ 嗽瘦

ke³³ 勾钩沟箇这,指示代词,近指

ke⁴² 枸~杞狗

ke⁴⁵ 够构

k'e³³ 抠

k'e⁴² 口

k'e⁴⁵ 扣~子

ŋe⁴² 藕~花:莲花;~煤:蜂窝煤

xe³³ □玩

xe¹³ 侯喉~咙猴~子

xe⁴² 厚后~年

xe⁴⁵ □鸡~:鸡嗉子后~□tiæ⁴²:后来候

e⁴² 呕

e⁴⁵ 沤怄~气热~人

ie

pie³³ 笔毕逼鳖

p'ie³³ 撇

p'ie⁴⁵ 别特~

mie⁴⁵ 灭密

tie³³ 敌

t'ie³³ 帖铁

lie³³ 力~气

lie⁴⁵ 裂~开历~史立

ȵie³³ 业作~日 又 ȵi³³

tɕie³³ 折~被 叠被子 急着 结~婚 质~量 积~德 织~布 职~业 极积~ 击 激 蚱 接 节 执 洁

tɕie⁴⁵ □副词。~人：每人

tɕʻie³³ 级年~ 及~格 车板~ 切~菜 七 漆 油~

tɕʻie⁴² 扯耀光：闪电

tɕʻie⁴⁵ 蛰惊~ 侄~直 好~：很直 值~班 殖 植~物 杰 集~合 戚亲~ 落了一~雨：下了一场雨

ɕie³³ 湿 适~合 释 识知~ 胁 歇~凉 熄吹~ 息 惜 □~客：招待客人 析 媳 失

ɕie⁴⁵ 社公~ 麝~香 十 舌~子：舌头 实~在 食~品 饰 室 谢 习~惯 悉 熟~ 席酒~

ie³³ 乙 一 缢 □拾~：收拾 凹 □ tsɿ⁴⁵ ~：勤快

ie⁴⁵ 叶~子 页 热 □薄：薄

ue

tue³³ 堆

tue⁴⁵ 对 碓 队 兑

tʻue³³ 推~磨

tʻue⁴² 腿

tʻue⁴⁵ 袋搭伬~ □ti⁴⁵ 物件：给他装点东西（一定装在口袋里）退

lue³³ □~轱：轮子 ~子：银元

lue¹³ 雷

lue⁴² □~疡：脖子上长的一种疡子，比疡恚小

lue⁴⁵ 虑 滤 内 累 类 律

tsue³³ 栽~树 □~鸡：鸡遭瘟病；~猪：猪遭瘟病 锥~子

tsue⁴⁵ 罪 最 载 □疖子

tsʻue³³ 吹~牛

tsʻue¹³ 随~便

tsʻue⁴² □~雨：淋雨

tsʻue⁴⁵ 菜脆

sue⁴² 水~泥

sue⁴⁵ 碎 税 瑞

kue³³ 归~屋 规 龟

kue⁴² 鬼 癸 轨

kue⁴⁵ 盖 桂~阳，郴州市下属县名 贵

kʻue³³ 亏~本

kʻue¹³ 奎 葵 葵~花子

kʻue⁴⁵ 柜~子 跪~倒：跪下 愧

xue³³ 灰 辉 徽 挥 恢

xue¹³ 回 茴

xue⁴² 悔 毁

xue⁴⁵ 会开~ 惠 汇~报 贿

ue³³ 煨 威~武

ue¹³ 危 违 围~裙

ue⁴² 委 尾~巴 伟 苇芦~

ue⁴⁵ 爱~饱嘞：很喜欢 外~家：女家 外外：外婆 卫 位~子：座位 未 味 有~ 胃 魏 为 喂

ye

tsye³³ 绝~瓜苑：骂人的话，骂人没有后代

sye³³ 雪落~：下雪

tɕye³³ 决~心

tɕʻye³³ 缺~子：缺口 出~血

ɕye³³ 靴 血 戌

ɕye⁴⁵ 术白~

ye³³ □~进去：擩进去

ye⁴⁵ 月~亮 域 越

æ

pʻæ⁴² □肚子~起蛮高：肚子挺得很高

læ⁴² 俚又liæ⁴²

læ⁴⁵ □□ li⁴⁵ ~：脏

kʻæ³³ 咳~嗽

xæ³³ 黑~墨嘞：很黑 核~桃

xæ⁴⁵ 狭好~：很窄 □鸡~：鸡嗓子

æ³³ 鸭

iæ

piæ³³ 八 北 柏~树 泊梁山~ □~脐眼：肚脐眼 壁 百~货公司

pʻiæ³³ 迫强~ 拍

pʻiæ⁴² □只脚~倒嘞：脚崴了；~嘴巴：歪嘴巴的人

pʻiæ⁴⁵ 白~露 □~气：指坛子菜等密封的东西漏气

miæ³³ 默~事：想事 脉

miæ⁴⁵ 墨~水

fiæ³³ 法冇~：没办法 发~财

fiæ⁴⁵ 活~血 罚~款

tiæ³³ 得 德 积~ 答~应

tiæ⁴² □名词后缀。细人~：小孩儿 嗲语气词

tʻiæ³³ 叠□太

tʻiæ⁴⁵ 贴~伲唔倒：不像他 特~务；~别

liæ³³ 蜡 肋□刺

liæ⁴² 俚相当于"们"。又 læ⁴²

liæ⁴⁵ 粒 辣~子 腊~肉

tsiæ³³ 鲫~鱼

tsʻiæ³³ 擦

tɕiæ³³ 侧~边：旁边；~起走：侧着走 翅鸡~ 窄好~ 责负~ 扎~裤脚；~钢针 铡

tɕʻiæ³³ 侧~面 测~试 拆~开 泽策册

ɕiæ³³ 涩杀~ 禾 割稻子 色颜~ 腋□ ka³³ 下：腋窝

kiæ³³ 夹~子；~菜 格及~；~子 革~命 隔甲手指~

kʻiæ³³ 刻客~车 克~人 恰~~：刚刚

ŋiæ³³ □用指尖掐：~一把 额

uæ

suæ³³ 腮

kuæ³³ 骨~头 国~家 割~舌子：割舌头 刮~痧；刮 北风

kʻuæ³³ □~~：圆圈

xuæ⁴⁵ 或 惑 活灵~

uæ³³ 挖~红薯 歪

uæ⁴² 搲~水：舀水

yæ

yæ³³ 物~件 袜~子

yæ⁴⁵ 滑

ɔ

pɔ³³ 包胞~衣 苞~谷：玉米

pɔ¹³ 浮

pɔ⁴² 保宝饱

pɔ⁴⁵ 报暴豹爆

pʻɔ³³ 抛□燣~嘞：很烫 泡

pʻɔ¹³ 袍~子

pʻɔ⁴² 跑鳔

pʻɔ⁴⁵ 菢~鸡崽崽 泡鱼~ 炮鼋冰~ 瀑~布 暴

mɔ³³ 猫~□ ȵiəu⁴⁵：猫

mɔ¹³ 毛茅谋矛

mɔ⁴² 卯~时 某亩牡

mɔ⁴⁵ 冒帽貌

tɔ³³ 刀

tɔ⁴² 倒岛

tɔ⁴⁵ 桃到~举来嘞：到家了 导领~ 斗倒~车道 又 tʻɔ⁴⁵ 稻

tʻɔ¹³ 逃淘~米 □~盆：澡盆 桃核~ 萄綯

t'ɔ⁴² 讨~饭

t'ɔ⁴⁵ 套手~盗强~道又tɔ⁴⁵

lɔ³³ □鱼、肉等的腥臊味、膻味：~气□~pi⁴⁵：锅巴□轻~了：很轻

lɔ¹³ 劳捞~鱼牢坐~痨

lɔ⁴² 脑~壳恼~火老佬

lɔ⁴⁵ 闹~热：热闹

tsɔ³³ 遭~灾糟酒~

tsɔ⁴² 早枣~子蚤狗~澡找爪鸡~子

tsɔ⁴⁵ 罩□~灶赵

ts'ɔ³³ 操~心抄

ts'ɔ¹³ 曹愁

ts'ɔ⁴² 草皂肥~炒吵~跤：吵架

ts'ɔ⁴⁵ 造改~；~孽躁发~；发脾气糙米太~□把
　　地面或桌椅等用大水冲洗一下

sɔ³³ 骚发~；尿~气臊搜

sɔ⁴² 稍嫂~~；嫂子

sɔ⁴⁵ 扫~地潲

ʨɔ³³ 交~粮郊城~胶~水招~工沼~气骄娇

ʨɔ⁴² 狡~猾缴~嘞佢咯物件：没收他的东西绞

ʨɔ⁴⁵ 教莫~头：没有教养照叫轿

ʨ'ɔ³³ 超~过

ʨ'ɔ¹³ 朝桥潮

ʨ'ɔ⁴² 巧蛮~：自己占便宜，不吃亏

ʨ'ɔ⁴⁵ 轿坐~撬赵

kɔ³³ 高膏~药糕交~杯酒跤打~，打架；骂~，骂架荞

kɔ⁴² 稿草~搅~匀搞咯结构助词。又kɤ⁴²

kɔ⁴⁵ 告教~书窖~红薯：把红薯放在地窖里觉困~窐~鸡，阳具

k'ɔ³³ 篙竹~烤~烟

k'ɔ⁴² 考拷

k'ɔ⁴⁵ 靠敲铐

ŋɔ³³ 欧姓氏

ŋɔ¹³ 熬~药廒谷仓

ŋɔ⁴² 咬

ŋɔ⁴⁵ 傲□~油：把猪的肥肉放在锅里炸成油

xɔ³³ 薅~田蒿

xɔ¹³ 豪毫

xɔ⁴² 好

xɔ⁴⁵ 浩好号孝带~

ɔ¹³ 儿

ɔ⁴² 耳

ɔ⁴⁵ 二贰

iɔ

piɔ³³ 膘~油：肥肉标飙发~

piɔ⁴² 表老~：表兄弟姐妹婊

p'iɔ³³ 飘

p'iɔ¹³ 瓢嫖薸

p'iɔ⁴⁵ 票漂瞟

miɔ¹³ 苗描

miɔ⁴² 秒

miɔ⁴⁵ 庙神皇~

tiɔ³³ 刁貂雕~花

tiɔ⁴² 鸟~~：鸟

tiɔ⁴⁵ 钓吊~颈：上吊调~查掉

t'iɔ¹³ 条调~羹：羹匙

t'iɔ⁴² 斛交换

t'iɔ⁴⁵ 跳调~皮

liɔ³³ □~起脑壳：抬头

lio⁴⁵ 料_{棺材；～子：面料} 廖撂

tsio³³ 焦蕉椒

ts'io³³ 锹_{铲～；缲～边}

ts'io⁴⁵ 嚼_{～唔烂：嚼不动}

sio³³ 消_{～毒}宵硝_{狗婆～：旧时土墙上长的白硝}

sio⁴² 小_{～学}

sio⁴⁵ 笑

ȵio⁴⁵ 尿

tɕio⁴⁵ 饺_{～巴：用米粉做皮、肉做馅的食物，包法与饺子相同}

ɕio³³ 烧

ɕio¹³ 韶

ɕio⁴² 少晓

ɕio⁴⁵ 酵_{发～}孝_{～子；～顺}效校_{学～}绍少邵

io³³ 妖腰_{～子}要_{～求}

io¹³ 摇_{～手～脚：动手动脚}窑_{石灰～}瑶

io⁴² 绕舀_{～水}

io⁴⁵ 要·_{唔要：要不要}耀跃_{人～进}鹞

iəu

tiəu³³ 竹

tiəu⁴⁵ 滴_{～水}

t'iəu³³ 踢

liəu³³ 溜

liəu¹³ 刘留榴硫流_{水～下来嘞：水流下来了}

liəu⁴² 柳铝_{～锅}□_{～枷把：连枷}

liəu⁴⁵ 泪_{眼～水}六 又 lu⁴⁵ 陆绿

ȵiəu³³ 肉

ȵiəu¹³ 牛_{吹～}

tɕiəu³³ 周州_{郴～}

tɕiəu⁴² 守九久韭灸帚_{刷～嘴～巴}酒

tɕiəu⁴⁵ 救□_{拧醉}就 又 tɕ'iəu⁴⁵

tɕ'iəu³³ 抽丘蛆秋鳅

tɕ'iəu¹³ 绸_{～子}仇求球

tɕ'iəu⁴² 丑舅_{大～：大舅舅}取_{～桃：摘桃}

tɕ'iəu⁴⁵ 臭旧□_{喷～}处_{～暑}趣就 又 tɕiəu⁴⁵ 袖_{～子}

ɕiəu³³ 收休修削

ɕiəu⁴² 手叔守_{～孝}朽

ɕiəu⁴⁵ 受_{唔～人劝：不听劝}寿_{长～}熟絮_{～衣：棉衣}岁秀绣锈赎

iəu³³ 优

iəu¹³ 邮油游_{～水：游泳}鱿

iəu⁴² 有友酉

iəu⁴⁵ 又右佑育_{生～}柚幼

ã

pã³³ 班扳_{～手}般搬斑梆_{紧～了：很紧}

pã⁴² 板榜

pã⁴⁵ 半□_{～开了：裂开了}□_{～起眼珠：瞪着眼睛}拌

p'ã¹³ 盘旁

p'ã⁴² 伴_{作～}

p'ã⁴⁵ 扮办_{～法}判叛襻_{～子：鞋襻}

mã¹³ 蛮忙氓_{流～}馒

mã⁴² 晚_{～～：叔叔}蟒满

mã⁴⁵ 慢

fã³³ 方_{～便}翻帆

fã¹³ 烦

fã⁴² 反

fã⁴⁵ 贩_{人～子}饭犯

tã³³ 耽担_{～担：挑担子}丹单_{身公：单身汉}

tã⁴² 胆掸

tã⁴⁵ 担旦蛋

t'ã^{33} 贪摊

t'ã^{13} 谭弹~琴谈坛□~人：别人、人家

t'ã^{42} 毯~子淡

t'ã^{45} 炭□fu^{33}：木炭弹子~

lã^{33} 篮□~~：奶奶拈~勾：抓阄

lã^{13} 蓝兰拦栏猪~廊南男~人家；男人难

lã^{42} 揽懒榄

lã^{45} 烂浪~费□鸡~：鸡娘

tsã^{33} 簪□pie^{33}□ka^{45}~：簪子

tsã^{42} 盏展~劲：发奋崭新~了：很新

tsã^{45} 站瓒□~扣子：钉扣子錾

ts'ã^{33} 参餐搀~水

ts'ã^{13} 蚕残

ts'ã^{42} 惨产铲

ts'ã^{45} □碗橱

sã^{33} 三山衫衣~丧

sã^{42} 散伞

sã^{45} 散~我：给我

kã^{33} 甘~心间中~肩~头；肩膀肝~炎□~~蛮
　　大的气：一股好大的气味

kã^{42} 减赶杆~~笛子：一根笛子；一~枪：一把枪
　　橄感

kã^{45} □~井：一眼井杠

k'ã^{33} 康

k'ã^{42} 砍

k'ã^{45} 看

ŋã^{33} 安桉庵

ŋã^{13} 颜姓~岩

ŋã^{42} 眼~珠：眼睛；眼子：瞎子

ŋã^{45} 岸□~~：刚案按

xã^{13} 咸寒~气含

xã^{42} 喊

xã^{45} 汉单身~陷□~倒了：中邪了

iã

piã^{33} 鞭边~上鞯

piã^{42} 扁匾□~菜：腌菜；~酒：酿酒

piã^{45} 变□酒：酒曲

p'iã^{33} 编篇偏

p'iã^{13} 便~宜

p'iã^{45} 便随~骗~子遍片

miã^{13} 棉~花毛：没加工的棉花明~日绵

miã^{45} 面洗~：洗脸；~条

tiã^{33} 癫~子：疯子

tiã^{42} 点~火典

tiã^{45} 店电佃~农

t'iã^{33} 天~池：天井

t'iã^{13} 甜田填

t'iã^{42} 簟竹席：一床~

t'iã^{45} 垫~被：褥子

liã^{13} 连联对~廉镰莲~子良言梁鲢

liã^{45} 练炼楝苦~树：楝树链□煮

tsiã^{33} 尖煎

tsiã^{42} 剪~刀

tsiã^{45} 箭射~溅贱

ts'iã^{33} 签千

ts'iã^{13} 钱前~面；~日：前天曾唔~：没有

ts'iã^{45} 匠木~□~日：昨天

siã^{33} 仙先鲜又syã^{33}

siã^{45} 线

niã^{13} 粘~对联：贴对联鲇~拐子：鲇鱼年

ȵiã⁴⁵ 念~经 酿

tɕiã³³ 间时~

tɕiã⁴² 碱检简捡碾~米

tɕiã⁴⁵ 占剑颤打~；颤抖 见

tɕ'iã³³ 铅~锌银矿 牵

tɕ'iã¹³ 钳夹~；火钳

tɕ'iã⁴² 件一~衣衫

tɕ'iã⁴⁵ 件一~衣衫；物~：东西 欠茯健~旺（多指老人家）：健康硬朗 键□做事蛮~：做事很能干

ɕiã³³ 掀

ɕiã¹³ 嫌闲~事

ɕiã⁴² 陕~西闪~电险显~灵 鳝

ɕiã⁴⁵ 扇蒲~骟现~饭；剩饭 苋红~菜项金~链

iã³³ 阉~鸡烟胭

iã¹³ 炎盐又yã¹³ 阎檐瓦~：屋檐严颜~色然燃 扬~下手：招手下手 延

iã⁴² 染~布演~员

iã⁴⁵ 艳燕~子厌~人；腻人□ t'ən⁴³~：影子 宴□~肥料：撒肥料 砚

uã

tuã³³ 端~午

tuã⁴² 短

tuã⁴⁵ 缎绸~段当~铺

t'uã¹³ 团~鱼

t'uã⁴⁵ 桊牛~头：牛笼嘴

luã¹³ 圈

luã⁴² 暖~气片卵~子

luã⁴⁵ 乱

tsuã³³ 庄装桩打~

tsuã⁴² □~倒你：追到你 劁~手：扎手

tsuã⁴⁵ 脏心~钻状~子

ts'uã³³ 仓~库疮冻~窗~子；窗户 闩门~

ts'uã⁴² 闯

ts'uã⁴⁵ 赚状~告：告状

suã³³ 酸桑双

suã⁴⁵ 算打~；~盘蒜

kuã³³ 柑~子乾天~；天旱解~：解渴猪~官~司观光~线豇~豆冠钢棺

kuã⁴² 敢秆稻草管馆广赶~圩

kuã⁴⁵ 灌~田：灌溉田罐~头惯看唔~：看不惯

k'uã³³ 宽关眶眼~框

k'uã¹³ 狂发~

k'uã⁴² 款付~

xuã³³ 欢~喜：高兴荒兄~弟

xuã¹³ 皇历还~钱

xuã⁴⁵ 汗~衣：穿在里面的衣服；出~换

uã³³ □~你：给你；相当于介词"被" 豌~豆弯转~汪

uã¹³ 完还~钱环耳~王

uã⁴² 碗腕枉冤~往晚

uã⁴⁵ 万旺岸江~望

yã

tyã⁴² 卷转脚~筋：脚抽筋

lyã¹³ □动词，~床被：做一床被卧

ts'yã¹³ 全~部泉

ts'yã⁴² 浅

ts'yã⁴⁵ 旋头上有只~；打~螺：打陀螺

syã³³ 鲜新~。又siã³³

syã⁴² 选癣

tɕyã³³ 专砖捐

tɕɣã⁴² 卷□赶转

tɕɣã⁴⁵ 转～□kʻuæ³³：转圈 卷～子：考卷

tɕʻɣã³³ 穿

tɕʻɣã¹³ 拳～头古：拳头 权传

tɕʻɣã⁴⁵ 劝串～网：渔网 㗊牛～头：牛笼嘴

ɕɣã³³ 宣～传

ɕɣã¹³ 椽～皮：椽子 船划～

ɕɣã⁴⁵ 县

ɣã³³ 冤～枉

ɣã¹³ 檐～老鼠：蝙蝠 丸～子 缘铅～笔 元～旦 原～ 先 源 袁 圆团～ 芫 沿 员 盐 又 iã¹³

ɣã⁴² 软远

ɣã⁴⁵ 院 愿～意

ɔ̃

pɔ̃³³ 帮

pɔ̃⁴² 绑

pɔ̃⁴⁵ □泥～麻拐：泥蛙

pʻɔ̃³³ □形容词后加成分，表示程度很深：臭～了

pʻɔ̃¹³ 螃旁

pʻɔ̃⁴² 蚌～螺：傍

mɔ̃¹³ □～槌：棒槌 芒氓盲

mɔ̃⁴² 网串～：渔网 满～裆裤：死裆裤

fɔ̃³³ 方四～芳

fɔ̃¹³ 房

fɔ̃⁴⁵ 放～门：开门

tɔ̃³³ 当裆裤～

tɔ̃⁴² 党

tɔ̃⁴⁵ 垱～子：地方 □～牛：牵牛

tʻɔ̃³³ 汤

tʻɔ̃¹³ 堂～妹 唐糖塘潭团 蒲～

tʻɔ̃⁴² 凼水坑

tʻɔ̃⁴⁵ 烫

lɔ̃¹³ 郎狼

lɔ̃⁴² 冷好～人：好冷 暖～和

lɔ̃⁴⁵ 嫩好～

tsɔ̃³³ 争莫要～：不要争 装～嫁：女方亲戚给女方添置嫁妆

tsɔ̃⁴⁵ 壮葬落～：下葬

tsʻɔ̃³³ 仓谷～疮

tsʻɔ̃¹³ 床

tsʻɔ̃⁴⁵ 撞～鬼嘞：碰鬼了 □～起：睁开 □～倒：门；拴上门 □～把伞：撑把伞 □一～皮：一层皮

sɔ̃³³ 生～鱼：活鱼 ～□ka⁴⁵□tsɿ⁴²：下蛋 ～麻：出麻疹 霜打～婆：下霜 双孙外～崽：外孙 甥外～巴：外甥 丧□ŋa³³～：骂小孩哭像哭丧

sɔ̃⁴² 爽～lɿ⁴⁵：干脆

sɔ̃⁴⁵ □～饭：和"稀饭"对应，指干饭 诉告～ 算～命

tɔ̃³³ 张～第嘞：醒了 章樟～市：桂阳县的一个乡 姜 江～湖：东～；姓 正～月 羹调～

tɔ̃⁴² 诊～病 涨掌巴～：讲～ 颈台～：脖子 长～根：脖子 村～

tɔ̃⁴⁵ 战打～帐障正话得～：说得好

tʻɔ̃³³ 昌菖轻蛮～：很轻 □唔～□ɕi⁴⁵，即某人或某家人不好，很坏。前面一般跟否定词"唔"，不用于肯定式

tʻɔ̃¹³ 长～豆角肠～子场强□ɕia¹³～：显摆

tʻɔ̃⁴² 丈厂□用茅草等搭在外边的用来看守农作物的棚

tʻɔ̃⁴⁵ 唱□～细：怎么

kɔ̃³³ 缸～笼：水缸 □比河小的水流 光扯耀～：闪电 干天～：甲乙丙丁戊己庚辛壬癸的统称 肛钢～笔

kɔ̃⁴² 讲～古戏：讲故事 说书 杆树～子：树干

kɔ̃⁴⁵ 降虹秆(麦穗~;麦秆;苞谷~;玉米秆;一行~;一根甘蔗)杠

k'ɔ̃³³ 坑□(□³³~:砧板)

k'ɔ̃⁴⁵ 矿

xɔ̃³³ 糠慌(~里慌张)荒

xɔ̃¹³ 行(慢~:慢走;银~;量词)皇(~帝)

xɔ̃⁴⁵ 苋(~菜巷~头:巷子□~气:米放久了产生的气味)行(量词)

ɔ̃³³ □(腌菜、做酒的坛子)

ɔ̃¹³ 黄(~色)王螃

ɔ̃⁴² 影(日头~:太阳)

ɔ̃⁴⁵ 硬(好~旺健~(多指老人家)健康硬朗□~牯(菀子);蠢男人;~婆:蠢女人□凳:椅子掌儿)

iɔ̃

piɔ̃⁴⁵ 坪(草~;一块~)

p'iɔ̃¹³ 平

p'iɔ̃⁴⁵ 病

miɔ̃¹³ 名

tiɔ̃³³ 装(~饭)钉

tiɔ̃⁴² 长(~高鼎:煮饭的器具,上面有提手)

tiɔ̃⁴⁵ 钉订胀(~倒嘞:(吃)胀了)叮

t'iɔ̃³³ 听厅(~屋)

liɔ̃¹³ 凉量粮梁梁

liɔ̃⁴² 两领(衣~)岭(~际上:山顶上)

liɔ̃⁴⁵ 亮(月~)

tsiɔ̃³³ 将(~军)浆(豆~)精(~肉)

tsiɔ̃⁴² 蒋奖井

tsiɔ̃⁴⁵ 酱(~油)将

ts'iɔ̃³³ 枪清(水好~青(~色)

ts'iɔ̃¹³ 墙祥(吉~)晴

ts'iɔ̃⁴² 抢请(~你来)

ts'iɔ̃⁴⁵ 像(~蛮:很像)净(搓~:搓干净)

siɔ̃³³ 相箱湘星腥

siɔ̃⁴² 想

siɔ̃⁴⁵ 相(~片像石头古上刻了个~)象

ɲiɔ̃¹³ 娘(老~:妈妈(背称);~~:大伯母)

ɕiɔ̃³³ 商(店~伤~□香乡声(唔~气:不声不气)

ɕiɔ̃¹³ 常(经~降投~尝)

ɕiɔ̃⁴² 上(~山响(~炮:鞭炮)

ɕiɔ̃⁴⁵ 扇(蒲~上边~向尚□~料:作料)

iɔ̃³³ 秧殃

iɔ̃¹³ 羊洋(~市,桂阳县一个乡名)烊杨阳疡(~崽:脖子上长的肿包)赢□(稀饭等)稠

iɔ̃⁴² 养(~崽:生孩子)痒

iɔ̃⁴⁵ 馅让样

ĩ

pĩ³³ 冰(~箱兵□~猪:喂猪□硬~了:很硬)

pĩ⁴² 饼(~子本ㄎ.乂p'ĩ⁴⁵)丙

p'ĩ⁴⁵ 并病

p'ĩ³³ 拼

p'ĩ¹³ 盆彭评瓶苹凭

p'ĩ⁴² 品(人~本~子.乂pĩ⁴²)

p'ĩ⁴⁵ 拼(~命聘喷(~香~了:很香)

mĩ¹³ 门名明民

mĩ⁴⁵ 命

fĩ³³ 分(~伙:分家)

fĩ⁴² 粉

fĩ⁴⁵ 喷(~嚱份)

tĩ³³ 钉(手~:手上起的茧子丁灯(~盏□~k'ɔ̃³³:砧板□~特:特意、故意)

tĩ^{42} 等顶

tĩ^{45} 凳邓

t'ĩ^{13} 藤廷

t'ĩ^{42} 挺~了一跤: 摔了一跤

t'ĩ^{45} 定磴

lĩ^{13} 林~树淋鳞~鱼菱~形灵零铃宁

lĩ^{42} 领

lĩ^{45} 令~郎另

tsĩ^{33} 曾增争~气精~怪;~神筝

tsĩ^{45} 浸~死嘞:淹死了进~来静~安甑□~ie^{33}; 勤奋

ts'ĩ^{33} 亲~人清~楚

ts'ĩ^{13} 寻层情

ts'ĩ^{42} 请~帖静门府歇~:万籁俱静□看望

ts'ĩ^{45} 尽~孝亲老~:亲家爷;~家母净干~静肃~; 安静

sĩ^{33} 心□mã^{13}~:心辛~苦新~妇:儿媳妇生花~:~意星~期一参党荽芫~菜芯

sĩ^{42} 省

sĩ^{45} 信凶性~子姓

ȵĩ^{13} 能~力

tɕĩ^{33} 针金襟珍~真斤巾蒸京惊~蛊侦征经

tɕĩ^{42} 诊枕~头紧拯景警整~齐

tɕĩ^{45} 劲展~:发奋镇证~明症境镜竞郑正~方形政□~饭:热饭近~视眼敬

tɕ'ĩ^{33} 称

tɕ'ĩ^{13} 琴□kæ^{45}~:拉琴陈尘勤芹~菜惩~罚乘承~担丞~相程成城诚

tɕ'ĩ^{45} 秤一把~庆国~称

ɕĩ^{33} 深身~体申伸升上~声~音

ɕĩ^{13} 辰晨神绳形走~刑行

ɕĩ^{42} 审□~气古:有点傻又有点搞笑的人

ɕĩ^{45} 剩胜兴高~幸盛阵圣

kĩ^{33} 今~日:今天跟根树~筋耕庚老~:同年生的男性互称巾

kĩ^{45} 更□~冷

k'ĩ^{42} 近蛮~:很近朓~□te^{45}:(鸡、鸭等的)胃□牛屎:蜣螂肯~定

k'ĩ^{45} ~只牙齿:装一颗牙齿

xĩ^{13} 恒

xĩ^{42} 肯~唔~来:愿不愿意来很狠

xĩ^{45} 恨

ĩ^{33} 音阴~天恩应~该鹰山~:老鹰英~雄鹦

ĩ^{13} 人~品仁银~子寅迎壬

ĩ^{42} 忍引~子影~响饮~食店:饭馆

ĩ^{45} 任~你吃认印~子应答~硬~是:的确

uən

tuən^{45} 顿□~棍:拄拐杖

t'uən^{33} 吞

t'uən^{13} 囤~货

t'uən^{45} 钝~婆:蠢婆娘

luən^{13} 轮

tsuən^{33} □吮吮

tsuən^{42} 准~备

tsuən^{45} 圳深~浚

ts'uən^{33} 村椿~芽树:椿树春

ts'uən^{13} 存

ts'uən^{42} 蠢

ts'uən^{45} 寸

suən³³ 孙~恩；孙子 甥

suən¹³ 纯

suən⁴² 髓骨~ 损笋

suən⁴⁵ 顺孝~

kuən⁴² 滚

kuən⁴⁵ 棍

k'uən³³ 昆~明

k'uən¹³ 裙群

k'uən⁴² 菌捆

k'uən⁴⁵ 困~难

xuən³³ 婚结~ 晕~车

xuən¹³ 豮~猪：阉割过的公猪 横魂

xuən⁴⁵ 困~觉：睡觉 混~日子

uən³³ 晕脑壳~：头晕 温瘟发~ □~猪：阉猪

uən¹³ 文~化 云炆

uən⁴² 尹永稳

uən⁴⁵ 闰~年 问运走~；~动 熨

yn

tɕyn³³ 君~子 均平~ 军参~

tɕyn⁴⁵ 俊

ɕyn¹³ 旬

əŋ

pəŋ⁴² 捧又p'əŋ⁴²

pəŋ⁴⁵ □~倒：躲起来；打~：捉迷藏 蹦

p'əŋ³³ 蜂糖~：蜜蜂 蓬使蓬松：头发~起

p'əŋ¹³ 朋篷斗~；斗笠 蓬~蔸

p'əŋ⁴² 捧又pəŋ⁴²

p'əŋ⁴⁵ 碰

məŋ³³ 蒙猜

məŋ¹³ 蒙~倒脑壳：蒙住头

məŋ⁴² 猛蛮~ 蜢懵

məŋ⁴⁵ 孟梦发~：做梦 模~子

fəŋ³³ 风疯丰封锋

fəŋ⁴² 讽

fəŋ⁴⁵ 凤奉

təŋ³³ 东冬 □满~了：很满

təŋ⁴² 董懂

təŋ⁴⁵ 动冻栋筒米~：量米的筒

t'əŋ³³ 通

t'əŋ¹³ 同老~：同年生的女性互称 铜桐~树 童茼

t'əŋ⁴² 桶统

t'əŋ⁴⁵ 痛洞垌□~□ iã⁴⁵：影子 筒一~电油：一个
　　　电池 □~子：台阶

ləŋ³³ 聋耳朵~：耳聋；~伲古：又蠢又笨的人（男女均指）
　　　□~面灰：揉面

ləŋ¹³ 咙喉~ 齈鼻~；鼻涕 隆龙农脓浓

ləŋ⁴² 拢靠~

ləŋ⁴⁵ 笼鸡~；一~桥：一座桥 □软~了：很软

tsəŋ³³ 棕宗终

tsəŋ⁴² 总~是

tsəŋ⁴⁵ 粽~粑：粽子

ts'əŋ³³ 聪匆葱充

ts'əŋ¹³ 崇从松~树

ts'əŋ⁴² 揰~倒细伲嘞：推倒他了

ts'əŋ⁴⁵ □~把：通常用竹制作的爪子形状的钩树叶的工具

səŋ³³ 鬆~嘞嘞：松了

səŋ¹³ 倯丑

səŋ⁴² 耸

səŋ⁴⁵ 送宋诵颂讼

tɕəŋ³³ 中忠钟

ʈəŋ⁴² 种肿   xəŋ³³ 烘~干

ʈəŋ⁴⁵ 中众种~田   xəŋ¹³ 红~片：红薯片洪鸿

ʈ'əŋ³³ 冲~发志咯走：冲着往前走（往往是不愿见到某   xəŋ⁴² 哄

          人而快速走）   xəŋ⁴⁵ 蕻红菜~：红菜苔

ʈ'əŋ¹³ 虫穷重~新   ɕiəŋ³³ 胸凶兄堂~

ʈ'əŋ⁴² 重蛮~：很重   ɕiəŋ¹³ 熊雄蛮~：很有力气，有干劲；很神气

ʈ'əŋ⁴⁵ 铳   ɕiəŋ⁴⁵ 嗅

kəŋ³³ 公鸡~：公鸡蚣功攻弓宫工恭   iəŋ¹³ 荣绒融蓉□粥稠

kəŋ⁴² 拱~桥汞   iəŋ⁴² 勇

kəŋ⁴⁵ 供~样：摆供品给祖先□~进去：钻进去□   iəŋ⁴⁵ 用

          黄~了：黄澄澄共公~汽车   ŋ̍

k'əŋ³³ 空   ŋ̍¹³ 鱼鲤~

k'əŋ⁴² 孔□~鼻齉：擤鼻涕   ŋ̍⁴² 五伍午

k'əŋ⁴⁵ 空有~控共总~   ŋ̍⁴⁵ 唔不~□~□tsʅ⁴⁵：丝瓜蕹

六、土话音系与北京音比较

（一）声母的比较

桂阳（六合）土话 21 个声母，北京话 22 个声母。其中有 14 个声母音值大体相同，它们是 [p、p'、m、f、t、t'、l、ts、ts'、s、k、k'、x、ø]。

有 3 个声母，即 [tɕ、tɕ'、ɕ] 部分相同，部分不同。桂阳六合土话 [ɕ] 拼 [ia] 时，其实际音值类似舌叶音 [ʃ] 与 [ia] 相拼，如"赊、蛇、舍、射"等字，[tɕ、ɕ] 拼 [iɔ] 时，其实际音值类似舌叶音 [tʃ、ʃ] 与 [iɔ] 相拼，如"饺、烧、韶、小、酵"。[ɕ] 拼 [iɔ̃] 时，其实际音值类似舌叶音 [ʃ] 与 [iɔ̃] 相拼，如"香、常、响、上"。[tɕ、tɕ'、ɕ] 拼 [i、io、ie、iæ、iɛu、iã、iəŋ、ĩ、y、ye、yã、yn] 时，音值仍为舌面音 [tɕ、tɕ'、ɕ]，如"鸡、学、直、翅、丑、捡、雄、针、住、出、县、均"等。

另外，桂阳六合土话有 4 个声母北京话没有，它们是 [ʈ、ʈ'、ȵ、ŋ]。

反过来，北京话有 5 个声母 [n、tʂ、tʂ'、ʂ、ʐ] 是桂阳六合土话所没有的。

下面再从每个声母所辖字的情况进行具体比较，可以进一步看出两处话更多的差异。比较时，先列六合音，再列北京音，最后举例。

p　p　葩鄙比秕毙闭痹备晡补布巴疤爸把摆霸坝~水库~拜菠玻薄~荷剥百婆老~簸杯碑辈背笔毕逼八北柏~树包胞~衣苞保宝饱报暴豹爆膘~油：肥肉标飙表班扮~手般搬板榜半鞭边辫扁匾变帮绑坪冰~箱兵饼并

　　p'　杷坡

　　f　浮

p'　p'　批匹皮脾屁铺蒲~扇菩谱普朴铺~子；店铺趴爬耙排牌怕帕派泼婆大姑~；称呼爸爸的姑姑破胚培陪赔配佩撇迫强~拍抛袍跑泡瀑飘瓢嫖票漂盘判叛襻篇偏便~；骗片蓬朋篷捧平拼盆彭评品拼聘

　　p　鼻~子被~窝庇箆~梳薄~子；本子部步稗败薄~ie⁴⁵：薄白~菜卜~萝倍焙别菢雹冰~伴作~扮办编便随~遍蚌病本

　　f　痱沙~崽；痱子敷~药辅~导蜂

m　m　眯迷谜眉霉米篾木母阿~；妈妈姆三~；三婶拇模幕目穆牧麻埋蟆马码买骂卖目~的摸磨冇莫麦梅媒煤每姆~~；姆姆妹灭默~事；想事脉墨猫毛茅谋矛卯~时亩牡冒帽貌苗描秒庙蛮忙满氓慢明面蒙猛孟梦名门命

　　ø　网串~；渔网雾

f　f　飞肥匪土~废肺费麸妇新~；媳妇复腹覆符画~芙福幅服府斧~头腐付傅负富副复法发罚~款方翻烦反贩饭风疯丰封锋讽凤奉芳放分粉份

　　x　胡姓~狐壶葫~芦虎户互护瓠~瓜活~血

　　k'　苦~瓜

　　p'　喷~嚏

t　t　低底抵堵赌肚杜搭打戴贷带多朵剁兜逗蔸斗~~米陡斗~地主敌堆对碓队兑得德答刀倒岛桃到盗导斗倒道刁貂雕钓吊调滴耽担丹单胆掸旦癫点典店电佃端短缎东冬董懂动冻栋洞裆党垱~子；地方钉鼎订钉灯等顶凳邓顿

　　t'　筒米~；量米的筒

　　ts　啄鸡~米竹装~饭长~高

　　tɕ　至参~

n　鸟

t‘　t‘　梯题体剃屉徒屠涂图土吐兔胎苔台抬塔提拖脱驼头投敧帖铁推
腿退贴特逃淘讨套条斛跳踢贪摊潭谭弹~琴毯炭天甜田填团通
同铜桐童桶统痛汤堂唐糖塘听厅藤廷吞囤

t　堤弟老~;弟弟帝第地笛肚杜度独读断大代豆袋淡弹子~簟垫凼水坑定钝

l　隶奴~

l　l　犁离璃礼李里理鲤例厉励梨利栗卢炉芦卤路露鹿吕拉赖癞蜡落
啰罗锣螺腘萝乐箩来楼漏力裂历雷虑滤累类肋粒辣腊劳捞牢老
料廖溜刘留榴硫柳吕铝流六陆绿篮蓝兰拦栏揽懒烂浪连联廉镰
莲良练炼楝圊卵乱聋咙隆龙拢笼郎狼冷凉量粮梁梁两领岭亮林
鳞菱灵零铃令另

n　奴挪拿奶哪耐奈纳糯内脑恼闹拈南男难农脓浓暖嫩

ø　言

ts　ts　子紫自~习租族祖组做杂左作走祟罪最遭糟早枣蚤澡灶簪瓒葬脏
棕宗总粽曾增

tʂ　芝资纸只指止趾址痔治志痣筑祝轴渣灾斋眨栽闸扎结~诈榨炸抓
桌皱锥找罩爪赵盏展站庄装桩状终争壮准圳

tʂ‘　齿

tɕ　姐借绝焦蕉尖煎鲫剪箭溅贱将浆精蒋奖井酱浸进静

tɕ‘　脐

ts‘　ts‘　瓷糍磁辞词祠次字粗醋猜材财裁搓锉错摵凑菜脆曹草糙参餐蚕
仓聪匆葱从层村椿春存寸

ts　自~家:自己泽择在操皂造躁牸

s　随松

tʂ　秩助寨坐赚撞

tʂ‘　迟池耻赤打巴~:打赤脚初锄楚础畜叉差岔插茶搭查豺苌吹柴抄愁炒
吵惨产疮窗闯充崇床蠢

ʂ　莳

tɕ　嚼匠净尽静净

tɕ‘　砌锹缲签千钱前全泉浅枪清青墙晴抢请亲情群

ɕ　邪斜旋祥像寻

s　s　撕私丝死四饲苏塑洒蓑锁馊碎腮骚搜嫂扫三散酸桑算蒜松送孙丧

ʂ　师时是屎氏事梳数沙筛痧刷晒瘦税溯山闩双生霜爽省顺

ts　亘~家：自己

tsʻ　厕豉纯

ɕ　锡写泻雪消硝小笑先线鲜选星想心新信姓

ʐ　瑞

tɕ tɕ　加嘉甲假贾价脚镢角交郊胶骄娇狡缴绞教叫姜江讲颈降

tʂ　遮炙只招沼照中忠钟种众张章樟正诊~病涨掌战帐胀障

tʻ tɕ　茄确桥巧撬穷轻强

tɕ　轿

tʂ　着重蛮~：很重丈

tʂʻ　车尺吃扯超朝潮冲虫重~新铳昌长肠场厂唱

ɲ n　孽泥尼疑你女黏尿牛鲇年娘能

tʂ　粘

ʐ　日人惹弱肉

ø　宜仪艺义语业

tɕ tɕ　鸡饥箕挤几记接节句具急结积决饺九久韭灸救酒碱捡见捐金斤
　　惊紧镜均

　tɕʻ　杞

　ts　姊责嘴醉

　tʂ　支知猪煮主注蛀织窒好~扎~裤脚帚占砖转针蒸枕镇证

　tʂʻ　翅

　ʂ　守

tɕʻ tɕʻ　欺齐气切七漆戚厨缺丘求球蛆秋鳅取趣钳拳权劝琴芹

　tɕ　级及杰集技局及舅就件健

　ɕ　徐戏袖

　tʻ　嚏

　ts　泽

　tsʻ　侧测策册称

　tʂ　苎柱住垫侄直值植出州

　tʂʻ　处杵锤吹除拆穿抽绸仇丑臭串乘称陈乘成城

　k　跪

ɕ ɕ　西稀洗喜细熄息惜析谢习悉席圩下学休修削絮岁秀绣锈血嫌闲

县显胸凶雄嗅香兴戌须

tɕ 酵

tɕʻ 起

tsʻ 船常

s 色

tʂʻ 橡船常

ʂ 书舒输鼠薯水竖树赊蛇舍射石勺湿适社十舌实杀烧少收手叔受
寿熟伤声上身伸神剩

ø 腋

k k 姑古顾改瓜拐挂哥钩沟今狗够归规鬼盖桂贵格革隔骨国割刮高
甘赶干敢惯公拱贡缸跟根庚更滚棍

tɕ 家街解嫁夹挟交跤搅教窖觉间肩减江讲筋

tɕʻ 佢

kʻ kʻ 哭客卡块筷可课抠口扣亏葵咳刻克考靠砍看宽空矿困

k 癸柜跪篙关共

tɕ 菌

tɕʻ 敲近裙

tʂ 肫

ŋ ø 牙芽捱矮瓦恶蛾鹅我饿欧藕熬廒咬安颜眼岸

x x 还含海亥害河和火喉厚后灰回会核黑薅好寒欢汗红哄恨婚

f 豰

tɕʻ 去

ɕ 虾吓鞋蟹下孝咸兄行苋巷

tʂ 窄

kʻ 糠肯困

ø 骒~车

ø ø 衣姨意乌屋喂雨芋阿哑也野夜歪蜈约药呕伛一叶围爱外月鸭挖
物袜耳二腰舀要游有又盐颜豌碗丸远愿用硬秧羊赢阴应云永运

x 胡糊秽话禾盒滑黄

tɕʻ 铅

ʐ 热燃染软荣绒融蓉让人仁忍任认闰

（二）韵母的比较

桂阳六合土话韵母 33 个，北京话韵母 39 个，两处韵母有一批韵母音值大体一致，这些韵母是：

开尾：ʅ、i、u、y、a、ia、ua、o、ɤ、ie、ye

元音尾：iəu

鼻音尾：əŋ、uɐn、yn

但两地韵母却存在很多差异，其幅度要超过声母。主要有两方面：

其一，两处各有一批对方所没有的韵母：

六合话的 [io、e、ue、æ、iæ、uæ、yæ、ɔ、iɔ、ã、iã、uã、yã、iəŋ、õ、iõ、ĩ、ŋ̍] 北京话没有；北京话的 [ɛ、ʅ、ɚ、ai、ei、au、ou、an、ən、aŋ、uŋ、iau、iɛn、in、iŋ、iaŋ、yŋ、uo、uai、uei、uan、uaŋ、u] 六合话没有。

其二，两地韵母均有开尾、元音尾、鼻音尾，但对应中常有类别交错或同类中一种对多种的情况，致使对应关系出现许多错综局面。

下面具体比较各韵母的对应情况，比较时，仍先列六合音，后列北京音，最后举例。

ʅ　ʅ　资子紫自~习瓷磁辞词祠次自~家：自己字牸猪~：没生崽的母猪撕私丝死四肆巳寺饲~料

　　ʅ　芝纸只指止趾址齿痔治志痣糍~粑迟池耻秩莳~田：插禾赤师狮诗匙时是屎始史氏豉柿事市试侍扶~：侍候世势

　　i　脐砌

　　ɤ　厕□y⁴⁵~：厕所

i　i　篦枇鄙比秕毙闭痹批匹鼻皮脾庳屁篦眯迷谜米低底抵堤梯题体弟帝剃屉第隶地笛犁离璃礼李里理鲤例厉励梨利栗泥宜尼疑仪你艺义基鸡机饥箕挤杞几祭济计继妓寄记季欺齐奇骑棋旗起~房子徛~起：站起契技戏气胀~：生气汽西稀洗喜细医衣姨以翳易意亿益

　　ei　备被~窝痱沙~崽：痱子眉霉飞肥匪废肺费

　　ie　篾孽

　　ʅ　姊

　　ʅ　日支知

　　ne　人

u　u　晡夜~；晚上 补布铺敷蒲菩谱普簿~子；本子 辅朴部铺~子；店铺 步木母阿~；妈妈 姆三~；三姆 拇模幕目穆牧麸麦~；妇新~；媳妇 复腹覆胡姓；狐壶葫符画~ 芙福幅服苦~瓜 虎府斧腐户互护瓠~瓜 付傅负富副复堵赌肚杜徒屠 涂图土吐杜兔度独读撸~起；捋起 录奴卢炉芦卤路露鹿租筑祝族祖组 粗初锄楚础~石 醋助畜~生 苏紫~ 酥梳~脑；梳头 疏戚；远亲 速肃俗数素塑 ~料 漱姑孤箍~桶；铁 估轱谷古牯牛~；公牛 股鼓故固雇顾哭苦吃得~ 库裤 酷乌诬屋吴梧武舞误务雾~露；雾 胡~子 糊

　　ou　轴

　　uo　做~事

　　uei　喂

y　y　吕徐取~桃；摘桃 戌女语车拘举矩距句具据锯~子 区渠局圩赶~ 虚序续 余雨羽誉预芋裕

　　u　猪朱珠煮主注蛀著除厨苎~麻 处~理 杵柱住书舒输殊暑鼠薯竖树

　　uei　吹~熄 跪~倒；跪下 锤水秽大~；粪肥 小~；尿肥

　　i　疫

a　a　巴疤爸杷把霸把水勺~；水勺柄 坝趴爬耙怕帕麻蟆马码骂搭打塔大拉 拿哪蜡纳渣杂眨闸扎诈榨炸叉差岔插茶搽查茬沙纱杉痧洒卡阿

　　ai　摆拜排牌派稗败埋买卖戴贷带胎苔台~桌；桌子 抬代奶耐奈赖癞灾 斋栽~田；种田 猜材财裁豺寨筛赛晒该改开揩矮碍艾爱谈~ 还海亥害

　　ua　瓦

　　uan　断

　　uo　挪落

　　ɤ　择遮车客搭

　　ua　刷

　　ia　加嘉甲假贾价家痂架嫁牙芽虾吓下哑

　　ie　茄阶街解介界疥届戒械鞋蟹

　　ʅ　炙只尺吃

　　i　系髻

　　y　锯~木

　　iau　角长豆~；牛角

ia　ia　黏夏厦下丫压

　　i　提锡

　　　　ʅ　石

　　　　ie　姐借邪斜写泻爷也野夜

　　　　ɤ　惹赊蛇舍射

ua　ua　抓刷瓜寡剐挂卦夸垮花华划化坏画话

　　　　uai　帅拐怪块会快筷怀歪

o　o　菠坡玻薄剥婆簸泼破薄~口ie⁴⁵:薄卜摸磨冇~得钱：没有钱莫~搞：别搞

　　　u　目蜈~蚣蛇；蜈蚣

　　　uo　多朵剁啄鸡~米拖脱驼啰罗锣螺脶萝箩糯桌左作坐搓锉错蓑梭锁
　　　　　　所郭锅果过我祸货沃

　　　　ai　百白麦

　　　　ɤ　乐歌哥鸽各个科窠壳可课恶蛾鹅饿河何荷和贺合厕禾盒

　　　　a　阿~胶

　　　　au　着~急

　　　　iau　脚角一角钱

　　　　ye　钁~头确

io　uo　弱

　　　au　勺药

　　　ye　学约

ɤ　y　佢去

e　ei　杯碑辈背胚培陪赔倍配佩焙梅媒煤每姆~~：婶婶妹

　　　ou　兜逗蔸斗陡偷头投敨~口气：透一口气豆黄~楼漏走皱㩐~尿：（给小孩）把尿
　　　　　凑馊嗽瘦钩沟枸~杞狗够抠口扣欧姓氏藕侯喉猴厚后呕沤怄

　　　ai　来崽在

ie　i　笔毕逼敌力历七集戚熄惜席~客：招待客人析习悉席酒~急积极积~击激
　　　　　级及乙一

　　　ie　撇别灭帖铁裂接节切漆谢业结~婚杰叶页

　　　ɤ　折~被：叠被子蛰惊~社麝舌热

　　　ʅ　质织职侄直值殖植湿适释识十实食饰

ue　uei　堆对碓队兑推腿退锥罪最吹~牛随脆碎税瑞归规鬼盖桂贵亏奎
　　　　　癸葵柜跪~倒：跪下愧灰辉徽挥回茴悔毁会惠汇煨威危违围委尾伟
　　　　　苇卫位味胃魏

　　　ei　雷内累类

    ai　袋栽菜爱~饱嘞: 很喜欢外

    y　虑滤

ye　ye　绝雪决缺靴血月

    u　出术

    y　域

æ　ai　柴

    ɤ　咳核

    ia　鸭

iæ　a　八法发罚答辣腊杀

    o　迫默墨

    ɤ　得德特肋责侧测泽策册色腋格革隔刻克核

    ai　柏拍脉窄拆

    ie　贴

    i　粒

    ʅ　翅

    ei　北黑

    uo　活

    ia　夹

uæ　ai　腮

    u　骨

    uo　国或惑

    ɤ　割

    ua　刮挖

    uai　歪

yæ　u　物

    ua　袜滑

ɔ　au　包胞苞保宝饱报暴豹爆抛袍跑菢~鸡崽崽泡炮雹猫毛茅谋矛卯冒帽貌刀倒岛桃到盗导道逃淘讨套劳捞牢脑恼老闹遭糟早枣蚤澡找罩爪灶赵操抄曹草皂炒吵造躁糙骚臊稍嫂扫瘙招沼照超朝潮高膏糕稿搞告篙考靠熬~药廒谷仓傲薅~田豪毫好浩好号

    u　浮瀑亩牡

    iau　交~粮郊胶骄娇狡缴绞教莫~头: 没有教养叫桥巧轿撬交~杯酒跤打~, 打

架；骂~，骂架 搅~匀 教~书 窖~红薯：把红薯放在地窖里 觉敲咬孝戴~

ɚ　　耳二贰

ou　　斗愁搜欧姓氏

iɔ　iau　膘~油：肥肉 标飙表飘瓢嫖票漂苗描秒庙神皇~刁貂雕~花鸟~~：鸟钓吊调条斛交换跳料廖焦蕉锹缲嚼~唔烂：嚼不烂消硝小笑尿饺晓酵发~孝~子~顺效校妖腰要摇窑绕舀~水要耀跃

au　　烧韶少绍邵

iəu　iou　溜刘留榴硫柳流六陆酒秋就袖修秀绣锈牛九久韭灸救丘求球舅臭休熟优邮油游有友又右佑

ou　　肉周州郴~守帚刷~抽绸仇丑收手受唔~人劝：不听劝寿

iau　　削

uei　　嘴醉岁

i　　滴踢嚏喷~

u　　竹叔

y　　吕铝~锅绿蛆取~桃：摘桃趣絮~衣：棉衣育

ye　　雀麻~

ã　an　班扳~手般搬板半盘伴作~扮办判叛襻~子：鞋襻蛮满慢翻烦反贩人~子饭耽担丹单胆掸旦贪摊潭谭弹毯淡炭篮蓝兰拦栏猪懒烂簪盏展站瓒参餐盃惨产三山散伞甘间肩减赶杆砍看安岸咸寒~气含喊汉

iɛn　　拈~勾：抓阄颜眼项

aŋ　　榜忙氓流~方~便浪~费裳衣~钢康

iã　iɛn　鞭边辫扁匾变编篇偏便~宜便随~骗遍片面癫~子：疯疯癫癫的人点典店电佃天甜田填簟竹席：一床垫连联对~廉镰莲言练炼楝尖煎剪箭溅贱签千钱前仙先线鲇~拐子：鲇鱼年碱检简捡碾剑见铅钳夹~：火钳件欠健嫌闲险显阉烟炎盐阎檐瓦~：屋檐严颜燃扬延演~员艳燕

an　　粘~对联：贴对联占颤陕闪扇蒲~染~布

ŋe　　曾唔~：没有

iaŋ　　良匠木~

iŋ　　明~日

i　　鲫~鱼

uã | uan | 端短缎团圈卵乱赚酸闩门~算蒜官观管馆灌罐惯宽关眶款欢还~钱换豌弯完还~钱环碗腕万

| an | 柑干肝敢秆稻草赶~圩汗

| uaŋ | 庄装桩状疮冻~窗闯双光~线狂发~广荒汪枉冤~往旺

| yŋ | 兄

| aŋ | 葬脏仓~库桑

| iaŋ | 豇~豆

yã | yan | 全泉旋选癣捐拳权劝宣冤缘元原源袁圆远院愿

| iɛn | 浅鲜县檐~老鼠：蝙蝠铅

| uan | 砖转~□kʻuɐ^{33}：转圈穿串~网；渔网船椽~皮；椽子软丸~子

əŋ | əŋ | 蜂蓬使蓬松：头发~起朋篷斗~；斗笠捧蒙猛孟梦风疯丰封锋讽凤奉

| uŋ | 东冬董懂动冻栋洞筒通同铜桐童桶统痛聋咙隆龙农脓浓拢笼棕宗终总粽~巴；粽子聪匆葱充崇从松耸送宋诵颂讼中忠钟种中众种冲虫重铳公蚣功攻弓宫拱贡空控共烘红洪鸿

| əŋ | 哄

| yŋ | 穷

| aŋ | 蚌~螺

iəŋ | yŋ | 胸凶熊雄嗅荣绒融蓉勇用

õ | aŋ | 帮绑网串~；渔网方四~芳放裆党垱~子；地方汤堂~妹唐糖塘凼水坑郎狼壮仓~谷丧张章樟涨掌战帐胀障降昌长肠场强丈厂唱缸江条~光讲虹秆麦~，豌豆~杆一行；一根甘蔗（也可指一根玉米杆）矿糠慌行皇苋巷

| ən | 嫩

| əŋ | 冷好~人；好冷争莫要~；不要争生~鱼；活鱼~□ka^{45}子；下蛋；~麻；出麻疹甥正诊~病

| uan | 暖

| uaŋ | 床撞霜打~婆；打霜爽黄王旺

| uən | 孙

| u | 诉告~

| iaŋ | 姜江~湖讲~台

| iŋ | 颈~根；脖子轻影日头~；太阳硬

iõ | iŋ | 坪平病名钉鼎煮饭的器具，上面有提手订听厅领岭精~肉井清水好~青晴请~你来净搓~；搓干净星腥赢

əŋ　声_{唔～唔气: 不声不气}

　an　扇_{蒲～}

　aŋ　长_{～高}商伤常_经～上让

uaŋ　装_{～饭}

iaŋ　凉量粮梁梁两亮将浆蒋奖酱枪墙祥抢像_{蛮～}; _{很像}相箱湘相像娘
香乡降响向秧殃羊洋烊杨阳疡养痒样

ĩ　iŋ　冰兵饼并拼评名命钉灯顶廷定菱灵零铃令另精_{～怪}; _{～神}静清_{～楚}
情请_{～帖}静净_{干～}星_{～期}性_{～子}姓京惊经景警境镜竞庆形刑兴幸应
鹰英寅迎影应

　in　品聘林鳞浸进亲尽心辛新信金斤紧劲琴芹今筋近音阴银引印

　ən　盆彭本门分粉喷份针珍_{～珠}真侦诊枕镇陈参_{人～}深身申伸神审跟
根肯恨恩人_{～品}仁忍任认

　əŋ　等凳邓藤曾增争_{～气}层生_{花～}; _{～意}省能蒸征拯整证症郑正政称惩
乘承丞程成城秤升_{上～}声_{～音}绳剩胜盛庚_{老～: 同年生的男性互称}羹更恒

　yn　寻

uən　肫

uən　uən　顿吞囤钝_{～婆}; _{蠢婆}准村椿春存蠢寸孙纯损顺滚棍昆困婚魂困
混温瘟文稳闰问

　ən　圳豮_{～猪: 阉割过的公猪}

　yn　群裙菌晕云运

　əŋ　横

　in　尹

　yŋ　永

uei　髓_{骨～}

yn　yn　君均军_参～俊

ŋ̍　u　五伍

　y　鱼

（三）声调的比较

桂阳六合土话有 4 个声调，北京话也是 4 个声调，他们的对应关系见
下表。表中例字分两种字体，大的表示基本情况，小的表示少数读法。

表2-10   桂阳六合土话和北京话声调比较表

北京 六合	阴平 55	阳平 35	上声 214	去声 51
阴平 33	多家瓜杯交兜｜屋搭刮摸	杂敌及挪篮蓬聋	谷甲百雪北法	侧色刻日力岔系逗秽爸妇辩
阳平 13		眉齐抬茶茄禾头来淘桥牛甜		蟹跪
上声 42	歪		补嘴酒抢体品米我马野	是簿弟被在坐厚舅淡近伴丈
去声 45	喝滴悉贴搓敲	啄白勺滑螅胡糊桃梨笋笼坪流	饺哪朵豉爪尫	布桂唱事树慢｜部后｜戚落药或

从表中可以看出，除少数例外字外，六合话的阴平、阳平、上声、去声，在普通话中基本上也是阴平、阳平、上声、去声。但六合话的阴平在北京话里阴平、阳平、上声、去声都有，是因为古入声字在今北京话中分别读成普通话四声，而六合话阴平字里也包含了古清入声字如"屋、搭、刮、谷、甲、百、雪、北、法、侧、色、刻"，古次浊入声字如"摸、日、力"，古全浊入声字如"杂、敌、及"。六合话的上声在北京话里上声、去声都有，是因为在六合话里古清上、次浊上一律读上声，而古全浊上声字在六合话里一部分常用字仍读上声，而另一部分书面用字读成去声。六合话的去声在北京话里阴平、阳平、上声、去声都有，这是因为古入声字在今北京话里分别读成普通话四声，而六合话去声字里包含了古清入声字如"喝、滴、悉、贴、啄、饺、戚"，古次浊入声字如"落、药"，古全浊入声字如"白、勺、滑、或"。

七、土话音系与中古音比较

这一节进行中古音与今音的比较。所谓中古音是指《切韵》《广韵》所代表的中古音系，也就是《方言调查字表》的语音系统；所谓今音，在这里是指桂阳六合土话音系。

比较是从中古音系出发，看从古到今桂阳六合土话语音的演变。

（一）声母的古今比较

表 2-11　古今声母比较表

		清				全浊		
						平		仄
帮组		帮	杯 pe^{33}	滂	怕 p'a^{45}	并	盘 p'ã^{13}	步 p'u^{45}
非组		非	飞 fi^{33}	敷	翻 fã^{33}	奉	符 fu^{13}	腐 fu^{42}
端泥组	今洪	端	带 ta^{45}	透	天 t'iã^{33}	定	堂 t'ɔ̃^{13}	读 t'u^{45}
	今细							
精组	今洪	精	组 tsu^{42}	清	菜 ts'ue^{45}	从	财 ts'a^{13}	坐 ts'o^{422}
	今细		姐 tsia^{42} 挤 tɕi^{42}		青 ts'iɔ̃^{33} 秋 tɕ'iəu^{33}		情 ts'ĩ^{13}	集 tɕ'ie^{45} 静 ts'ĩ^{4}
知组	今洪	知	罩 tsɔ^{45} 张 tɕɔ̃^{33}	彻	耻 ts'ɿ^{42} 超 tɕ'ɔ^{33}	澄	茶 ts'a^{13} 虫 tɕ'əŋ^{13}	赚 ts'uã^{45} 丈 tɕ'ɔ̃^{42}
	今细		猪 tɕy^{33}		丑 tɕ'iəu^{42}		程 tɕ'ĩ^{13}	苎 tɕ'y^{42}
庄组		庄	渣 tsa^{33}	初	吵 ts'ɔ^{42}	崇	愁 ts'ɔ^{13}	助 ts'u^{45}
章日组	今洪	章	纸 tsɿ^{42} 遮 ta^{33}	昌	春 ts'uən^{33} 扯 t'a^{42}	船		示 sɿ^{45}
	今细		煮 tɕy^{42}		臭 tɕ'iəu^{45}		蛇 ɕia^{13}	舌 ɕie^{45}
见晓组	今洪	见	改 ka^{42} 加 ta^{33}	溪	开 k'a^{33} 巧 t'ɔ^{42}	群	裙 k'uən^{13} 茄 t'a^{13}	共 k'əŋ^{45} 轿 t'ɔ^{45}
	今细		根 k ĩ^{33} 检 tɕiã^{42}		客 k'iæ^{33} 欠 tɕ'iã^{45}		求 tɕ'iəu^{13}	近 k' ĩ^{42} 舅 tɕ'iəu^{42}
影组		影	屋 u^{33} 矮 ŋa^{42}					

续表

	次浊			清		全浊				
							平	仄		
明	买 ma^{42}									帮组
微	味 ue^{45}									非组
泥	闹 lɔ^{45}	来	路 lu^{45}						今洪	端泥组
	牛 ȵiəu^{13}		力 lie^{33}						今细	
				心	四 sɿ^{45}	邪	随 tsʻue^{13}	饲 sɿ^{45}	今洪	精组
					写 sia^{42} 洗 çi^{42}		斜 tsʻia^{13} 徐 tɕʻy^{13}	袖 tɕʻiəu^{45} 序 çy^{45}	今细	
									今洪	知组
									今细	
				生	沙 sa^{33}					庄组
日	耳 ɔ^{42}			书	税 sue^{45}	禅	时 sɿ^{13}	是 sɿ^{42}	今洪	章日组
	染 iã^{42} 肉 ȵiəu^{33}				水 çy^{42}		仇 tɕʻiəu^{13}	树 çy^{45}	今细	
疑	艾 ŋa^{45} 外 ue^{45}			晓	灰 xue^{33}	匣	河 xo^{13} 禾 o^{13}	害 xa^{45}	今洪	见晓组
	宜 ni^{13} 愿 yã^{45}				凶 çien^{33}		嫌 çia^{13}	现 çia^{45}	今细	
云	位 ue^{45}	以	羊 iɔ̃^{13}							影组

帮母字今读 p。读 p' 的有"谱、庇、扮、编、遍、本、迫"。

滂母字今读 p'。读 p 的有"坡、玻、扳"。读 f 的有"喷~嚏"。

並母字今读 p'。读 p 的有"婆老~、薄~荷、杷枇~、毙、背、枇、备、暴、辫"。

明母字今均读 m。

非母字今读 f。读 p' 的有"痹"。

敷母字今读 f。读 p' 的有"敷、蜂、捧"。

奉母字今读 f。读 p' 的有"辅"。读 p 的有"浮"。

微母字今读 Ø。读 m 的有"蚊、网、雾"。

端母字今读 t。读 t' 的有"堤、帝"。

透母字今读 t'。读 t 的有"贷"。

定母字今读 t'、t。读 t 的主要是仄声字,有"杜、队、道、盗、导、调、电、佃、缎、邓、敌、动、洞"。"桃 tɔ⁴⁵、筒 təŋ⁴⁵"属于平声字,但在六合话中读成去声即仄声。"逗 te³³"属于去声字,但在六合话中读成阴平。

泥母字今细音读 ȵ,洪音读 l。读 tɕ 的有"碾"。

来母字今读 l。读 t' 的有"隶"。

精母字今读 ts、tɕ。大体上是一等字读 ts,三、四等字按韵母不同分读成 ts、tɕ。

清母字今读 ts'、tɕ'。

从母字今读 ts'、tɕ'。读 ts 的都是仄声字,有"罪、杂、绝、脏、静"。读 s 的有"自"。

心母字今读 s、ɕ。

邪母字今读 s、ɕ、ts' 和 tɕ'。今平声读 ts' 和 tɕ',今仄声多读 s、ɕ,仄声读 ts' 的有"像"。读 tɕ' 的有"袖"。

知母今洪音读 ts、ʈ,今细音读 tɕ。读 t 的有"长"。

彻母今洪音读 ts'、ʈ',今细音读 tɕ'。

澄母今洪音读 ts'、ʈ',今细音读 tɕ'。读 ts 的有"痔、治、轴"。读 tɕ 的有"郑"。读 ɕ 的有"橼"。

庄母字今读 ts。读 tɕ 的有"窄、责"。读 tɕ' 的有"侧"。

初母字今读 ts'。读 tɕ' 的有"测、策、册"。读 s 的有"厕"。

崇母字今读 ts'。读 s 的有"柿、事"。

生母字今读 s。读 ɕ 的有"涩、杀、色"。读 ts' 的有"产"。

章母字今洪音读 ts、tȿ，细音读 tɕ。

昌母字今洪音读 ts'、tȿ'，细音读 tɕ'。读 ts 的有"齿"。

船母字今洪音读 s，细音读 ɕ。读 tɕ' 的有"乘"。

书母字今洪音读 s，细音读 ɕ。读 tɕ 的有"翅、守"。

禅母字今洪音读 s，细音读 ɕ。读 tɕ' 的有"仇、承、丞、殖、植、成、城、诚"。

日母字今洪音读 ∅，今细音读 ∅、ȵ。

见母今洪音读 k、tȿ，细音读 k、tɕ。读 ∅ 声母的有"锅"。读 k' 的有"愧、关、矿"。读 tɕ' 的有"级"。读 ɕ 的有"酵"。读 ts 的有"菊"。

溪母今洪音读 k'、tȿ'，细音读 k'、tɕ'。读 f 的有"苦"。读 tɕ 的有"杞"。读 x 的有"去、恢、糠、肯"。

群母今洪音读 k'、tȿ'，细音读 k'、tɕ'。读 k 的有"佢"。读 tɕ 的有"具、妓、极、竞"。

疑母今洪音读 ŋ、∅，今细音读 ȵ、∅。读 ŋ 自成音节的有"五、伍、鱼"。

晓母今洪音读 x，细音读 ɕ。读 ∅ 的有"歪"。读 tɕ' 的有"戏"。读 ts' 的有"畜"。

匣母今洪音读 x，细音读 ɕ。读 ∅ 的有"禾、胡~子、完、丸、滑、话、还、黄"。读 f 的有"胡姓~、狐、壶、户、互、护、瓠、活"。读 k 的有"械、虹"。

影母今读 ∅、ŋ。

云母今读 ∅。读 ɕ 的有"熊、雄"。读 x 的有"晕"。

以母今读 ∅。读 tɕ 的有"捐"。读 tɕ' 的有"铅"。读 ɕ 的有"腋"。

（二） 韵母的古今比较

韵母的古今比较见以下两表。

表 2-12　古今韵母比较表之一

	一等			二等			
	帮系	端系	见系	帮系	泥组	知庄组	见系
果开		多 to³³ 大 t'a⁴⁵	歌 ko³³				
果合	破 p'o⁴⁵	剁 to⁴⁵	过 ko⁴⁵				
假开				爬 p'a¹³	la¹³ 拿	tsa³³ 渣	嫁 ka⁴⁵ 夏 çia⁴⁵
假合							瓜 kua³³ 瓦 ŋa⁴²
遇合	补 pu⁴²	土 t'u⁴²	姑 ku³³ 蜈 o⁴⁵ 五 ŋ⁴²				
蟹开		代 t'a⁴⁵ 来 le¹³	开 k'a³³ 盖 kue⁴⁵	拜 pa⁴⁵	奶 la⁴²	斋 tsa³³	矮 ŋa⁴²
蟹合	杯 pe³³	退 t'ue⁴⁵	灰 xue³³ 块 k'ua⁴²				挂 kua⁴⁵
止开							
止合							
效开	毛 mɔ¹³	早 tsɔ⁴²	好 xɔ⁴²	饱 pɔ⁴²	闹 lɔ⁴⁵	吵 ts'ɔ⁴²	咬 ŋɔ⁴² 校 çiɔ⁴⁵
流开	亩 mɔ⁴² 拇 mu⁴²	豆 t'e⁴⁵ 走 tse⁴²	狗 ke⁴⁵ 沤 e⁴⁵				
咸舒开		胆 tã⁴² 男 lã¹³	喊 xã⁴² 敢 kuã⁴²			站 tsã⁴⁵ 赚 ts'uã⁴⁵	减 kã⁴²
咸舒合							
深舒开							
山舒开		单 tã³³	看 k'ã⁴⁵ 肝 kuã³³	扳 pã³³		产 ts'ã⁴²	眼 ŋã⁴² 闲 çiã¹³
山舒合	伴 p'ã⁴²	端 tuã³³ 算 suã⁴⁵	宽 k'uã³³			闩 suã³³	关 k'uã³³ 还 xa¹³
臻舒开		吞 t'uən³³	根 kĩ³³ 恨 xĩ⁴⁵				
臻舒合	门 mĩ¹³	孙 suən³³ 嫩 lɔ̃⁴⁵	困 xuən⁴⁵ 稳 uən⁴²				
宕舒开	帮 pɔ̃³³ 忙 mã¹³	汤 t'ɔ̃³³ 浪 lã⁴⁵ 桑 suã³³	缸 kɔ̃³³ 钢 kã³³				
宕舒合			黄 ɔ̃¹³ 广 kuã⁴²				
江舒开				绑 pɔ̃⁴²		桩 tsuã³³	虹 kɔ̃⁴⁵ 项 xã⁴⁵
曾舒开	朋 p'əŋ¹³	藤 t'ĩ¹³ 层 ts'ĩ¹³	肯 xĩ⁴²				
曾舒合			国 kuæ³³				
梗舒开				彭 p'ĩ¹³ 猛 məŋ⁴²	冷 lɔ̃⁴²	争 tsɔ̃³³ 省 sĩ⁴²	硬 ɔ̃⁴⁵ 庚 kĩ³³
梗舒合							矿 k'ɔ̃⁴⁵ 横 xuən¹³

续表

	三、四等							
帮系	端组	泥组	精组	庄组	知章组	日母	见系	
							茄 $tɕʻa^{13}$	果开
							靴 $ɕye^{33}$	果合
			借 $tsia^{45}$		扯 $tʻʅa^{42}$ 蛇 $ɕia^{13}$	惹 $ȵia^{42}$	野 ia^{42}	假开
								假合
		女 $ȵy^{42}$ 滤 lue^{45}	徐 $tɕʻy^{13}$ 絮 $ɕiəu^{45}$	初 $tsʻu^{33}$	煮 $tɕy^{45}$		芋 y^{45} 去 $xɤ^{45}$ 锯 ka^{45} 鱼 $ŋ^{13}$	遇合
米 mi^{42}	剃 $tʻi^{45}$	泥 $ȵi^{13}$	细 $ɕi^{45}$		世 $ʂʅ^{45}$		鸡 $tɕi^{45}$ 系 ka^{33}	蟹开
废 fi^{45}			脆 $tsʻue^{45}$ 岁 $ɕiəu^{45}$		税 sue^{45}		桂 kue^{45}	蟹合
眉 mi^{13}	地 $tʻi^{45}$	梨 li^{45}	字 $tsʻʅ^{45}$	柿 $ʂʅ^{45}$ 筛 sa^{33}	是 $ʂʅ^{42}$ 支 $tɕi^{33}$	耳 $ɔ^{42}$	记 $tɕi^{45}$ 宜 $ȵi^{13}$	止开
飞 fi^{33} 味 ue^{45}		累 lue^{45} 泪 $liəu^{45}$	随 $tsʻue^{13}$ 醉 $tɕiəu^{45}$	帅 sua^{45}	锥 $tsue^{33}$ 水 $ɕy^{42}$		鬼 kue^{42} 喂 u^{45}	止合
庙 mio^{45}	吊 tio^{45}	尿 $ȵio^{45}$	笑 sio^{45}		烧 $ɕio^{33}$ 超 $tʻɔ^{33}$	绕 io^{45}	晓 $ɕio^{42}$ 轿 $tʻɔ^{45}$	效开
浮 po^{13} 妇 fu^{33}		留 $liəu^{13}$	酒 $tɕiəu^{42}$	皱 tse^{45} 愁 $tsʻɔ^{13}$	丑 $tɕʻiəu^{42}$ 手 $ɕiəu^{42}$		九 $tɕiəu^{42}$ 又 $iəu^{45}$	流开
	甜 $tʻiã^{13}$	镰 $liã^{13}$	尖 $tsiã^{33}$		陕 $ɕiã^{42}$	染 $iã^{42}$	钳 $tɕʻiã^{13}$ 嫌 $ɕiã^{13}$	咸舒开
犯 $fã^{45}$								咸舒合
品 $pʻĩ^{42}$		林 $lĩ^{13}$	寻 $tsʻĩ^{13}$ 参 $sĩ^{33}$		针 $tɕĩ^{33}$		今 $kĩ^{33}$	深舒开
骗 $pʻiã^{45}$ 面 $miã^{45}$	田 $tʻiã^{13}$	碾 $tɕiã^{42}$ 年 $ȵiã^{13}$	煎 $tsiã^{33}$ 前 $tsʻiã^{13}$		颤 $tɕiã^{45}$ 扇 $ɕiã^{45}$	燃 $iã^{13}$	件 $tɕʻiã^{42}$ 显 $ɕiã^{42}$	山舒开
饭 $fã^{45}$ 万 $uã^{45}$			旋 $tsʻyã^{45}$		橡 $ɕyã^{13}$ 穿 $tɕʻyã^{33}$	软 $yã^{42}$	劝 $tɕʻyã^{33}$ 县 $ɕyã^{45}$	山舒合
		鳞 $lĩ^{13}$	新 $sĩ^{33}$		陈 $tɕʻĩ^{13}$ 真 $tɕĩ^{33}$	忍 $ĩ^{42}$	紧 $tɕĩ^{42}$ 近 $kʻĩ^{42}$	臻舒开
分 $fĩ^{33}$ 问 $uən^{45}$					春 $tsʻuən^{33}$	闰 $uən^{45}$	菌 $kʻuən^{42}$ 君 $tɕyn^{33}$	臻舒合
		凉 $liɔ^{13}$	抢 $tsʻiɔ^{42}$ 匠 $tsʻiã^{45}$	床 $tsʻɔ^{13}$ 疮 $tsʻuã^{33}$	樟 $ʅɔ^{33}$ 上 $ɕiɔ^{42}$	让 $iɔ^{45}$	香 $ɕiɔ^{33}$ 姜 $ʅɔ^{33}$	宕舒开
放 $fɔ^{45}$							王 $ɔ^{13}$ 往 $uã^{42}$	宕舒合
								江舒开
冰 $pĩ^{33}$		菱 $lĩ^{13}$			蒸 $tɕĩ^{33}$ 剩 $ɕĩ^{45}$		应 $ĩ^{33}$	曾舒开
								曾舒合
平 $pʻiɔ̃^{13}$ 饼 $pĩ^{42}$	钉 $tiɔ̃^{33}$ 顶 $tĩ^{42}$	领 $liɔ̃^{42}$ 零 $lĩ^{13}$	井 $tsiɔ̃^{42}$ 姓 $sĩ^{45}$		声 $ɕiɔ̃^{33}$ 正 $ʅɔ̃^{33}$ 郑 $tɕĩ^{45}$		轻 $tʻɔ̃^{33}$ 经 $tɕĩ^{33}$	梗舒开
							永 $uən^{42}$ 荣 $iəŋ^{13}$	梗舒合

表 2-13 古今韵母比较表之二

	一等			二等			
	帮系	端系	见系	帮系	泥组	知庄组	见系
通舒合	蓬 p'əŋ^{33}	同 t'əŋ^{13} 总 tsəŋ^{42}	公 kəŋ^{33} 红 xəŋ^{13}				
咸入开		答 tiæ^{33} 杂 tsa^{33}	盒 o^{45}			眨 tsa^{33}	夹 kiæ^{33} 鸭 æ^{33}
咸入合							
深入开							
山入开		辣 liæ^{45}		八 piæ^{33}		杀 ɕiæ^{33}	
山入合	泼 p'o^{33}	脱 t'o^{33}	活 fiæ^{45}			刷 sua^{42}	滑 yæ^{45} 刮 kuæ^{33}
臻入开							
臻入合			骨 kuæ^{33} 核 xæ^{33}				
宕入开	摸 mo^{33} 泊 piæ^{33}	错 ts'o^{45} 落 la^{45}	各 ko^{33} 恶 ŋo^{33}				
宕入合							郭 ko^{33}
江入开				剥 pʋ^{11}		桌 tso^{22}	角 ka^{33} 壳 k'o^{33} 学 ɕio^{13} 饺 tɕiɔ^{45}
曾入开	默 miæ^{33}	德 tiæ^{33} 肋 liæ^{33}	刻 k'iæ^{33} 黑 xæ^{33}				
曾入合			国 kuæ^{33} 或 xuæ^{45}				
梗入开				白 p'o^{45} 麦 mo^{45}		拆 tɕ'iæ^{33} 责 tɕiæ^{33}	客 k'a^{33} 革 kiæ^{33}
梗入合							划 xua^{13}
通入合	木 mu^{33}	读 t'u^{45} 毒 t'u^{45}	哭 k'u^{33} 酷 k'u^{45}				

续表

帮系	端组	泥组	精组	庄组	知章组	日母	见系	三、四等
梦 məŋ⁴⁵		浓 ləŋ¹³	松 səŋ³³	崇 ts‘əŋ¹³	中 tɕəŋ³³ 肿 tɕəŋ⁴²	绒 iəŋ¹³	嗅 ɕiəŋ⁴⁵ 共 k‘əŋ⁴⁵	通舒合
	帖 t‘ie³³		接 ts ie³³		折 tɕie³³		业 ȵie³³ 叶 ie⁴⁵	咸入开
法 fiæ³³								咸入合
		粒 liæ⁴⁵	习 sie⁴⁵	涩 ɕiæ³³	湿 ɕie³³		及 tɕ‘ie³³	深入开
灭 mie⁴⁵ 撇 p‘ie³³	铁 t‘ie³³	裂 lie⁴⁵	切 tɕ‘ie³³		舌 ɕie⁴⁵	热 ie⁴⁵	杰 tɕ‘ie⁴⁵ 结 tɕie³³ 孽 ȵi³³	山入开
发 fiæ³³ 袜 yæ³³			雪 sye³³				月 ye⁴⁵ 血 ɕye³³	山入合
笔 pie³³ 匹 p‘i³³		栗 li⁴⁵	七 tɕ‘ie³³		侄 tɕ‘ie⁴⁵ 实 ɕie⁴⁵	日 ȵi³³	一 ie³³	臻入开
物 yæ³³			戌 ɕy³³		术 ɕye⁴⁵ 出 tɕ‘ye³³			臻入合
			削 ɕiəu³³		着 t‘o⁴⁵ 勺 ɕio⁴⁵	弱 ȵio⁴⁵	脚 to³³ 约 io³³	宕入开
							钁 to³³	宕入合
								江入开
逼 pie³³		力 lie³³	熄 sie³³	侧 tɕ‘iæ³	直 tɕ‘ie⁴⁵ 织 tɕie³³		极 tɕie³³ 亿 i⁴⁵	曾入开
							域 ye⁴⁵	曾入合
壁 piæ³³	笛 t‘i⁴⁵ 踢 t‘iəu³³	历 lie⁴⁵	席 sie⁴⁵ 锡̄ sia³³		炙 ta³³ 适 ɕie³³		吃 t‘a³³ 益 i⁴⁵	梗入开
							疫 y⁴⁵	梗入合
服 fu³³		六 liəu⁴⁵ 绿 liəu⁴⁵	肃 su³³ 俗 su¹³		竹 tiəu³³ 祝 tsu³³	肉 ȵiəu³³	育 iəu⁴⁵ 畜 ts‘u³³ 局 tɕ‘y¹³	通入合

下面按十六摄顺序先说明古今韵母的对应关系，后指出例外情况。

果开一读 o。读 a 的有"大、哪"。

果开三读 a。

果合一读 o。

果合三读 ye。

假开二读 a，文读音为 ia，如"夏"。

假开三读 ia 和 a，文读音为 ie，如"谢、社、麝"。

假合二读 ua 和 a。

遇合一读 u，读 o 的有"蜈"，读 ŋ 自成音节的有疑母字"五、伍"，读 ɔ 的有"诉"。

遇合三读 u 和 y。读 iəu 的有泥组和精组字"吕、蛆、絮、取、趣"，读 a 的有"锯"，读 ɤ 的有"佢、去"，读 ŋ 的有疑母字"鱼"，读 ue 的有泥组字"虑、滤"，读 o 的有"所"。

蟹开一白读为 e、ue，文读为 a。

蟹开二均读为 a。

蟹开三、四读 i 或 ɿ。读 a 的有"系、髻"。

蟹合一读 e、ue。读 ua 的有"块、会"。

蟹合二读 ua。

蟹合三读 ue。读 i 的有读"废、肺"，读 iəu 的有"岁"。

蟹合四读 ue。

止开三读 i 或 ɿ。读 e 的有"碑、霉"，读 a 的有"筛"，读 iæ 的有"翅"，读 ɔ 的有"二、贰、耳"。

止合三读 ue。读 y 的有"吹、跪、锤、水"，读 iəu 的有"嘴、泪、醉"，读 i 的有"飞、匪、肥、痱、费"，读 u 的有"喂"。读 uən 的有"髓"。读 ua 的有"帅"。

效开一读 ɔ。

效开二读 ɔ、ciɔ。读 ua 的有"<u>抓</u>"。

效开三读 ciɔ、ɔ。

效开四读 ciɔ、ɔ。

流开一读 e。读 ɔ 的有"某、亩、牡、<u>斗</u>、欧"。读 u 的有"母、拇"。

流开三读 iəu、e，读 ɔ 的有"浮、谋、矛、愁、搜"，读 u 的有"妇、负、富、副、漱"。

咸开一、二舒声读 ã、uã。读 a 的有"杉"。读 iã 的有"碱"。

咸开三、四舒声读 iã。

咸合三舒声读 ã。

深开三舒声读 ĩ。

山开一舒声读 ã、uã，读 ɔ 的有"<u>秆</u>"。

山开二舒声读 ã、iã。读 ɔ 的有"苋"。

山开三、四舒声读 iã。读 yã 的有"鲜_{又音}、浅、癣"，读 ɔ 的有"战"，读 iɔ 的有"<u>扇</u>"，读 ã 的有"肩"。

山合一、二舒声读 ã、uã。读 yã 的有"丸"，读 a 的有"断、还"，读 ĩ 的有"拼"。

山合三、四舒声读 ã、yã。

臻开一、三读 ĩ。读 uən 的有"吞"。

臻开三读 ĩ。读 ɔ 的有"<u>诊</u>"。

臻合一帮组读 ĩ，其他读 uən。读 ɔ 的有"嫩"。

臻合三非组多数读 ĩ，其他读 uən、yn。

宕开一白读 ɔ，文读 ã、uã。

宕开三白读 ɔ、iɔ，文读 iã、uã。

宕合一、三白读 ɔ，文读 uã。

江开二白读 ɔ、iɔ，文读 uã。

曾开一帮组读 əŋ，其他读 ĩ。

曾开三读 ĩ。

曾合一读 uæ。

梗开二白读 ɔ，文读 ĩ。读 əŋ 的有"猛、孟"。

梗开三、四白读 ɔ、 iɔ，文读 ĩ。

梗合二、三读 ɔ、uən、iəŋ。读 y 的有"疫"，读 uã 的有"兄"。

通合一读 əŋ。

通合三读 əŋ、iəŋ。

咸开一入读 a、o、iæ。

咸开二入读 a、æ、iæ。

咸开三、四入读 ie。

咸合三入读 iæ。

深开三入读 ie、iæ。

山开一、二入读 iæ。

山开三、四入读 ie。读 i 的有"孽、篾"。

山合一、二入帮组、端组读 o，见系读 iæ、uæ、yæ。读 ua 的有"刷"。

山合三、四入读 ye、iæ、yæ。

臻开三入白读 ie，文读 i、ɿ。

臻合一、三入读 ye、æ、uæ、yæ。读 y 的有"戌"。

宕开一入读 o。读 a 的有"落"，读 iæ 的有"泊"。

宕开三入读 o、io。读 iɔ 的有"跃"，读 iəu 的有"削"。

宕合一、三入读 o。

江开二入读 o、io。读 a 的有"<u>角</u>"，读 u 的有"朴"，读 ɔ 的有"雹"，读 iɔ 的有"饺"。

曾开一、三入读 ie、æ、iæ。读 i 的有"亿"。

曾合一入读 uæ。

曾合三入读 ye。

梗开二入帮组读 o，其他读 æ、iæ。读 a 的有"<u>客</u>"。

梗开三、四入白读 a、ia，文读 ie、i。读 iəu 的有"踢"。

梗合二入读 ua。

梗合三、四入读 y。

通合一、三入文读 u、y。白读 iəu 的有"六、竹、熟、肉、育、绿"。读 ɔ 的有"瀑"。

（三）声调的古今比较

声调的古今比较见下表。

表 2-14　　古今声调比较表

		阴平 33	阳平 13	上声 42	去声 45
古平声	清	锅斋边风			
	次浊		锣牙泥围		
	全浊		柴肥牌球		
古上声	清			假煮鸟胆	
	次浊			野五买咬	
	全浊			坐被厚近	亥造后受
古去声	清				贵要劝进
	次浊				面问让硬
	全浊				事汗饭病
古入声	清	屋切雪竹 日力默肉			啄悉饺滴
	次浊				落药月辣
	全浊	杂敌及核			读白舌滑

表中例字分两种字体，大的表示基本情况，小的表示少数读法。

古四声和桂阳六合话声调的对应关系如下：

古平声清声母字今读阴平，古平声次浊、全浊声母字今读阳平。

古上声清声母和次浊声母字今读上声，古上声全浊声母常用字保留上声，书面用字读为去声。

古去声字无论声母清浊今一律读去声。

古入声清声母字今多读阴平，少数读去声；古入声全浊声母字今多读去声，少数读阴平。

古入声次浊声母字今一部分读阴平，一部分读去声。

下面把古全浊上声、入声归类详情开列如下：

古全浊上读上声　是 sʅ⁴² 被 p'i⁴² 弟 t'i⁴² 徛 tɕ'i⁴² 簿 p'u⁴² 肚 t'u⁴²又tu⁴² 腐豆~ fu⁴² 辅~导 p'u⁴² 皂肥~ts'ɔ⁴² 苎柱 tɕ'y⁴² 断 t'a⁴² 坐 ts'o⁴² 在 ts'e⁴² 厚 xe⁴² 舅 tɕ'iəu⁴² 淡 t'ã⁴² 篁 t'iã⁴² 件一~衣裳 tɕ'iã⁴² 伴作~p'ã⁴² 蚌~螺 p'əŋ⁴² 静门府歇~：万籁俱静 ts'ʅ⁴² 近蛮~：很近 k'ʅ⁴² 菌 k'uən⁴² 丈 ʈɕ'ɔ⁴² 重蛮~：很重 t'əŋ⁴² 上~口 tɕ⁴⁵：上午 ɕiɔ̃⁴²

古全浊上读去声　社公~ ɕie⁴⁵ 祸 xo⁴⁵ 部全~p'u⁴⁵ 杜 tu⁴⁵ 户 fu⁴⁵ 距 tɕy⁴⁵ 氏 sʅ⁴⁵ 竖 ɕy⁴⁵ 亥~时 xa⁴⁵ 汇~报 xue⁴⁵ 技~术 tɕ'i⁴⁵ 妓 tɕi⁴⁵ 巳柿市 sʅ⁴⁵ 道 tɔ⁴⁵ 造改~：~孽 ts'ɔ⁴⁵ 浩 xɔ⁴⁵ 绍 ɕiɔ⁴⁵ 后 xe⁴⁵ 受 ɕiəu⁴⁵ 件一~衣裳；物~：东西 tɕ'iã⁴⁵ 项金~链 xã⁴⁵ 幸 ɕi⁴⁵ 静肃~：安静 tsĩ⁴⁵ 动 təŋ⁴⁵ 跪 k'ue⁴⁵ 尽~孝 ts'ĩ⁴⁵

古清入读阴平　腹覆 fu³³ 筑祝 tsu³³ 速肃 su³³ 谷 ku³³ 屋 u³³ 搭 ta³³ 眨 tsa³³ 炙甲只 ʈa³³ 尺吃 ʈ'a³³ 角 ka³³ 客 k'a³³ 吓 xa³³ 锡 sia³³ 剥百 po³³ 脱 t'o³³ 脚鑼角一~钱 to³³ 确 t'o³³ 各 ko³³ 壳 k'o³³ 恶 ŋo³³ 笔毕逼 pie³³ 帖铁 t'ie³³ 接节 tɕie³³ 切~菜七漆油~ tɕ'ie³³ 熄吹~惜析 ɕie³³ 鲫 ts iæ³³ 折~被：叠被子急着~结~婚质~量积~德织~布职~业击激 tɕie³³ 级年~tɕ'ie³³ 乙一 ie³³ 雪 sye³³ 决 tɕye³³ 缺~子：缺口出~血 tɕ'ye³³ 靴血 ɕye³³ 湿适合~释识知~ɕie³³ 鸭 æ³³ 八北柏~树 piæ³³ 迫强~拍 p'iæ³³ 法冇~：没办法发 fiæ³³ 得德积~答 tiæ³³ 翅鸡~责负~扎~裤脚 tɕiæ³³ 侧~边测~试拆~开策册 tɕ'iæ³³ 杀~禾：割禾色颜~ɕiæ³³ 夹~子：~菜格及~：~子革~命隔 kiæ³³ 刻克 k'iæ³³ 黑 xæ³³ 骨~头国~家割~舌子：割舌头刮~瘊 kuæ³³ 竹 tiəu³³ 踢 t'iəu³³ 涩 ɕiæ³³

古清入读去声　啄 to⁴⁵ 作 tso⁴⁵ 沃 o⁴⁵ 戚亲~tɕ'ie⁴⁵ 悉熟~ɕie⁴⁵ 饰 ɕie⁴⁵ 饺 tɕiɔ⁴⁵ 滴~水 tiəu⁴⁵ 喝 xo⁴⁵ 窄好~：很窄 tɕiæ⁴⁵ 贴~佢唔倒：不像他 t'iæ⁴⁵

古次浊入读阴平　日 ȵi³³ 孽 ȵi³³ 录 lu³³ 目摸 mo³³ 力 lie³³ 业作~ȵie³³ 脉默~事：想事 miæ³³ 肋 liæ³³ 腋 ɕiæ³³ 物~件袜~子 yæ³³ 肉 ȵiəu³³

古次浊入读去声　蜡落纳出~la⁴⁵ 莫麦 mo⁴⁵ 弱 ȵio⁴⁵ 药 io⁴⁵ 灭 mie⁴⁵ 裂~开

历~史 lie⁴⁵ 叶~页 页热 ie⁴⁵ 月~亮域 ye⁴⁵ 墨 miæ⁴⁵ 育 iəu⁴⁵ 粒辣~子腊~肉 liæ⁴⁵

古全浊入读去声　笛 t'i⁴⁵ 独读 t'u⁴⁵ 择 ts'a⁴⁵ 石 çia⁴⁵ 薄白 p'o⁴⁵ 着~急 t'o⁴⁵ 合 xo⁴⁵ 盒 o⁴⁵ 勺 çio⁴⁵ 别~特 p'ie⁴⁵ 集~合 tç' ie⁴⁵ 习~惯席酒~ sie⁴⁵ 嚼 ts'iɔ⁴⁵ 熟 çiəu⁴⁵ 蛰惊~侄~女直好~: 很直值~班殖植~物杰 tç' ie⁴⁵ 十舌~子: 舌头实~在食~品 çie⁴⁵ 绝 tsye⁴⁵ 术白~ çye⁴⁵ 特 t'iæ⁴⁵ 活~血罚 fiæ⁴⁵ 或惑 xuæ⁴⁵ 滑 yæ⁴⁵ 狭好~: 很窄 xæ⁴⁵

古全浊入读阴平　服~气复 fu³³ 杂 tsa³³ 敌 tie³³ 席~客: 招待客人 sie³³ 极积~tçie³³ 及~格 tç' ie³³ 核~桃 xæ³³ 泽 tç'iæ³³

以下列举跟古今声调对应规律不相符合的例外字：

例外字	音韵地位	照例读法	实际读法	注
挪	果开一平歌泥	la¹³	la³³	
笆	果开一平歌来	lo¹³	lo⁴⁵	
搓	果开一平歌清	ts'o³³	ts'o⁴⁵	
哪	果开一上哿泥	la⁴²	la⁴⁵	
朵	果合一上果端	to⁴²	to⁴⁵	
爸	假开二去祃帮	pa⁴⁵	pa³³	
岔	假开二去祃初	ts'a⁴⁵	ts'a³³	
蜈	遇合一平模疑	o¹³	o⁴⁵	~蚣蛇: 蜈蚣
胡	遇合一平模匣	u¹³	u⁴⁵	~子
糊	遇合一平模匣	u¹³	u⁴⁵	煮~嘞: 煮糊了
蟹	蟹开二上蟹匣	xa⁴²	xa¹³	
系	蟹开四去霁见	ka⁴⁵	ka³³	
歪	蟹合二平佳晓	ua³³	ua⁴²	
秽	蟹合三去废影	y⁴⁵	y³³	
梨	止开三平脂来	li¹³	li⁴⁵	
厕	止开三去志初	sʅ⁴⁵	sʅ⁴²	
跪	止合三上纸群	tç'y⁴²	tç'y¹³	~倒: 跪下
桃	效开一平豪定	tɔ¹³	tɔ⁴⁵	
敲	效开二平肴溪	k'ɔ³³	k'ɔ⁴⁵	~门
爪	效开二上巧庄	tsɔ⁴²	tsɔ⁴⁵	鸡~子
稍	效开二去效生	sɔ⁴⁵	sɔ⁴²	
逗	流开一去候定	te⁴⁵	te³³	~人爱: 惹人爱

妇	流开三上有奉	fu⁴²	fu³³	新~：儿媳妇
篮	咸开一平谈来	lã¹³	lã³³	
辮	山开四上铣並	piã⁴²	piã³³	
刷	山合二入鎋生	sua³³	sua⁴²	
肫	臻合三平谆章	k'ĩ³³	k'ĩ⁴²	~ tɛ⁴⁵：（鸡、鸭等的）胃
学	江开二入觉匣	ɕio⁴⁵	ɕio¹³	
坪	梗开三平庚並	piɔ̃¹³	piɔ̃⁴⁵	
蓬	通合一平东並	p'əŋ¹³	p'əŋ³³	使蓬松：头发~起
筒	通合一平东定	t'əŋ¹³	təŋ⁴⁵	米~：量米筒
笼	通合一平东来	ləŋ¹³	ləŋ⁴⁵	
聋	通合一平东来	ləŋ¹³	ləŋ³³	耳朵~：耳聋
叔	通合三入屋书	ɕiəu³³	ɕiəu⁴²	

浊平读去声的例外字如"箩、蜈、胡、糊、梨、桃、坪、筒、笼"应该是受词语连读变调的影响，在词语里后字为浊平（阳平）的字总是变调读为去声。一部分单字也受连读变调影响，这些阳平字单念也读去声，而不读阳平。

八、音韵特点

（一）声母特点

1. 古全浊声母今读塞音、塞擦音时，不论平仄，多为送气的清音。现举例如下：

並母：簿 p'u⁴² 稗 p'a⁴⁵ 办 p'ã⁴⁵ 伴 p'ã⁴² 薄白 p'o⁴⁵ 平 p'iɔ̃¹³ 病 p'iɔ̃⁴⁵

定母：大 t'a⁴⁵ 毒 t'u⁴⁵ 代 t'a⁴⁵ 袋 t'ue⁴⁵ 弟老~t'i⁴² 豆 t'ɛ⁴² 淡 t'ã⁴² 定 t'ĩ⁴⁵

从母：坐 ts'o⁴² 在 ts'ɛ⁴² 字牸 ts'ʅ⁴⁵ 集 tɕ'ie⁴⁵ 尽 ts'ʅ⁴⁵ 层情 ts'ʅ¹³ 净 ts'iɔ̃⁴⁵

澄母：柱 tɕ'y⁴² 住 tɕ'y⁴⁵ 赵 ȶ'ɔ⁴⁵ 赚 ts'uã⁴⁵ 秩 ts'ʅ⁴⁵ 丈 ȶ'ɔ̃⁴² 泽 tɕ'iæ³³ 择 ts'a⁴⁵

崇母：苙寨 ts'a⁴⁵ 查豺柴 ts'a¹³ 助 ts'u⁴⁵ 愁 ts'ɔ¹³ 床 ts'ɔ̃¹³ 状 ts'uã⁴⁵ 崇 ts'əŋ¹³

群母：茄 ȶ'a¹³ 渠 tɕ'y¹³ 柜 k'ue⁴⁵ 桥 ȶ'ɔ¹³ 轿 ȶ'ɔ⁴⁵ 舅 tɕ'iəu⁴² 近 k'ĩ⁴² 共 k'əŋ⁴⁵

邪母：辞词祠 ts'ʅ¹³ 袖 tɕ'iəu⁴⁵ 寻 ts'ʅ¹³ 旋 ts'yã⁴⁵ 祥 ts'iɔ̃¹³ 像 ts'iɔ̃⁴⁵

禅母：仇 tɕ'iəu¹³ 承丞 tɕ'ʅ¹³ 殖植 tɕ'ie⁴⁵ 成城诚 tɕ'ʅ¹³

奉母：辅 p'u⁴²

船母：乘 tɕʻĩ¹³

其中並、定、从、澄、崇、群母字读送气音居多，只有少数字读不送气音，不送气音字以仄声居多，估计是受官话或普通话影响而读成不送气音。还有极少数读擦音。

邪母字今平声读 tsʻ 和 tɕʻ，今仄声多读 s、ɕ，禅、奉、船、匣母字多读擦音，极少数读送气音。

2. 分尖团。桂阳六合土话尖音保留比较完整，ia、ye、iɔ、iã、yã、iɔ̃、ĩ 韵跟"精、清、从、心、邪"声母组合都一律读 ts、tsʻ、s，古精组字与见晓组字在今细音前有区别。如：

写 sia⁴² ≠ 舍 ɕia⁴²　　雪 sye³³ ≠ 血 ɕye³³　　硝 siɔ³³ ≠ 烧 ɕiɔ³³

腥 siɔ̃³³ ≠ 香 ɕiɔ̃³³　　进 tsĩ⁴⁵ ≠ 镜 tɕĩ⁴⁵　　寻 tsʻĩ¹³ ≠ 承 tɕʻĩ¹³

但 i、y、ie、iəu 韵已经尖团不分。如：

西（心）ɕi³³ ＝稀（晓）ɕi³³　　修（心）ɕiəu³³ ＝休（晓）ɕiəu³³

节（精）tɕie³³ ＝结（见）tɕie³³　　酒（精）tɕiəu⁴² ＝九（见）tɕiəu⁴²

而且新派中受官话、普通话影响，不读尖音的字慢慢增多。如心母字"雪"老派读 sye³³，读音和血 ɕye³³ 不相同，但新派都读成 ɕye³³，已经不能区分了。

3．部分非组字保留了双唇音，如：

非组：敷 pʻu³³　　浮 pɔ¹³　　蚊 mi³³　　网 mɔ̃⁴²　　蜂 pʻɔ̃³³

4．溪母的口语常用字有读成擦音的现象，如：

苦 fu⁴²　　去 xɤ⁴⁵　　糠 xɔ̃³³　　起 ɕi⁴²　　肯 xĩ⁴²　　气弃 ɕi⁴⁵　　困 xuən⁴⁵

匣母的口语常用字有些读零声母，如：

禾 o¹³　　胡~子 u⁴⁵　　完 uã¹³　　丸 yã¹³　　滑 yæ⁴⁵　　话 ua⁴⁵　　还 uã¹³　　黄 ɔ̃¹³

5．见溪群母臻摄三等、梗摄三等有些字读为 [k] 组声母，如：

近 kʻĩ⁴²　　菌 kʻuən⁴²　　裙 kʻuən¹³　　庆 kʻĩ⁴⁵

6．疑母今洪音读 ŋ、∅，今细音读 n̠、∅。读 ŋ 自成音节的有"五、伍、鱼"。

洪音：饿 ŋo⁴⁵　　牙 ŋa¹³　　瓦 ŋa⁴²　　咬 ŋɔ⁴²　　藕 ŋe⁴²　　眼 ŋã⁴²　　蜈 o⁴⁵　　外 ue⁴⁵

细音：语 n̠y⁴²　　义 n̠i⁴⁵　　牛 n̠iəu¹³　　孽 n̠i³³　　愿 yã⁴⁵　　迎 ĩ¹³

7．ȶ、ȶʻ 声母的字来源于古知章组和见组。能与果摄、假摄、效摄、咸摄、山摄、臻摄、宕摄、江摄、梗摄、通摄等韵组合。现列举如下：

ȶa³³ 家~庭加嘉~禾，县名 遮甲只炙 ȶa⁴² 假贾 ȶa⁴⁵ 价话~，讲价

ʈ'a³³ 车尺吃 ʈ'a¹³ 茄 ʈ'a⁴² 扯~布

ʈɔ³³ 交~粮 郊城~ 胶~水 招~工 沼~气 骄娇 ʈɔ⁴² 狡~猾 缴~嘞佢咯物件：没收他的东西 绞 ʈɔ⁴⁵ 教莫~头：没有教养 照叫

ʈ'ɔ³³ 超~过 ʈ'ɔ¹³ 朝桥潮 ʈ'ɔ⁴² 巧蛮~：自己占便宜，不吃亏 ʈ'ɔ⁴⁵ 轿坐~ 撬

ʈo³³ 脚~盆 镬~头 角~一角钱 ʈo³³ 确 ʈo⁴⁵ 着~急

ʈəŋ³³ 中忠钟 ʈəŋ⁴² 种~野 肿 ʈəŋ⁴⁵ 中众种~田

ʈ'əŋ³³ 冲 ʈ'əŋ¹³ 虫穷重~新 ʈ'əŋ⁴² 重蛮~：很重 ʈ'əŋ⁴⁵ 铳

ʈɔ̃³³ 张~第嘞：醒了 章樟疆姜江正~月

ʈɔ̃⁴² 诊~病 涨掌巴~讲~台 颈~根：脖子 ʈɔ̃⁴⁵ 战打~ 帐蚊~ 胀~气 障降正搞唔~：做不好

ʈ'ɔ̃³³ 昌菖轻蛮~：很轻

ʈ'ɔ̃¹³ 长~豆角 肠~子 场强 ɕia¹³ ~：显摆 ʈ'ɔ̃⁴² 丈厂 ʈ'ɔ̃⁴⁵ 唱

桂阳六合土话中的 ʈ、ʈ' 声母字和它同韵母同声调的字相比，显然不一样，本地人认为读音绝对不能等同。如：

价 ʈa⁴⁵ ≠ 带 ta⁴⁵　　　　　　茄 ʈ'a¹³ ≠ 斜 tɕ'ia¹³

交 ʈɔ³³ ≠ 刀 tɔ³³　　　　　　巧 ʈ'ɔ⁴² ≠ 讨 t'ɔ⁴²

脚 ʈo³³ ≠ 多 to³³

张章姜 ʈɔ̃³³ ≠ 当 tɔ̃³³ ≠ 浆饭~：米汤 tsiɔ̃³³

昌 ʈ'ɔ̃³³ ≠ 汤 t'ɔ̃³³ ≠ 枪 ts'iɔ̃³³

中 ʈəŋ³³ ≠ 东 təŋ³³　　　　　　虫 ʈ'əŋ¹³ ≠ 铜 t'əŋ¹³

（二）韵母特点

1. 遇摄、止摄和流摄之间存在某些联系。

六合话遇摄三等字中有一些字读 [iəu]（流摄尤韵），如：

秋 tɕ'iəu³³　　　　锈 ɕiəu⁴⁵　　　　　　油 iəu¹³

絮 ɕiəu⁴⁵　　　　蛆 tɕ'iəu³³　　　　　处~暑 tɕ'iəu⁴⁵（以上鱼韵）

取~桃：摘桃 tɕ'iəu⁴²　　趣 tɕ'iəu⁴⁵　（以上虞韵）

这种现象杨蔚在《湘西乡话语音研究》第 93 页中曾指出："我们还注意到，有趣的是，三种方言（按指湘西乡话、吴语、闽语）的鱼虞韵都与流摄发生了联系。"

湘南东安土话中也不乏这种遇摄和流摄相通的现象，以东安花桥土话为例，如：

猪 tiəu³³　　煮 tiəu⁵⁵　　絮 ɕiəu³⁵　　蛆 tɕ'iəu³³　　住 diəu²⁴　　树 ziəu³³

六合话止摄和遇摄也有联系：

吹 = 区 tɕ‘y³³ 　　　　　　跪 = 除 tɕ‘y¹³（以上支韵）

锤 = 渠 tɕ‘y¹³ 　　　　　　水 = 鼠 ɕy⁴²（以上脂韵）

今天的六合话止摄合口三等字多数读 [ue] 韵，这是官话的影响带来的发展趋势。

值得注意的一个现象是：六合话中部分止摄合口三等字，如"泪、嘴、醉"等，在有的方言也是加入遇摄，如双峰梓门桥方言：泪 ly³³、嘴 tɕy²¹、醉 tɕy³⁵。而六合话却加入到流摄：泪 liəu⁴⁵、嘴 tɕiəu⁴²、醉 tɕiəu⁴⁵。这里好像走了一段"之"字路：止摄（支、脂）先加入遇摄（鱼、虞），然后再走到流摄（尤韵）。这种现象应该是早期演变的残留。

2. 蟹摄开口一、二等脱落元音韵尾，变为单元音 [a]，并未引起假、果摄推链式音变，因此，出现蟹摄开口一、二等与假摄开口二等同韵的格局：

摆 = 把 pa⁴² 　　　排 = 爬 p‘a¹³ 　　　卖 = 骂 ma⁴⁵

灾 = 渣 tsa³³ 　　　猜 = 叉 ts‘a³³ 　　　柴 = 茶 ts‘a¹³

该 = 家 ka³³ 　　　揩 = 开 k‘a³³

有一部分字读同蟹摄合口或止摄合口：

袋 = 退 t‘ue⁴⁵ 　　　载 = 最 tsue⁴⁵ 　　　菜 = 脆 ts‘ue⁴⁵

盖 = 桂 kue⁴⁵ 　　　爱 = 卫 ue⁴⁵ 　　　栽 = 锥 tsue³³

还有少数字混入流摄：

来＝楼 le¹³ 　　　崽 = 走 tse⁴² 　　　在 ts‘e⁴²

3. 古阳声韵除通摄和臻摄一部分外，均已鼻化，鼻化后，有些韵摄读音合流，如咸摄与山摄；深摄与臻摄；宕摄与江摄。深、臻、曾、梗四摄部分字同韵。

咸摄 -ã 担 篮 三 甘 站 减 衫 （咸开一、二）

　　 -iã 尖 廉 剑 店 念 欠 嫌 （咸开三、四）

山摄 -ã 丹 烂 餐 寒 山 眼 班 慢 （山开一、二）

　　 -iã 鞭 面 钱 线 健 片 天 现 （山开三、四）

　　 -uã 端 酸 乱 官 换 关 惯 环 （山合一、二）

　　 -yã 全 选 砖 转 穿 船 劝 县 （山合三、四）

深摄 -ĩ 林 心 针 深 金 琴 枕 （深开三）

臻摄 -ĩ 鳞 新 真 身 巾 芹 诊 （臻开三）

曾摄　-ĩ　灯　能　层　肯　蒸　剩　应　（曾开一、三）

梗摄　-ĩ　庚　兵　命　京　镜　饼　姓　顶　（梗开二、三、四）

宕摄　-ɔ̃　帮　汤　缸　糠　长　樟　唱　（宕开一、三）

　　　　-iɔ̃　娘　抢　香　羊　胀　让　样　（宕开三）

江摄　-ɔ̃　蚌　江　讲　虹　巷　（江开二）

（三）声调特点

1. 声调 4 个，无入声。古清入字在六合话中今多归阴平，少数读去声。古全浊入声字今多归去声，少数读阴平，古次浊入声字在六合话中一部分读阴平、一部分读去声。

2. 古全浊上声字在六合话常见字中保留了上声的读法，如"坐、下、簿、柱、被、淡、断、伴、近、菌、上、重"。

第三章　桂阳六合土话词汇

一、词汇特点

（一）构词方式

1. 六合话的单音节词总体来说比普通话多一些

桃 tɔ⁴⁵ 桃儿，桃子　　　豆 t'e⁴⁵ 豆儿，豆子　　篮 lã³³ 篮儿，篮子

钉 tĩ³³ 钉儿，钉子　　　铲 ts'ã⁴² 铲儿，铲子　　绳 çĩ¹³ 绳儿，绳子

盖 kue⁴⁵ 盖儿，盖子　　勺 çio⁴⁵ 勺儿，勺子　　袋 t'ue⁴⁵ 袋儿，袋子

竹 tiəu³³ 竹子　　　　　梳 su³³ 梳子　　镜 tçĩ⁴ 镜子　　帐 tɔ̃⁴⁵ 帐子

裤 k'u⁴⁵ 裤子　　　　　杯 pe³³ 指没有盖儿、没有把儿、瓷制的杯子

麻 ma¹³ 芝麻　　　　　　翅 tçiæ³³ 翅膀　　　笋 lo⁴⁵ 笋筐

名 miɔ̃¹³ 名字；名称　　帕 p'a⁴⁵ 毛巾　　　　记 tçi⁴⁵ 记号

气 çi⁴⁵ 气味　　　　　　袋 t'ue⁴⁵ 袋子；衣兜　　章 tɔ³³ 图章

庄 tsuã³³ 庄儿。多在山上，一户人家住一块地方称庄。

仓 ts'ɔ³³ 仓房。以房屋两面墙为基础，另两面用木板做成，开一扇门，用来堆放粮食。

忠 təŋ³³ 忠诚。如：箇个人蛮～（这个人很忠诚）

明 mĩ¹³ ①清楚。如：电视机好明（电视机很清楚）

　　　　②明白，知道。如：你箇个人嗟唔明（你这个人不懂事）

　　　　③聪明。如：箇个女咯本身唔老大明（这个女的本身不太聪明）

2. 六合土话的常用后缀

①崽 tse⁴²（或"崽崽"tse⁴² tse⁴²）

"崽"做后缀有三种用法：一指植物的果实，如：麦崽 mo⁴⁵ tse⁴² 麦子

黄桔崽 ɔ̃¹³⁻⁴⁵tçy¹³⁻⁴⁵tse⁴² 栀子的果实；桐崽 t'əŋ¹³tse⁴² 桐子；高粱崽 kɔ³³liɔ̃¹³⁻⁴⁵tse⁴²

高粱

　　　二指细小的动物，有"小称"的语义。如：蚊崽 mĩ³³tse⁴² 蚊子；□崽

mi⁴⁵tse⁴² 蚂蚁

三指细小的东西，如：沙崽 sa³³tse⁴² 沙子；瘄痱崽 sa³³pi⁴⁵tse⁴² 痱子；眼珠崽 ŋã⁴²tɕy³³⁻⁴²tse⁴² 眼珠儿；冰□崽 pĩ³³⁻⁴⁵kɔ̃⁴⁵tse⁴² 冰锥

"崽崽"作为一个叠音后缀，多附在动物和植物名称后面，表示"小称"的语义，并带上了喜爱的色彩。如：

鸡崽崽 tɕi³³tse⁴²tse⁴² 小鸡儿　　　　　鸭崽崽 æ³³tse⁴²tse⁴² 小鸭子

猪崽崽 tɕy³³tse⁴²tse⁴² 猪崽　　　　　牛崽崽 niəu⁴⁵ tse⁴²tse⁴² 牛犊

羊崽崽 iɔ̃¹³tse⁴²tse⁴² 羊羔　　　　　狗崽崽 ke⁴² tse⁴²tse⁴² 小狗儿

鹅崽崽 ŋo¹³tse⁴²tse⁴²：小鹅儿　　　麻拐崽崽 ma¹³kuæ⁴²tse⁴²tse⁴² 蝌蚪

芋子崽崽 y⁴⁵tsɿ⁴²tse⁴²tse⁴² 大芋头块茎本身又长出来的小芋头块茎

油菜崽崽 iəu¹³tsʻue⁴⁵tse⁴²tse⁴² 油菜子　绿豆崽崽 liəu⁴⁵tʻe⁴⁵ tse⁴²tse⁴² 绿豆

②子 tsɿ⁴²

"子"是构成名词的语法标记。普通话用后缀"子"，六合话也用"子"，如：

癞子 la⁴⁵tsɿ⁴²　　　　　　麻子 ma¹³tsɿ⁴²　　　　　　肠子 tɔ̃⁴⁵tsɿ⁴²

眼子 ŋã⁴²tsɿ⁴² 瞎子　　　跛子 pa³³tsɿ⁴² 瘸子

还有些词普通话不用后缀"子"，但六合话用后缀"子"。如：

哑子 a⁴²tsɿ⁴² 哑巴　　　　　　南风子 lã¹³fəŋ³³tsɿ⁴² 结巴

（鸡）□子 (tɕi³³)ka⁴⁵tsɿ⁴² 鸡蛋　　鸭□子 æ³³ka⁴⁵tsɿ⁴² 鸭蛋

舌子 ɕie⁴⁵tsɿ⁴² 舌头　　　　芋子 y⁴⁵tsɿ⁴² 芋

□牯菟子 ɔ̃⁴⁵ku⁴²te³³tsɿ⁴² 蠢男人　　硯子 iã⁴⁵tsɿ⁴² 砚台

辣子 liæ⁴⁵tsɿ⁴² 辣椒

③头 te⁴⁵

"头"在六合话中不单说，因为六合话把"头"说成"脑壳"。在复合式合成词的前一个语素中读 tʻe¹³，如：头丝_{头发}、头起_{起床}。在复合式合成词的后一个语素或做后缀时多半读 te⁴⁵，有时也读成 tʻe¹³ 或 tʻe⁴⁵。在表方位的词语里，"头"的意思指物体的顶端或末梢，如：脑头 lɔ⁴²te⁴⁵ 上面，巷头 xɔ̃⁴⁵te⁴⁵ 胡同，屁股头 pʻi⁴⁵ku⁴²te⁴⁵ 后面；还可用在表时间的词语里，如：上头 ɕiɔ̃⁴⁵te⁴⁵ 上午，夜晡（头）ia⁴⁵pu³³（te⁴⁵）夜晚；可用于指身体器官的词语，如：肩头 kã³³tʻe⁴⁵ 肩膀，心头 sĩ³³te⁴⁵ 胸口；可指雄性动物，如：猪头 tɕy³³te⁴⁵ 种猪；可以指物体，如：钁头 tɔ³³tʻe¹³，钵头 po³³te⁴⁵ 钵，柱头 tɕʻy⁴²te⁴⁵ 柱，斧头 fu⁴²tʻe¹³ 斧子，床头 tsʻɔ̃¹³te⁴⁵ 枕头；可用于抽象名词，如：

名头 mĩ¹³t'e⁴⁵ 名堂。

④婆 po⁴⁵、牸 ts'ʅ⁴⁵、牯 ku⁴²、公 kəŋ³³

"婆、牸、牯、公"作为性别词缀形式丰富多样，意义有实有虚，构词范围广泛。"婆、牸"用于动物名词时通常把生过崽的叫"婆"，没生崽的叫"牸"。"牯、公"用于动物名词时通常把家畜类雄性动物加"牯"，家禽类动物一般用"公"。现列简表如下：

表 3-1 性别词缀构词情况

性别词尾	用于表人名词	用于动物名词	用于植物名词	用于人体器官名词	用于物体名词
婆 po⁴⁵	矮婆 个矮的妇女 癫婆 疯女人	猪婆 生过崽的母猪 鸡婆 母鸡 蛇婆 虱子	芋子婆 大芋头		霜婆 霜
牸 ts'ʅ⁴⁵		猪牸 没生过崽的母猪 狗牸 没下崽的母狗			
牯 ku⁴²	□₅⁴⁵弄古 蠢货 瑶老古 瑶族男子	水牯 公水牛 狗牯 公狗		拳头古 拳头	石头古 石头 木□ta⁴⁵古 木头
公 kəŋ³³	斋公 吃斋的男性，也可指和尚 师公 给死去的人做道场，主持道场仪式的人	鸡公 公鸡 鸭公 公鸭 虾公 虾			雷公 雷

3.语素组合和普通话不一样，反映了造词理据的差异

淋水 lĩ¹³çy⁴² 浇水

脚板豆 tɔ³³pã⁴²t'e⁴⁵ 刀豆，普通话构词理据认为这种豆的形状像刀，而六合人认为这种豆的形状像脚掌

调羹菜 t'iɔ¹³tɕĩ³³ts'ue⁴⁵ 小白菜，从形状命名，认为叶子的形状像调羹

土地蜂 t'u⁴²t'i⁴⁵p'əŋ³³ 马蜂，从其窝在地底下给它命名

大目豆 t'a⁴⁵ mu⁴⁵ t'e⁴5 豌豆，因其形状圆圆的像大眼睛而得名

4.语素用字有独特之处

垌□ t'əŋ⁴⁵ tiæ⁴² 一大片的田地

得梦 tiæ³³məŋ⁴⁵ 做梦

台桌 t'a¹³ tso³³ 桌子，四围可摆四条长凳

担竿 tã⁴⁵ kɔ̃³³ 扁担

扫叉 sɔ⁴⁵ ts'a⁴⁵ 扫帚（用竹枝扎成）

扫□ sɔ⁴⁵ kuã³³（高粱穗）笤帚（用高粱穗、黍子穗等绑成，扫地用）

扯盒 tɕ‘a⁴²xo⁴⁵ 抽屉

职业称谓很多缺乏专业称呼，而代之以"某某师傅"或"某某人"，反映了土话的口语性和通俗性。如：

开车咯师傅 k‘a³³tɕ‘ie³³kɤ⁴²sʅ³³fu⁴⁵⁻³³ 司机

做木咯老师傅 tsu⁴⁵mu³³kɤ⁴²lɔ⁴²sʅ³³fu⁴⁵⁻³³ 木匠

起屋咯老师傅 ɕi⁴²u³³kɤ⁴²lɔ⁴²sʅ³³fu⁴⁵⁻³³ 瓦匠

打铁咯老师傅 ta⁴²t‘ie³³kɤ⁴²lɔ⁴²sʅ³³fu⁴⁵⁻³³ 铁匠

卤爬箍咯师傅 lu⁴²pa¹³ku³³kɤ⁴²sʅ³³fu⁴⁵⁻³³ 补锅的

□衣咯老师傅 lyã¹³i³³kɤ⁴²lɔ⁴²sʅ³³fu⁴⁵⁻³³ 无缝纫机时对裁缝的称呼

剃脑师傅 t‘i⁴⁵lɔ⁴²sʅ³³fu⁴⁵⁻³³ 理发员

做生意咯人 tsu⁴⁵sĩ³³i⁴⁵kɤ⁴²ȵi¹³ 做买卖的

做手艺咯人 tsu⁴⁵ɕiəu⁴²ȵi⁴⁵kɤ⁴²ȵi¹³ 手艺人

养猪咯人 iõ⁴²tɕy³³kɤ⁴²ȵi¹³ 饲养员

侍扶咯人 sʅ⁴⁵fu¹³⁻⁴⁵kɤ⁴²ȵi¹³ 仆人

（二）　特殊词语举例

扯鼻 tɕ‘a⁴²p‘i¹³⁻⁴⁵ 打呼噜

镬头 ʈo³³t‘e¹³ 挖硬土用的农具

七姊妹 tɕ‘ie³³tsʅ⁴² me⁴⁵ 北斗星（勺状）

架眼 ka⁴⁵ŋã⁴² 窗子

碰凳 p‘əŋ⁴⁵ tĩ⁴⁵ 椅子，有靠背

椅子凳 i⁴²[～li⁴²]tsʅ⁴² tĩ⁴⁵ 椅子，三边有靠。六合话里只有凳子的概念，椅子也属于凳子的一种，把背后有靠的叫碰凳，背后和两边有靠的叫椅子凳

　弯豆 uã³³t‘e⁴⁵ 蚕豆

摇骨 iɔ¹³ kuæ³³ 肩胛骨　意即肩胛骨会动，"动"在土话叫"摇"，所以称摇骨

　写纸 sia⁴²tsʅ⁴² 立字据

　梦梦 məŋ⁴⁵məŋ⁴⁵ 做梦

我们说土话十里不同音，在词汇上表现得也很明显。以亲属称谓为例，我的四婶雷江红是从隔壁四里乡排楼村石岭下自然村嫁到六合杉林村的，虽说不是一个乡，但石岭下离沙林只有不到两里路，五婶雷元清从六合乡

何家冲嫁到六合杉林村，虽说一个乡，但相隔有八里路。四婶的小孩叫外婆为"外外 ue⁴⁵ ue⁴⁵"，外公为"外公 ue⁴⁵ kəŋ³³"。而五婶的小孩叫外婆为"多婆 to³³ po⁴⁵"，外公为"多公 to³³ kəŋ³³"。这说明一个村的语言状况呈混合状态，也受嫁过来的媳妇影响。龙源村外公、外婆的两种叫法均有，而杉林自然村把外公、外婆喊成外公、外外的比叫多公、多婆的要多一些。

二、分类词表

说明

（1）本表所收的词或短语按意义分为 29 类。意义密切相关的词也连带收在一起。

（2）属于同义词范围的，第一条顶格排，其他各条缩一格另行排列，例如：

山脑头 sã³³lɔ⁴² te⁴⁵ 山头

　岭际上 liɔ̃⁴²tɕi⁴⁵ɕiɔ̃⁴⁵

　山际上 sã³³tɕi⁴⁵ ɕiɔ̃⁴⁵

（3）每个词条先写汉字，后标读音。部分词条后面加以简单的注释。

（4）词条里可有可无的字用圆括号表示，例如：夜晡（头）ia⁴⁵pu³³（te⁴⁵），既可说"夜晡头"，又可说"夜晡"。

（5）方框"□"表示有音无字，字形待考。词条注释中出现的"□"，用小号音标和字在"□"后加注。例如：好□ xɔ⁴²ti⁴⁵ 幸亏：～你来了，又是走□ lɔ³³了唔晓得要不然走错了都不知道

（6）字下加波浪线表示是同音字。例如：罩坑 tsɔ⁴⁵kʻɔ̃³³ 山涧

（7）词条注音时，若音标前加～又加方括号，表示又音。例如：夏至 ɕia⁴⁵ tsʻɿ⁴⁵[～tsɿ⁴⁵]，表示"至"字可读 [tsʻɿ⁴⁵], 也可读 [tsɿ⁴⁵]。

（8）替代号"～"表示复指前面的词条。

（9）有连读变调时，把连读调值写在单字调值之后，中间用连字号"-"隔开，如：猪栏猪圈 tɕy³³lã¹³⁻⁴⁵。有的字音音变不仅声调变了，声母也跟着改变，这时直接写音变读音，本音用括号表示并注一"本"字。如：红天皮 xəŋ¹³tʻiã³³pi⁴⁵（本 pʻi¹³）霞。

分类词表目录

2. 地理　　　　12. 疾病　医疗　　　22. 动作

3. 时令　时间　13. 衣服　穿戴　　　23. 位置

4. 农业　　　　14. 饮食　　　　　　24. 代词等

5. 植物　　　　15. 红白大事　　　　25. 形容词

6. 动物　　　　16. 日常生活　　　　26. 副词、介词等

7. 房舍　　　　17. 讼事　　　　　　27. 量词

8. 器具　用品　18. 交际　　　　　　28. 附加成分等

9. 称谓　　　　19. 商业　交通　　　29. 数字等

10. 亲属　　　　20. 文化教育

（一）天文

日头影 ȵi³³te¹³⁻⁴⁵ɔ̃⁴² 太阳

朝到日头影咯 tʂʻɔ¹³tɔ⁴²ȵi³³te¹³⁻⁴⁵ɔ̃⁴²kɤ⁴² 向阳

日头影后背 ȵi³³te¹³⁻⁴⁵ɔ̃⁴²xe⁴⁵pe⁴⁵ 背阴

天狗吃日头影 tʻiã³³ke⁴²tʂʻa³³ȵi³³te¹³⁻⁴⁵ɔ̃⁴² 日蚀

日头 ȵi³³tʻe¹³ 阳光

月亮 ye⁴⁵liɔ̃⁴⁵

天狗吃月亮 tʻiã³³ke⁴²tʂʻa³³ye⁴⁵liɔ̃⁴⁵ 月蚀

星 siɔ̃³³ 星星

七姊妹 tɕʻie³³tsʅ⁴²me⁴⁵ 北斗星（勺状）

过天星 ko⁴⁵tʻiã³³siɔ̃³³ 启明星

天河 tʻiã³³xo¹³ 银河

火□ xo⁴²iɔ̃³³ 流星

星泻屎 siɔ̃³³sia⁴⁵sʅ⁴² 彗星

大风 tʻa⁴⁵fəŋ³³

细风 ɕi⁴⁵fəŋ³³ 小风

旋螺风 tsʻyã⁴⁵lo¹³⁻⁴⁵fəŋ³³ 旋风

对面风 tue⁴⁵miã⁴⁵fəŋ³³ 顶风

顺风 suən⁴⁵fəŋ³³

老北风 lɔ⁴²piæ³³fəŋ³³ 冬天吹来特别冷

的北风

发风 fiæ³³fəŋ³³ 刮风

莫得风了 mo⁴⁵tiæ⁴²fəŋ³³le⁵³ 风停了

云 uən¹³

白云 pʻo⁴⁵uən¹³

黑云 xæ³³uən¹³ 乌云

红天皮 xəŋ¹³tʻiã³³pi⁴⁵（本 pʻi¹³）霞

雷公 lue¹³kəŋ³³ 雷

雷公叫 lue¹³kəŋ³³tɔ⁴⁵ 打雷

雷公打□了 lue¹³kəŋ³³ta⁴²ti⁴²le⁵³ 雷打了（大树被～）

扯耀光 tɕʻie⁴²iɔ⁴⁵kɔ̃³³ 闪电

雨 y⁴²

落雨（了）la⁴⁵y⁴²（le⁵³）下雨（了）

发点了 fiæ³³tiã⁴²le⁵³ 掉点了

点子雨 tiã⁴²tsʅ⁴²y⁴²

细雨 ɕi⁴⁵y⁴² 小雨

毛风细雨 mɔ¹³fəŋ³³ɕi⁴⁵y⁴²

大雨 tʻa⁴⁵y⁴²

黑风暴雨 xæ³³fəŋ³³pʻɔ⁴⁵⁻⁴²y⁴²

莫得雨了 mo⁴⁵tiæ⁴²y⁴²le⁵³ 雨停了

虹 kɔ̃⁴⁵

□雨 tsʻue⁴²y⁴² 淋雨

冰 pĩ³³

冰口崽 pĩ³³⁻⁴⁵kɔ̃⁴⁵tse⁴² 冰锥

结构 tɕie³³ke⁴⁵ 结冰

冰构 pĩ³³ke⁴⁵

雹 p'ɔ⁴⁵ 雹子

落雹 la⁴⁵p'ɔ⁴⁵ 下冰雹

雪 sye³³

落雪 la⁴⁵sye³³ 下雪

落棉花毛 la⁴⁵miã¹³xua³³mɔ¹³⁻³³ 下鹅
　　毛雪

米豆渣 mi⁴²t'e⁴⁵tsa³³ 雪珠子

雨加雪 y⁴²ʨa³³sye³³ 雨夹雪

融雪 iəŋ¹³sye³³ 化雪

露水 lu⁴⁵ɕy⁴² 露

落露 la⁴⁵lu⁴⁵ 下露

霜婆 sɔ̃³³po¹³⁻⁴⁵ 霜

打霜婆 ta⁴²sɔ̃³³po¹³⁻⁴⁵ 下霜

雾露 mu⁴⁵⁻³³lu⁴⁵ 雾

起雾露 ɕɿ¹²mu⁴⁵³³lu⁴⁵ 下雾

天气 t'iã³³tɕ'i⁴⁵

天晴 t'iã³³ts'iɔ̃¹³ 晴天

天阴 t'iã³³ĩ³³ 阴天

热人 e⁴⁵ȵi¹³⁻⁴⁵ （天气）热

冷人 lɔ̃⁴²ȵi¹³⁻⁴⁵ （天气）冷

三伏天 sã³³fu¹³⁻³³t'iã³³ 伏天

起伏 tɕ'i⁴²fu¹³ 入伏

头伏 t'e¹³fu¹³ 初伏

二伏 ɔ⁴⁵fu¹³ 中伏

三伏 sã³³fu¹³ 末伏

天干 t'iã³³kuã³³ 天旱

（二）地理

平垱子 p'iɔ̃¹³tɔ̃⁴⁵tsɿ⁴²⁻⁴⁵ 平地

干死脑田 kuã³³sɿ⁴²lɔ⁴²t'iã¹³ 旱地

（田）垌口 （t'iã¹³）t'əŋ⁴⁵tiæ⁴² 一大
　　片的田地

冬田 təŋ³³t'iã¹³ 水田

水打田 ɕy⁴²ta⁴²t'iã¹³ 被水淹过的田

菜土 ts'ue⁴⁵t'u⁴² 菜地

荒土 xɔ̃³³t'u⁴² 荒地

沙土 sa³³t'u⁴² 沙土地，这种土松软，
　　最好

饭下土 fã⁴⁵ɕia⁴⁵t'u⁴² 土质一般，土里
　　有硬块，但可以把硬块敲烂变
　　成泥巴

大眼泥 t'a⁴⁵ŋã⁴²ȵi¹³⁻⁴⁵ 很硬的土，土
　　质最不好

陡土 te⁴²t'u⁴² 坡地

瘦土 se⁴⁵t'u⁴² 不好的土

肥土 fi¹³t'u⁴² 好土，利于耕种的土

山 sã³³
　　岭 liɔ̃⁴²

坛山岭 t'ã¹³sã³³liɔ̃⁴² 当地一座山

半磴子上 pã⁴⁵t'ĩ⁴⁵tsɿ⁴²ɕiɔ̃⁴⁵ 山腰
　　半山岭上 pã⁴⁵sã³³liɔ̃⁴²ɕiɔ̃⁴⁵

山脚下 sã³³ʨo³³xa⁴² 山脚

山坑 sã³³k'ɔ̃³³ 山谷

罩坑 tso⁴⁵k'ɔ̃³³ 山涧

山脑头 sã³³lɔ⁴²te⁴⁵ 山头
　　岭际上 liɔ̃⁴²tɕi⁴⁵ɕiɔ̃⁴⁵
　　山际上 sã³³tɕi⁴⁵ɕiɔ̃⁴⁵

石岩 ɕia⁴⁵ŋã¹³ 石洞

干岩 kuã³³ŋã¹³ 没有水的岩洞

水岩 ɕy⁴²ŋã¹³ 出水的岩洞

河 xo¹³

河□ xo¹³tiæ⁴² 河里

□ kɔ̃³³ 比河小的水流

渠道 tɕ'y¹³tɔ⁴⁵

水圳 ɕy⁴²tsuən⁴⁵ 小水沟

潭 t'ɔ̃¹³

犀牛潭 ɕi³³n̠iəu¹³t'ɔ̃¹³ 六合乡龙源村
　　的一口天然潭

塘 t'ɔ̃¹³ 水塘

凼 t'ɔ̃⁴² 水坑

海 xa⁴²

河岸 xo¹³uã⁴⁵

河坝 xo¹³pa⁴⁵ 大河的坝，用水泥等砌成

□头 pi³³te⁴⁵ 小河的拦水坝，多自己
　　用泥巴筑成，目的是让水流进
　　田里

水 ɕy⁴²

清水 ts'iɔ̃³³ɕy⁴²

□水 ts'a⁴⁵ɕy⁴² 浑水

雨水 y⁴²ɕy⁴²

洪水 xəŋ¹³ɕy⁴²

□大洪水 tsa³³t'a⁴⁵xəŋ¹³ɕy⁴² 发大水

冷水 lɔ̃⁴²ɕy⁴² 凉水

井水 tsiɔ̃⁴²ɕy⁴² 泉水

濑水 la⁴⁵ɕy⁴² 热水

温水 uən³³ɕy⁴²

开水 k'a³³ɕy⁴²

石头古 ɕia⁴⁵te⁴⁵[～le⁴⁵]ku⁴² 石头

片石 p'iã⁴⁵ɕia⁴⁵ 小片石，用来塞缝的

青石 ts'iɔ̃³³ɕia⁴⁵

大石头古 t'a⁴⁵ɕia⁴⁵te⁴⁵[～le⁴⁵]ku⁴² 大
　　石块

细石头古 ɕi⁴⁵ɕia⁴⁵te⁴⁵[～le⁴⁵]ku⁴² 小
　　石块

石板 ɕia⁴⁵pã⁴²

石路 ɕia⁴⁵lu⁴⁵ 石脉，即石头的纹路

石头古 ɕia⁴⁵te⁴⁵[～le⁴⁵]ku⁴² 鹅卵石

沙崽 sa³³tse⁴² 沙子

土坯（子）t'u⁴²p'e³³tsɿ⁴²

砖 tɕyã³³

断砖 t'a⁴²tɕyã³³ 碎砖

土砖 t'u⁴²tɕyã³³ 用泥土制成，不经烧
　　制晒干而成的砖

烧砖 ɕio³³tɕyã³³ 用柴火烧制成的青砖

红砖 xəŋ¹³tɕyã³³ 煤炭烧制成的红颜色
　　的砖

瓦 ŋa⁴²

烂瓦 lã⁴⁵ŋa⁴² 碎瓦

灰尘 xue³³tɕĩ⁴⁵

□泥 ia³³n̠i¹³⁻⁴⁵ 烂泥

□泥 ia³³n̠i¹³⁻⁴⁵ 泥土（干的）

金 tɕĩ³³

银 ĩ¹³

铜 t'əŋ¹³

铁 t'ie³³

锡 sia³³

煤 me¹³

洋油 iɔ̃¹³iəu¹³ 煤油

汽油 tɕ'i⁴⁵iəu¹³

石灰 ɕia⁴⁵xue³³

水泥 sue⁴²n̠i¹³

磁铁 ts'ɿ¹³t'ie³³ 磁石

玉 y⁴⁵

木炭 mu³³t'ã⁴⁵

□炭 fu³³t'ã⁴⁵

埫子 tõ⁴⁵tsʅ⁴²⁻⁴⁵ 地方

城市 tɕ'ĩ¹³sʅ⁴⁵

巷头 xõ⁴⁵te⁴⁵ 胡同

农村 ləŋ¹³ts'uən³³ 乡村

庄 tsuã³³ 山沟

屋□ u³³tiæ⁴² 家乡

赶圩 kuã⁴²ɕy³³ 赶集

街 ka³³ 街道

路 lu⁴⁵

大路 t'a⁴⁵lu⁴⁵

小路 siɔ⁴²lu⁴⁵

毛路 mɔ¹³lu⁴⁵ 未修，人走出来的路

（三）时令 时间

春天 ts'uən³³t'iã³³

夏天 ɕia⁴⁵t'iã³³

秋天 tɕ'iəu³³t'iã³³

冬天 təŋ³³t'iã³³

节气 tɕie³³tɕ'i⁴⁵

立春 lie⁴⁵ts'uən³³

雨水 y⁴²ɕy⁴²

惊蛰 tɕĩ³³tɕ'ie⁴⁵

春分 ts'uən³³fĩ³³

清明 ts'ĩ³³mĩ¹³⁻⁴⁵

谷雨 ku³³y⁴²

立夏 lie⁴⁵ɕia⁴⁵

小满 siɔ⁴²mã⁴²

芒种 mõ¹³ȵəŋ⁴⁵

夏至 ɕia⁴⁵tsʅ⁴⁵

小暑 siɔ⁴²ɕy⁴²

大暑 t'a⁴⁵ɕy⁴²

立秋 lie⁴⁵tɕ'iəu³³

处暑 tɕ'iəu⁴⁵ɕy⁴²

白露 p'iæ⁴⁵lu⁴⁵

秋分 tɕ'iəu³³fĩ³³

寒露 xã¹³lu⁴⁵

霜降 sõ³³kõ⁴⁵

立冬 lie⁴⁵təŋ³³

小雪 siɔ⁴²sye³³

大雪 t'a⁴⁵sye³³

冬至 təŋ³³tsʅ⁴⁵

小寒 siɔ⁴²xã¹³

大寒 t'a⁴⁵xã¹³

皇历 xuã¹³lie⁴⁵ 历书

阴历 ĩ³³lie⁴⁵ 农历

阳历 iõ¹³lie⁴⁵ 公历

三十日下头 sã³³ɕie⁴⁵ȵi³³xa⁴²te⁴⁵ 除夕
　三十日夜晡 sã³³ɕie⁴⁵ȵi³³ia⁴⁵pu³³

头初一 t'e¹³ts'u³³ie³³ （大）年初一

拜年 pa⁴⁵ȵiã¹³

元宵节 yã¹³（～ iã¹³）siɔ³³tɕie³³

端午（节）tuã³³ŋ⁴²（tɕie³³）

中秋节 təŋ³³tɕ'iəu³³tɕie³³

七月七香 tɕ'ie³³ye⁴⁵tɕ'ie³³ɕiõ³³ 七夕

七月半 tɕ'ie³³ye⁴⁵pã⁴⁵ 中元节

重阳节 t'əŋ¹³iõ¹³tɕie³³

今年 kĩ³³ȵiã¹³

旧年 tɕ'iəu⁴⁵ȵiã¹³ 去年

明年 miã¹³ȵiã¹³⁻³³

前年 ts'iã¹³ȵiã¹³

大前年 t'a⁴⁵ts'iã¹³ȵiã¹³

后年 xe⁴²ȵiã¹³

大后年 t'a⁴⁵xe⁴²ȵiã¹³

每年 me⁴²n̠iã¹³

年年 n̠iã¹³n̠iã¹³

年头 n̠iã¹³t'e¹³ 年初

年底 n̠iã¹³ti⁴²

　年下 n̠iã¹³xa⁴²

年头年下 n̠iã¹³te⁴⁵n̠iã¹³xa⁴² 大致为农历 12 月 15 日到正月十五，即快过年和过年这一段时间

上半年 çiɔ⁴²pã⁴⁵n̠iã¹³

下半年 xa⁴²pã⁴⁵n̠iã¹³

一年 ie³³n̠iã¹³ 整年

正月 tɔ̃³³ye⁴⁵

腊月 la⁴⁵ye⁴⁵

　十二月 çie⁴⁵ɔ⁴⁵ye⁴⁵

闰月 uən⁴⁵ye⁴⁵

箇个月起脑 ke³³ko⁴⁵ye⁴⁵çi²lɔ⁴² 月初

月半 ye⁴⁵pã⁴⁵

箇个月□尾 ke³³ko⁴⁵ye⁴⁵çie³³ue⁴² 月底

一个月 ie³³ko⁴⁵ye⁴⁵

前□日果个月 ts'iã¹³ts'iã⁴⁵n̠i³³ ko⁴²ko⁴⁵ye⁴⁵ 前个月（即上上个月）

□日果个月 ts'iã⁴⁵n̠i³³ ko⁴²ko⁴⁵ye⁴⁵ 上个月

箇个月 ke³³ko⁴²ye⁴⁵ 这个月

明日果个月 miã¹³n̠i³³ko⁴²ko⁴⁵ye⁴⁵ 下个月

月月 ye⁴⁵ye⁴⁵ 每月

上旬 çiɔ⁴⁵çyn¹³

初间□ ts'u³³kã³³tiæ⁴² 指农历每个月初一到初九

中旬 təŋ³³çyn¹³

十几上 çie⁴⁵tçi⁴²çiɔ⁴⁵ 指农历每个月十

号到十九号

下旬 çia⁴⁵çyn¹³

二十几上 ɔ⁴⁵çie⁴⁵tçi⁴²çiɔ⁴⁵ 指农历每个月二十号到二十九号

大月 t'a⁴⁵ye⁴⁵ 大建

细月 çi⁴⁵ye⁴⁵ 小建

今日 ki̠³³n̠i³³ 今天

□日 ts'iã⁴⁵n̠i³³ 昨天

明日 miã¹³n̠i³³ 明天

后日 xe⁴²n̠i³³ 后天

大后日 t'a⁴⁵xe⁴²n̠i³³ 大后天

第二日 t'i⁴⁵ɔ⁴⁵n̠i³³ 次日

前日 ts'iã¹³n̠i³³ 前天

大前日 t'a⁴⁵ts'iã¹³n̠i³³ 大前天

前几日 ts'iã¹³tçi⁴²n̠i³³ 前几天

星期日 sī³³tç'i³³n̠i³³ 星期天

一个礼拜 ie³³ko⁴⁵li⁴²pa⁴⁵ 一星期

七日 tç'ie³³n̠i³³

一日 ie³³n̠i³³ 整天

日日 n̠i³³n̠i³³ 每天

十几日 çie⁴⁵tçi⁴²n̠i³³ 十几天

上头 çiɔ⁴⁵te⁴⁵ 上午

下头 xa⁴²te⁴⁵ 下午

半日 pã⁴⁵n̠i³³ 半天

大半日 t'a⁴⁵pã⁴⁵n̠i³³ 大半天

早晨（边）tsɔ⁴²çī¹³⁻⁴⁵（piã³³）清晨

上头 çiɔ⁴⁵te⁴⁵ 上午和中午不分，都叫上头

日□边 n̠ie³³tiæ⁴²piã³³ 白天

快夜了 k'ua⁴⁵ia⁴⁵le⁵³ 黄昏（日落以后，星出以前）

夜晡（头）ia⁴⁵pu³³（te⁴⁵）夜晚

半夜 pã⁴⁵ia⁴⁵

上半夜 çiɔ̃⁴⁵pã⁴⁵ia⁴⁵

下半夜 xa⁴²pã⁴⁵ia⁴⁵

一夜 ie³³ia⁴⁵ 整夜

日日夜晡 ȵi³³ȵi³³ia⁴⁵pu³³ 每天晚上

日子 ȵi³³tsʅ⁴²

吗咯时候 ma⁴⁵kɤ⁴²sʅ¹³⁻⁴⁵xe⁴⁵ 什么时候

先口阵 siã³³me³³çĩ⁴⁵ 先前

后口 xe⁴⁵tiæ⁴² 后来

箇阵 ke³³çĩ⁴⁵ 现在

（四）农业

抓春 tsa³³tsʻuən³³ 春耕

秋收 tɕʻiəu³³çiəu³³

薅土 xɔ³³tʻu⁴² 整地（播种前，进行耕
　　地、耙地、平地等工作。有时
　　也包括开沟、做畦）

薅畲 xɔ³³çia³³

下种 xa⁴²ʨɔŋ⁴²

莳田 tsʻʅ⁴⁵tʻiã¹³ 插秧

薅草 xɔ³³tsʻɔ⁴²

中耕 ʨəŋ³³kĩ³³ 秧种下去一个月以后，
　　用手把土抓松，把草扯掉。是
　　后起说法

薅田 xɔ³³tʻiã¹³ 跟"中耕"意思一样，
　　是早先说法

蓬荒 pʻəŋ¹³te³³ 松土后把松的土堆到
　　农作物荒上

禾线 o¹³siã⁴⁵ 稻穗

杀禾 çiæ³³o¹³ 割稻子

杀麦崽 çiæ³³mo⁴⁵tse⁴² 割麦

打谷 ta⁴²ku³³ 稻谷脱粒

打麦崽 ta⁴²mo⁴⁵tse⁴² 小麦脱粒

打豆 ta⁴²tʻe⁴⁵ 豆子脱粒

禾堂 o¹³⁻⁴⁵tʻɔ̃¹³⁻⁴⁵ 场院

锄田 tsʻu¹³tʻiã¹³ 锄地

挖土 uæ³³tʻu⁴² 松土

淋肥料 lĩ¹³fi¹³liɔ⁴⁵ 施肥

口肥料 iã⁴⁵fi¹³liɔ⁴⁵ 洒肥料

淋大秽 lĩ¹³tʻa⁴⁵y³³ 浇粪

大秽函 tʻa⁴⁵y³³tʻɔ̃⁴² 粪坑

捡狗屎 tɕiã⁴²ke⁴⁵sʅ⁴² 拾粪

化肥 xua⁴⁵fi¹³

土头秽灰 tʻu⁴²te⁴⁵y³³xue³³ 将草皮、
　　树叶等放在坑内，下面用柴烧
　　火熏出的黑灰肥料

柴火灰 tsʻa¹³xo⁴²xue³³ 烧柴烧出的白
　　灰，是一种肥料

地灰 tʻi⁴⁵xue³³

淋水 lĩ¹³çy⁴² 浇水

灌田 kuã⁴⁵tʻiã¹³ 灌水

放水 fɔ̃⁴⁵çy⁴² 田里水少了就把水放到
　　田里去，田里水多了就把水放
　　出来

担水 tã⁴⁵çy⁴² 从井里或河里取水用扁
　　担挑回来

井 tsiɔ̃⁴² 水井

桶 tʻəŋ⁴² 水桶

绳 çĩ¹³ 井绳

水车 çy⁴²tʻa³³

牛轭 ȵiəu¹³a³³

牛桊头 ȵiəu¹³tʻuã⁴⁵/tɕʻyã⁴⁵te⁴⁵ 牛笼嘴

犁万刀 li13 uã45 tɔ33 牛鼻桊儿

牛綯 ȵiəu¹³tʻɔ¹³ 牛绳

犁 li¹³

犁头嘴 li¹³t'e¹³⁻⁴⁵tɕiəu⁴² 犁头

犁把手 li¹³pa⁴⁵ɕiəu⁴² 犁把

犁箭 li¹³tsiã⁴⁵ 犁铧

犁面 li13 miã⁴⁵ 犁镜

松耙 ts'ən¹³⁻⁴⁵pa⁴⁵ 耙子，通常用竹制
　　作的爪子形状的钩树叶的工具

仓 ts'ɔ³³ 以房屋两面墙为两边，另两
　　边用木板做成，开一扇门，用
　　来堆放粮食

□ ts'o¹³ 装稻谷的大柜子，从上面开
　　门，可装 800 斤左右的稻谷

风车 fən³³t'a³³ 扇车

王桶 ɔ̃¹³t'ən⁴² 四方形，木制，用来打
　　谷的桶

打禾桶 ta⁴²o¹³t'ən⁴² 打谷桶

轮子 luən¹³⁻⁴⁵tsɿ⁴² 砻（去掉稻壳的农
　　具，形状像磨，多用木料制成）

磨 mo⁴⁵ 石磨

磨盘 mo⁴⁵p'ã¹³

磨手 mo⁴⁵ɕiəu⁴² 磨把儿

磨心 mo⁴⁵sɿ̃³³ 磨脐儿

禾筛 o¹³sa³³ 用来筛谷的，筛眼比米
　　筛大

米筛 mi⁴²sa³³ 筛眼比较大，多用来筛米

饺筛 tɕiɔ⁴⁵sa³³ 筛眼比较小，多用来
　　筛面粉、米粉等粉末状细物

□柳具 liəu⁴⁵ka³³tɕy⁴⁵ 连枷

碓 tue⁴⁵

碓□ tue⁴⁵tɕy⁴⁵ 碓杵

碓坑 tue⁴⁵k'ɔ³³ 舂米用的石臼

糍坑 ts'ɿ¹³k'ɔ³³⁻⁴² 抖糍粑用的石臼

碓嘴 tue⁴⁵tɕiəu⁴² 碓头

两锄 liɔ̃⁴²ts'u¹³ 两根钉的钉耙

三锄 sã³³ts'u¹³ 三根钉的钉耙

三角把 sã³³tɔ³³pa⁴⁵

四锄 sɿ⁴⁵ts'u¹³ 四根钉的钉耙

鹰周 ĩ³³tɕiəu³³ 比镢头还要窄，多用
　　来挖树根

镢头 tɔ³³t'e¹³ 挖硬土用的农具

洋斧 i¹³fu⁴² 镐

锄田把 ts'u¹³[～ ts'o¹³] t'iã¹³ pa⁴⁵ 用来
　　锄田的农具，比镢头宽大且轻
　　薄一些

切药刀 tɕ'ie³³iɔ⁴⁵tɔ³³ 铡刀

切秆刀 tɕ'ie³³kɔ̃⁴⁵tɔ³³

镰刀 liã¹³tɔ³³ 割草的工具

禾镰 o¹³⁻⁴⁵liã¹³⁻⁴⁵ 锯齿镰刀，专门用来
　　割禾

柴刀 ts'a¹³tɔ³³ 砍刀

洋锹 iɔ̃¹³ts'iɔ³³ 铁锨

铁铲 t'ie³³ts'ã⁴²

□ tia³³ 专门用来晒红薯片、萝卜等
　　的篾制品

簸箕 po⁴⁵tɕi³³ 用竹篾编成的器具，
　　圆形实心，用来簸米、晒东西等

团□ t'uã¹³ɕiɔ̃³³ 用竹篾编成的器
　　具，圆形实心，比簸箕小，用
　　来簸米、晒东西等

扒箕 p'a¹³tɕi³³ 用竹篾编成，三面有
　　边沿，一面敞口，有提手，用
　　来盛肥料、泥土等，多成对用
　　来挑

抄箕 ts'ɔ³³tɕi³³ 用竹篾编成，三面有

边沿，一面敞口，没有提手，多用来撮谷等

撮灰斗 ts'o³³xue³³te⁴² 撮垃圾用的工具，用铁或塑料制成

□糟 ɔ³³tsɔ³³ 垃圾

长篮 t'ɔ̃¹³lã³³ 卖菜时装菜用的大篮子，长方形，有提手

对箩 tue⁴⁵lo⁴⁵ 用来挑谷的一担箩也叫对箩

米箩 mi⁴²lo⁴⁵ 圆形，不成对，比对箩小，且有提手

担竿 tã⁴⁵kɔ̃³³ 扁担

担担（子）tã³³tã⁴⁵（tsɿ⁴²）挑担子

扫叉 sɔ⁴⁵ts'a⁴⁵ 扫帚（用竹枝扎成）

扫□ sɔ⁴⁵kuã³³（高粱穗）笤帚（用高粱穗、黍子穗等绑成，扫地用）

砖架 tɕyã³³ka⁴⁵ 挑砖的工具，两头用铁制成，方便放砖

（五）植物

粮食 liɔ̃¹³ɕie⁴⁵

主粮 tɕy⁴²liɔ̃¹³ 本地大米为主粮

杂粮 tsa³³liɔ̃¹³ 红薯、小麦、荞麦等

五谷 u⁴²ku³³

麦崽 mo⁴⁵tse⁴² 麦

花麦崽 xua³³mo⁴⁵tse⁴² 荞麦

麦崽蔸 mo⁴⁵tse⁴²te³³ 麦茬儿

禾蔸脑 o¹³te³³lo⁴² 割禾后剩下的禾茬

小米 siɔ⁴²mi⁴²

苞谷 pɔ³³ku³³ 玉米

高粱 kɔ³³liɔ̃¹³⁻⁴⁵

禾 o¹³ 稻

谷 ku³³ 稻子

早稻 tsɔ⁴²tɔ⁴⁵

晚稻 uã⁴²tɔ⁴⁵

中稻 tɤŋ³³tɔ⁴⁵ 只作一季的稻

稗 p'a⁴⁵ 稗子

空□ k'ən³³xa³³ 秕子（空的或不饱满的子粒，如谷秕）

秕□子 pi⁴²⁻³³xa³³tsɿ⁴²

糠 xɔ̃³³

米 mi⁴²

糯米 lo⁴⁵mi⁴²

大米 t'a⁴⁵mi⁴²

早稻米 tsɔ⁴²tɔ⁴⁵mi⁴² 早米

晚稻米 uã⁴²tɔ⁴⁵mi⁴² 晚米

中稻米 tɤŋ³³tɔ⁴⁵mi⁴² 只作一季的稻产出的米

糙子米 ts'ɔ⁴⁵tsɿ⁴²mi⁴² 用砻去壳的米

红米 xən¹³mi⁴²

棉花 miã¹³xua³³ 天然的棉花

棉花毛 miã¹³xua³³mo¹³⁻³³ 加工好的棉花 絮毛 ɕiəu⁴⁵mo¹³⁻³³ 因为是放在絮被里的棉花，所以棉花毛也可以叫絮毛

棉花球 miã¹³xua³³tɕ'iəu¹³ 棉花桃儿

麻秆 ma¹³kɔ̃⁴²

苎麻 tɕ'y⁴²ma¹³

麻 ma¹³ 芝麻

黑麻 xæ³³ma¹³ 黑色的芝麻

白麻 p'o⁴⁵ma¹³ 白色的芝麻

葵花树 k'ue¹³xua³³ɕy⁴⁵ 向日葵

葵花子 k'ue¹³xua³³tsɿ⁴² 葵花子儿

红薯 xən¹³⁻⁴⁵ɕy⁴²⁻⁴⁵ 甘薯的通称

白红薯 p'o⁴⁵xəŋ¹³⁻⁴⁵ɕy⁴²⁻⁴⁵ 薯皮为浅黄，
　　肉为白色
红红薯 xəŋ¹³xəŋ¹³⁻⁴⁵ɕy⁴²⁻⁴⁵ 薯皮为红色，
　　肉为黄色
　黄心红薯 ɔ̃¹³sĩ³³xəŋ¹³⁻⁴⁵ɕy⁴²⁻⁴⁵
洋芋 iɔ̃¹³y⁴⁵ 马铃薯
　土豆 t'u⁴²t'e⁴⁵（后起名称）
芋子 y⁴⁵tsʅ⁴² 芋
芋子婆 y⁴⁵tsʅ⁴²po⁴⁵ 大芋头
芋子崽崽 y⁴⁵tsʅ⁴²tse⁴²tse⁴² 小芋头
香芋 ɕiɔ̃³³y⁴⁵ 槟榔芋
白薯 p'o⁴⁵ɕy⁴² 山药
藕 ŋe⁴²
莲子 liã¹³tsʅ⁴²
黄豆 ɔ̃¹³t'e⁴⁵
六月黄 liəu⁴⁵ye⁴⁵ɔ̃¹³ 黄豆的一种，清明
　　种下，农历六月熟可以收
十月豆 ɕie⁴⁵ye⁴⁵t'e⁴⁵ 黄豆的一种，
　　农历七月种，农历十月收
绿豆（崽崽）liəu⁴⁵t'e⁴⁵（tse⁴²tse⁴²）
　　绿豆
黑豆 xæ³³t'e⁴⁵
红豆 xəŋ¹³t'e⁴⁵ 红小豆
大目豆 t'a⁴⁵mu⁴⁵t'e⁴⁵ 豌豆
豇豆 kɔ̃³³t'e⁴⁵
　长豆角 ʈ'ɔ̃¹³t'e⁴⁵ka³³
　长豆□ ʈ'ɔ̃¹³t'e⁴⁵tɕi³³
六月豆□ liəu⁴⁵ye⁴⁵t'e⁴⁵tɕi³³ 即六月收
　　获的长豆角
八月豆□ piæ³³ye⁴⁵t'e⁴⁵tɕi³³ 八月收获
　　的豆角，没有六月结的长豆角
　　长，多数变红，籽粒很饱满

杨梅豆 iɔ̃¹³⁻⁴⁵me¹³⁻⁴⁵t'e⁴⁵ 扁豆
弯豆 uã³³t'e⁴⁵ 蚕豆
脚板豆 ʈo³³pã⁴²t'e⁴⁵ 刀豆
四季豆 sʅ⁴⁵tɕi⁴⁵t'e⁴⁵
茄子 t'a¹³tsʅ⁴²
黄瓜 ɔ¹³kua³³
菜瓜 ts'ue⁴⁵kua³³ 味道类似于黄瓜，
　　可炒可凉拌，外皮光滑不带刺
　　（一年生草本植物，花黄色。
　　果实长圆筒形，稍弯曲，皮白
　　绿色，可以吃，适合酱腌）
□□ ŋ⁴⁵tsʅ⁴⁵ 丝瓜
线瓜 siã⁴⁵kua³³ 广东丝瓜，也叫棱角
　　丝瓜
苦瓜 fu⁴²kua³³
南瓜 lã¹³kua³³
冬瓜 təŋ³³kua³³
大瓜 t'a⁴⁵kua³³ 葫芦
瓠瓜 fu⁴⁵kua³³ 瓠子
葱 ts'əŋ³³
洋葱 iɔ̃¹³ts'əŋ³³
葱叶子 ts'əŋ³³ie⁴⁵tsʅ⁴²
葱脑壳 ts'əŋ³³lɔ⁴²k'o³³⁻⁴² 葱白
蒜 suã⁴⁵ 嫩的蒜梗和蒜叶
蒜头脑 suã⁴⁵te⁴⁵lɔ⁴² 蒜头
蒜箭 suã⁴⁵tsiã⁴⁵ 蒜苗
韭菜 tɕiəu⁴²ts'ue⁴⁵
苋菜 xɔ⁴⁵ts'ue⁴⁵
西红柿 ɕi³³xəŋ¹³sʅ⁴⁵
姜 ʈɔ̃³³
姜荷 ʈɔ̃³³xo⁴⁵ 姜的叶子，炒鱼时放可
　　以去腥味

泡玉辣 p'ɔ⁴²y⁴⁵liæ⁴⁵ 柿子椒

辣子 liæ⁴⁵tsๅ⁴² 辣椒

五爪辣 u⁴²tsɔ⁴²liæ⁴⁵ 辣椒五个一束朝
　　天长，像五个爪子，朝天椒的
　　一种

辣子粉 liæ⁴⁵tsๅ⁴²fi⁴² 辣椒面儿

泡肿菜 p'ɔ⁴⁵təŋ⁴²ts'ue⁴⁵ 青菜头

大头萝卜 t'a⁴⁵t'e¹³lo¹³p'o⁴⁵ 大头菜

胡椒 fu¹³tsiɔ³³

菠菜 po³³ts'ue⁴⁵

白菜 p'o⁴⁵ts'ue⁴⁵

芥蓝包 ka⁴⁵lã¹³pɔ³³ 洋白菜

调羹菜 t'iɔ¹³tɔ̃³³ts'ue⁴⁵ 小白菜。认为
　　叶子的形状像调羹，故名

莴笋菜 o³³suən⁴²ts'ue⁴⁵

莴笋菜叶子 o³³suən⁴²ts'ue⁴⁵ie⁴⁵tsๅ⁴² 莴
　　笋叶

生菜 si³³ts'ue⁴⁵

芹菜 ʨ'i¹³ts'ue⁴⁵

芫荽菜 yã¹³si³³ts'ue⁴⁵ 芫荽
　　香菜 ɕiɔ̃³³ts'ue⁴⁵

茼蒿菜 t'əŋ¹³xɔ³³ts'ue⁴⁵ 蒿子秆儿

萝卜 lo¹³p'o⁴⁵

□□唻 fu³³ti⁴⁵le⁵³（萝卜）糠了

萝卜菜 lo¹³p'o⁴⁵ts'ue⁴⁵ 萝卜缨儿

干萝卜 kuã³³lo¹³p'o⁴⁵ 萝卜干儿

红萝卜 xəŋ¹³lo¹³p'o⁴⁵ 胡萝卜

茭笋 kɔ³³suən⁴² 茭白

油菜 iəu¹³ts'ue⁴⁵

油菜恖恖 iəu¹³ts'ue⁴⁵tse⁴²tse⁴² 油菜子

花菜 xua³³ts'ue⁴⁵ 白菜苔

红菜薹 xəŋ¹³ts'ue⁴⁵xəŋ⁴⁵ 红菜苔

红花菜 xəŋ¹³xua³³ts'ue⁴⁵

蕹菜 ŋ⁴⁵ts'ue⁴⁵

空洞菜 k'əŋ³³təŋ⁴⁵ts'ue⁴⁵

剪刀菜 tsiã⁴²tɔ³³ts'ue⁴⁵ 荠菜
　　姐姐菜 tsia⁴⁵tsia⁴⁵ts'ue⁴⁵

风菜 fəŋ³³ts'ue⁴⁵ 青菜

苋菜 ɕiã⁴⁵ts'ue⁴⁵

树 ɕy⁴⁵

树秧 ɕy⁴⁵iɔ̃³³ 树苗

树杆子 ɕy⁴⁵kɔ̃⁴²tsๅ⁴² 树干

树尾 ɕy⁴⁵ue⁴² 树梢

树根 ɕy⁴⁵ki³³

树叶 ɕy⁴⁵ie⁴⁵

卡□ k'a⁴²tsๅ⁴⁵ 专门指从主树干分出来
　　的较粗的茎

挂枝 kua⁴⁵tɕi³³ 从主树干分出来的粗
　　和细的茎均可称挂枝

栽树 tsue³³ɕy⁴⁵ 种树

砍树 k'ã⁴²ɕy⁴⁵

松树 ts'əŋ¹³ɕy⁴⁵

松毛须 ts'əŋ¹³mɔ¹³ɕiəu³³ 松针

松树球 ts'əŋ¹³ɕy⁴⁵tɕ'iəu¹³ 松球

松树油 ts'əŋ¹³ɕy⁴⁵iəu¹³ 松香

杉树 sa³³ɕy⁴⁵

杉树针 sa³³ɕy⁴⁵tɕi³³ 杉针

桑叶树 suã³³ie⁴⁵ɕy⁴⁵

桑叶 suã³³ie⁴⁵

白杨树 p'o⁴⁵iɔ̃¹³ɕy⁴⁵ 杨树

杨柳树 iɔ̃¹³liəu⁴²ɕy⁴⁵ 柳树

治木条 tsๅ⁴⁵mu³³tiɔ⁴⁵ 可用来捆柴的一
　　种荆条，开白花

桐崽树 t'əŋ¹³tse⁴²ɕy⁴⁵ 桐油树

桐崽 t'əŋ¹³tse⁴² 桐子

桐油 t'əŋ¹³iəu¹³

苦楝皮树 k'u⁴²liã⁴⁵p'i¹³ɕy⁴⁵

柏树 piæ³³ɕy⁴⁵

桉树 ŋã³³ɕy⁴⁵ 引进来的树种，长得
    很快

竹 tiəu³³ 竹子

蒙纸 məŋ¹³tsʅ⁴² 竹膜

笋 suən⁴² 竹笋

冬笋 təŋ³³suən⁴²

春笋 ts'uən³³suən⁴²

笋叶 suən⁴²ie⁴⁵ 笋壳

干笋 kuã³³suən⁴² 笋干

竹篙 tiəu³³k'ɔ³³ 竹竿儿

竹叶 tiəu³³ie⁴⁵

篾 mi⁴⁵ 篾片

二篾 ɔ⁴⁵mi⁴⁵ 篾黄

头篾 t'e¹³mi⁴⁵ 篾青

□ liæ³³ 刺

水果 sue⁴²ko⁴²

桃 tɔ⁴⁵

李子 li⁴²tsʅ⁴²

奈李 la⁴⁵li⁴² 李子的一种，比李子大，
    多为青色，不酸

边桃边李 piã³³tɔ⁴⁵piã³³li⁴² 一边是桃子，
    一边是李子，为桃子和李子的
    嫁接品种

苹果 p'ĩ¹³ko⁴²

枣子 tsɔ⁴²tsʅ⁴² 枣儿

梨 li⁴⁵

青皮梨 ts'iɔ³³pi⁴⁵li⁴⁵

黄花梨 ɔ¹³xua³³li⁴⁵

雪梨 sye³³li⁴⁵

枇杷 pi¹³⁻⁴⁵pa¹³⁻⁴⁵

柿花 sʅ⁴⁵xua³³ 柿子

干柿花 kuã³³sʅ⁴⁵xua³³ 柿饼

石榴 ɕia⁴⁵liəu¹³

香□ ɕiɔ³³iã⁴⁵ 柚子

柑子 kuã³³tsʅ⁴² 橘子

珍珠□ tɕĩ³³tɕy³³kã³³ 金橘

臭橙 tɕ'iəu⁴⁵tsã⁴⁵ 枳椇，果皮有颗
    粒状突起和皱纹，皮厚，果肉
    味道苦，微酸

柚子 iəu⁴⁵tsʅ⁴²

杨梅 iɔ¹³⁻⁴⁵me¹³⁻⁴⁵

木瓜 mu³³kuã³³

圆圆 yã¹³yã¹³⁻⁴⁵ 龙眼

圆圆肉 yã¹³yã¹³⁻⁴⁵n̠iəu³³ 龙眼肉

荔枝 li⁴⁵tɕi³³

芒果 mɔ¹³ko⁴²

菠萝 po³³lo¹³

橄榄 kã⁴²lã⁴²

白果 p'o⁴⁵ko⁴² 银杏

毛栗 mɔ¹³li⁴⁵ 特指个小的栗子

板栗 pã⁴²li⁴⁵ 特指个大的栗子

旋栗 ts'yã⁴⁵li⁴⁵ 榛子

核桃 xæ³³t'ɔ¹³

西瓜 ɕi³³kua³³

葵花籽 k'ue¹³xua³³tsʅ⁴² 瓜子儿

香瓜 ɕiɔ³³kua³³ 甜瓜

□□ mã⁴⁵tsʅ⁴⁵ 荸荠

秆 kɔ⁴⁵ 甘蔗

花生 xua³³sĩ³³

花生肉 xua³³sĩ³³n̠iəu³³ 花生米

花生皮 xua³³sĩ³³pʻi¹³[～ pi⁴⁵]

葡萄 pʻu¹³tʻɔ¹³

香蕉 ɕiɔ³³tsiɔ³³

芭蕉 pa³³tsiɔ³³

八脐崽崽 piæ³³tsʅ¹³⁻⁴⁵ tse⁴²tse⁴² 可以吃的一种果子，红色，比山楂小，样子像肚脐眼，故名

□槌崽崽 mɔ̃¹³tɕʻy¹³⁻⁴⁵tse⁴²tse⁴² 一种椭圆形野果子，可以吃，形状像洗衣的棒槌，颜色没熟为黄色，熟了转红色

杨筒崽崽 iɔ̃¹³təŋ⁴⁵tse⁴²tse⁴² 一种野果子，八九月结果，黑色

蒔田泡 tsʻʅ⁴⁵tʻiã¹³pʻɔ³³ 长在地上的一种红果子，样子有点像草莓，比草莓小很多，插秧时节长，可以吃

桂花 kue⁴⁵xua³³

铜钱（艾）花 tʻəŋ¹³tsʻiã¹³⁻⁴⁵（ŋa⁴⁵）xua³³ 野菊花

梅花 me¹³xua³³

藕花 ŋe⁴²xua³³ 荷花

荷叶 xo¹³ie⁴⁵

莲□□ liã¹³po⁴⁵lo⁴⁵ 莲蓬

茉莉花 mo⁴⁵li⁴⁵xua³³

喇叭花 la⁴²pa³³xua³³ 牵牛花

鼻齈花 pʻi¹³⁻⁴⁵ləŋ¹³⁻⁴⁵xua³³ 红色杜鹃花

癞子花 la⁴⁵tsʅ⁴²xua³³ 黄色或白色杜鹃花

芙艳花 fu¹³⁻⁴⁵iã¹³⁻⁴⁵xua³³ 芙蓉花

仙人掌 siã³³ĩ¹³tɔ̃⁴²

黄桔崽花 ɔ̃¹³⁻⁴⁵tɕy¹³⁻⁴⁵tse⁴²xua³³ 栀子花

金银花 tɕi³³ĩ¹³xua³³

百合花 po³³xo⁴⁵xua³³

花□□ xua³³po⁴⁵lo⁴⁵ 花蕾

花片 xua³³pʻiã⁴⁵ 花瓣儿

花芯 xua³³sĩ³³ 花蕊

蘑菇 kʻuən⁴²

天鹅菌 tʻiã³³ŋo¹³⁻⁴⁵kʻuən⁴² 蕈的一种，冬季生长，内呈红色，可食用

辣子菌 liæ⁴⁵tsʅ⁴²kʻuən⁴² 正面是红色，背面是白色

包子菌 po³³tsʅ⁴²kʻuən⁴² 黄色，正面很光滑

绿豆菌 liəu⁴⁵tʻe⁴⁵kʻuən⁴² 背面是绿色的，正面白偏蓝色

姜崽菌 tɔ³³tse⁴²kʻuən⁴² 正面是白色，背面是红色

□糟菌 ɔ³³tsɔ³³kʻuən⁴² 地皮菜。是真菌和藻类的结合体，一般生长在阴暗潮湿的地方，暗黑色，有点象泡软的黑木耳。打雷下雨后长在地上，显得很脏，□₃₃糟是垃圾的意思，所以把地皮菜叫□₃₃糟菌

木耳 mu³³ɔ⁴²

青枝 tsʻiɔ³³tɕi³³ 青苔

冬茅 təŋ³³mɔ¹³⁻⁴⁵

端午艾 tuã³³ŋ⁴²ŋa⁴⁵ 艾草

臭耳朵 tɕʻiəu⁴⁵ɔ⁴²to⁴⁵ 鱼腥草

狗尾巴草 ke⁴²ue⁴²pa³³⁻⁴⁵tsʻɔ⁴² 狗尾草

藻 pʻiɔ¹³ 浮萍

田七 tʻiã¹³tɕʻie⁴⁵

　　三七 sã³³tɕʻie³³

（六）动物

畜生 ts'u³³sɿ³³ 牲口

马牯 ma⁴²ku⁴² 公马

马婆 ma⁴²po⁴⁵ 母马

马崽崽 ma⁴²tse⁴²tse⁴² 马驹

水牯 çy⁴²ku⁴² 公水牛

黄牛牯 ɔ̃¹³⁻⁴⁵n̠iəu¹³⁻⁴⁵ku⁴² 公黄牛

阄牯子牛 iã³³ku⁴²tsɿ⁴²n̠iəu¹³ 犍牛

牛婆 n̠iəu¹³⁻⁴⁵po⁴⁵ 母牛

黄牛 ɔ̃¹³⁻⁴⁵n̠iəu¹³⁻⁴⁵

水牛 çy⁴²n̠iəu¹³

牛崽崽 n̠iəu¹³⁻⁴⁵tse⁴²tse⁴²

牛角 n̠iəu¹³ka³³

驴 lu¹³

驴牯 lu¹³ku⁴² 公驴

驴婆 lu¹³po⁴⁵ 母驴

骡子 lo¹³tsɿ⁴² 骡

绵羊 miã¹³iɔ̃¹³

山羊 sã³³iɔ̃¹³

羊牯 iɔ̃¹³ku⁴² 公羊

羊婆 iɔ̃¹³po⁴⁵ 母羊

羊崽崽 iɔ̃¹³tse⁴²tse⁴² 羊羔

狗 ke⁴²

狗牯 ke⁴²ku⁴² 公狗

狗婆 ke⁴²po⁴⁵ 生过崽的母狗

狗牸 ke⁴²ts'ɿ⁴⁵ 没生过崽的母狗

狗崽崽 ke⁴²tse⁴²tse⁴² 小狗儿

癫狗 tiã³³ke⁴² 疯狗

猫□ mɔ³³n̠iəu⁴⁵ 猫

猫□公 mɔ³³n̠iəu⁴⁵kəŋ³³ 公猫

　　猫牯 mɔ³³ku⁴²

猫（□）婆 mɔ³³（n̠iəu⁴⁵）po⁴⁵ 母猫

猪公 tçy³³kəŋ³³ 公猪

　　猪牯 tçy³³ku⁴²

猪头 tçy³³te⁴⁵ 种猪

猪婆 tçy³³po⁴⁵ 生过崽的母猪

猪牸 tçy³³ts'ɿ⁴⁵ 没生过崽的母猪

猪崽崽 tçy³³tse⁴²tse⁴²

□猪 uən³³tçy³³ 阉猪

兔子 t'u⁴⁵tsɿ⁴²

鸡 tçi³³

鸡公（爷）tçi³³kəŋ³³（ia⁴⁵）公鸡

鸡公崽崽 tçi³³kəŋ³³tse⁴²tse⁴² 鸡角

骟鸡 çiã⁴⁵tçi³³ 阉鸡（阉过的公鸡）

阄鸡 iã³³tçi³³

鸡婆 tçi³³po⁴⁵ 母鸡

（赖）菢鸡（la⁴⁵）p'ɔ⁴⁵tçi³³ 抱窝鸡

鸡□ tçi³³lã⁴⁵ 鸡娘，没下过蛋的母鸡

鸡崽崽 tçi³³tse⁴²tse⁴² 小鸡儿

□子 ka⁴⁵tsɿ⁴² 鸡蛋

生□子 sɔ̃³³ka⁴⁵tsɿ⁴² 下蛋

菢 p'ɔ⁴⁵ 孵

鸡冠 tçi³³kuã³³

鸡爪子 tçi³³tsɔ⁴²⁻⁴⁵tsɿ⁴²

鸭 æ³³

水鸭 çy⁴²æ³³

洋鸭 iɔ̃¹³æ³³

靠鸭 k'ɔ⁴⁵æ³³ 水鸭婆和洋鸭公杂交

　　后孵出的鸭

鸭公 æ³³kəŋ³³ 公鸭

鸭婆 æ³³po⁴⁵ 母鸭

鸭崽崽 æ³³tse⁴²tse⁴² 小鸭子

鸭□子 æ³³ka⁴⁵tsɿ⁴² 鸭蛋

鹅 ŋo¹³

鹅崽崽 ŋo¹³tse⁴²tse⁴² 小鹅儿

野物件 ia⁴²yæ³³tɕ'iã⁴⁵ 野兽

狮子 sʅ³³ᵗsʅ⁴²

老虎 lɔ⁴²fu⁴²

东北虎 təŋ³³piæ³³fu⁴²

猴子 xe¹³tsʅ⁴²

熊 ɕiəŋ¹³

豹子 pɔ⁴⁵tsʅ⁴² 豹

野猪 ia⁴²tɕy³³

豪猪 xɔ¹³tɕy³³

麝 ɕie⁴⁵

狐狸 fu¹³li¹³

黄鼠狼 ɔ̃¹³sɔ̃⁴²lɔ̃¹³⁻⁴⁵ "鼠" 本来读 ɕy⁴²，在此词语中读 sɔ̃⁴²，应是受前后字韵母影响所致

田甲 t'iã¹³kiæ³³ 穿山甲

老鼠 lɔ⁴²ɕy⁴²⁻⁴⁵

冬茅老鼠 təŋ³³mɔ¹³⁻⁴⁵lɔ⁴²ɕy⁴²⁻⁴⁵ 芒鼠

蛇 ɕia¹³

蟒蛇 mã⁴²ɕia¹³

吹风被 tɕ'y³³fəŋ³³p'i⁴² 眼镜蛇

四十八节 sʅ⁴⁵ɕie⁴⁵piæ³³tɕie³³ 银环蛇

水蛇 ɕy⁴²ɕia¹³

菜花蛇 ts'ue⁴⁵xua³⁵ɕia¹³

狗婆蛇 ke⁴²po⁴⁵ɕia¹³⁻⁴⁵ 蜥蜴

青公蛇 ts'i³³kəŋ³³ɕia¹³⁻⁴⁵ 一种四脚小蛇，比壁虎大一点，头是黄色，尾巴是绿色，有毒

鸟鸟 tiɔ⁴²⁻⁴⁵tiɔ⁴² 鸟儿

鸟崽崽 tiɔ⁴²⁻⁴⁵tse⁴²tse⁴² 幼鸟

老鸹 lɔ⁴²ua³³ 乌鸦

细喈喈 ɕi⁴⁵tɕie⁴²tɕie⁴² 喜鹊，以叫声命名

□屎婆婆 y⁴⁵sʅ⁴²p'o¹³p'o¹³⁻⁴⁵ 喜鹊因喜欢待在厕所而得名

禾线鸟鸟 o¹³⁻⁴⁵siã⁴⁵tiɔ⁴²⁻⁴⁵tiɔ⁴² 麻雀

燕子 iã⁴⁵tsʅ⁴²

天鹅 t'iã³³ŋo¹³⁻⁴⁵

斑鸡 pã³³tɕi³³ 斑鸠

鸽子 ko33tsʅ⁴²

□鼠鸟鸟 ŋ̍³³ɕy⁴²tiɔ⁴²⁻⁴⁵tiɔ⁴² 猫头鹰

鹦鹉 ĩ³³u⁴²

八哥儿 pa³³ko³³

白鹭 p'o⁴⁵lu⁴⁵⁻⁴²

崖鹰 ŋa¹³ĩ³³ 老鹰

山鹰 sã³³ĩ³³

野鸡 ia⁴²tɕi³³

野鸭 ia⁴²æ³³

檐老鼠 yã¹³lɔ⁴²ɕy⁴²⁻⁴⁵ 蝙蝠

啄鱼鸟 to⁴⁵ŋ̍¹³tiɔ⁴² 翠鸟

鹞子 io⁴⁵tsʅ⁴²

老虎鸟 lɔ⁴²fu⁴²tiɔ⁴²⁻⁴⁵ 眼睛是黄色，白天喜欢闭眼，晚上觅食，嘴巴很长，脚爪锋利，毛黑色

翅 tɕiæ³³ 翅膀

嘴巴 tɕiəu⁴²pa³³ 嘴

鸟□窝 tiɔ⁴²⁻⁴⁵te⁴²ɔ³³ 鸟窝

鸟窠 tiɔ⁴²k'o³³

蚕 ts'ã¹³

蚕□子 ts'ã¹³ka⁴⁵tsʅ⁴² 蚕蛹

寄□ tɕi⁴⁵ta⁴⁵ 蜘蛛

□崽 mi⁴⁵tse⁴² 蚂蚁

水灶鸡 ɕy⁴²tsɔ⁴⁵tɕi³³ 蝼蛄

土□ tʻu⁴²tsʻã⁴⁵ 土鳖

□蛇 ləŋ⁴⁵ɕia¹³⁻³³ 蚯蚓

夜泥糯 ia⁴⁵n̠i¹³⁻⁴⁵lo⁴⁵ 蜗牛

牛屎□ n̠iəu¹³sɿ⁴²kʻʅ⁴² 蜣螂

蜈蚣蛇 o⁴⁵kəŋ³³ɕia¹³ 蜈蚣

巴壁蛇 pa³³piæ³³ɕia¹³ 壁虎

毛虫 mɔ¹³tʻəŋ¹³

米虫 mi⁴²tʻəŋ¹³ 肉虫（米里的米色虫）

钻心虫 tsuã⁴⁵sĩ³³tʻəŋ¹³ 禾苗里的一种
　　害虫

□ tsʻã⁴⁵ 蚜虫

青头蚊 tsʻiɔ̃³³tɔ̃⁴⁵mi³³⁻⁴² 绿头蝇

饭蚊 fã⁴⁵mi³³ 饭蝇

牛蚊 n̠iəu¹³mi³³ 牛蝇

蚊崽 mi³³tse⁴² 蚊子

密蚊 mie⁴⁵mi³³ 孑孓

虱婆 ɕia³³po⁴⁵ 虱子

虱婆崽崽 ɕia³³po⁴⁵tse⁴²tse⁴² 虱卵

臭虫 tɕʻiəu⁴⁵tʻəŋ¹³

狗蚤 ke⁴²tsɔ⁴² 跳蚤

毛蓖 mɔ¹³pi³³ 牛虻，认为牛虻长得像
　　蓖麻子

灶鸡 tsɔ⁴⁵tɕi³³ 蟋蟀

灶鸡 tsɔ⁴⁵tɕi³³ 灶蟋蟀（状似蟋蟀，
　　常出没于厨房）

骚狗婆 sɔ³³ke⁴²po⁴⁵ 蟑螂

蚱蜢 tɕie³³məŋ⁴² 蝗虫

猴子 xe¹³tsɿ⁴² 螳螂（认为长得像猴子，
　　故名）

骂岁 ma⁴⁵ɕiəu⁴⁵ 蝉

糖蜂 tʻɔ̃¹³pʻəŋ³³ 蜜蜂

土地蜂 tʻu⁴²tʻi⁴⁵pʻəŋ³³ 马蜂，个大，

毒性强，因其窝在地底下得名

黄蜂 ɔ̃¹³pʻəŋ³³ 黄色的马蜂，窝在树上

吊脚蜂 tiɔ⁴⁵to³³pʻəŋ³³ 飞行时屁股尖
　　尖的针往下垂，窝在树上或屋
　　檐下悬挂

叮 tiɔ̃³³ 蜇人

糖蜂窠 tʻɔ̃¹³pʻəŋ³³kʻo³³ 蜂窝

蜂糖 pʻəŋ³³tʻɔ̃¹³ 蜂蜜

夜光虫虫 ia⁴⁵kɔ̃³³tʻəŋ¹³tʻəŋ¹³ 萤火虫

臭屁□ tɕʻiəu⁴⁵pʻi⁴⁵kʻʅ⁴² 臭大姐

飞蛾 fi³³ŋo¹³⁻⁴⁵ 灯蛾

癞子花花 la⁴⁵tsɿ⁴²xua³³xua³³ 蝴蝶

□□婆婆 li̠³³li̠³³po⁴⁵po⁴⁵ 蜻蜓

花虫 xua³³tʻəŋ¹³ 瓢虫

鱼 ŋ¹³ 鱼儿

鲤鱼 li⁴²ŋ̍¹³⁻⁴⁵

鲫鱼 tsiæ³³ŋ̍¹³⁻⁴⁵

扁鱼 piã⁴²ŋ̍¹³⁻⁴⁵ 鳊鱼

草鱼 tsʻɔ⁴²ŋ̍¹³⁻⁴⁵

鲢鱼 liã¹³ŋ̍¹³

滑拐子鱼 yæ⁴⁵kua⁴²tsɿ⁴²ŋ̍¹³ 鲇鱼
　　鲇拐子鱼 liã¹³kua⁴²tsɿ⁴²ŋ̍¹³

墨鱼 miæ⁴⁵y¹³

鱿鱼 iəu¹³y¹³

雄鱼 ɕiəŋ¹³ŋ̍¹³ 胖头鱼，也叫鳙鱼

金鱼 tɕi³³ŋ̍¹³

泥鳅 n̠i¹³⁻⁴⁵tɕʻiəu³³

黄鳝 ɔ̃¹³⁻⁴⁵ɕiã³³ 鳝鱼

黄鸭牯 ɔ̃¹³ŋa⁴⁵ku⁴² 黄鸭叫

干鱼 kuã³³ŋ̍¹³ 鲞（剖开晒干的鱼）

鱼皮 ŋ̍¹³pʻi¹³ 鱼鳞

鱼骨头 ŋ̍¹³kuæ³³te⁴⁵ 鱼刺

泡玉 p'ɔ⁴²y⁴⁵ 鱼鳔儿

鱼翅 ŋ¹³tɕiæ³³ 鳍

鱼鳃 ŋ¹³suæ³³

鱼子 ŋ¹³tsɿ⁴²

鱼种 ŋ¹³tən⁴² 鱼苗儿

钓鱼 tiɔ⁴⁵ŋ¹³

钓鱼棍 tiɔ⁴⁵ŋ¹³kuən⁴⁵ 钓鱼竿儿

（钓）鱼钩（tiɔ⁴⁵）ŋ¹³ke³³ 钓鱼钩儿

扁箩 piã⁴²lo⁴⁵ 鱼篓儿

鱼网 ŋ¹³mɔ̃⁴²

虾公 xa³³kən³³ 虾

干虾公 kuã³³xa³³kən³³ 干虾米

水把口 ɕy⁴²pa⁴⁵k'ĩ⁴² 一种虾类

乌龟 u³³kue³³ 龟

鳖 pie³³

螃蟹 p'ɔ̃¹³⁻³³xa¹³⁻³³

麻拐 ma¹³kua⁴² 青蛙

泥蚌麻拐 ȵi¹³pɔ̃⁴⁵ma¹³kua⁴² 泥蛙

麻拐崽崽 ma¹³kua⁴²tse⁴²tse⁴² 蝌蚪

蚂蟥 ma⁴²ɔ̃¹³⁻⁴⁵ 水蛭

田螺 t'iã¹³⁻⁴⁵lo¹³⁻⁴⁵ 田里的螺蛳

沙螺 sa³³lo¹³⁻⁴⁵ 河里的螺蛳

窄螺 tɕiæ³³lo¹³⁻⁴⁵ 蚌

　蚌螺 p'ɔ̃⁴²lo¹³⁻⁴⁵

（七）房舍

起屋 ɕi⁴²u³³ 造（房子）

一只屋 ie³³ʈa³³u³³ （整座）房子

院子 yã⁴⁵tsɿ⁴²

照屋壁 ʈɔ⁴⁵u³³piæ³³⁻⁴⁵ 影壁

一眼屋 ie³³ŋã⁴²u³³ （单间）屋子

厅屋 t'iɔ̃³³u³³ 客厅

烧火屋 ɕiɔ³³xɔ⁴²u³³ 进了厅屋，右边
　为烧火屋，即用来围坐烤火的
　屋子

灶屋（□）tsɔ⁴⁵u³³（tiæ⁴²）进了厅屋，
　左边为灶屋，即厨房

房屋（□）fɔ̃¹³u³³（tiæ⁴²）烧火屋和
　灶屋分别往后走的房间为房屋，
　可以用来做卧室

照（家）背 ʈɔ⁴⁵（ka³³）pe⁴⁵ 厅屋后面
　的房间，一般为客房

楼上 le¹³ɕiɔ̃⁴⁵

楼下 le¹³xa⁴²

楼梯 le¹³t'i³³⁻⁴²

楼梯 le¹³t'i³³⁻⁴² 梯子（可移动的）

阳台 iɔ̃¹³t'a¹³

晒楼 sa⁴⁵le¹³ 晒台

龙 lən¹³ 房脊

屋顶 u³³tĩ⁴² 房顶

屋檐 u³³iã¹³ 房檐儿

梁 liɔ̃¹³

行条 xɔ̃¹³⁻⁴⁵t'iɔ¹³⁻⁴⁵ 檩

橡皮 ɕyã¹³p'i¹³ 椽子

柱头 tɕ'y⁴²te⁴⁵ 柱

磴 t'ĩ⁴⁵ 石阶

天花 t'iã³³xua³³ 天花板

大门 t'a⁴⁵mĩ¹³ 正门

背口门 pe⁴⁵ka³³mĩ¹³⁻⁴⁵ 后门

门口 mĩ¹³ts'ã⁴² 门坎儿

大门埭 t'a⁴⁵mĩ¹³⁻⁴⁵to⁴⁵ 大门门坎左右两
　边的四方形石凳，可以坐

门背 mĩ¹³pe⁴⁵ 门后（门扇的后面）

门栓（门闩）mĩ¹³ts'uã³³

门页 mĩ¹³ie⁴⁵ 门扇

锁 so⁴²

锁匙 so⁴²sʅ¹³⁻⁴⁵ 钥匙

架眼 ka⁴⁵ŋã⁴² 窗子

走廊 tse⁴²lã¹³

楼板 le¹³pã⁴²

灶 tsɔ⁴⁵

□厕 y⁴⁵sʅ⁴² 厕所

牛栏 ȵiəu¹³⁻⁴⁵lã¹³⁻⁴⁵ 牛圈

猪栏 tɕy³³lã¹³⁻⁴⁵ 猪圈

天池 t'iã³³tsʅ⁴⁵ 天井

猪□ tɕy³³te³³ 给小猪喂食的木槽

溮盆 sɔ⁴⁵p'ĩ¹³ 给大猪喂食的有提手的木槽

狗窠 (□)ke⁴²k'o³³(tiæ⁴²) 狗窝

鸡窠 tɕi³³k'o³³ 鸡窝

鸡笼 (□)tɕi³³ləŋ¹³⁻⁴⁵ (tiæ⁴²)

围笼 ue¹³ləŋ⁴⁵ 鸡罩

一树秆 ie³³ɕy⁴⁵kuã⁴² 柴草垛

(八) 器具 用品

家具 ʈa³³tɕy⁴⁵

橱 tɕ'y⁴⁵ 嫁女时陪嫁的四方大木箱子，用来放被子、鞋等，一般要有两个，富裕人家也有陪嫁四个的

板箱 pã⁴²siɔ̃³³ 比橱小一些，用来装衣物等的箱子

柜子 k'ue⁴⁵tsʅ⁴²

台桌 t'a¹³tso³³ 桌子，四围可摆四条长凳

案桌 ŋã⁴⁵tso³³ 用来砍肉骨头等的桌子

桌子 luã¹³tso³³tsʅ⁴² 圆桌

方桌子 fɔ̃³³tso³³tsʅ⁴² 方桌

饭桌 fã⁴⁵tso³³

桌子布 tso³³tsʅ⁴²pu⁴⁵ 台布

扯盒 ʈ'a⁴²xo⁴⁵ 抽屉

碰凳 p'ən⁴⁵tĩ⁴⁵ 椅子，有靠背

椅子凳 i⁴²[～li⁴²]tsʅ⁴²tĩ⁴⁵ 椅子，三边有靠

布凳 pu⁴⁵tĩ⁴⁵ 躺椅

凳背 tĩ⁴⁵pe⁴⁵ 椅子背儿

凳□ tĩ⁴⁵ɔ̃⁴⁵ 椅子掌儿

条子凳 t'io¹³tsʅ⁴²tĩ⁴⁵ 板凳（长条形的）

四方凳 sʅ⁴⁵fɔ̃³³tĩ⁴⁵ 方凳

矮婆凳 ŋa⁴²po⁴⁵tĩ⁴⁵ 小板凳儿

圏凳 luã¹³tĩ⁴⁵ 圆凳

高长凳 ko³³ʈ'ɔ̃¹³tĩ⁴⁵ 高凳子

帆布凳 fã³³pu⁴⁵tĩ⁴⁵ 马扎

蒲团 p'u¹³⁻⁴⁵tɔ̃⁴⁵

床 ts'ɔ̃¹³

床板 ts'ɔ̃¹³pã⁴² 铺板

棕垫 tsəŋ³³t'iã⁴⁵ 棕绷

箆床 mi⁴⁵ts'ɔ̃¹³ 竹床

帐 ʈɔ̃⁴⁵ 帐子

帐勾 ʈɔ̃⁴⁵ke³³

毡子 tɕiã³³tsʅ⁴² 毯子

被 p'i⁴² 被子

单被 tã³³p'i⁴² 不套棉絮的盖被

絮被 ɕiəu⁴⁵p'i⁴² 套棉絮的盖被

包被 po³³p'i⁴² 被里

被艳心 p'i⁴²iã⁴⁵sĩ³³ 被面

被袋 p'i⁴²t'ue⁴⁵ 被套，为了拆洗的方便，把被里和被面缝成袋状

寡絮被 kua⁴²ɕiəu⁴⁵pʻi⁴² 棉花胎

床单 tsʻɔ̃¹³tã³³（后起说法）

　□单 mo⁴⁵tã³³（早先说法）

垫被 tʻiã⁴⁵pʻi⁴² 褥子

草席 tsʻɔ⁴²tsʻia⁴⁵

竹席 mi⁴⁵tsʻia⁴⁵

床头 tsʻɔ̃¹³te⁴⁵ 以前农村无枕头，把
　　稻秆放在床的一边褥子下面垫
　　高作枕头叫床头。现在六合也
　　还有人把买的枕头叫床头。

枕头袋 tɕĩ⁴²tʻe¹³tʻue⁴⁵ 枕套儿

枕头芯 tɕĩ⁴²tʻe¹³sĩ³³

镜 tɕi⁴⁵ 镜子

皮箱 pʻi¹³siɔ̃³³

衣架子 i³³ka⁴⁵tsɹ⁴² 晾衣架

秽桶 y³³tʻəŋ⁴² 马桶

炙火盆（盛炭火等的盆子）ta³³xo⁴²pʻɹ̃¹³

火桶 xo⁴²tʻəŋ⁴² 用木或竹制成圆形或
　　方形，有提手，里面烧炭，用
　　来烤火，以前小孩子上学都提
　　着火桶去学校

开水壶 kʻa³³ɕy⁴²fu¹³ 暖水瓶

夹钳 kiæ³³tɕʻiã¹³ 火钳

舀灰把 iɔ⁴²xue³³pa⁴⁵ 把地灶里的灰烬
　　掏出来的一种工具

　掀灰把 uæ⁴² xue³³pa⁴⁵

葫芦架 fu¹³⁻⁴⁵lu¹³⁻⁴⁵ ka³³ 一种木制四方
　　架子，四边可以坐人烤火，中
　　间有柴火灶

柴 tsʻa¹³ 柴草

秆 kuã⁴² 稻秆

麦崽稿 mo⁴⁵tse⁴²kɔ⁴²⁻⁴⁵ 麦秸

高粱秆 kɔ³³liɔ̃¹³⁻⁴⁵kɔ̃⁴²⁻⁴⁵

豆稿 tʻe⁴⁵kɔ⁴²⁻⁴⁵ 豆秸

木屎 mu³³sɹ⁴² 锯末

铲皮 tsʻã⁴²pi⁴⁵ 刨花

洋火 iɔ̃¹³xo⁴² 火柴

锅□煤 o³³tsʻã³³me¹³⁻⁴² 锅烟子（锅底上
　　的烟子，可做黑色颜料）

烟筒 iã³³təŋ⁴⁵ 烟囱

锅 o³³ 炒菜的锅

鼎 tiɔ̃⁴² 煮饭的器具，铁质，上面有
　　提手

　鼎锅 tiɔ̃⁴²ko³³

麻锅 ma¹³o³³ 大铁锅，通常用柴火烧，
　　用来煮潲、烧酒等

铝锅 liəu⁴²o³³

锡锅 sia³³o³³

大锅 tʻa⁴⁵o³³

细锅 ɕi⁴⁵o³³ 小锅

锅盖 o³³kue⁴⁵

□皮锹 lɔ³³pi⁴⁵tsʻiɔ³³ 锅铲

　锅锹 o³³tsʻiɔ³³

水壶 ɕy⁴²fu¹³

碗 uã⁴²

海碗 xa⁴²uã⁴²

　大碗 tʻa⁴⁵uã⁴²

□ tsʻã⁴⁵ 碗橱

把杯 pa⁴⁵pe³³ 陶瓷的带把儿的茶杯

□盘 tʻi⁴⁵pʻã¹³ 碟子

饭锹 fã⁴⁵tsʻiɔ³³ 饭勺

调张 tʻiɔ¹³t̚ɔ̃³³ 羹匙

　调羹 tʻiɔ¹³kĩ³³

筷子 kʻua⁴⁵tsɹ⁴²

筷子筒 k'ua⁴⁵tsๅ⁴²təŋ⁴⁵ 筷笼

茶盘 ts'a¹³p'ã¹³ 做宴席时，手托的用
  来端菜的木制盘子

杯 pe³³ 盖碗儿（喝茶用，有盖不带
  把儿，下有茶托儿）

□ o⁴⁵ 最早是指喝水的搪瓷把杯和小
  孩吃饭的搪瓷碗，后来用不锈
  钢、塑料等制成的把杯和小孩
  吃饭的碗也叫□₀⁴⁵

酒杯 tɕiəu⁴²pe³³

盘子 p'ã¹³tsๅ⁴²

钵头 po³³te⁴⁵ 钵子

酒壶（茶壶形的）tɕiəu⁴²fu¹³

酒□ tɕiəu⁴²ɔ̃³³ 酒坛子

□ ɔ̃³³ 坛子

□菜□ piã⁴²ts'ue⁴⁵ɔ̃³³ 腌菜的坛子，
  坛子上方有边沿盛水

□线水 ɔ̃³³siã⁴⁵ɕy⁴² 坛子上方边沿水，
  使坛子和盖之间无空气，起密
  封作用

沙罐 sa³³kuã⁴⁵ 用陶土和沙烧制的罐
  子，有盖，用来炖汤

药罐 io⁴⁵kuã⁴⁵ 一般比沙罐小一些

盂 y⁴⁵ 装酒、装茶的陶壶，用瓦头烧
  制，旁边有把手

  把盂 pa⁴⁵y⁴⁵ 有把的陶壶

瓦头 ŋa⁴²te⁴⁵ 红泥巴和水，用牛把泥
  巴踩细软，这种材料叫瓦头，
  相当于陶器材料，用来做碗、
  缸、坛子、盂

锡盂 sia³³'y⁴⁵ 锡制作的提壶

水盂 ɕy⁴²y⁴⁵ 指烧水的提壶

勺 ɕio⁴⁵ 瓢

丝勺 sๅ³³ɕio⁴⁵ 笊篱

捞箕 lɔ¹³tɕi³³ 筲箕，淘米洗菜等用的
  竹器，形状像簸箕

瓶 p'ĩ¹³ 瓶子

瓶盖儿 p'ĩ¹³kue⁴⁵

锉子 ts'o⁴⁵tsๅ⁴² 礳床

菜刀 ts'ue⁴⁵tɔ³³

□□ tĩ³³k'ɔ̃³³ 砧板

水桶 ɕy⁴²t'əŋ⁴²

蒸笼 tɕi⁴²ləŋ⁴⁵

甑 tsĩ⁴⁵ 甑子

隔板 kiæ³³pã⁴² 箅子，蒸食物用的

水缸笼 ɕy⁴²kɔ̃³³ləŋ⁴⁵ 水缸

潲水钵 sɔ⁴⁵ɕy⁴²po³³ 泔水缸

潲水 sɔ⁴⁵ɕy⁴² 泔水

台桌帕 t'a¹³tso³³p'a⁴⁵ 抹布

拖把 t'o³³pa⁴²

爽升 sɔ̃⁴²ɕĩ³³ 量米筒

铲 ts'ã⁴² 刨子

斧头 fu⁴²t'e¹³ 斧子

锯 tɕy⁴⁵ 锯子

□ ts'a⁴⁵ 凿子

尺 ȶ'a³³ 尺子

勾尺 ke³³ȶ'a³³ 曲尺

米头尺 mi⁴²t'e¹³ȶ'a³³ 折尺

线尺 siã⁴⁵ȶ'a³³ 卷尺

炭墨 t'ã⁴⁵miæ⁴⁵ 墨斗

墨线 miæ⁴⁵siã⁴⁵ 墨斗线

钉 tiɔ̃³³ 钉子

钳子 tɕ'iã¹³tsๅ⁴²

老虎钳 lɔ⁴²fu⁴²tɕ'iã¹³

铁锤 t'ie³³tɕy⁴⁵ 钉锤

    锤子 tɕy⁴⁵tsʅ⁴²

夹子 kiæ³³tsʅ⁴² 镊子

绳 ɕʅ¹³ 绳子

门扣 mĩ¹³k'e⁴⁵ 合叶

砖刀 tɕyã³³tɔ³³ 瓦刀

粉把 fi⁴²pa⁴⁵ 抹子，抹灰泥的器具，

    铁质的

丘叶 tɕ'iəu³³ie⁴⁵ 钢制成，比抹子小一

    些、尖一些，专门用来把墙边

    角抹光滑

浆板 tsiɔ³³pã⁴² 泥板，瓦工用来盛抹

    墙物的木板

泥桶 ȵi¹³t'əŋ⁴² 灰兜子

錾 tsã⁴⁵ 錾子，凿石头或金属的小凿子

铁□ t'ie³³tĩ³³ 砧子，打铁时垫铁块用

剃脑刀 t'i⁴⁵lɔ⁴²tɔ³³ 剃刀

剪脑刀 tsiã⁴²lɔ⁴²tɔ³³ 理发剪

梳 su³³ 梳了

篦梳 p'i⁴⁵su³³

油布 iəu¹³pu⁴⁵ 理发时围在人身上的

    布，防止头发掉到身上

鐾刀布 p'e⁴⁵tɔ³³pu⁴⁵ 赶圩时间剃头师

    傅，他告知以前有这种东西，

    用牛皮或羊皮或帆布做成，用

    来锋利或清洁剃头刀，而现在

    不用了

理发凳 li⁴²fiæ³³tĩ⁴⁵ 理发椅

打衣机 ta⁴²i³³tɕi³³ 缝纫机

剪刀 tsiã⁴²tɔ³³ 剪子

熨斗 uən⁴⁵te⁴²

画粉 xua⁴⁵fi⁴² 裁缝在布料上画线用的

类似粉笔状的东西

（弹棉花）弓子 kəŋ³³tsʅ⁴²

棉花机 miã¹³xua³³tɕi³³ 纺车

织布机 tɕie³³pu⁴⁵tɕi³³

梭 so³³

物件 yæ³³tɕ'iã⁴⁵ 东西

洗面水 ɕi⁴²miã⁴⁵ɕy⁴² 洗脸水

面盆 miã⁴⁵p'ĩ¹³⁻⁴⁵ 脸盆，以前多半为

    买的搪瓷盆

面盆架 miã⁴⁵p'ĩ¹³⁻⁴⁵ka⁴⁵ 脸盆架

□盆 t'ɔ¹³p'ĩ¹³ 澡盆，以前多半为自己

    做的圆形的大木盆

香皂 ɕiɔ³³ts'ɔ⁴²

肥皂 fi¹³ts'ɔ⁴²

洗衣粉 ɕi⁴²i³³fi⁴²

帕 p'a⁴⁵ 毛巾

□盆 t'ɔ¹³p'ĩ¹³ 脚盆，以前多半为自己

    做的圆形的小木盆

揩脚帕 k'a³³tɔ³³p'a⁴⁵ 擦脚布

洗澡帕 ɕi⁴²tsɔ⁴²p'a⁴⁵ 洗澡毛巾

汽灯 tɕ'i⁴⁵tĩ³³

蜡 liæ³³ 蜡烛

灯盏 tĩ³³tsã⁴² 煤油灯

充灯 ts'əŋ³³tĩ³³ 比灯盏大，一般做红

    白喜事才用

马灯 ma⁴²tĩ³³

灯心 tĩ³³sĩ³³

灯罩 tĩ³³tsɔ⁴⁵

灯盏 tĩ³³tsã⁴²

灯带 tĩ³³ta⁴⁵ 灯草

洋油 iɔ̃¹³iəu¹³ 灯油

灯笼 tĩ³³ləŋ⁴⁵

提包 t'ia¹³pɔ³³ 手提包

荷包 xo¹³pɔ³³ 钱包

章 tʂɔ̃³³ 图章

望远镜 uã⁴⁵yã⁴²tɕĩ⁴⁵

浆糊 tsiɔ̃³³u¹³⁻⁴⁵

皮□ p'i¹³k'uæ³³ 顶针儿

线□ siã⁴⁵k'uæ³³ 线轴儿

舞尺 u⁴²t'a³³ 织布的一种工具

针屁股 tɕi³³p'i⁴⁵ku⁴² 针鼻儿

针嘴巴 tɕi³³tɕiəu⁴²pa³³⁻⁴⁵ 针尖

穿针 tɕ'yã³³tɕĩ³³

钻子 tsuã⁴⁵tsɿ⁴² 锥子

挖子 uæ³³tsɿ⁴² 耳挖子

搓衣板 ts'o⁴⁵i³³pã⁴² 洗衣板儿

□槌 mɔ̃¹³tɕ'y¹³⁻⁴² 棒槌

鸡毛帚 tɕi³³mɔ¹³tɕiəu⁴² 鸡毛掸子

扇 ɕiã⁴⁵ 扇子

蒲扇 p'u¹³ɕiã⁴⁵

棍 kuən⁴⁵ 拐杖

揩屁股咯纸 k'a³³p'i⁴⁵k'u⁴²kɤ⁴²tsɿ⁴² 手纸

屁股□ p'i⁴⁵k'u⁴²tɕiəu⁴⁵ 用秆扎成的擦屁股的把子，用来解大手擦屁股。六合有一风俗，大年初一，长辈用屁股□ tɕiəu⁴⁵ 给小孩子擦一下嘴，表明小孩的嘴是屁眼，说了不吉利的话也不算数

锁匙 so⁴²sɿ¹³⁻⁴⁵ 钥匙

（九）称谓

男咯 lã¹³kɤ⁴² 男人

女咯 ny⁴²kɤ⁴² 女人

毛头 mɔ¹³⁻⁴⁵te⁴⁵ 婴儿

细人□ ɕi⁴⁵ni¹³⁻⁴⁵tiæ⁴²（合音 ɕin⁴⁵tiæ⁴²）小孩儿

奶□（家人）la⁴²tiæ⁴²（ka³³⁻⁴⁵ni¹³⁻⁴⁵）小伙子

后生（家）xe⁴²sɔ̃³³（ka³³）

奶□人崽崽 la⁴²tiæ⁴²ni¹³⁻⁴⁵tse⁴²tse⁴² 男孩

□公崽 a³³kəŋ³³tse⁴² 指家里看得重或很娇气的男孩

女□（家人）ny⁴²tiæ⁴²（ka³³⁻⁴⁵ni¹³⁻⁴⁵）姑娘

女□人崽崽 ny⁴²tiæ⁴²ni¹³⁻⁴⁵tse⁴²se⁴² 女孩儿

老大人 lɔ⁴²t'a⁴⁵ni¹³⁻⁴⁵ 老人（男女均可）

老□ lɔ⁴²tɕi³³ 老头儿

老妇人家人 lɔ⁴²fu⁴⁵ĩ¹³⁻⁴⁵ka³³ni¹³⁻⁴⁵ 老太婆

街上人 ka³³ɕiɔ̃⁴⁵ni¹³ 城里人

乡巴佬 ɕiɔ̃³³pa³³lɔ⁴²

农村人 ləŋ¹³ts'uən³³ni¹³ 乡下人

一家人 ie³³ka³³ni¹³⁻⁴⁵ 一家子（同宗同姓的）

外地人 ua⁴⁵t'i⁴⁵ni¹³

本地人 pĩ⁴²t'i⁴⁵ni¹³

外国人 ua⁴⁵kuæ³³ni¹³

自家人 tsɿ⁴⁵[～sɿ⁴⁵]ka³³ni¹³⁻⁴⁵ 自己人

门前人 mĩ¹³⁻⁴⁵ts'iã¹³⁻⁴⁵ni¹³ 外人

客 k'a³³ 客人

老庚 lɔ⁴²kĩ³³ 同年生的男性互称

老同 lɔ⁴²t'əŋ¹³ 同年生的女性互称

老表 lɔ⁴²piɔ⁴² ①表亲关系兄弟姊妹互称；②关系比较好的男子互

称；③对年龄相近的、不相识
的男子的称呼

老芋 lɔ⁴²y⁴⁵ 家伙（多带贬义）

内行 lue⁴⁵xɔ̃¹³

外行 ua⁴⁵xɔ̃¹³

老泡 lɔ⁴²pʻɔ⁴⁵ 新手

　泡伙子 pʻɔ⁴⁵xo⁴²tsɿ⁴²

半桶水 pã⁴⁵tʻəŋ⁴²ɕy⁴² 半瓶醋

单身公 tã³³ɕi³³kəŋ³³ 单身汉

老满姑 lɔ⁴²mã⁴²ku³³ 老姑娘

童养媳 tʻəŋ¹³iɔ̃⁴²ɕie³³

第二嫁咯人 tʻi⁴⁵ɔ⁴⁵ka⁴⁵kɤ⁴²n̠i¹³ 二婚头

寡婆 kua⁴²po⁴⁵ 寡妇

婊子 piɔ⁴²tsɿ⁴²

寡崽 kua⁴²tse⁴² 私生子

劳改犯 lɔ¹³ka⁴²fã⁴⁵ 囚犯

小气鬼 siɔ⁴²tɕʻi⁴⁵kue⁴² 吝啬鬼

败家子 pʻa⁴⁵ȶa³³tsɿ⁴²

叫化子 kɔ⁴⁵xua⁴⁵tsɿ⁴² 乞丐

跑江湖咯人 pʻɔ⁴²ȶɔ̃³³fu¹³⁻⁴⁵kɤ⁴²n̠i¹³ 走江
　湖的

骗子 pʻiã⁴⁵tsɿ⁴²

流氓 liəu¹³mɔ̃¹³

拐子 kua⁴²tsɿ⁴² 拍花子的

土匪 tʻu⁴²fi⁴²⁻³³

强盗 ȶɔ̃¹³tʻɔ⁴⁵

扒子手 pʻa¹³tsɿ⁴²ɕiəu⁴² 扒手

熟人 ɕiəu⁴⁵n̠i¹³⁻⁴⁵

生疏人 sɔ̃³³su³³n̠i¹³⁻⁴⁵ 生人

老乡 lɔ⁴²ɕiɔ̃³³

高子 kɔ³³tsɿ⁴² 高个儿

□巴子 ŋa³³pa³³tsɿ⁴² 哭脸虫，多指小孩

瑶老古 iɔ¹³lɔ⁴²ku⁴² 瑶族男子

瑶老婆 iɔ¹³lɔ⁴²po⁴⁵ 瑶族女子

洞山古 tʻəŋ⁴⁵sã³³ku⁴² 瑶族男子，多在
　附近的白水、华泉乡的山里

洞山婆 tʻəŋ⁴⁵sã³³po⁴⁵ 瑶族女子，多
　在附近的白水、华泉乡的山里

事 sɿ⁴⁵ 工作

工人 kəŋ³³i¹³

长工 ȶɔ̃¹³kəŋ³³

短工 tuã⁴²kəŋ³³

农民 ləŋ¹³mĩ¹³

做生意咯人 tsu⁴⁵sɿ³³i¹³⁻⁴⁵kɤ⁴²n̠i¹³ 做买卖的

老板 lɔ⁴²pã⁴²

主家人 tɕy⁴²ka³³n̠i¹³⁻⁴⁵ ①主人②东家

老板娘 lɔ⁴²pã⁴²n̠iɔ̃¹³

徒弟 tʻu¹³tʻi⁴² 学徒

先生 siã³³sɿ³³ 教书先生

老师 lɔ⁴²sɿ³³ 教员

学生 ɕiɔ¹³sɿ̃³³

同学 tʻəŋ¹³ɕiɔ¹³

朋友 pʻəŋ¹³iəu⁴²

兵 pĩ³³

狗腿子 ke⁴²tʻue⁴²tsɿ⁴² 警察

医生 i³³sɿ̃³³

医师 i³³sɿ³³

开车咯师傅 kʻa³³tɕʻie³³kɤ⁴²sɿ³³fu⁴⁵⁻³³ 司机

做手艺咯人 tsu⁴⁵ɕiəu⁴²n̠i⁴⁵kɤ⁴²n̠i¹³ 手
　艺人

做木咯老师傅 tsu⁴⁵mu³³kɤ⁴²lɔ⁴²sɿ³³fu⁴⁵⁻³³
　木匠

木工 mu³³kəŋ³³

起屋咯老师傅 ɕi⁴²u³³kɤ⁴²lɔ⁴²sɿ³³ fu⁴⁵⁻³³

瓦匠

打铁咯老师傅 ta^{42}t'ie^{33}kɤ^{42}lɔ^{42}sŋ^{33}fu$^{45-33}$
　　铁匠

卤爬箍咯师傅 lu^{42}pa^{13}ku^{33}kɤ^{42} sŋ^{33}fu$^{45-33}$
　　补锅的

□衣咯老师傅 lyã^{13}i^{33}kɤ^{42}lɔ^{42}sŋ^{33} fu$^{45-33}$
　　无缝纫机时对裁缝的称呼

打衣咯老师傅 ta^{42}i^{33}kɤ^{42}lɔ^{42}sŋ^{33}fu$^{45-33}$
　　有缝纫机后对裁缝的称呼

做衣咯老师傅 tsu^{45}i^{33}kɤ^{42} lɔ^{42}sŋ^{33}fu$^{45-33}$
　　有无缝纫机均可用此称呼

剃脑师傅 t'i^{45}lɔ^{42}sŋ^{33}fu$^{45-33}$ 理发员

开屠咯老板 k'a^{33}t'u^{13}kɤ^{42}lɔ^{42}pã^{42} 屠户

管家 kuã^{42}ta^{33}

老伙计 lɔ^{42}xo^{42}tɕi^{45} 一起做事的人互称

厨师 tɕ'y^{13}sŋ^{33}

养猪咯人 iɔ^{42}tɕy^{33}kɤ^{42}n̠i^{13} 饲养员

侍扶咯人 sŋ^{45}fu$^{13-45}$kɤ^{42}n̠i^{13} 仆人

接生婆 tɕie^{33}sĩ^{33}po^{45}

斋公 tsa^{33}kəŋ^{33} ①吃斋的男性②和尚

和尚 o^{13}ɕiɔ̃^{45}

斋婆 tsa^{33}po^{45} ①吃斋的女性②尼姑

师公 sŋ^{33}kəŋ^{33} 给死去的人做道场，
　　主持道场仪式的人

踩地先生 ts'a^{42}t'i^{45}siã^{33}sĩ^{33}（旧称）
　　建房子看风水的先生

地仙（新称）t'i^{45}siã^{33}

（十）亲属

前辈 ts'iã^{13}pe^{45} 长辈

公公 kəŋ^{33}kəŋ^{33} 曾祖父
　　老爷爷 lɔ^{42}ia^{13}ia$^{13-45}$

婆婆 p'o^{13}p'o$^{13-45}$ 曾祖母
　　老□□ lɔ^{42}lã^{33}lã^{33}

爷爷 ia^{13}ia$^{13-45}$ 祖父

□□ lã^{33}lã^{33} 祖母

外公 ue^{45}kəŋ^{33} 外祖父
　　多公 to^{33}kəŋ^{33}

外外 ue^{45}ue^{45} 外祖母
　　多婆 to^{33}po^{45}

爹爹 tia^{33}tia^{33}（面称）父亲
　　□□ ti^{33}ti^{33}（面称）
　　老子（背称）lɔ^{42}tsŋ^{42}

阿母 a^{33}mu$^{42-33}$（面称）母亲
　　老娘 lɔ^{42}n̠iɔ$^{13-45}$（背称）

老子老娘 lɔ^{42}tsŋ^{42}lɔ^{42}n̠iɔ$^{13-45}$ 父母

岳父 io^{33}fu^{45}

岳母（娘）io^{33}mu^{42}（n̠iɔ$^{13-45}$）岳母

家爷（老子）ka^{33}ia^{45}（lɔ^{42}tsŋ^{42}）公公

家娘 ka^{33}n̠iɔ$^{13-45}$ 婆婆

后代爷 xe^{45}t'a^{45}ia^{13} 继父

后代娘 xe^{45}t'a^{45}n̠iɔ^{13} 继母

爷爷 ia^{45}ia^{45} 伯父。如果爸爸有三个
　　哥哥，则从大到小分别称爷爷、
　　细爷爷、三爷爷

娘娘 n̠iɔ$^{13-45}$n̠iɔ$^{13-45}$ 伯母。如果爸爸有
　　三个嫂子，则从大到小分别称
　　娘娘、细娘、三娘

晚晚 mã^{42}mã$^{42-45}$ 叔父。如果爸爸有三
　　个弟弟，则从大到小分别称大
　　晚晚、细晚晚、三晚晚

姆姆 me^{42}me$^{42-45}$ 叔母。如果爸爸有三
　　个弟媳妇，则从大到小分别称
　　大姆姆、细姆姆、三姆姆

大舅 t'a⁴⁵tɕ'iəu⁴² 舅父面称。如果有三个舅舅，不管比母亲大还是小，从大到小依次称大舅、细舅、三舅（最小的也可喊满舅）

舅□ tɕ'iəu⁴²sɿ⁴⁵ 舅父背称

大舅姆 t'a⁴⁵tɕ'iəu⁴²me⁴² 舅母。如果有三个舅母，则从大到小分别称大舅姆、细舅姆、三舅姆（最小的也可喊满舅姆）

大姑 t'a⁴⁵ku³³ 姑妈。如果有三个姑姑，不管比父亲大还是小，从大到小依次称大姑、细姑、三姑

姑娘 ku³³nɔ̃¹³ 老派把姑妈背称姑娘，新派多叫大姑

大姨 t'a⁴⁵i¹³⁻⁴⁵ 称呼妈妈的姐姐。如果妈妈有三个姐姐，就分别叫大姨、细大姨、三大姨

满姨 mã⁴²i¹³⁻⁴⁵ 称呼妈妈的妹妹。如果妈妈有三个妹妹，就分别叫大满姨、细满姨、三满姨

大姑丈 t'a⁴⁵ ku³³ʈ'ɔ̃⁴² 姑夫如果有三个姑夫，则从大到小分别称大姑丈、细姑丈、三姑丈

大姨丈 t'a⁴⁵i¹³⁻⁴⁵ʈ'ɔ̃⁴² 称呼妈妈的姐夫。如果妈妈有三个姐夫，则从大到小分别称大姨丈、细姨丈、三姨丈

满姨丈 mã⁴²i¹³⁻⁴⁵ʈ'ɔ̃⁴² 称呼妈妈的妹夫。如果妈妈有三个妹夫，则从大到小分别称大满姨丈、细满姨丈、三满姨丈

亲家爷 ts'ĩ⁴⁵ka³³ia¹³ 姻伯，即弟兄的岳父、姐妹的公公，既是背称，又是面称

姑婆 ku³³p'o¹³ 姑奶奶

姨婆 i¹³p'o¹³ 姨奶奶

同辈 t'əŋ¹³pe⁴⁵ 平辈

两口人 liɔ̃⁴²k'e⁴²ɳi¹³ 夫妻

我家人 ŋo⁴²ka³³ɳi¹³⁻⁴⁵ 丈夫（背称）

女客 ɳy⁴²k'a³³ 妻子

小老婆 siɔ⁴²lɔ⁴²po⁴⁵

男家咯大佬 lã¹³ka³³kɤ⁴²t'a⁴⁵lɔ⁴² 大伯子

男家咯老弟 lã¹³ka³³kɤ⁴²lɔ⁴²t'i⁴² 小叔子

男家咯姐姐 lã¹³ka³³kɤ⁴²tsia⁴²⁻⁴⁵ tsia⁴²⁻⁴⁵ 大姑子

男家咯妹妹 lã¹³ka³³kɤ⁴²me⁴⁵me⁴⁵ 小姑子

外家大佬 ue⁴⁵ka³³t'a⁴⁵lɔ⁴² 妻之兄，即内兄

外家老弟 ue⁴⁵ka³³lɔ⁴²t'i⁴² 妻之弟，即内弟

兄弟 xuã³³t'i⁴² 弟兄

姊妹 tsɿ⁴²me⁴⁵

哥哥 ko³³⁻⁴⁵ko³³⁻⁴⁵

嫂嫂 sɔ⁴²sɔ⁴² 嫂子

老弟 lɔ⁴²t'i⁴²（背称）弟弟

娃娃 ua⁴⁵ua⁴⁵ 弟弟的面称，也可泛称男孩

老弟嫂 lɔ⁴²t'i⁴²sɔ⁴² 弟媳

姐姐 tsia⁴²⁻⁴⁵tsia⁴²⁻⁴⁵

姐夫 tsia⁴²fu³³

妹妹 me⁴⁵me⁴⁵

妹夫 me⁴⁵fu³³

堂弟兄 t'ɔ̃¹³t'i⁴⁵ɕiəŋ³³ 堂兄弟

堂哥哥 t'ɔ̃¹³ko³³⁻⁴⁵ ko³³⁻⁴⁵ 堂兄

堂老弟 t'ɔ¹³lɔ⁴²t'i⁴² 堂弟
　　堂娃娃 t'ɔ¹³ua⁴⁵ua⁴⁵
堂姊妹 t'ɔ¹³tsʅ⁴²me⁴⁵
堂姐姐 t'ɔ¹³tsia⁴²⁻⁴⁵tsia⁴²⁻⁴⁵ 堂姐
堂妹妹 t'ɔ¹³me⁴⁵me⁴⁵ 堂妹
表弟兄 piɔ⁴²t'i⁴⁵ɕiəŋ³³ 表兄弟
表哥 piɔ⁴²ko³³⁻⁴⁵ 表兄
表嫂 piɔ⁴²sɔ⁴²
表老弟 piɔ⁴²lɔ⁴²t'i⁴² 表弟
　　表娃娃 piɔ⁴²ua⁴⁵ua⁴⁵
表姊妹 piɔ⁴²tsʅ⁴²me⁴⁵
表姐姐 piɔ⁴²tsia⁴²⁻⁴⁵tsia⁴²⁻⁴⁵ 表姐
表妹妹 piɔ⁴²me⁴⁵me⁴⁵ 表妹
血表 ɕye³³piɔ⁴² 有血缘关系的表亲
晚辈 uã⁴²pe⁴⁵
崽女 tse⁴²n̠y⁴² 子女
崽 tse⁴² 儿子
大崽 t'a⁴⁵tse⁴² 大儿子
细崽 ɕi⁴⁵tse⁴² 小儿子
领起咯崽 liɔ⁴²ɕi⁴²kɤ⁴²tse⁴² 养子
新妇 sʅ³³fu³³ 儿媳妇
女□ n̠y⁴²tiæ⁴² 女儿
郎 lɔ¹³ 女婿
孙崽 suən³³tse⁴² 孙子
孙□ suən³³p'e⁴² 孙媳妇
孙女 suən³³n̠y⁴²
孙郎 suən³³lɔ¹³ 孙女婿
息孙（崽）sie³³suən³³（tse⁴²）重孙
息孙女 sie³³suən³³n̠y⁴² 重孙女
外孙（崽）ue⁴⁵sɔ̃³³（tse⁴²）
外孙女 ue⁴⁵sɔ̃³³n̠y⁴²
外甥（巴）ue⁴⁵sɔ̃³³（pa³³）

外甥女 ue⁴⁵sɔ̃³³n̠y⁴²
侄儿子 tɕ'ie⁴⁵tsʅ⁴² ①侄子②内侄
侄女 tɕ'ie⁴⁵n̠y⁴² ①侄女②内侄女
亲家 ts'ʅ⁴⁵ka³³
亲家母 ts'ʅ³³ka³³mu⁴²
　　□姆 tɕ'ia³³me⁴² 亲家母之间互称
老亲 lɔ⁴²ts'ʅ⁴⁵ 亲家翁
亲家娘 ts'ʅ³³ka³³n̠iɔ¹³ 称亲兄弟姐妹
　　另一半的母亲
亲家爷 ts'ʅ³³ka³³ia¹³ 称亲兄弟姐妹另
　　一半的父亲
家爷 ka³³ia⁴⁵ 婚姻中女方对老公爸爸
　　的背称
家娘 ka³³n̠iɔ¹³⁻⁴⁵ 婚姻中女方对老公
　　妈妈的背称
亲戚 ts'ʅ³³tɕ'ie⁴⁵
疏戚 su³³tɕ'ie⁴⁵ 远亲
走人家 tse⁴²n̠i¹³ka³³ 走亲戚
行人家 xɔ̃¹³n̠i¹³ka³³
随母下堂 ts'ue¹³mu⁴²ɕia⁴⁵t'ɔ¹³ 小孩父
　　亲去世后，母亲改嫁，随母亲
　　一起进入继父家
男人家（人）lã¹³n̠i¹³⁻⁴⁵ka³³（n̠i¹³⁻⁴⁵）爷儿
　　们（男子通称）
阿嫂（家）人 a³³sɔ⁴²（ka³³）n̠i¹³⁻⁴⁵ 娘
　　儿们（妇女通称）
外家 ue⁴⁵ka³³ ①娘家②丈人家
男家 lã¹³ka³³ ①婆家②从外人角度
　　说，婚姻关系中的男方
女家 n̠y⁴²ka³³ 从外人角度说，婚姻关
　　系中的女方
外外家 ue⁴⁵ue⁴⁵ka³³ 姥姥家

继娘 tɕi⁴⁵n̠iɔ̃¹³⁻⁴⁵ 小孩生下来看八字认为带不大，就找一个女性作继娘，认为这样才能带大，继娘必须是一个人，离婚或老公过世均可

继爷 tɕi⁴⁵ia⁴⁵ 小孩生下来看八字认为带不大，就找一个男性做继爷，认为这样才能带大，继爷必须是一个人，离婚或老婆过世均可

（十一）身体

脑壳 lɔ⁴²kʻo³³⁻⁴² 头

垛脑门 to⁴⁵lɔ⁴²mĩ¹³⁻⁴⁵ 奔儿头

癞子脑壳 la⁴⁵tsʅ⁴²lɔ⁴²kʻo³³⁻⁴² 秃头（头发掉光了的头）

脑壳顶 lɔ⁴²kʻo³³⁻⁴²tĩ⁴² 头顶

后脑 xe⁴⁵lɔ⁴² 后脑勺子

颈根 tɔ̃⁴²kĩ³³ 颈

后脑根 xe⁴⁵lɔ⁴²kĩ³³ 后脑窝子

头丝 tʻe¹³sʅ³³⁻⁴² 头发

挺头丝 tʻĩ⁴²tʻe¹³sʅ³³⁻⁴² 掉头发

脑门 lɔ⁴²mĩ¹³⁻⁴⁵ 额

囟门 sĩ⁴⁵mĩ¹³⁻⁴⁵

耳朵边上 ɔ⁴²to⁴⁵piã³³ɕiɔ̃⁴⁵ 鬓角

皱 tse⁴⁵ 皱纹

辫子 piã³³tsʅ⁴²

髻 ka⁴⁵

□毛 tsua⁴⁵mɔ¹³⁻⁴⁵ 刘海儿

面 miã⁴⁵ 脸

面心肉 miã⁴⁵sĩ³³n̠iəu³³ 脸蛋儿

面□□ miã⁴⁵kʻəŋ⁴²tɕy⁴⁵ 颧骨

酒壶凼 tɕiəu⁴²fu¹³⁻⁴⁵tʻɔ̃⁴² 酒窝

鼻子杠 pʻi¹³⁻⁴⁵tsʅ⁴²kã⁴⁵ 人中

口水袋 kʻe⁴²ɕy⁴²⁻⁴⁵tʻue⁴⁵ 腮帮子

眼珠 ŋã⁴²tɕy³³⁻⁴² 眼；眼珠儿

眼珠□ ŋã⁴²tɕy³³⁻⁴²kʻuæ³³ 眼眶；眼圈儿

眼白 ŋã⁴²pʻo⁴⁵ 白眼珠儿
白云 pʻo⁴⁵uən¹³

眼珠崽 ŋã⁴²tɕy³³⁻⁴²tse⁴² 黑眼珠儿

眼珠角 ŋã⁴²tɕy³³⁻⁴²ka³³ 眼角儿；大眼角

眼泪 ŋã⁴²li⁴⁵

眼屎 ŋã⁴²sʅ⁴² 眼眵

眼皮 ŋã⁴²pi⁴⁵ 眼皮儿

单眼皮 tã³³ŋã⁴²pi⁴⁵ 单眼皮儿

双眼皮 sɔ̃³³ŋã⁴²pi⁴⁵ 双眼皮儿

眼泪毛 ŋã⁴²li⁴⁵mɔ¹³ 眼睫毛

眉毛 mi¹³⁻⁴⁵mɔ¹³⁻⁴⁵

眉毛挺下来了 mi¹³⁻⁴⁵mɔ¹³⁻⁴⁵tʻĩ⁴²xa⁴²le¹³le⁵³ 皱眉头

鼻子 pʻi¹³⁻⁴⁵tsʅ⁴²

鼻齈 pʻi¹³⁻⁴⁵ləŋ¹³⁻⁴⁵ 浓鼻涕

鼻齈水 pʻi¹³⁻⁴⁵ləŋ¹³⁻⁴⁵ɕy⁴² 清鼻涕

鼻子屎 pʻi¹³⁻⁴⁵tsʅ⁴²sʅ⁴² 干鼻涕

鼻子眼 pʻi¹³⁻⁴⁵tsʅ⁴²ŋã⁴² 鼻孔

鼻子毛 pʻi¹³⁻⁴⁵tsʅ⁴²mɔ¹³ 鼻毛

鼻子垛 pʻi¹³⁻⁴⁵tsʅ⁴²to⁴⁵ 鼻子尖儿

鼻子好长 pʻi¹³⁻⁴⁵tsʅ⁴²xɔ⁴²tʻɔ̃¹³ 鼻子尖（嗅觉灵敏）

鼻子□□ pʻi¹³⁻⁴⁵tsʅ⁴²to⁴⁵to⁴⁵ 鼻梁儿（鼻子隆起的部分）

鼻子杠 pʻi¹³⁻⁴⁵tsʅ⁴²kã⁴⁵ 分左右鼻孔的地方

红鼻头 xəŋ¹³pʻi¹³⁻⁴⁵te⁴⁵ 酒糟鼻子

嘴巴 tɕiəu⁴²pa³³⁻⁴⁵ 嘴

嘴巴皮 tɕiəu⁴²pa³³⁻⁴⁵p'i¹³ 嘴唇儿

口水 k'e⁴²ɕy⁴²⁻⁴⁵ 唾沫

口水 k'e⁴²ɕy⁴²⁻⁴⁵ 涎水

口水话 k'e⁴²ɕy⁴²⁻⁴⁵xua⁴⁵ 随口说出来的话

舌子 ɕie⁴⁵tsɿ⁴² 舌头

舌子皮 ɕie⁴⁵tsɿ⁴²pi⁴⁵ 舌苔

大舌子 t'a⁴⁵ɕie⁴⁵tsɿ⁴² 大舌头

牙齿 ŋa¹³tsɿ⁴² 牙

门牙 mĩ¹³⁻⁴⁵ŋa¹³⁻⁴⁵

　当门牙齿 tɔ̃³³mĩ¹³ŋa¹³tsɿ⁴²

础牙 ts'u⁴²ŋa¹³⁻⁴⁵ 大牙，即白齿

刁牙齿 tiɔ³³ŋa¹³tsɿ⁴² 虎牙

牙齿屎 ŋa¹³tsɿ⁴²sɿ⁴² 牙垢

牙头肉 ŋa¹³te⁴⁵n̠iəu³³ 牙床（牙龈）

虫牙 t'əŋ¹³ŋa¹³

耳朵 ɔ⁴²to⁴⁵

耳朵眼 ɔ⁴²to⁴⁵ŋã⁴²

耳朵屎 ɔ⁴²to⁴⁵sɿ⁴² 耳屎

耳朵背（咯）ɔ⁴²to⁴⁵p'e⁴⁵（kɤ⁴²）即听不清

下巴 xa⁴²pa³³⁻⁴⁵

喉咙 xe¹³⁻⁴⁵ləŋ¹³⁻⁴⁵

　喉咙管 xe¹³⁻⁴⁵ləŋ¹³⁻⁴⁵kɔ̃⁴²⁻³³

喉珠 xe¹³⁻⁴⁵tɕy³³⁻⁴⁵ 喉结

胡子 u⁴⁵tsɿ⁴²

连后胡 liã¹³xe⁴⁵u⁴⁵ 络腮胡子

肩头 kã³³t'e⁴⁵ 肩膀

摇骨 iɔ¹³kuæ³³ 肩胛骨

溜肩头 liəu³³kã³³t'e⁴⁵ 溜肩膀儿

手□ ɕiəu⁴²tɔ̃⁴⁵ 胳膊

手□上咯□□ ɕiəu⁴²tɔ̃⁴⁵ɕĩ⁴⁵kɤ⁴²k'əŋ⁴²tɕy⁴⁵ 胳膊肘儿

胁胳下 ɕie³³ka³³xa⁴² 膈肢窝

手节 ɕiəu⁴²tɕie³³ 手腕子

左手 tso⁴⁵ɕiəu⁴²

右手 iəu⁴⁵ɕiəu⁴²

手指脑 ɕiəu⁴²tsɿ⁴²⁻⁴⁵lɔ⁴² 手指

手指脑结巴 ɕiəu⁴²tsɿ⁴²⁻⁴⁵lɔ⁴²tɕie³³pa³³ 手从指尖开始数的第一、二个关节

手指脑上咯□ □ ɕiəu⁴²tsɿ⁴²⁻⁴⁵lɔ⁴²tɕiɔ̃⁴⁵kɤ⁴²k'əŋ⁴²tɕy⁴⁵ 手从指尖开始数的第三个关节

手指刻 ɕiəu⁴²tsɿ⁴²⁻⁴⁵k'iæ³³ 手指缝儿

手钉 ɕiəu⁴²tĩ³³ 手趼子

脚钉 to³³tĩ³³ 脚趼子

大手指脑 t'a⁴⁵ɕiəu⁴²tsɿ⁴²⁻⁴⁵lɔ⁴² 大拇指

二手指脑 ɔ⁴⁵ɕiəu⁴²tsɿ⁴²⁻⁴⁵lɔ⁴² 食指

中手指脑 təŋ⁴⁵ɕiəu⁴²tsɿ⁴²⁻⁴⁵lɔ⁴² 中指

三手指脑 sã³³ɕiəu⁴²tsɿ⁴²⁻⁴⁵lɔ⁴²

四手指脑 sɿ⁴⁵ɕiəu⁴²tsɿ⁴²⁻⁴⁵lɔ⁴² 无名指

满手指脑 mã⁴²ɕiəu⁴²tsɿ⁴²⁻⁴⁵lɔ⁴² 小拇指

　满介蒂 mã⁴²ka⁴⁵ti⁴⁵

手指甲 ɕiəu⁴²tsɿ⁴²⁻⁴⁵kiæ³³ 指甲

拳头古 tɕ'yã¹³⁻⁴⁵te⁴⁵ku⁴²⁻³³ 拳头

手巴掌 ɕiəu⁴²pa³³tɔ̃⁴² 手掌

掌 tɔ̃⁴² 巴掌（打一巴掌）

手心 ɕiəu⁴²sĩ³³

手背 ɕiəu⁴²pe⁴⁵

手丫 ɕiəu⁴²a³³ 手指之间的分叉处

脚 to³³ 腿

大脚把 t'a⁴⁵to³³pa⁴⁵ 大腿

大脚把丫 tʻa⁴⁵ɫo³³pa⁴⁵a³³ 大腿根儿

脚肚子 ɫo³³tu⁴²tsʅ⁴² 腿肚子

脚筒骨 ɫo³³tʻəŋ⁴⁵kuæ³³ 胫骨

脚头脑壳 ɫo³³tʻe¹³lɔ⁴²kʻo³³⁻⁴² 膝盖

屁股骨 pʻi⁴⁵ku⁴²kuæ³³ 胯骨

□丫下 lu¹³a³³xa⁴² 裆（两条腿的中间）

屁股 pʻi⁴⁵ku⁴²⁻³³

屁眼 pʻi⁴⁵ŋã⁴² 肛门

屁股丫 pʻi⁴⁵ku⁴²a³³ 屁股沟儿

尾主骨 me⁴²tɕy⁴²kuæ³³ 尾骨

睾鸡 kɔ⁴⁵tɕi³³⁻⁴⁵ 鸡巴

　　卵砣 luã⁴²tʻo¹³

鸡鸡 tɕi³³tɕi³³ 赤子阴

□ kua⁴² 女阴

　　□□ pʻa⁴²pʻa⁴² 小孩女阴

□□ tiɔ⁴²kua⁴² 交合

精子 tsɿ³³tsʅ⁴² 精液

脚节 ɫo³³tɕie³³ 脚腕子

脚□□ ɫo³³kʻəŋ⁴²tɕy⁴⁵ 踝子骨

脚 ɫo³³

赤脚 tʻa³³ɫo³³

脚背 ɫo³³pe⁴⁵

脚板 ɫo³³pã⁴² 脚掌

脚趾脑 ɫo³³tsʅ⁴²⁻⁴⁵lɔ⁴² 脚趾头

脚趾甲 ɫo³³tsʅ⁴²⁻⁴⁵kiæ³³

脚跟 ɫo³³kĩ³³

脚印 ɫo³³ĩ⁴⁵ 脚印儿

心口 sĩ³³kʻe⁴² 心口儿

胸婆 ɕiəŋ³³po⁴⁵ 胸脯

□骨 tsʻa³³kuæ³³ 肋骨

奶 la⁴²⁻⁴⁵ 乳房

奶奶 la⁴²⁻⁴⁵la⁴²⁻⁴⁵ 奶汁

肚子 tu⁴²tsʅ⁴²

小肚 siɔ⁴²tu⁴² 小肚子（小腹）

八脐（眼）piæ³³tsʅ¹³⁻⁴⁵（ŋã⁴²）肚脐眼

八脐带 piæ³³tsʅ¹³⁻⁴⁵ta⁴⁵ 脐带

腰 iɔ³³

背脚 pe⁴⁵ɫo³³ 脊背

龙骨 ləŋ¹³kuæ³³ 脊梁骨

　　背脚骨 pe⁴⁵ɫo³³kuæ³³

旋 tsʻyã⁴⁵ 头发旋儿

两个旋 liõ⁴²ko⁴⁵tsʻyã⁴⁵ 双旋儿

螺 lo¹³ 斗（圆形的指纹）

箕 tɕi³³（簸箕形的指纹）

汗毛 xuã⁴⁵mɔ¹³⁻⁴⁵ 寒毛

痣 tsʅ⁴⁵

骨头 kuæ³³te⁴⁵ 骨

筋 kĩ³³

血 ɕye³³

血管 ɕye³³kuã⁴²

脉 miæ³³

五脏 u⁴²tsuã⁴⁵

蛮心 mã¹³sĩ³³ 心

肝 kuã³³

肺 fi⁴⁵

胆 tã⁴²

脾 pʻi¹³

胃 ue⁴⁵

腰子 iɔ³³tsʅ⁴² 肾

肠子 tʻõ¹³⁻⁴⁵tsʅ⁴² 肠

大肠 tʻa⁴⁵tõ⁴⁵

细肠 ɕi⁴⁵tõ⁴⁵ 小肠

□肠 tʻəŋ⁴⁵tõ⁴⁵ 盲肠

汗斑 xuã⁴⁵pã³³ 衣服上的黄色汗垢，
　　以腋下为多
　黄汗 ɔ̃¹³xuã⁴⁵
盐沙 iã¹³sa³³ 身体出汗后的白色粉盐
　　状物体

（十二）疾病　医疗

病倒了 p'iɔ̃⁴⁵tɔ⁴²le⁵³ 病了
细病 ɕi⁴⁵p'iɔ̃⁴⁵ 小病
大病 t'a⁴⁵p'iɔ̃⁴⁵ 重病
病好□了 p'iɔ̃⁴⁵xɔ⁴²ti⁵³le⁵³ 病好了
喊医生 xã⁴²i³³sɿ³³ 请医生
诊病 tɔ̃⁴²p'iɔ̃⁴⁵ 医病
看病 k'ã⁴⁵p'iɔ̃⁴⁵
打脉 ta⁴²miæ³³ 号脉
戒颈 ka⁴⁵tɔ̃⁴² 戒口
开药单 k'a³³io⁴⁵tã³³ 开药方子
偏方 p'iã³³fã³³ 偏方儿
　方子 fã³³tsɿ⁴²
抓药（中药）tsua³³io⁴⁵
捡药 tɕiã⁴²io⁴⁵ 买药（西药）
中药铺 tɘŋ³³io⁴⁵p'u⁴⁵
西药房 ɕi³³io⁴⁵fɔ̃¹³
药引子 io⁴⁵ĩ⁴²tsɿ⁴²
药罐子 io⁴⁵kuã⁴⁵tsɿ⁴²
炆药 uən¹³io⁴⁵ 煎药（动宾）
膏药（中药）kɔ³³io⁴⁵
药粉 io⁴⁵fĩ⁴² 药面儿
搽药 ts'a¹³io⁴⁵ 搽药膏
包药 pɔ³³io⁴⁵ 上药
发表 fa³³piɔ⁴² 发汗
去风气 tɕ'y⁴⁵fɘŋ³³tɕ'i⁴⁵ 去风

去火 tɕ'y⁴⁵xo⁴²
去湿 tɕ'y⁴⁵ɕie³³
解毒 ka⁴²t'u⁴⁵ 去毒
助消化 ts'u⁴⁵sio³³xua⁴⁵ 消食
扎钢针 tɕiæ³³kuã³³tɕĩ³³ 扎针
打火罐 ta⁴²xo⁴²kuã⁴⁵ 拔火罐子
　打火筒 ta⁴²xo⁴²tɘŋ⁴⁵
泻屎 sia⁴⁵sɿ⁴² 泻肚
　肚子丑 tu⁴²tsɿ⁴²tɕ'iəu⁴²
发烧 fa³³ɕio³³
发寒 fa³³xã¹³ 发冷
起鸡肉□ ɕi⁴²tɕi³³ȵiəu³³tuən⁴⁵ 起鸡皮
　疙瘩
伤风 ɕiɔ̃³³fɘŋ³³
咳嗽 k'æ³³se⁴⁵
扯哈 t'a⁴²xa³³ 气喘
鱼窠病 ŋ¹³k'o³³p'iɔ̃⁴⁵ 指气管炎，因为
　　鱼在 11、12 月产仔，而气管
　　炎容易在这个季节发病，故名
中暑 tɘŋ⁴⁵ɕy⁴²
火气大 xo⁴²tɕ'i⁴⁵t'a⁴⁵ 上火
肚子圈紧圈紧 tu⁴²tsɿ⁴²luã¹³tɕĩ⁴²luã¹³tɕĩ⁴²
　积滞
肚子痛 tu⁴²tsɿ⁴²t'əŋ⁴⁵ 肚子疼
心头痛 sĩ³³te⁴⁵t'əŋ⁴⁵ 胸口疼
脑壳晕 lɔ⁴²k'o³³⁻⁴²uən³³ 头晕
晕车 xuən³³tɕ'ie³³
晕船 uən³³ɕyã¹³
脑壳痛 lɔ⁴²k'o³³⁻⁴²t'əŋ⁴⁵ 头疼
□厌 tsa³³iã⁴⁵ 恶心（要呕吐）
呕 e⁴² 吐了（呕吐）
干呕 kuã³³e⁴² 干哕

疝气 ɕia⁴⁵tɕ'i⁴⁵

出口肠 tɕ'ye³³t'ən⁴⁵tɔ̃⁴⁵ 脱肛

掉尿泡 tio⁴⁵ȵio⁴⁵p'ɔ³³ 子宫脱垂

打摆子 ta⁴²pa⁴²tsʅ⁴² 发疟子（疟疾发作）

发痨瘟 fiæ³³lɔ¹³uən³³

生麻 sɔ̃³³ma¹³ 出麻疹

生（坏）痘 sɔ̃³³（xua⁴⁵）t'e⁴⁵ 出水痘

生天麻 sɔ̃³³t'iã³³ma¹³ 出天花

伤寒 ɕiɔ̃³³xã¹³

鸡毛风 tɕi³³mɔ¹³fən³³ 黄疸

肝炎 kã³³iã¹³

肺炎 fi⁴⁵iã¹³

胃病 ue⁴⁵p'io⁴⁵

□肠发炎 t'ən⁴⁵tɔ̃⁴⁵fa³³iã¹³ 盲肠炎

干痨 kuã³³lɔ¹³ 痨病（中医指结核病）

□筋 pã⁴⁵ki³³ 抽筋

挺伤 t'ĩ⁴²ɕiɔ̃³³ 跌伤

擦伤 ts'iæ³³ɕiɔ̃³³ 碰伤

皮擦□了 p'i¹³ts'iæ³³ti⁴⁵le⁵³ 蹭破皮儿

挺个眼 t'ĩ⁴²ko⁴⁵ŋã⁴² 刺个口子

出血 tɕ'ye³³ɕye³³

陈血 tɕ'ĩ¹³ɕye³³ 淤血

红肿 xəŋ¹³təŋ⁴²

灌脓 kuã⁴⁵ləŋ¹³

出脓 tɕ'ye³³ləŋ¹³ 溃脓

结痂 tɕie³³ka³³

疤□ pa³³li⁴⁵ 疤

撞耳风 ts'ɔ̃⁴⁵ɔ⁴²fəŋ³³ 腮腺炎

生疮 sɔ̃³³ts'uã³³ 长疮（动宾）

痔疮 tsʅ⁴⁵ts'uã³³

疥疮 ka⁴⁵ts'uã³³

痨拐子疮 lɔ¹³⁻⁴⁵kua⁴²tsʅ⁴²ts'uã³³

癣 syã⁴²

瘑痱崽（崽）sa³³pi⁴⁵tse⁴²（tse⁴²）痱子

冻崽 təŋ⁴⁵tse⁴² 冻疮

□ tsue⁴⁵ 疖子

秋□ tsue⁴⁵ 立秋以后生的疖子，更加厉害，不容易好

鱼□痣 ŋ¹³ȵiã⁴⁵tsʅ⁴⁵ 瘊子，即痣

笋皮叶斑 suən⁴²pi⁴⁵ie⁴⁵pã³³ 雀斑

色泡 ɕiæ³³p'ɔ⁴⁵ 粉刺

□痨气 o⁴⁵lɔ³³ɕi⁴⁵ 狐臭

口臭 k'e⁴²tɕ'iəu⁴⁵

泡颈 p'ɔ⁴⁵tɔ̃⁴² 大脖子

鼻子满咯 p'i¹³⁻⁴⁵tsʅ⁴²mã⁴²kɤ⁴² 鼻子不灵（嗅觉不灵）

喉咙管嘶咯 xe¹³⁻⁴⁵ləŋ¹³⁻⁴⁵kɔ̃⁴²⁻³³sʅ³³kɤ⁴² 公鸭嗓儿

只眼 ta³³⁻⁴⁵ŋã⁴² 一只眼儿

近视眼 tɕi⁴⁵sʅ⁴⁵ŋã⁴²

远视眼 yã⁴²sʅ⁴⁵ŋã⁴²

老花眼 lɔ⁴²xua³³ŋã⁴²

暴眼 pɔ⁴⁵ŋã⁴² 鼓眼泡儿

斜眼珠 ts'ia¹³ŋã⁴²tɕy³³⁻⁴² 斗鸡眼儿（内斜视）

吊针 tio⁴⁵tɕi³³ 麦粒肿

腋阴 ɕiæ³³ĩ³³ 腋下生的疮

木蛇毒 mu³³ɕia¹³t'u⁴⁵ 两个大拇指生的一对疮

串蛇斑 tɕ'yã⁴⁵ɕia¹³pã³³ 长在腰上的一圈红点点，一种皮肤病

虫蛀节 t'ən¹³tɕy⁴⁵tɕie³³ 手指中间的关节肿起来叫虫蛀节

引针 ĩ⁴²tɕĩ³³ 脚后跟里面长的硬块

脚边风 ʈo³³piã³³fən³³ 两脚外侧痛，
　　不能走路

胡子疮 u⁴⁵tsⱳ⁴²tsʻɔ̃³³ 小孩嘴巴四周生
　　的疮

疡崽 iɔ̃¹³tse⁴² 脖子上长的肿包

猫崽脑 mɔ³³tse⁴²lɔ⁴² 脚膝盖肿起来的
　　叫法

羊癫疯 iɔ̃¹³tiã³³fən³³ 癫痫

扯风 ʈʻa⁴²fən³³ 惊风（小儿病）

扯风 ʈʻa⁴²fən³³ 抽风

中风 ʈən⁴⁵fən³³

风口了 fən³³ti⁴⁵le⁵³ 瘫痪

口子 pa³³tsⱳ⁴² 瘸子，即脚残者

驼子 tʻo¹³tsⱳ⁴² 罗锅儿（指驼背的人）

聋子 lən³³tsⱳ⁴²

哑子 a⁴²tsⱳ⁴² 哑巴

南风子 lã¹³fən³³tsⱳ⁴² 结巴

眼子 ŋã⁴²tsⱳ⁴² 瞎子

钝牯 tʻuən⁴⁵ku⁴² 傻子，指男性

钝婆 tʻuən⁴⁵po⁴⁵ 傻子，指女性

口牯（蒐子）ɔ̃⁴⁵ku⁴²（te³³tsⱳ⁴²）蠢男人，
　　先天的弱智

口婆 ɔ̃⁴⁵po⁴⁵ 蠢女人，先天的弱智

硬弄古 ɔ̃⁴⁵lɔ̃⁴⁵ku⁴² 蠢货

口把手 ʈʻa⁴⁵pa⁴⁵ɕiəu⁴² 拐子，手残者
　　叫拐子

癞子（脑壳）la⁴⁵tsⱳ⁴²（lɔ⁴²kʻo³³⁻⁴²）
　　秃子

麻子 ma¹³tsⱳ⁴² 脸上有麻子的人

麻婆 ma¹³⁻⁴⁵po⁴⁵ 脸上有麻子的女人

缺子 tɕʻye³³tsⱳ⁴² 豁唇子

缺牙子 tɕʻye³³ŋa¹³tsⱳ⁴² 豁牙子

六指子 liəu⁴⁵tsⱳ⁴² 六指儿

左架子 tso⁴²⁻⁴⁵ka⁴⁵tsⱳ⁴² 左撇子

驼子 tʻo¹³tsⱳ⁴² 驼背的人

癫子 tiã³³tsⱳ⁴² 疯子

风子 fən³³tsⱳ⁴² 由中风引起的行动不
　　便者

只（把）手 ta³³（pa⁴⁵）ɕiəu⁴²⁻⁴⁵ 只有
　　一只手的人

趴趴脚 pʻa³³pʻa³³ʈo³³ 走外八字的人

会会脚 xue⁴⁵xue⁴⁵ʈo³³ 走内八字的人

（十三）　衣服　穿戴

打扮 ta⁴²pʻã⁴⁵

衣衫 i³³sã³³ 衣服（总称内外衣内外裤）

西装 ɕi³³tsuã³³

长衣衫 ʈʻɔ̃¹³i³³sã³³ 长衫

背单子 pe⁴⁵tã³³tsⱳ⁴² 马褂儿

旗袍（女装）tɕʻi¹³pʻɔ¹³

絮衣 ɕiəu⁴⁵i³³ 棉袄
　　霜衣 sɔ̃³³i³³

絮裤 ɕiəu⁴⁵kʻu⁴⁵ 棉裤

皮衣 pʻi¹³i³³ 皮袄

大衣 tʻa⁴⁵i³³

衬衣 tsʻĩ⁴⁵i³³ 衬衫

单衣 tã³³i³³ 穿在外面的单层衣服

汗衣 xuã⁴⁵i³³ 贴身穿的衣服，可以长
　　袖，也可以短袖

外衣 ua⁴⁵i³³

里衣 li⁴²i³³ 内衣

当门处衣衫 tɔ̃³³mĩ¹³tɕʻy⁴⁵i³³sã³³ 中装上
　　衣的一种式样，两襟相对，纽

扣在胸前正中的衣服

片衣 pʻiã⁴⁵iᵌ³ 没有口袋的长袖或短袖衣服，扣子衣服。

大衣襟 tʻa⁴⁵iᵌ³tɕiᵌ³ 旁边开布扣即左右不对称的衣服

衣领 iᵌ³liɔ̃⁴² 领子

麻拐皮衣 maˡ³kua⁴²pʻiˡ³iᵌ³ 汗背心

衣襟儿 iᵌ³tɕiᵌ³

大衣襟 tʻa⁴⁵iᵌ³tɕĩ³³ 大襟

下衣襟 xa⁴²iᵌ³tɕĩ³³ 小襟

领子 lĩ⁴²tsɿ⁴²

衣袖 iᵌ³tɕʻiəu⁴⁵ 袖子

长袖 tʻɔ̃ˡ³tɕʻiəu⁴⁵

短袖 tuã⁴²tɕʻiəu⁴⁵

围裙 ueˡ³kʻuənˡ³ 裙子

裤 kʻu⁴⁵ 裤子

单裤 tã³³kʻu⁴⁵

棉裤 miãˡ³kʻu⁴⁵

卫生裤 ue⁴⁵siᵌ³kʻuˡ⁵ 穿在里面的棉质长裤

内裤 lue⁴⁵kʻu⁴⁵ 裤衩儿（贴身穿的）

短裤（穿在外面的）tuã⁴²kʻu⁴⁵

丫裆裤 a³³tɔ̃³³kʻu⁴⁵ 开裆裤
开叉裤 kʻa³³ᵗsʻa³³kʻu⁴⁵

满裆裤 mɔ̃⁴²tɔ̃³³kʻu⁴⁵ 死裆裤
满口裤 mɔ̃⁴²təŋ³³kʻu⁴⁵

裤裆 kʻu⁴⁵tɔ̃³³

裤腰 kʻu⁴⁵iɔ³³

裤带 kʻu⁴⁵ta⁴⁵ 裤腰带

裤脚 kʻu⁴⁵tɕo³³ 裤腿儿

袋 tʻue⁴⁵ 兜儿（衣服上的口袋）

布扣 pu⁴⁵kʻe⁴⁵ 纽扣（中式的）

扣襻 kʻe⁴⁵pʻã⁴⁵ 中式的扣襻

扣子 kʻe⁴⁵tsɿ⁴² 扣儿（西式的）

扣眼 kʻe⁴⁵ŋã⁴² 扣眼儿（西式的）

鞋 xaˡ³

拖板鞋 tʻo³³pã⁴²xaˡ³ 拖鞋

棉鞋 miãˡ³xaˡ³

皮鞋 pʻiˡ³xaˡ³

布鞋 pu⁴⁵xaˡ³

草鞋 tsʻɔ⁴²xaˡ³

凉鞋 liɔ̃ˡ³xaˡ³

鞋底儿 xaˡ³ti⁴²

鞋面 xaˡ³miã⁴⁵

鞋嘴巴 xaˡ³tɕiəu⁴²⁻⁴⁵pa³³⁻⁴⁵ 鞋前面

鞋脑头 xaˡ³lɔ⁴²te⁴⁵ 鞋后面

鞋头绳 xaˡ³⁻⁴⁵te⁴⁵ɕĩ¹³ 在鞋后面，往前面扎紧，以免鞋子出来，多见于小孩和老人的鞋子

桶子套鞋 tʻəŋ⁴²tsɿ⁴²tʻɔ⁴⁵xaˡ³ 雨鞋（橡胶做的）

赊梯 ɕia³³tʻiᵌ³ 木屐

赊头钉 ɕia³³te⁴⁵tiɔ̃³³ 一种简易鞋，木头下面钉十几个钉子，可以雨天和雪天走

鞋带儿 xaˡ³ta⁴⁵

袜子 yæ³³tsɿ⁴²

缕袜子 le⁴²yæ³³tsɿ⁴² 线袜

丝袜子 sɿ³³yæ³³tsɿ⁴²

长袜子 tʻɔ̃ˡ³yæ³³tsɿ⁴²

短袜子 tuã⁴²yæ³³tsɿ⁴²

袜子带 yæ³³tsɿ⁴²ta⁴⁵ 袜带

细脚鞋 ɕi⁴⁵tɕo³³xaˡ³ 弓鞋（旧时裹脚妇女穿的鞋）

包脚 po³³to³³ 裹脚（旧时妇女裹脚的布）

　包带 po³³ta⁴⁵

帽子 mo⁴⁵tsl⁴²

絮帽子 ɕiəu⁴⁵mo⁴⁵tsl⁴² 有棉的帽子

雷锋帽 lue¹³fəŋ³³mo⁴⁵ 雷锋戴的棉军帽式样的帽子

单帽子 tã³³mo⁴⁵tsl⁴²

□□帽 to⁴⁵to⁴⁵mo⁴⁵ 前面有帽檐的帽子

草帽 ts'o⁴²mo⁴⁵

凉帽 liõ¹³mo⁴⁵ 白布做的挡太阳的帽子

波斯帽 po³³sl³³mo⁴⁵ 下井、骑摩托车带的帽子

斗篷 te⁴²p'əŋ¹³⁻⁴⁵ 粽叶斗笠，用来挡雨的

常宁帽 ɕiõ¹³lĩ¹³mo⁴⁵ 由临近常宁县传过来的一种竹制斗笠，用来夏天遮太阳

师公帽 sl³³kəŋ³³mo⁴⁵ 主持道场仪式的师公带的帽子

□□ to⁴⁵to⁴⁵ 帽檐儿

手□ ɕiəu⁴²k'uæ³³ 镯子

戒指 ka⁴⁵tsl⁴²

项链 ɕiã⁴⁵liã⁴⁵⁻¹³

球钱 tɕ'iəu¹³ts'iã¹³⁻⁴⁵ 把一个铜钱用红线串起戴在小孩脖子上用来避邪的物品

徽针 xue³³tɕĩ³³ 别针儿

□□簪 pie³³ka⁴⁵tsã³³ 簪子

耳环 o⁴²uã¹³⁻⁴⁵

胭脂 iã³³tɕi³³

粉 fi⁴²

遮巾 ʈa33tɕĩ33 围裙

口水枷 k'e⁴²ɕy⁴²⁻⁴⁵ka³³ 围嘴儿

裙 k'uən¹³ 尿布

单裙 tã³³k'uən¹³ 把衣服改做成的单尿布

厚裙 xe⁴²k'uən¹³ 把大人的旧棉衣拆了做成的尿片垫在床上，以防小孩尿湿床

　过夜裙 ko⁴⁵ia⁴⁵k'uən¹³

大裙 t'a⁴⁵k'uən¹³ 四方的小棉被，用来包小孩

　絮毛裙 ɕiəu⁴⁵mo¹³⁻⁴⁵k'uən¹³

娃□帕 ua⁴⁵tiæ⁴²p'a⁴⁵ 手绢儿的老派说法，以前妇女出去劳动在大衣襟口袋边的布扣子上用绳子系一条手绢儿，不用时放进口袋里，用时掏出来擦汗

　手巾帕 ɕiəu⁴²tɕĩ³³p'a⁴⁵ 新派说法

　细帕 ɕi⁴⁵p'a⁴⁵

围巾 ue¹³tɕĩ³³

手套 ɕiəu⁴²t'o⁴⁵

眼镜 ŋã⁴²tɕi⁴⁵

伞 sã⁴²

蓑衣 so³³i³³

雨衣 y⁴²i³³

手表 ɕiəu⁴²pio⁴²

（十四）　饮食

吃饭 t'a³³fã⁴⁵

早饭 tso⁴²fã⁴⁵

日头饭 ȵi³³te⁴⁵fã⁴⁵ 午饭

夜饭 ia⁴⁵fã⁴⁵ 晚饭

打个点心 ta⁴²ko⁴⁵tiã⁴²sĩ³³ 打尖（途中吃点东西）

吃咯物件 t‘a³³kɤ⁴²yæ³³tɕ‘iã⁴⁵ 食物

零食 li¹³ɕie⁴⁵

点心（糕饼之类食品）tiã⁴²sĩ³³

半夜饭 pã⁴⁵ia⁴⁵fã⁴⁵ 夜宵

消夜（吃夜宵）siɔ³³ia⁴⁵

米饭 mi⁴²fã⁴⁵

现饭 ɕiã⁴⁵fã⁴⁵ ①吃剩下的饭②不是本餐新做的饭

生饭 sɔ̃³³fã⁴⁵ 夹生饭

烧了 ɕiɔ³³le⁵³（饭）煳了

馊□了 se³³ti⁴⁵le⁵³（饭）馊了

□皮 lɔ³³pi⁴⁵ 锅巴

□饭 ia³³fã⁴⁵ 粥

米□浆 mi⁴²⁻⁴⁵ka³³tsiɔ̃³³ 米汤（煮饭滗出来的）

米糊（用米磨成的粉做的糊状食物）mi⁴²u⁴⁵

粽粑 tsəŋ⁴⁵pa³³ 粽子

麦崽粉 mo⁴⁵tse⁴²fĩ⁴² 面粉
　　面灰 miã⁴⁵xue³³
　　面灰粉 miã⁴⁵xue³³fĩ⁴²

米粉 mi⁴²fĩ⁴²

面 miã⁴⁵ 面条儿

馒头（没馅的）mã¹³⁻⁴⁵t‘e¹³

包子（有馅的）pɔ³³tsʅ⁴²

油条 iəu¹³t‘iɔ¹³

卷子 tyã⁴²tsʅ⁴² 花卷儿

饺粑 tɕiɔ⁴⁵pa³³ 用米磨成粉，包肉馅做的饺子形状食品

麦崽饺粑 mo⁴⁵tse⁴²tɕiɔ⁴⁵pa³³ 用面粉包肉或糖馅做的饺子

水粑饺 ɕy⁴²pa³³⁻⁴⁵tɕiɔ⁴⁵ 把面粉揉成团放水里煮着连水吃，有时加点长豆角

馅 iɔ̃⁴⁵（饺子）馅儿

蛋糕（老式小圆形的）tã⁴⁵kɔ³³

汤圆（用湿粉团搓成的，有的有馅，有的无馅）t‘ɔ̃³³yã¹³

糍粑 ts‘ʅ¹³pa³³

月饼 ye⁴⁵pĩ⁴²

饼子 pĩ⁴²tsʅ⁴² 饼干

冰棒 pĩ³³põ³³ 冰棍

红薯片 xəŋ¹³⁻⁴⁵ɕy⁴²⁻⁴⁵p‘iã⁴⁵ 把红薯煮熟，切成一片一片晒干后叫红薯片

发酵粉 fa³³ɕiɔ⁴⁵fĩ⁴²

（以下调查的动物身体部位的条目，都是从食物角度而言的）

丁子肉 tĩ³³tsʅ⁴²ȵiəu³³ 肉丁

棋子肉 tɕ‘i¹³tsʅ⁴²ȵiəu³³ 把肉切成一块一块的长方体炒着吃，一般在宴席上摆这道菜

肉丝 ȵiəu³³sʅ³³

肉皮 ȵiəu³³p‘i¹³

□子肉 k‘u⁴⁵tsʅ⁴²ȵiəu³³ 肘子（猪腿靠近身体的部位）

扣肉 k‘e⁴⁵ȵiəu³³

猪脚 tɕy⁴²ʈo³³ 猪蹄儿

里肉 li⁴²ȵiəu³³ 里脊

蹄筋 ti⁴⁵kĩ³³

脚筋 ʈo³³kĩ³³

牛舌子 ȵiəu¹³ɕie⁴⁵tsʅ⁴² 牛舌头

猪舌子 tɕy³³ɕie⁴⁵tsɿ⁴² 猪舌头

内脏 lue⁴⁵tsuã⁴⁵ 下水（猪牛羊的内脏）

猪肺 tɕy³³fi⁴⁵ 猪的肺

猪肠 tɕy³³ʈɔ̃⁴⁵ 猪的肠子

大肠 tʻa⁴⁵ʈɔ̃⁴⁵ 猪大肠

细肠 ɕi⁴⁵ʈɔ̃⁴⁵ 猪小肠

粉肠 fi⁴²ʈɔ̃⁴⁵ 小肠的一部分，里面没有粪便，有营养。杀猪的一般不卖粉肠，而是留着自己吃

龙骨 lɘŋ¹³kuæ³³ 猪的腔骨，供食用的猪、牛、羊等的脊椎骨

排骨 pʻa¹³kuæ³³ 猪排骨

千叶肚 tsʻiã³³ie⁴⁵⁻³³tu⁴² 牛肚儿（带毛状物的那种）

牛肚子 ȵiɘu¹³tu⁴²tsɿ⁴² 牛肚儿（光滑的那种）

猪肝 tɕy³³kuã³³ 猪的肝

猪腰子 tɕy³³io³³tsɿ⁴²

肫□ kʻi⁴²te⁴⁵ 鸡肫

猪血 tɕy³³ɕye³³

鸡血 tɕi³³ɕye³³

煎□子 tsiã³³ka⁴⁵tsɿ⁴² 把蛋打散，和葱等调料一起煎

荷包□子 xo¹³pɔ³³ka⁴⁵tsɿ⁴² 煎荷包蛋（油炸的）

圆□子 luã¹³ka⁴⁵tsɿ⁴² ①煮鸡子儿（连壳煮的鸡蛋）②卧鸡子儿（水煮的鸡蛋，不带壳）

蒸□子 tɕĩ³³ka⁴⁵tsɿ⁴² 蛋羹（加水调匀蒸的）

花汤□子 xua³³tʻɔ̃³³ka⁴⁵tsɿ⁴² 蛋花汤

皮蛋 pʻi¹³tã⁴⁵ 松花蛋

盐□子 yã¹³ka⁴⁵tsɿ⁴² 咸鸭蛋或咸鸡蛋

香肠 ɕiɔ̃³³ʈɔ̃⁴⁵

菜 tsʻue⁴⁵ 下饭的菜

小菜 sio⁴²tsʻue⁴⁵ 素菜

大菜 tʻa⁴⁵tsʻue⁴⁵ 荤菜

咸菜 xã¹³tsʻue⁴⁵

干菜 kuã³³tsʻue⁴⁵

酸菜 suã³³tsʻue⁴⁵

□□咯菜 ɔ̃³³tiæ⁴²kɤ³³tsʻue⁴⁵ 腌菜

豆腐 tʻe⁴⁵fu⁴²⁻⁴⁵

豆腐皮 tʻe⁴⁵fu⁴²⁻⁴⁵pi⁴⁵ 可以用来做腐竹的豆腐皮

豆腐条 tʻe⁴⁵fu⁴²⁻⁴⁵tʻio¹³ 腐竹（卷紧成条状的干豆腐皮）

干豆腐 kuã³³tʻe⁴⁵fu⁴²⁻⁴⁵ 豆腐干儿

泡豆腐 pʻɔ⁴⁵tʻe⁴⁵fu⁴²⁻⁴⁵ 豆腐泡儿（油豆腐）

豆腐脑 tʻe⁴⁵fu⁴²⁻⁴⁵lɔ⁴² 豆腐脑儿

馅豆腐 iɔ̃⁴⁵tʻe⁴⁵fu⁴²⁻⁴⁵ 新鲜豆腐切成正方体油炸一下，外焦黄里嫩，再把肉馅塞进去，就成了馅豆腐，可煮可炒，是桂阳一带很普遍的一道菜

豆浆 tʻe⁴⁵tsiɔ̃³³

霉豆腐 me¹³tʻe⁴⁵fu⁴²⁻⁴⁵ 豆腐乳

粉丝 fi⁴²sɿ³³ 绿豆做的、细条的粉丝

红薯南条 xɘŋ¹³⁻⁴⁵ɕy⁴²⁻⁴⁵lã¹³tʻio¹³⁻⁴⁵ 粉条（白薯做的，粗条的）

凉粉 liɔ̃¹³fi⁴² 绿豆做的、凝冻状的

藕粉 ŋe⁴²fi⁴²

豆豉 tʻe⁴⁵sɿ⁴²⁻³³

芡粉 tɕʻiã⁴⁵⁻³³fi⁴²

木耳 mu³³ɔ⁴²

银耳 ĩ¹³ɔ⁴²

金枝 tɕĩ³³tɕi³³ 金针

海带 xa⁴²ta⁴⁵

味道 ue⁴⁵t‘ɔ⁴⁵ 滋味（吃的滋味）

气 ɕi⁴⁵ 气味（闻的气味）

颜色 iã¹³ɕiæ³³

猪油 tɕy³³iəu¹³

板油 pã⁴²iəu¹³

花生油 xua³³sĩ³³iəu¹³

茶油 ts‘a¹³iəu¹³

油菜油 iəu¹³ts‘ue⁴⁵iəu¹³

麻油 ma¹³iəu¹³ 芝麻油（可以拌凉菜
　　的那种）

豆油 t‘e⁴⁵iəu¹³

盐 iã¹³

粗盐 ts‘u³³iã¹³

幼盐 iəu⁴⁵iã¹³ 精盐

酱油 tsiɔ⁴⁵iəu¹³

辣子酱 liæ⁴⁵tsɿ⁴²tsiɔ⁴⁵ 辣酱
　　辣子糊 liæ⁴⁵tsɿ⁴²u⁴⁵

醋 ts‘u⁴⁵

红糖 xəŋ¹³t‘ɔ¹³

白糖 p‘o⁴⁵t‘ɔ¹³

冰糖 pĩ³³t‘ɔ¹³

纸包糖 tsɿ⁴²po³³t‘ɔ¹³ 糖块（一块块用
　　纸包好的）

花生糖 xua³³sĩ³³t‘ɔ¹³

打糖 ta⁴²t‘ɔ¹³ 麦芽糖的一种

砂糖 sa³³t‘ɔ¹³

□料 ɕiɔ⁴⁵liɔ⁴⁵ 作料

八角 pa³³ko³³

桂皮 kue⁴⁵p‘i¹³

花椒 xua³³tsiɔ³³

胡椒 fu¹³tsiɔ³³

胡椒粉 fu¹³tsiɔ³³fɿ⁴²

烟 iã³³

纸烟 tsɿ⁴²iã³³

卷烟 tɕyã⁴²iã³³ 喇叭烟

烟叶 iã³³ie⁴⁵

烟丝 iã³³sɿ³³

土烟 t‘u⁴²iã³³ 不通过烤，而是直接风
　　干或晒干的烟叶，很有力度

烤烟 k‘ɔ³³iã³³ 在特设的烤房中烤干的
　　烟叶，颜色黄，弹性较大，是
　　香烟的主要原料

烤烟房 k‘ɔ³³iã³³fɔ¹³

纸烟 tsɿ⁴²iã³³ 买的或自己卷的两头一
　　样大小的烟

卷烟 tɕyã⁴²iã³³ 自己卷的一头大一头
　　小的烟

水烟筒 ɕy⁴²iã³³təŋ⁴⁵ 水烟袋（铜制的）

长烟筒 ʈ‘ɔ¹³iã³³təŋ⁴⁵ 旱烟袋（细竹杆
　　儿做的烟具）

烟包 iã³³po³³ 以前用猪泡盂（即猪尿
　　泡）装烟和卷烟纸，这种猪泡
　　盂叫烟包；现在用塑料袋装烟
　　和卷烟纸也叫烟包。

油烟 iəu¹³iã³³ 含油量很高的烟，这种
　　烟质量好

烟油 iã³³iəu¹³ 烟叶里含的油

烟筒油 iã³³təŋ⁴⁵iəu¹³ 烟油子，即烟袋
　　或烟筒里的油垢

烟灰（烟吸完后剩下的灰）iã³³xue³³

火镰 xo⁴²liã¹³ 旧时取火用具

火石 xo⁴²ɕia⁴⁵ 用火镰打的那种石头

纸媒 tsɿ⁴²me¹³⁻⁴⁵ 纸媒儿

葵花□ k'ue¹³xua³³kɔ⁴⁵ 葵花杆，用来点火照明

茶 ts'a¹³ 沏好的

茶叶 ts'a¹³ie⁴⁵

开水 k'a³³ɕy⁴²

泡茶 p'ɔ⁴⁵ts'a¹³ 沏茶

筛茶 sa³³ts'a¹³ 倒茶

酒□ tɕiəu⁴²fu⁴⁵ 把糯米蒸熟，稍自然冷却后用大酒缸盛好，撒上自家配制的中草药酒曲，用秆严实盖紧，24 小时变江米酒。半个月左右缸里出来的没有加水的酒就是酒□ fu⁴⁵，量不多。

水酒 ɕy⁴²tɕiəu⁴² 糯米做的酒。把糯米蒸熟，稍自然冷却后用大酒缸盛好，撒上自家配制的酒药，用秆严实盖紧，24 小时变江米酒。过半个月左右加入冷开水，一个月左右变水酒，稍有一点甜味

（尽露）烧酒（ts'ɿ⁴⁵lu⁴⁵）ɕiɔ³³tɕiəu⁴² 白酒，度数比水酒高。采用传统酿酒工艺，大米加水经过传统高温蒸馏酿造而成。

酒□糟 tɕiəu⁴²fu⁴⁵tsɔ³³ 江米酒。糯米加曲酿造的食品，甘甜，酒味淡。

甜糟 t'iã¹³tsɔ³³

散酒 sã⁴²tɕiəu⁴²

酒缸笼 tɕiəu⁴²kɔ³³ləŋ⁴⁵ 酿酒用的大缸

（十五） 红白大事

亲事 ts'ĩ³³sɿ⁴⁵

做媒人 tsu⁴⁵me¹³⁻⁴⁵n̩i¹³⁻⁴⁵ 做媒

媒人 me¹³⁻⁴⁵n̩i¹³⁻⁴⁵

对面 tue⁴⁵miã⁴⁵ 相亲（男女双方见面、看是否合意）

貌相 mɔ⁴⁵siɔ̃⁴⁵ 相貌

岁数 ɕiəu⁴⁵su⁴⁵ 年龄

交手镜 tɔ³³ɕiəu⁴²tɕĩ⁴⁵ 双方同意婚事后，交换礼物，男方给女方钱，女方给男方表、笔等礼物

喜酒 ɕi⁴²tɕiəu⁴²

过书 ko⁴⁵ɕy³³ 结婚前做酒，男方给女方家里一担谷、猪肉、鸡、钱等礼品，给女方亲戚每家 3 到 5 斤肘子肉，叫作过书。早晨男方办酒席，中午女方办酒席

过钱 ko⁴⁵ts'iã¹³

装嫁 tsɔ̃³³ka⁴⁵ 女方亲戚给女方添置嫁妆

讨亲 t'ɔ⁴²ts'ĩ³³ （男子）娶亲

过门 ko⁴⁵mĩ¹³ （女子）出嫁

招郎 tɔ³³lɔ̃¹³ 招赘

嫁女 ka⁴⁵n̩y⁴²

结婚 tɕie³³xuən³³

脱离 t'o³³li¹³ 离婚

四轿 sɿ⁴⁵tɕ'ɔ⁴⁵ 花轿

拜堂 pa⁴⁵t'ɔ̃¹³

新郎（公）sĩ³³lɔ̃¹³（kəŋ³³）

新母娘 sĩ³³mu⁴²⁻³³n̩iɔ̃¹³⁻⁴⁵ 新娘

新母娘房 si³³mu⁴²⁻³³（～pu³³）n̠ĩɔ̃¹³⁻⁴⁵fɔ̃¹³ 新房

交杯酒 kɔ³³pe³³tɕiəu⁴²

打毛宴 ta⁴²mɔ¹³iã⁴⁵ 男方办的喜酒

花宴酒 xua³³iã⁴⁵⁻¹³tɕiəu⁴² 女方办的喜酒

坐歌 ts'o⁴²ko³³ 嫁女的前一天晚上，亲戚们唱歌到晚上 12 点。母亲边唱边哭表示舍不得女儿出嫁，要出嫁的女儿也边唱边哭表示舍不得离开家里

回娘家 xue¹³n̠iɔ̃¹³ka³³ 回门

□墟亲 t'a³³ɕy³³ts'ĩ³³ 再醮（寡妇再嫁）

半路亲 pã⁴⁵lu⁴⁵ts'ĩ³³ 男方娶了结过婚的女人，就叫娶半路亲

害毛头 xa⁴⁵mɔ¹³⁻⁴⁵te⁴⁵ 怀孕了

害细人□ xa⁴⁵ɕi⁴⁵n̠i¹³⁻⁴⁵tiã⁴²

出客了 tɕ'ye³³k'a³³le⁵³（孕妇肚子大了、现形了，才可说她出客了，意即快要出来一个小客人了）

害崽婆 xa⁴⁵tse⁴²po¹³⁻⁴⁵ 孕妇

反崽 fã⁴²tse⁴² 小产

养崽 iɔ̃⁴²tse⁴² 生孩子

接生 tɕie³³si³³

胞衣 pɔ³³i³³ 胎盘

坐月子 ts'o⁴²ye⁴⁵tsɿ⁴²

满月 mã⁴²ye⁴⁵

头一胎 t'e¹³ie³³t'a³³ 头胎

双胞胎 sɔ̃³³pɔ³³t'a³³

袍箍 p'ɔ¹³ku³³ 肚兜

打胎 ta⁴²t'a³³

背生儿 pe⁴⁵si³³ɔ¹³

吃□□ tɕ'a³³lã³³lã³³⁻⁴⁵ 吃奶

奶奶嘴巴 lã⁴²⁻⁴⁵lã⁴²⁻⁴⁵tɕiəu⁴²pa³³⁻⁴⁵ 奶头

尿老床 n̠iɔ⁴⁵i⁴²ts'ɔ̃¹³（小孩子）尿床

生日 si³³n̠i³³

做寿酒 tsu⁴⁵ɕiəu⁴⁵tɕiəu⁴² 做生日

拜寿 pa⁴⁵ɕiəu⁴⁵ 祝寿

白喜事 p'o⁴⁵ɕi⁴²sɿ⁴⁵ 丧事

死□了 sɿ⁴²ti⁴⁵le⁵³ 死了

落气 la⁴⁵ɕi⁴⁵ 断气

料 liɔ⁴⁵ 棺材

家成 ta³³tɕ'ĩ¹³ 委婉说法，生前预制的棺材

寿衣 ɕiəu⁴⁵i³³

进棺 tsĩ⁴⁵kuã³³ 入殓。把死者放进棺材里

进葬 tsĩ⁴⁵tsɔ̃⁴⁵

落葬 la⁴⁵tsɔ̃⁴⁵ 下葬

灵堂 lĩ¹³t'ɔ̃¹³

坐丧 ts'o⁴⁷sɔ̃³³ 守灵。死者埋的前天晚上，敲锣打鼓唱孝歌，一晚上不睡觉

倒七 tɔ⁴²tɕ'ie³³ 做七

守孝 ɕiəu⁴²ɕiɔ⁴⁵

带孝 ta⁴⁵xɔ⁴⁵

孝子 ɕiɔ⁴⁵tsɿ⁴²

孝孙 ɕiɔ⁴⁵suən³³

出身 tɕ'ye³³ɕĩ³³ 出殡

送葬 sən⁴⁵tsɔ̃⁴⁵

对丧棍 tue⁴⁵sɔ̃³³kuən⁴⁵ 哭丧棒

灵屋 lĩ¹³u³³ 用纸扎的烧给死者的房子

□ lən⁴² 篾织后用纸糊，做七时烧给死者，里面可以放纸钱等物品

抬盒 t'a¹³xo⁴⁵ 木制，有把手，两个人抬，颜色多为黑色、黄色。老人死后，女儿或孙女、外孙女辈送一抬盒礼物过去，里面有 13 样食品，如肉、鸡、糖、橘子等。

纸 tsη⁴² 纸钱

钱纸 ts'iã¹³tsη⁴²

风水 fəŋ³³ɕy⁴² 坟墓

碑 pe³³ ①墓碑②其他碑

挂青 kua⁴⁵ts'iɔ̃¹³ 上坟

　　挂纸 kua⁴⁵tsη⁴²

自杀 tsη⁴⁵sa³³

跳水 t'iɔ⁴⁵ɕy⁴² 投水（自尽）

吊颈 tiɔ⁴⁵tɔ̃⁴² 上吊

尸体 sη³³t'i⁴² 尸骨

祖公老子 tsu⁴²kəŋ³³lɔ⁴²tsη⁴² 祖先

菩萨 p'u¹³sa³³

观音菩萨 kuã̃³³ĩ³p'u¹³sa³³ 观世音

庙 miɔ⁴⁵

　　庵子 ŋã³³tsη⁴²

坛山寺 t'ã¹³sã³³ts'η⁴⁵

阎王（老子）iã¹³ɔ̃¹³（lɔ⁴²tsη⁴²）

祠堂 ts'η¹³t'ɔ̃¹³

　　公宜 kəŋ³³kuã³³

家先 ʈa³³siã³³ 佛龛，多用木头制成，供奉家族祖先的名字

上家先 ɕiɔ̃⁴²ʈa³³siã³³ 把死者的名字放到家先上

香盂 ɕiɔ̃³³y⁴⁵ 插线香的盂

神台 ɕĩ¹³t'a¹³ 香案

供样 kəŋ⁴⁵iɔ̃⁴⁵ 上供，摆供品给祖先

烛 tsu³³ 蜡烛（敬神的那种）

线香（敬神的那种）siã⁴⁵ɕiɔ̃³³

烧香（动宾）ɕiɔ³³ɕiɔ̃³³

抽签 tɕ'iəu³³ts'iã³³ 求签

打卦 ta⁴²kua⁴⁵

卦 kua⁴⁵ 珓。占卜用，通常用一正一反两片竹片制成

阴卦 ĩ³³kua⁴⁵ 阴珓，两面都朝下

阳卦 iɔ̃¹³kua⁴⁵ 阳珓，两面都朝上

圣卦 ɕĩ⁴⁵kua⁴⁵ 圣珓，一正一反

　　阴阳 ĩ³³iɔ̃¹³

做道场 tsu⁴⁵tɔ⁴⁵ʈ'ɔ̃¹³

念经 ɲiã⁴⁵tɕĩ³³

看风水 k'ã⁴⁵fəŋ³³ɕy⁴² 建房子、选坟地都要看风水

算命 sɔ̃⁴⁵mĩ⁴⁵

　　看八字 k'ã⁴⁵piæ³³tsη⁴⁵

眼子 ŋã⁴²tsη⁴² 算命先生

　　看八字咯 k'ã⁴⁵piæ³³tsη⁴⁵kɤ⁴²

看相咯 k'ã⁴⁵siɔ̃³³kɤ⁴² 看相的

魂婆 xuən¹³⁻⁴⁵po⁴⁵ 巫婆

许愿 ɕy⁴²yã⁴⁵

还愿 xuã¹³yã⁴⁵

拜□ pa⁴⁵ia⁴² 作揖

（十六）　日常生活

穿衣衫 tɕ'yã³³i³³sã³³ 穿衣服

脱衣衫 t'o³³i³³sã³³ 脱衣服

　　解衣衫 ka⁴²i³³sã³³

脱鞋 t'o³³xa¹³

量衣衫 liɔ̃¹³i³³sã³³ 量衣服

做衣衫 tsu⁴⁵i³³sã³³ 做衣服

包边 pɔ³³piã³³ 缲边儿

黏鞋面 ȵia¹³xa¹³miã⁴⁵ 贴鞋面

打鞋底 ta⁴²xa¹³ti⁴² 纳鞋底子

□扣子 tsã⁴⁵kʻe⁴⁵tsɿ⁴² 钉扣子

绣花 ɕiəu⁴⁵xua³³ 绣花儿

打补巴 ta⁴²pu⁴²pa³³ 打补丁

打斗 ta⁴²te⁴⁵ 打结

□床被 lyã¹³tsʻɔ¹³⁻⁴⁵pʻi⁴² 做被卧

洗衣衫 ɕi⁴²i¹³sã³³ 洗衣服

洗一道水 ɕi⁴²ie³³tɔ⁴⁵ɕy⁴² 洗一水（一次）

□ tʻɔ⁴² 投（用清水漂洗）

晒衣衫 sa⁴⁵i¹³sã³³ 晒衣服

摊衣衫 tʻã³³i¹³sã³³ 晾衣服

浆衣衫 tsiɔ³³i¹³sã³³ 浆衣服

烫衣衫 tʻɔ⁴⁵i¹³sã³³ 熨衣服

起火 ɕi⁴²xo⁴² 生火

破柴 pʻo⁴⁵tsʻa¹³ 砍柴

　杀柴 ɕiæ³³tsʻa¹³

杀草 ɕiæ³³tsʻɔ⁴² 割草

煮饭 tɕy⁴²fã⁴⁵ 做饭（总称）

洗米 ɕi⁴²mi⁴² 淘米

□菜 pi⁴²tsʻue⁴⁵ 摘菜

择菜 tsʻa⁴⁵tsʻue⁴⁵

炒菜 tsʻɔ⁴²tsʻue⁴⁵ 做菜（总称）

打个汤 ta⁴²kɔ⁴⁵tʻɔ³³ 做汤

炼□饭 liã⁴⁵ia³³fã⁴⁵ 熬稀饭

饭熟□了 fã⁴⁵ɕiəu⁴⁵ti⁴⁵le⁵³ 饭好了（包括饭菜）

生 sɔ̃³³（饭）生

吃饭了 tʻa³³fã⁴⁵le⁵³ 开饭

装饭 tiɔ³³fã⁴⁵ 盛饭

吃饭 tʻa³³fã⁴⁵

夹菜 kiæ³³tsʻue⁴⁵ 搛菜

舀汤 io⁴²tʻɔ³³

吃早饭 tʻa³³tsɔ⁴²fã⁴⁵

吃日头饭 tʻa³³ȵi³³te⁴⁵fã⁴⁵ 吃午饭

吃夜（晡）饭 tʻa³³ia⁴⁵（pu³³）fã⁴⁵ 吃晚饭

吃零食 tʻa³³lĩ¹³ɕie⁴⁵

用筷子 iəŋ⁴⁵kʻua⁴⁵tsɿ⁴² 使筷子

肉唔烂 ȵiəu³³ŋ⁴⁵lã⁴⁵ 肉不烂

嚼唔烂 tsʻio⁴⁵ŋ⁴⁵lã⁴⁵ 嚼不动

□倒了 xa⁴⁵tɔ⁴²le⁵³（吃饭）噎住了

打饱声 ta⁴²pɔ⁴²ɕiɔ³³ 打嗝儿（吃饭后）

胀倒了 tɔ̃⁴⁵tɔ⁴²le⁵³（吃得太多了）撑着了

嘴巴莫味道 tɕiəu⁴²pa³³⁻⁴⁵mo⁴⁵ue⁴⁵tʻɔ⁴⁵ 嘴没味儿

吃茶 tʻa³³tsʻa¹³ 喝茶

吃酒 tʻa³³lɕiəu⁴² 喝酒

吃烟 tʻa³³iã³³ 抽烟

肚饥了 tʻu⁴²tɕi¹³le⁵³ 饿了

受饿 ɕiəu⁴⁵ŋo⁴⁵ 挨饿

颈干 tɔ̃⁴²kuã³³ 口渴

头起 tʻe¹³ɕi⁴² 起床

洗手 ɕi⁴²ɕiəu⁴²

洗面 ɕi⁴²miã⁴⁵ 洗脸

漱口 su⁴⁵kʻe⁴²

刷牙 sua⁴²ŋa¹³

梳头丝 su³³tʻe¹³sɿ³³⁻⁴² 梳头

扎辫子 tsa³³piã³³tsɿ⁴² 梳辫子

扎把髻 tsa³³pa⁴²ka⁴⁵ 梳髻

剪手指甲 tsiã⁴²ɕiəu⁴²tsɿ⁴²kiæ³³

剪脚指甲 tsiã⁴²ȶo³³tsɿ⁴²kiæ³³

挖耳朵屎 uæ³³ɔ⁴²to⁴⁵sɿ⁴² 掏耳朵

洗澡 ɕi⁴²tsɔ⁴²

抹澡 ma¹³tsɔ⁴² 擦澡

剃脑 t'i⁴⁵lɔ⁴² 理发

　剪脑 tsiã⁴²lɔ⁴²

便恭 p'iã⁴⁵kən³³ 上厕所

解手 ka⁴²ɕiəu⁴²

射尿 ɕia⁴⁵ȵio⁴⁵ 小便

屙屎 o³³sɿ⁴² 大便

歇凉 ɕie³³liɔ̃¹³ 乘凉

晒日头 sa⁴⁵ȵi³³t'e¹³ 晒太阳

炙火 ȶa³³xo⁴² 烤火（取暖）

点（笼）火 tiã⁴²（ləŋ⁴⁵）xo⁴² 点灯

照灯 ȶo⁴⁵tĩ³³

吹灯 tɕ'y³³tĩ³³ 熄灯

歇下气嗒 ɕie³³xa⁴⁵ɕi⁴⁵ta⁴⁵ 歇歇（休息一会儿）

啄口 to⁴⁵ɕy⁴⁵ 打盹儿

打呵欠 ta⁴²xo³³ɕiã⁴⁵

打喷嚏 ta⁴²fĩ⁴⁵tɕ'iəu⁴⁵⁻³³

想眼起了 siɔ̃⁴²ŋã⁴²ɕi⁴²le⁵³ 困了

铺床 p'u³³ts'ɔ̃¹³

困倒 xuən⁴⁵tɔ⁴² 躺下

眼起了 ŋã⁴²ɕi⁴²le⁵³ 睡着了

扯鼻 ȶ'a⁴²p'i¹³⁻⁴⁵ 打呼噜

唔眼起 ŋ⁴⁵ŋã⁴²ɕi⁴² 睡不着

上起困起 ɕiɔ̃⁴⁵ɕi⁴² xuən⁴⁵ɕi⁴² 仰面睡

侧起困 tɕ'iæ³³ɕi⁴² xuən⁴⁵ 侧着睡

趴起困倒 p'a³³ɕi⁴²xuən⁴⁵ tɔ⁴² 趴着睡

颈根痛 ȶɔ̃⁴²kĩ³³t'əŋ⁴⁵ 落枕

脚转筋 ȶo³³tyã⁴²kĩ³³ 抽筋了

梦梦 məŋ⁴⁵məŋ⁴⁵ 做梦

话梦话 ua⁴⁵məŋ⁴⁵xua⁴⁵ 说梦话

熬夜 ŋo¹³ia⁴⁵

开晚工 k'a³³uã⁴²kən³³ 开夜车

做事 tsu⁴⁵sɿ⁴⁵ 下地（去地里干活）

出工 tɕ'ye³³kən³³ 上工

收工 ɕiəu³³kən³³

出去了 tɕ'ye³³xɤ⁴⁵le⁵³

到口 tɔ⁴⁵tɕy⁴² 回家了

去圩上 xɤ⁴⁵ɕy³³ɕiɔ̃⁴⁵ 逛街

转下口 tɕyã⁴⁵xa⁴⁵tiæ⁴² 散步

分伙 fi³³xo⁴² 分家

守屋 tɕiəu⁴²u³³ 看家

放门 fɔ̃⁴⁵mĩ¹³ 开门

关门 k'uã³³mĩ¹³

（十七） 讼事

打官司 ta⁴²kuã³³sɿ³³

　上法律（告）ɕiɔ̃⁴⁵fa³³lue⁴⁵（kɔ⁴⁵）

告状 kɔ⁴⁵ts'uã⁴⁵

原告 yã¹³kɔ⁴⁵

被告 pe⁴⁵kɔ⁴⁵

状子 tsuã⁴⁵tsɿ⁴²

退堂 t'ue⁴⁵t'ɔ̃¹³

审 ɕĩ⁴² 问案

证人 tɕĩ⁴⁵ĩ¹³

人证 ĩ¹³tɕĩ⁴⁵

物证 u⁴⁵tɕĩ⁴⁵

对面 tue⁴⁵miã⁴⁵ 对质

家务事 ȶa³³u⁴⁵sɿ⁴⁵

律师 lue⁴⁵sɿ³³

服 fu³³

唔服 ŋ^{45}fu^{33} 不服

宣判 ɕyã^{33}p'ã^{45}

承认 tɕ'ĩ^{13}ĩ^{45} 招认

反口 fã^{42}k'e^{42} 翻供

同伙 t'əŋ^{13}xo^{42} 同谋

犯法 fã^{45}fa^{33}

犯罪 fã^{45}tsue^{45}

认罪 ĩ^{45}tsue^{45}

诬陷 u^{33}xã^{45} 诬告

赎出来了 ɕiəu^{45}tɕ'ye^{33}le^{13}le^{53} 保释

抓起来了 tsua^{33}tɕ'i^{42}le^{13}le^{53} 逮捕

贪官 t'ã^{33}kuã^{33} 赃官

受贿 ɕiəu^{45}xue^{45}

罚款 fiæ^{45}k'uã^{42}

砍脑壳 k'ã^{42}lɔ^{42}k'o$^{33\text{-}42}$ 斩首

枪毙 ts'iɔ̃^{33}pi^{45} 新派说法

　　打靶 ta^{42}pa^{42} 老派说法

拷打 k'ɔ^{42}ta^{42}

打屁股 ta^{42}p'i^{45}ku^{42} 旧时一种刑罚

手铐 ɕiəu^{42}k'ɔ^{45}

脚铐 tɔ^{33}k'ɔ^{45} 脚镣

绑起来 pɔ̃^{42}tɕ'i^{42}le^{13}

关倒了 k'uã^{33}tɔ^{42}le^{53} 囚禁起来

坐牢 ts'o^{42}lɔ^{13}

写纸 sia^{42}tsɿ^{42} 立字据

按手印 ŋã^{45}ɕiəu^{42}ĩ^{45}

田租 t'iã^{13}tsu^{33} 地租

契纸 tɕ'i^{45}tsɿ^{42} 地契（买卖土地时所立的契约）

交税 tɔ^{33}sue^{45} 纳税

执照 tɕie^{33}tɔ^{45}

通告 t'əŋ^{33}kɔ^{45} 告示

通知 t'əŋ^{33}tɕi^{33}

路条 lu^{45}t'iɔ^{13} 一种简便的通行凭证

命令 mĩ^{45}li^{45}

刻章 k'iæ^{33}tɔ̃^{33} 印章

交代 tɔ^{33}ta^{45} （把经手的事务移交给接替的人）

上任 ɕiɔ̃^{45}ĩ^{45}

唔曾当官 ŋ^{45}ts'iã^{13}tɔ̃^{33}kuã^{33} 卸任

倒下来了 tɔ^{42}xa^{42}le^{13}le^{53} 罢免

条子 t'iɔ^{13}tsɿ^{42} 长矛

卖□ ma^{45}kua^{42} 卖淫

下药 xa^{42}io^{45} 下毒

（十八） 交际

来往 le^{13}uã^{42}

□下佢 ts'ɿ^{42}xa^{45}kɤ^{42} 看望他

客 k'a^{33} 客人

喊客 xã^{42}k'a^{33} 请客

□客 ɕie^{33}k'a^{33} 招待客人

招待 tɔ^{33}ta^{45}

送礼 səŋ^{45}li^{42}

礼物 li^{42}yæ^{33}

讲礼性 tɔ^{42}li^{42}sĩ^{45} 讲礼节，到别人家做客带礼物

人情 ĩ^{13}ts'ĩ^{13}

做客 tsu^{45}k'a^{33}

陪客 p'e^{13}k'a^{33}

送客 səŋ^{45}k'a^{33}

唔送了 ŋ^{45}səŋ^{45}le^{53} 不送了

谢谢 ɕie^{45}ɕie^{45}

莫客气 mo^{45}k'a^{33}tɕ'i^{45} 不客气

做酒 tsu^{45}tɕiəu^{42} 摆酒席

一桌酒 ie³³tso³³tɕiəu⁴² 一桌酒席

请帖 ts'ĩ⁴²t'ie³³

下请帖 xa⁴²ts'ĩ⁴²t'ie³³

坐席 ts'o⁴²ɕie⁴⁵ 入席

上菜 ɕiɔ̃⁴²ts'ue⁴⁵

筛酒 sa³³tɕiəu⁴² 斟酒

劝酒 tɕ'yã⁴⁵tɕiəu⁴²

喝干 xo⁴⁵kuã³³ 干杯

　喝起 xo⁴⁵ɕi⁴²

划拳 xua¹³tɕ'yã¹³ 行酒令

匿名信 io⁴⁵mĩ¹³sĩ⁴⁵ 匿名帖子

唔和气 ŋ⁴⁵xo¹³tɕ'i⁴⁵ （他们俩）不和

冤家 yã³³ta³³

冤枉 yã³³uã⁴²⁻³³

插口 ts'a³³k'e⁴² 插嘴

摆架子 pa⁴²ka⁴⁵tsʅ⁴²

出洋相 tɕ'ye³³iɔ̃¹³siɔ̃⁴⁵

倒丑 tɔ⁴²tɕ'iəu⁴² 丢人

巴倒 pa³³tɔ⁴² 巴结

□卵泡 fu¹³luã⁴²p'ɔ³³ 拍马屁

看得起 k'ã⁴⁵tiæ³³ɕi⁴²

看不起 k'ã⁴⁵ŋ⁴⁵ɕi⁴²

合伙 xo⁴⁵xo⁴²

答应 tiæ³³ĩ⁴⁵

唔答应 ŋ⁴⁵tiæ³³ĩ⁴⁵ 不答应

卷起你走 tɕyã⁴²ɕi⁴²ni⁴²tse⁴² 撵出去

（十九） 商业　交通

牌子 p'a¹³tsʅ⁴² 招牌

开铺子 k'a³³p'u⁴⁵tsʅ⁴²

门面 mĩ¹³miã⁴⁵ 铺面

摆摊子 pa⁴²t'ã³³tsʅ⁴²

做生意 tsu⁴⁵sĩ³³i⁴⁵

伙铺 xo⁴²p'u⁴⁵ 旅店

饭铺 fã⁴⁵p'u⁴⁵ 饭馆

　饭店 fã⁴⁵tiã⁴⁵

　饮食店 ĩ⁴²ɕie⁴⁵tiã⁴⁵

下馆子 xa⁴²kuã⁴²tsʅ⁴²

百货公司 piæ³³xo⁴⁵kəŋ³³sʅ³³ 百货店，
　城里才有

合作社 xo⁴⁵tsʅ⁴²ɕie⁴⁵ 供销合作社

杂货店 tsa³³xo⁴⁵tiã⁴⁵

盐铺 iã¹³p'u⁴⁵

粮站 liɔ̃¹³tsã⁴⁵ 粮店

理发店 li⁴²fa⁴⁵tiã⁴⁵

剪脑 tsiã⁴²lɔ⁴² 理发

　剃脑 t'i⁴⁵lɔ⁴² 剃脑要剃成光头，而
　剪脑不会剪成光头

剃胡子 t'i⁴⁵u⁴⁵tsʅ⁴² 刮胡子

食品站 ɕie⁴⁵p'ĩ⁴²tsã⁴⁵ 肉铺

杀猪 ɕiæ³³tɕy³³

榨油咯垱子 tsa⁴⁵iəu¹³kɤ⁴²tɔ̃⁴⁵tsʅ⁴²⁻⁴⁵ 油
　坊，榨植物油的作坊

当铺 tuã⁴⁵p'u⁴⁵

租屋 tsu³³u³³ 租房子

煤炭巴巴 me¹³t'ã⁴⁵pa³³⁻⁴⁵pa³³⁻⁴⁵ 煤球

藕煤 ŋe⁴²me¹³ 蜂窝煤

开张 k'a³³tɔ̃³³ 开业

关门 k'uã³³mĩ¹³ 停业

盘点 p'ã¹³tiã⁴²

柜台 k'ue⁴⁵t'a¹³

价额 ta⁴⁵ŋiæ³³ 价钱

开价 k'a³³ta⁴⁵

还价 uã¹³ta⁴⁵

减价 kã⁴²ȶa⁴⁵ 降价

加价 ȶa³³ȶa⁴⁵

便宜 p'iã¹³⁻⁴⁵n̩i¹³⁻⁴⁵

贵 kue⁴⁵

合理 xo⁴⁵li⁴² （价钱）公道

划算 xua¹³suã⁴⁵ 合算

打□ ta⁴²tue⁴² 包圆儿，即剩下的全部
　　买了

生意好 sĩ³³i⁴⁵xɔ⁴² 买卖好

连莫生意 iã¹³mo⁴⁵sĩ³³i⁴⁵ 买卖清淡
　　生意唔好做 sĩ³³i⁴⁵ ŋ̍⁴⁵xɔ⁴²tsu⁴⁵

工钱 kəŋ³³ts'iã¹³

本钱 pĩ⁴²ts'iã¹³

保本 pɔ⁴²pĩ⁴²

赚钱 ts'uã⁴⁵ts'iã¹³

亏本 k'ue³³pĩ⁴²

路费 lu⁴⁵fi⁴⁵

利息 li⁴⁵ɕie³³

走运 tse⁴²uən⁴⁵ 运气好

欠 tɕ'iã⁴⁵ （～他三元钱）

欠 tɕ'iã⁴⁵ 差（～五角十元，即九元五
　　角）

押金 ia³³tɕĩ³³

打斠 ta⁴²t'iɔ⁴² （物）交换

开支 k'a³³tɕi³³ 开销

欠账 tɕ'iã⁴⁵ȶɔ̃⁴⁵

讨账 t'ɔ⁴²ȶɔ̃⁴⁵ 要账
　　收账 ɕiəu³³ȶɔ̃⁴⁵

发票 fa³³p'iɔ⁴⁵

收条 ɕiəu³³t'iɔ¹³ 收据

欠条 tɕ'iã⁴⁵t'iɔ¹³

存款 ts'uən¹³k'uã⁴²

整钱 tɕĩ⁴²ts'iã¹³

零钱 lĩ¹³ts'iã¹³

票子 p'iɔ⁴⁵tsɿ⁴² 钞票（纸币）

毫子 xɔ¹³tsɿ⁴² 硬币

铜钱 t'əŋ¹³ts'iã¹³ 铜板儿，中间有四
　　方眼

□子 lue³³tsɿ⁴² 铜板儿，中间无眼

光圆 kuã³³yã¹³ 银元

　花钱 xua³³ts'iã¹³ 民国时期的银元
　　叫法，那时的银元上有花纹，
　　故称

一分钱 ie³³fĩ³³ts'iã¹³

一角钱 ie³³ȶo³³ts'iã¹³

一块钱 ie³³k'ua⁴²ts'iã¹³

十块钱 ɕie⁴⁵k'ua⁴²ts'iã¹³

一百块钱 ie³³po³³k'ua⁴²ts'iã¹³

一张钱 ie³³ȶɔ̃³³ts'iã¹³ 一张票子（钞
　　票）

一个铜钱 ɹe³³ko⁴⁵t'əŋ¹³ts'iã¹³ 一个铜
　　子儿

算盘 suã⁴⁵p'ã¹³⁻⁴⁵

盘秤 p'ã¹³tɕ'ĩ⁴⁵ 天平

戥子 tĩ⁴²tsɿ⁴²

秤 tɕ'ĩ⁴⁵

土秤 t'u⁴²tɕ'ĩ⁴⁵ 手提的杆秤

洋秤 iɔ¹³tɕ'ĩ⁴⁵ 磅秤（也叫台秤，用金
　　属制成，底座上有承重的金属
　　板）

秤盘 tɕ'ĩ⁴⁵p'ã¹³

秤星 tɕ'ĩ⁴⁵sio³³

秤杆 tɕ'ĩ⁴⁵kã⁴²

秤钩 tɕ'ĩ⁴⁵ke³³

秤砣 tɕ‘i⁴⁵t‘o¹³ 秤锤

秤绳 tɕ‘i⁴⁵ɕĩ¹³ 秤毫，也叫秤纽

头秤 t‘e¹³tɕ‘i⁴⁵ 秤头纽，称得多一些

二秤 ɔ⁴⁵tɕ‘i⁴⁵ 秤的二纽，称得少一些

称起 tɕ‘i³³ɕi⁴² （称物时）秤尾高

称绵 tɕ‘i³³miã¹³ （称物时）秤尾低

铁路 t‘ie³³lu⁴⁵

铁轨 t‘ie³³kue⁴²

火车 xo⁴²tɕ‘ie³³

火车站 xo⁴²tɕ‘ie³³tsã⁴⁵

马路 ma⁴²lu⁴⁵ 公路

汽车 tɕ‘i⁴⁵tɕ‘ie³³

客车 k‘iæ³³tɕ‘ie³³

货车 xo⁴⁵tɕ‘ie³³

公共汽车 kəŋ³³kəŋ⁴⁵tɕ‘i⁴⁵tɕ‘ie³³

轿车 ʈɔ⁴⁵tɕ‘ie³³ 小轿车

包包车 pɔ³³pɔ³³tɕ‘ie³³ 吉普车

摩托车 mo³³to³³[～ t‘o³³]tɕ‘ ie³³

担担车 tã⁴⁵tã⁴⁵tɕ‘ie³³ 三轮车（柴油发
　　动），载人载货均可

板车 pã⁴²tɕ‘ie³³ 木制的四轮车，人力
　　拉，运货

单车 tã³³tɕ‘ie³³ 自行车

鸡公车 tɕi³³kəŋ³³tɕ‘ie³³

船 ɕyã¹³

轮船 luən¹³ɕyã¹³

过码头 ko⁴⁵ma⁴²t‘e¹³ 过摆渡（坐船
　　过河）

码头 ma⁴²t‘e¹³ 渡口

邮电局 iəu¹³tiã⁴⁵tɕ‘y¹³ 邮局

（二十）　文化教育

学校 ɕio¹³ɕiɔ⁴⁵
　学堂 ɕio¹³t‘ɔ̃¹³

开蒙 k‘a³³məŋ¹³⁻⁴⁵ 启蒙

读书 t‘u⁴⁵ɕy³³ 上学（开始上小学）

去读书 xɤ⁴⁵t‘u⁴⁵ɕy³³ 上学（去学校上
　　课）

到□ tɔ⁴⁵tɕy⁴² 放学（上完课回家）

逃跑 t‘ɔ¹³p‘ɔ⁴² 逃学

幼儿园 iəu⁴⁵ɔ¹³yã¹³

夜号 ia⁴⁵xɔ⁴⁵ 义学，60 年代四清运动
　　时，文盲晚上免费补习文化，
　　叫读夜号

私塾 sɿ³³su¹³⁻³³

学费 ɕio¹³fi⁴⁵

放假 fɔ̃⁴⁵ʈa⁴²

暑假 ɕy⁴²ʈa⁴²

寒假 xã¹³ʈa⁴²

请假 ts‘ i⁴²ʈa⁴²

教室 ʈɔ⁴⁵ɕie⁴⁵

上课 ɕiɔ̃⁴⁵k‘o⁴⁵

下课 ɕia⁴⁵k‘o⁴⁵

讲台 ʈɔ̃⁴²t‘a¹³

黑板 xæ³³pã⁴²

粉笔 fi⁴²pie³³

擦黑板咯□子 ts‘a³³xæ³³pã⁴²kɤ⁴²tɕiəu⁴⁵sɿ⁴²
　　板擦儿

擦灰□子 ts‘a³³ xue³³tɕiəu⁴⁵tsɿ⁴² 鸡
　　毛掸子

点名册 tiã⁴²mĩ¹³tɕ‘iæ³³

板子 pã⁴²tsɿ⁴² 戒尺（教师对学生施行

体罚时所用的木板）

笔记本 pie³³tɕi⁴⁵pĩ⁴²

　写字书 sia⁴²tsʻŋ⁴⁵ɕy³³

课本 kʻo⁴⁵pĩ⁴²

铅笔 yã¹³pie³³

□子 tsʻo⁴⁵tsŋ⁴² 橡皮

削笔机 sio³³pie³³tɕi³³ 铅笔刀（指旋着

　削的那种）

圆规 yã¹³kue³³

三角板 sã³³ʈo³³pã⁴²

簿子 pʻu⁴²tsŋ⁴² 本子

作文本 tso⁴⁵uən¹³pĩ⁴²

大字本 tʻa⁴⁵tsʻŋ⁴⁵pĩ⁴²

钢笔 kuã³³pie³³ 没有内胆，要蘸墨水

　写的笔

水笔 sue⁴²pie³³ 有内胆，上墨水写的笔

毛笔 mo¹³pie³³

笔盖盖 pie³³kue⁴⁵kue⁴⁵ 笔帽

笔筒 pie³³təŋ⁴⁵

毛兜 mo¹³te³³ 砚台

　书砚 ɕy³³iã⁴⁵

　砚子 iã⁴⁵tsŋ⁴²

磨墨 mo¹³miæ⁴⁵ 研墨

墨斗 miæ⁴⁵te⁴² 墨盒儿

配墨 pʻe⁴⁵miæ⁴⁵ 搽笔（动宾）

墨水 miæ⁴⁵ɕy⁴² ①毛笔墨汁②钢笔墨水

书包 ɕy³³po³³

读书咯人 tʻu⁴⁵ɕy³³kɤ⁴²n̩i¹³ 读书人

文盲 uən¹³mɑ̃¹³ 不识字的

读书 tʻu⁴⁵ɕy³³

复习 fu³³⁻⁴⁵ɕie⁴⁵ 温书

背书 pʻe⁴²ɕy³³

报考 po⁴⁵kʻo⁴²

考场 kʻo⁴²ʈʻɔ̃¹³

进考场 tsĩ⁴⁵kʻo⁴²ʈʻɔ̃¹³

考试 kʻo⁴²sŋ⁴⁵

卷子 tɕyã⁴⁵tsŋ⁴² 考卷

满分 mã⁴²fĩ⁴²

零分 lĩ¹³fĩ³³

出榜 tɕʻye³³pã⁴² 发榜

第一名 tʻi⁴⁵ie³³mĩ¹³ 头名

尾介屎 ue⁴²ka⁴⁵sŋ⁴² 末名

毕业 pie³³n̩ie³³

倒班 to⁴⁵pã³³ 留级

文凭 uən¹³pʻĩ¹³

大楷 tʻa⁴⁵kʻa⁴²

小楷 sio⁴²kʻa⁴²

字体 tsʻŋ⁴⁵tʻi⁴²

字帖 tsʻŋ⁴⁵tʻie³³

蒙倒写 məŋ¹³to⁴²sia⁴² 临帖

□□伍 ɿsʻʊ⁴⁵ti⁴⁵kɤ⁴² 涂了

写□了 sia⁴²lɔ³³le⁵³ 写白字

个字□断了 ko⁴⁵tsʻŋ⁴⁵la¹³tʻa⁴²le⁵³ 掉字

草稿 tsʻɔ⁴²ko⁴²

打草稿纸 ta⁴²tsʻɔ⁴²ko⁴²tsŋ⁴² 起稿子

抄起来 tsʻɔ³³ɕi⁴²le¹³ 誊清（誊写清楚）

一点 ie³³tiã⁴²

一横 ie³³xuən¹³

一竖 ie³³ɕy⁴⁵

一撇 ie³³pʻie³³

一捺 ie³³la³³

一勾 ie³³ke³³

一提 ie³³tʻi¹³ 一挑

一画 ie³³xua⁴⁵

偏旁 pʻiã³³pʻã¹³

单人旁 tã³³ȵʔ¹³pʻã¹³ 立人儿

双人旁 suã³³ȵʔ¹³pʻã¹³ 双立人儿

弯弓张 uã³³kəŋ³³tɔ̃³³

四方框 sʔ⁴⁵fɔ̃³³kʻuã³³ 四框栏儿

宝盖头 pɔ⁴²ka⁴⁵tʻe¹³ 宝盖儿

秃宝盖 tʻu³³pɔ⁴²ka⁴⁵

竖心旁 ɕy⁴⁵sʔ̃³³pʻã¹³

狗爪旁 ke⁴²tsɔ⁴²pʻã¹³ 反犬旁

半耳旁 pã⁴⁵ɔ⁴²pʻã¹³ 单耳刀儿

耳朵旁 ɔ⁴²to⁴⁵pʻã¹³ 双耳刀儿

反文旁 fã⁴²uən¹³pʻã¹³

王字旁 uã¹³tsʔ⁴⁵pʻã¹³ 斜玉儿

提土旁 tʻi¹³tʻu⁴²pʻã¹³

竹字旁 tsu¹³tsʔ⁴⁵pʻã¹³ 竹字头儿

火字旁 xo⁴²tsʔ⁴⁵pʻã¹³

四点底 sʔ⁴⁵tiã⁴²ti⁴² 四点

三点水 sã³³tiã⁴²sue⁴² 三点水儿

两点水 liɔ̃⁴²tiã⁴²sue⁴² 两点水儿

病字旁 pĩ⁴⁵tsʔ⁴⁵pʻã¹³ 病旁儿

走字旁 tse⁴²tsʔ⁴⁵pʻã¹³ 走之儿

绞丝旁 ȶɔ⁴²sʔ³³pʻã¹³

　丝绞旁 sʔ33 ȶɔ42pʻã13

提手旁 tʻi¹³ɕiəu⁴²pʻã¹³

草字头 tsʻɔ⁴²tsʔ⁴⁵tʻe¹³

（二十一）　文体活动

风筝 fəŋ³³tsʔ̃³³

打眼子 ta⁴²ŋã⁴²tsʔ⁴² 捉迷藏，一人蒙住眼睛，摸索着去捉在他身边来回躲避的人

打□ ta⁴²pəŋ⁴⁵ 藏老蒙儿，寻找预先

藏匿在某个角落的同伴

跳球毽 tʻiɔ⁴⁵tɕʻiəu¹³tɕʻiã⁴⁵ 踢毽儿

打子 ta⁴²tsʔ⁴² 抓子儿

弹珠子 tʻã¹³tɕy³³tsʔ⁴² 弹球儿

拍水 pʻiæ³³ɕy⁴² 打水飘儿（在水面上掷瓦片）

跳格子 tʻiɔ⁴⁵kiæ³³tsʔ⁴² 跳房子

扳花 pã³³xua³³ 翻绳（两人轮换翻动手指头上的细绳，变出各种花样）

划拳 xua¹³tɕʻyã¹³ 喝酒时的一种酒令

猜谜子 tsʻa³³mi¹³⁻⁴⁵tsʔ⁴² 猜谜儿

打牌九 ta⁴²pʻã¹³tɕiəu⁴² 牌九

麻将 ma¹³tsiɔ̃⁴⁵

堵宝 tu⁴²pɔ⁴² 压宝

响炮 ɕiɔ̃⁴²pʻɔ⁴⁵ 爆竹

打响炮 ta⁴²ɕiɔ̃⁴²pʻɔ⁴⁵ 放鞭炮

花炮 xua³³pʻɔ⁴⁵ 烟火

打花炮 ta⁴²xua³³pʻɔ⁴⁵ 放花炮

吊固枝 tiɔ⁴⁵ku⁴⁵tɕi³³ 荡秋千，只是绳子上没有坐板

打旋螺 ta⁴²tsʻyã⁴⁵lo¹³⁻⁴⁵ 打陀螺

贴对 tʻiæ⁴⁵tue⁴⁵ 坐跷跷板

卖羊□□ ma⁴⁵iɔ̃¹³xe³³xe³³ 老鹰抓小鸡

弹弓 tʻã¹³kəŋ³³

放孔明灯 fɔ̃⁴⁵kʻəŋ⁴²mĩ¹³tĩ³³ 自制孔明灯，多在正月放

吹叫叫 tɕʻy³³ȶɔ⁴⁵ȶɔ⁴⁵ 吹口哨

砌窑 tsʻʔ⁴⁵iɔ¹³ 过家家

拈勾 lã³³ke³³ 抓阄

弹盖盖 tʻã¹³kue⁴⁵kue⁴⁵ 一种小孩游戏，两个人同时弹各自的瓶盖，

谁的瓶盖先到事先画好的圈里，
再把瓶盖从圈里弹中圈外的瓶盖
即为赢

跳绳 tʻiɔ⁴⁵ɕĩ¹³ 用秆编成的绳，跟现在
跳绳的玩法一样

打字牌 ta⁴²tsɿ⁴⁵pʻa¹³

开鸟鸟 kʻa³³tiɔ⁴²⁻⁴⁵tiɔ⁴²⁻⁴⁵ 每人拿两张
牌翻比大小，最大的为两张相同
的牌，最小为两个加起来为十的
牌

大吃细 tʻa⁴⁵tʻa³³ɕi⁴⁵ 每个人五张牌，
加起来看谁的牌大

象棋 siɔ̃⁴⁵tɕʻi¹³

下棋 xa⁴²tɕʻi¹³

将 tsiɔ̃⁴⁵

帅 sua⁴⁵

士 sɿ⁴⁵

象 siɔ̃⁴⁵

相 siɔ̃⁴⁵

车 tɕy³³

马 ma⁴²

炮 pʻɔ⁴⁵

兵 pĩ³³

卒 tɕy³³

吃卒 tʻa³³tɕy³³ 拱卒

上士 ɕiɔ̃⁴⁵sɿ⁴⁵

退士 tʻue⁴⁵sɿ⁴⁵ 落士

飞象 fi³³siɔ̃⁴⁵

　上象 ɕiɔ̃⁴⁵siɔ̃⁴⁵

退象 tʻue⁴⁵siɔ̃⁴⁵ 落象

　下象 xa⁴²siɔ̃⁴⁵

将军 tsiɔ̃³³tɕyn³³

围棋 ue¹³tɕʻi¹³

黑子 xæ³³tsɿ⁴²

白子 pʻo⁴⁵tsɿ⁴²

和□了 xo¹³tiʔ⁴⁵le⁵³ 和棋

拌绳 pã⁴⁵ɕĩ¹³ 拔河

游水 iəu¹³⁻⁴⁵ɕy⁴² 游泳

向天皮 ɕiɔ̃⁴⁵tʻiã³³pi⁴⁵ 仰泳

雪篾崽 sye³³mi⁴⁵tse⁴² 潜水

打比蹦 ta⁴²pi⁴²pəŋ⁴⁵ 游泳时身体俯卧
在水面，两臂交替划水，一脚
露水，一脚在水下，两脚上下
交替，类似自由泳

打球 ta⁴²tɕʻiəu¹³

打球比赛 ta⁴²tɕʻiəu¹³pi⁴²sa⁴⁵ 赛球

□子球 ka⁴⁵tsɿ⁴²tɕʻiəu¹³ 乒乓球

篮球 lã³³tɕʻiəu¹³

足球 tsu³³tɕʻiəu¹³

羽毛球 y⁴²mɔ¹³tɕʻiəu¹³

跳远 tʻiɔ⁴⁵yã⁴²

跳高 tʻiɔ⁴⁵kɔ³³

扳手 pã³³ɕiəu⁴² 扳手劲

有打 iəu⁴²ta⁴² 功夫

倒翻斤 tɔ⁴⁵fã³³tɕĩ³³ 头顶地往前翻

滚翻斤 kuən⁴²fã³³tɕĩ³³ 打滚

打撂家翻斤 ta⁴²liɔ⁴⁵ka³³fã³³tɕĩ³³ 手撑
地翻跟头

杵树 tɕʻy⁴²ɕy⁴⁵ 倒立

行倒到路 xɔ̃¹³tɔ⁴⁵tɔ⁴⁵lu⁴⁵ 倒立走

舞狮子 u⁴²sɿ³³tsɿ⁴²

耍狮子 sua⁴²sɿ³³tsɿ⁴²

舞龙 u⁴²ləŋ¹³

耍龙 sua⁴²ləŋ¹³

打腰鼓 ta⁴²iɔ³³ku⁴²

跳舞 t'iɔ⁴⁵u⁴²

大笼花灯 t'a⁴⁵ləŋ⁴⁵xua³³tĩ³³ 元宵花灯

俊镲 tɕyn⁴⁵ts'a⁴² 镲

钹子 po³³tsʅ⁴² 钹

对歌 tue⁴⁵ko³³

唱调 tɔ̃⁴⁵tiɔ⁴⁵ 大戏（大型戏曲，角色多、乐器多。演唱内容复杂）

看调 k'ã⁴⁵tiɔ⁴⁵ 看唱调，即看戏

京剧 tɕĩ³³tɕy⁴⁵

戏院 tɕ'i⁴⁵yã⁴⁵

戏台 tɕ'i⁴⁵t'a¹³

戏子 tɕ'i⁴⁵tsʅ⁴² 戏曲演员

演员 iã⁴²yã¹³

演角色 iã⁴²ʈo³³ɕiæ³³

演剧 iã⁴²tɕy⁴⁵ 演戏

耍把戏 sua⁴²pa⁴²tɕ'i⁴⁵ 变戏法（魔术）

讲古戏 kɔ̃⁴²ku⁴²tɕ'i⁴⁵ 说书

丑角 tɕ'iəu⁴²ʈo³³ 小丑

老生 lɔ⁴²sɹ̃³³

小生 siɔ⁴²sɹ̃³³

旦角 tã⁴⁵ʈo³³ 戏曲角色行当，扮演妇女，有青衣、花旦、老旦、武旦等区别。旦角有时特指青衣、花旦

跑龙套的 p'ɔ⁴²ləŋ¹³t'ɔ⁴⁵kɤ⁴²

（二十二）　动作

徛 tɕ'i⁴² 站

□倒 tse³³tɔ⁴² 蹲

挺倒了 t'ĩ⁴²tɔ⁴²le⁵³ 跌倒了

爬起来 p'a¹³tɕ'i⁴²le¹³

撺脑壳 tã⁴²lɔ⁴²k'o³³⁻⁴² 摇头

摆脑壳 liɔ⁴⁵lɔ⁴²k'o³³⁻⁴²

簸脑壳 po⁴⁵lɔ⁴²k'o³³⁻⁴² 点头

□起脑壳 liɔ³³ɕi⁴²lɔ⁴²k'o³³⁻⁴² 抬头

猫起脑壳 mɔ³³ɕi⁴²lɔ⁴²k'o³³⁻⁴²

勾倒脑壳 ke³³tɔ⁴²lɔ⁴²k'o³³⁻⁴² 低头

翻面 fã³³miã⁴⁵ ①回头②脸转过去

□起眼珠 tsʔ⁴⁵ɕi⁴²ŋã⁴²tɕy³³⁻⁴² 睁眼

王眼珠 ɔ̃¹³ŋã⁴²tɕy³³⁻⁴² 瞪眼

眯倒只眼珠 mi³³tɔ⁴²ʈa³³ŋã⁴²tɕy³³⁻⁴² 闭眼

挤眼珠 tɕi⁴²ŋã⁴²tɕy³³⁻⁴² 挤眼儿

眨眼珠 tsa³³ŋã⁴²tɕy³³⁻⁴² 眨眼

碰倒 p'əŋ⁴⁵tɔ⁴² 遇见

看 k'ã⁴⁵

眼珠转来转去 ŋã⁴²tɕy³³⁻⁴²tɕyã⁴⁵le¹³tɕyã⁴⁵xɤ⁴⁵ 眼睛乱转

流眼泪 liəu¹³⁻⁴⁵ŋã⁴²li⁴⁵

出眼泪 tɕ'ye³³ŋã⁴²li⁴⁵

□起嘴巴 ŋa³³ɕi⁴²tɕiəu⁴²pa³³⁻⁴⁵ 张嘴

□倒嘴巴 mi³³tɔ⁴²tɕiəu⁴²pa³³⁻⁴⁵ 闭嘴

拢起嘴巴 ləŋ⁴²ɕi⁴²tɕiəu⁴²pa³³⁻⁴⁵ 努嘴

刁起只嘴巴 tiɔ³³ɕi⁴²ʈa³³tɕiəu⁴²pa³³⁻⁴⁵ 噘嘴

举手 tɕy⁴²ɕiəu⁴²

扬手 iã¹³ɕiəu⁴² 摆手

撒起只手 sa³³ɕi⁴²ʈa³³ɕiəu⁴² 撒手

摊起只手 t'ã³³ɕi⁴²ʈa³³ɕiəu⁴² 伸手

拍手 p'iæ³³⁻⁴²ɕiəu⁴²

手□到背脚上 ɕiəu⁴²k'ɔ³³tɔ⁴⁵pe⁴⁵tɔ³³ɕiɔ̃⁴⁵ 背着手儿

□起只手 k'ɔ³³ɕi⁴²ʈa³³ɕiəu⁴² 叉着手儿（两手交叉在胸前）

笼起只手 ləŋ¹³ɕi⁴²ʈa³³ɕiəu⁴² 笼着手

（双手交叉伸到袖筒里）

撒开手 sa³³k'a³³ɕiəu⁴² 张开手掌

盘开 p'ã¹³k'a³³ 拨拉

蒙紧 məŋ³³tɕĩ⁴² 捂住

撅屎 ts'e³³sɿ⁴² 把屎（抱持小儿双腿，
　　哄他大便）

撅屎 ts'e³³n̩iɔ⁴⁵ 把屎

扶起 fu¹³ɕi⁴² 扶着

弹手 t'ã¹³ɕiəu⁴² 弹指头

□起拳头古 tsɿ⁴²ɕi⁴²tɕ'yã¹³⁻⁴⁵te⁴⁵ku⁴²⁻³³
　　攥起拳头

踩脚 ts'a⁴²ʈo³³ 跺脚

□起只脚 tia³³ɕi⁴²ʈa³³ʈo³³ 踮脚

□起只脚 k'ɔ³³ɕi⁴²ʈa³³ʈo³³ 跷二郎腿

脚在咖摇 ʈo³³ts'e⁴²ka³³iɔ¹³ 抖腿

　脚在咖颤 ʈo³³ts'e⁴²ka³³tɕiã⁴⁵

踢一脚 t'iəu³³ie³³ʈo³³ 踢腿

勾倒只腰子 ke³³tɔ⁴²ʈa³³iɔ³³tsɿ⁴² 弯腰

直起只腰子 tɕ'ie⁴⁵ɕi⁴²ʈa³³iɔ³³tsɿ⁴² 伸腰

叉腰 ts'a³³iɔ³³ 撑腰（支持）

暴起只屁股 pɔ⁴⁵ɕi⁴²ʈa³³p'i⁴⁵ku⁴² 撅屁股

敲背脚 k'ɔ⁴⁵pe⁴⁵ʈo³³ 捶背

□鼻齉 k'əŋ⁴²p'i¹³⁻⁴⁵ləŋ¹³⁻⁴⁵ 擤（鼻涕）

□鼻齉 sɔ⁴⁵p'i¹³⁻⁴⁵ləŋ¹³⁻⁴⁵ 吸溜鼻涕

打喷□ ta⁴²fi⁴⁵tɕ'iəu⁴⁵⁻³³ 打喷嚏

嗅 ɕiəŋ⁴⁵ 特意闻

听 t'iɔ³³ 无意中闻到花香、菜香叫听

嫌弃 ɕiã¹³ɕi⁴⁵

哭 k'u³³

掸□佢 tã⁴²ti⁴⁵kɤ⁴² 扔掉它

话 ua⁴⁵ 说

打万子 ta⁴²uã⁴⁵tsɿ⁴² 跑

走 tse⁴²

走路 tse⁴²lu⁴⁵

打翻 ta⁴²fã³³ 返回

翻面 fã³³miã⁴⁵ 转身

倒跤 tɔ⁴²kɔ³³ 摔跤

撂 liɔ⁴⁵ 放

搀 ts'ã³³ 酒里加水

拾□ ɕia³³ie³³ 收拾

选 syã⁴²

提起 t'ia¹³ɕi⁴²

捡起来 tɕiã⁴²ɕi⁴²le¹³

□□佢 u⁴⁵ti⁴⁵kɤ⁴² 擦掉

唔见□了 ŋ⁴⁵tɕiã⁴⁵ti⁴⁵le⁵³ 丢失

□□了 la¹³ti⁴⁵le⁵³ 落（因忘而把东西
　　放在某处）

寻倒了 ts'ĩ¹³tɔ⁴²le⁵³ 找着了

□ pəŋ⁴⁵ （把东西）藏（起来）

□倒 pəŋ⁴⁵tɔ⁴² （人）藏（起来）

叠起 t'iœ³³ɕi⁴² 码起来

缚 fu⁴⁵ 穿：～条裤

□ ts'ɔ⁴⁵ 把地面或桌椅等用大水冲
　　洗一下

□下颈根 kæ⁴⁵xa⁴⁵ʈɔ⁴²kĩ³³ 缩脖子

打巴掌 ta⁴²pa³³ʈɔ⁴² 鼓掌

（双手）掐 k'a³³

□ ŋiæ³³ （指尖）掐：～一把下

□ tɕiəu⁴⁵ 拧

晓得 ɕiɔ⁴²tiæ⁴² 知道

懂了 təŋ⁴²le⁵³

晓得了 ɕiɔ⁴²tiæ⁴²le⁵³ 会了

认得 ĩ⁴⁵tiæ⁴²

认不得 ĩ⁴⁵ŋ⁴⁵tiæ⁴² 不认得

认字 ĩ⁴⁵tsʻɿ⁴⁵ 识字

默下 miæ³³xa⁴⁵ 想想

估下 ku³³xa⁴⁵ 估量

打主意 ta⁴²tɕy⁴²i⁴⁵ 想主意

默倒 miæ³³tɔ⁴² ①猜想②挂念

料倒 liɔ⁴⁵tɔ⁴² 料定

做个主 tso⁴⁵ko⁴⁵tɕy⁴² 主张

相信 siɔ̃³³sĩ⁴⁵

怀疑 xua¹³n̠i¹³

踩难□意 tsʻa⁴²lã¹³pu³³i⁴⁵ 犹疑

好怕 xɔ⁴²pʻa⁴⁵ 害怕

吓倒了 xa³³tɔ⁴²le⁵³ 吓着了

着急 tʻo⁴⁵tɕie³³

放心 fɔ̃⁴⁵sĩ³³

日日在咖瞟你 n̠i³³n̠i³³tsʻe⁴²ka³³pʻiɔ⁴⁵n̠i⁴² 盼望

巴唔得 pa³³ŋ⁴⁵tiæ⁴² 巴不得

记紧 tɕi⁴⁵tɕi⁴² 记着（不要忘）

唔记得了 ŋ⁴⁵tɕi⁴⁵tiæ³³le⁵³ 忘记了

记起来了 tɕi⁴⁵ɕi⁴²le¹³le⁵³ 想起来了

巴资 pa³³tsɿ³³ 以为

眼红 ŋã⁴²xəŋ¹³

恨 xĩ⁴⁵（程度重）

恼 lɔ⁴²（程度轻）

偏心 pʻiã³³sĩ³³

眼热 ŋã⁴²ie⁴⁵ 忌妒

胀气 ti⁴⁵tɕʻi⁴⁵ 生气（因不合心意而不愉快）

恼肚 lɔ⁴²tʻu⁴²

爱 ue⁴⁵（对人）疼爱

喜欢 ɕi⁴²xuã³³

感谢 kã⁴²ɕie⁴⁵

□惯了 ləŋ⁴⁵kuã⁴⁵le⁵³ 娇惯

发愿 fiæ³³yã⁴⁵ 发誓

默起 miæ³³ɕi⁴² 认为

打悔 ta⁴²xue⁴² 后悔

话事 ua⁴⁵sɿ⁴⁵ 说话

谈天 tʻã¹³tʻiã³³ 聊天

扯卵谈 tʂʻa⁴²luã⁴tʻã¹³

谈情 tʻã¹³tsʻĩ¹³ 妇女之间聊天

打岔 ta⁴²tsʻa⁴⁵ 搭茬儿

唔做声 ŋ⁴⁵tsu⁴⁵ɕi³³ 不做声

骗 pʻiã⁴⁵

告诉 kɔ⁴⁵sɔ̃⁴⁵

抬死杠子 tʻa¹³sɿ⁴²kɔ̃⁴⁵tsɿ⁴² 抬杠

斗牙跤 te⁴⁵ŋa¹³kɔ³³⁻⁴⁵ 顶嘴

答下句 ta⁴²ɕia⁴⁵tɕy⁴⁵ 插嘴

骂跤 ma⁴⁵kɔ³³ 吵架

打跤 ta⁴²kɔ³³ 打架

骂 ma⁴⁵

讨骂 tʻɔ⁴²ma⁴⁵ 挨骂

交待 tʂɔ³³ta⁴⁵ 嘱咐

啰嗦 lɔ³³so³³ 叨唠

喊 xã⁴²

照 tʂɔ⁴⁵ 晒：搭佢～下把它晒一下

倒邪 tɔ⁴²tsʻia¹³ 避邪

归老 kue³³lɔ⁴² 养老

打挂针 ta⁴²kua⁴⁵tɕĩ³³ 打吊针

害球钱 xa⁴⁵tɕʻiəu¹³tsʻiã¹³⁻⁴⁵ 戴球钱（把一个铜钱用红线串着戴在小孩脖子上避邪）

扶侍 fu¹³sɿ⁴⁵ 伺候

解干 kua⁴²kuã³³ 解渴

扯比喻 tʂʻa⁴²pi⁴²y⁴⁵ 打比方

（二十三） 位置

脑头 lɔ⁴²te⁴⁵ 上面

底下 ti⁴²⁻⁴⁵xa⁴² 下面

地下 t'i⁴²⁻⁴⁵xa⁴²

天上 t'iã³³ɕiɔ̃⁴⁵

山口 sã³³tiæ⁴² 山上

路上 lu⁴⁵ɕiɔ̃⁴⁵

街上 ka³³ɕiɔ̃⁴⁵

墙上 ts'iɔ̃¹³piæ³³ɕiɔ̃⁴⁵

门上 mĩ¹³ɕiɔ̃⁴⁵

台桌上 t'a¹³tso³³ɕiɔ̃⁴⁵ 桌上

碰凳上 p'əŋ⁴⁵tĩ⁴⁵ɕiɔ̃⁴⁵ 椅子上

边上 piã³³ɕiɔ̃⁴⁵

里头 li⁴²te⁴⁵ 里面

门前 mĩ¹³⁻⁴⁵ts'iã¹³⁻⁴⁵ ①外面②门儿外；门前

手上 ɕiəu⁴²ɕiɔ̃⁴⁵ 手里

心里头 sĩ³³li⁴²te⁴⁵

大门口 t'a⁴⁵mĩ¹³⁻⁴⁵k'e⁴² 大门外

壁下 piæ³³xa⁴² 墙外

架眼下 ka⁴⁵ŋã⁴²xa⁴² 窗户外头

车里头 tɕ'ie³³li⁴²te⁴⁵ 车上（坐着人）

车头上 tɕ'ie³³t'e¹³ɕiɔ̃⁴⁵ 车前

车口尾 tɕ'ie³³ɕia³³ue⁴² 车后

先行 siã³³xɔ̃¹³ 前边

屁股头 p'i⁴⁵ku⁴²te⁴⁵ 后边；背后

山箇边 sã³³ke³³piã33 山前

山口边 sã³³me³³piã³³ 山后

屋后 u³³xe⁴⁵ 房后

先口阵 siã³³me³³ɕĩ⁴⁵ 以前（表时间）

后口 xe⁴⁵tiæ⁴² 以后；后来（表时间）

以上 i⁴²ɕiɔ̃⁴⁵

以下 i⁴²ɕia⁴⁵

从箇阵起 ts'əŋ¹³ke³³ɕĩ⁴⁵tɕ'i⁴² 从今以后（将来）

从今日以后 ts'əŋ¹³ki̵³³ȵi³³i⁴²xe⁴⁵

从箇阵以后 ts'əŋ¹³ke³³ɕĩ⁴⁵i⁴²xe⁴⁵ 从此以后（不拘过去将来）

东 təŋ³³

西 ɕi³³

南 lã¹³

北 piæ³³

东（方）面 təŋ³³（fɔ̃³³）miã⁴⁵ 东边

西（方）面 ɕi³³（fɔ̃³³）miã⁴⁵ 西边

南（方）面 lã¹³（fɔ̃³³）miã⁴⁵ 南边

北（方）面 piæ³³（fɔ̃³³）miã⁴⁵ 北边

东南 təŋ³³lã¹³

东北 təŋ³³piæ³³

西南 ɕi³³lã¹³

西北 ɕi³³piæ³³

路边上 lu⁴⁵piã³³ɕiɔ̃⁴⁵

床脚下 ts'ɔ̃¹³ȶo³³xa⁴² 床底下

楼（底）下 le¹³（t'i⁴²）xa⁴²

脚下 ȶo³³xa⁴² 脚底下

碗底下 uã⁴²ti⁴²xa⁴² 碗底儿

锅底下 o³³ti⁴²xa⁴² 锅底儿

缸笼底下 kɔ̃³³ləŋ⁴⁵ti⁴²xa⁴² 缸底儿

侧边 tɕiæ³³piã³³ 旁边；附近

边上 piã³³ɕiɔ̃⁴⁵

吗咯挡子 ma⁴⁵kɤ⁴²tɔ̃⁴⁵tsᴢ⁴²⁻⁴⁵ 什么地方

左边 tso⁴²piã³³

右边 iəu⁴⁵piã³³

往里头走 uã⁴²li⁴²te⁴⁵tse⁴² 望里走

往门前走 uã⁴²mĩ¹³⁻⁴⁵ts'iã¹³⁻⁴⁵tse⁴² 望外走

往东走 uã⁴²təŋ³³tse⁴² 望东走

往西走 uã⁴²çi³³tse⁴² 望西走

打翻走 ta⁴²fã³³tse⁴² 望回走

往先门前走 uã⁴²siã³³mĩ¹³⁻⁴⁵ts'iã¹³tse⁴² 往前走

（二十四） 代词等

我 ŋo⁴²

你 ȵi⁴²

佢 kɤ⁴² 他

我俚 ŋo⁴²liæ⁴²/ læ⁴² 我们 ŋuæ⁴²（合音）

你俚 ȵi⁴² liæ⁴²/ læ⁴² 你们 niæ⁴²（合音）

佢俚 kɤ⁴² liæ⁴²/ læ⁴² 他们 kæ⁴²（合音）

你老大人 ȵi⁴²lo⁴²t'a⁴⁵ ȵi¹³⁻⁴⁵ 您（尊称"你"）

我咯 ŋo⁴²kɤ⁴² 我的

你咯 ȵi⁴²kɤ⁴² 你的

佢咯 kɤ⁴²kɤ⁴² 他的

□人 t'ã¹³ȵi¹³⁻⁴⁵ 人家；别人

自家 sɿ⁴⁵ka³³ 自己

个个 ko⁴⁵ko⁴⁵ 人人

箇个 ke³³ko⁴⁵ 这个

□个 me³³ko⁴⁵ 那个

哪个 la⁴⁵ko⁴⁵

箇□ ke³³ti⁴⁵ 这些

□□ me³³ti⁴⁵ 那些

哪□ la⁴⁵ti⁴⁵ 哪些

箇哪 ke³³la⁴⁵ 这里

□哪 me³³la⁴⁵ 那里

哪哪 la⁴⁵la⁴⁵ 哪里

箇□（高）ke³³ŋ⁴⁵（ko³³）这么（高）

箇细（做）ke³³çi⁴⁵（tsu⁴⁵）这么（做）

□□（高）me³³ŋ⁴⁵（ko³³）那么（高）

□细（做）me³³çi⁴⁵（tsu⁴⁵）那么（做）

□细（做）ȶ'ɔ⁴⁵çi⁴⁵（tsu⁴⁵）怎么（做）

□细搞 ȶ'ɔ⁴⁵çi⁴⁵ko⁴² 怎么办

为吗咯事啊 ue⁴⁵ma⁴⁵kɤ⁴²sɿ⁴⁵a³³ 为什么

吗咯 ma⁴⁵kɤ⁴² 什么

吗咖 ma⁴⁵ka⁴²

好多（钱）xɔ⁴²to³³（ts'iã¹³）多少（钱）

好 xɔ⁴² 多（久、高、大、厚、重）

我（俚）两个人 ŋo⁴²（ liæ⁴²)liɔ̃⁴²ko⁴⁵ȵi¹³⁻⁴⁵ 我们俩

你（俚）两个人 ȵi⁴²（liæ⁴²）li⁴²ko⁴⁵ȵi¹³⁻⁴⁵ 你们俩

佢（俚）两个人 kɤ⁴²（liæ⁴²）li⁴²ko⁴⁵ȵi¹³⁻⁴⁵ 他们俩

两口人 liɔ̃⁴²k'e⁴²ȵi¹³ 夫妻俩

两娘崽 liɔ̃⁴²ȵiɔ̃¹³tse⁴² 母子俩

两娘女 liɔ̃⁴²ȵiɔ̃¹³ȵy⁴² 母女俩

两爷崽 liɔ̃⁴²ia¹³tse⁴² 父子俩

两爷女 liɔ̃⁴²ia¹³ȵy⁴² 父女俩

两爷孙 liɔ̃⁴²ia¹³suən³³ 爷孙俩

两哥嫂 liɔ̃⁴²ko³³sɔ⁴² 妯娌俩

两姑嫂 liɔ̃⁴²ku³³sɔ⁴² 姑嫂俩

两娘□ liɔ̃⁴²ȵiɔ̃¹³p'e⁴² 婆媳俩

两兄弟 li⁴²xuã³³t'i⁴² ①兄弟俩②哥儿俩

两姊妹 li^{42}tsŋ^{42}me^{45} ①姐妹俩②姐儿
  俩

两子妹 li^{42}tsŋ^{42}me^{45} ①兄妹俩②姐弟
  俩

两老表 li^{42}lɔ^{42}piɔ^{42} 表兄弟、姐妹两个
  人的合称

两舅甥 li^{42}tɕ'iəu^{42}suən^{33} 舅甥俩

两姑甥 li^{42}ku^{33}suən^{33} 姑侄俩

两爷甥 li^{42}ia^{13}suən^{33} 叔侄俩

两师徒 liɔ^{42}sŋ^{33}t'u^{13} 师徒俩

个把两个人 ko^{45}pa^{42}liɔ^{42}ko^{45}ȵi^{13}

百把个人 po^{33}pa^{42}ko^{45}ȵi^{13}

千把人 ts'iã^{33}pa^{42}ȵi^{13}

万把块钱 uã^{45}pa^{42}k'ua^{42}ts'iã^{13}

里把路 li^{42}pa$^{42-33}$lu^{45}

里把两里路 li^{42}pa$^{42-33}$iɔ^{42} li^{42}lu^{45} 里把二
  里路

亩把两亩 mɔ^{42}pa$^{42-33}$liɔ^{42}mɔ^{42} 亩把二亩

（二十五） 形容词

好 xɔ^{42}

好□ xɔ^{42}xe^{33} 好玩

要得 iɔ^{45}tiæ^{42} 不错

是一样 sŋ^{42}ie^{33}i^{45} 差不多

唔老大好 ŋ^{45}lɔ^{42}t'a^{45}xɔ^{42} 不怎么样

莫得用 mɔ^{45}tiæ^{42}iəŋ^{45} 不顶事

坏 xua^{45}

国记 kuæ^{33}tɕi^{45} 美；漂亮（男女均说）
  国绿 kuæ^{33}liəu^{45}

俬 səŋ^{13} 丑（难看）

要紧 iɔ^{45}tɕi^{42}

闹热 lɔ^{45}ie^{45} 热闹

肃静 su^{45}ts'ĩ^{45} 安静

门府歇静 mĩ^{13}fu$^{42-13}$ɕie^{33}ts'ĩ^{42} 安静

牢 lɔ^{13} 坚固

牢固 lɔ^{13}ku^{45}

富实 fu^{45}ɕie^{45}

硬 ɔ̃^{45}

软 yã^{42}

□洁 ie^{33}tɕie^{33} 干净

精致 tsĩ^{33}tsŋ^{45}

□□ li^{45}læ^{45} 脏，形容地方或人脏

咸 xã^{13}

淡 t'ã^{42}

香 ɕiɔ̃^{33}

臭 tɕ'iəu^{45}

酸 suã^{33}

甜 t'iã^{13}

苦 fu^{42}

辣 liæ^{45}

腥 siɔ^{33}

涩 ɕiæ^{33}

清 ts'iɔ̃^{33} 稀，即液体不浓稠

□ iəŋ^{13} 稠

稀 ɕi^{33} 植物间距不密

密 mie^{45}

巴 pa^{33} 黏

壮 tsɔ̃^{45} ①动物壮实，脂肪多：鸡
  蛮～②指人胖：佢蛮～，你蛮
  瘦③强壮

瘦 se^{45} ①动物不壮实，脂肪少②指
  人不胖

肥 fi^{13} 指食用的肉脂肪多（跟"精"
  相对）：～肉

精 tsiõ³³ 瘦，指食用肉瘦肉多：～肉

舒服 çy³³fu³³⁻⁴⁵

好难 xɔ⁴²lã¹³ 难受

怕丑 p'a⁴⁵tɕ'iəu⁴² 腼腆（因怕生或害
　　羞而神情不自然）

□行 ts'a⁴⁵xõ¹³ 乖

调皮 t'iɔ⁴⁵p'i¹³ 顽皮

好行 xɔ⁴²çĩ¹³ 真行

唔行 ŋ⁴⁵çĩ¹³ 不行

灵活 lĩ¹³xuæ⁴⁵ 机灵

麻□ ma¹³⁻⁴⁵liəu⁴⁵ 灵巧

糊涂 fu¹³t'u¹³

死钝八鸟咯人 sɿ⁴²t'uən⁴⁵piæ³³tiɔ⁴²kɤ⁴²n̩i¹³
　　脓包

小气鬼 siɔ⁴²tɕ'i⁴⁵kue⁴² 吝啬鬼

小气 siɔ⁴²tɕ'i⁴⁵

舍得 çia⁴²tiæ³³⁻⁴² 大方
　　luã¹³ 整：鸡蛋吃～的

整 tɕĩ⁴² 一张～票子，多指 100 元钱
　　的整钞

全 ts'yã¹³ 浑：～身是汗

暴 pɔ⁴⁵ 凸

□ ie³³ 凹

凉快 liõ¹³k'ua⁴⁵

正宗 tɕĩ⁴⁵tsəŋ³³ 地道

直 tɕ'ie⁴⁵ 整齐

称心 tɕ'ɿ⁴⁵sɿ³³

透心 t'e⁴⁵sɿ³³（通常指对方话因为说
　　到自己心坎里而听起来）舒服

迟 ts'ɿ¹³ 晚：来～了

多 to³³

少 çiɔ⁴²

大 t'a⁴⁵

细 çi⁴⁵ 小

长 tʂɔ¹³

短 tuã⁴²

宽 k'uã³³

狭 xæ⁴⁵ 窄

厚 xe⁴²

薄□ p'o⁴⁵ie⁴⁵ 薄

深 çĩ³³

浅 ts'yã⁴²

高 kɔ³³

低 ti³³

矮 ŋa⁴²

正 tɕĩ⁴⁵

歪 ua⁴²

斜 ts'ia¹³

粗 ts'u³³

幼 iəu⁴⁵ 细

红 xəŋ¹³

猪血红 tɕy³³çye³³xəŋ¹³

枣子红 tsɔ⁴²tsɿ⁴²xəŋ¹³

万艳红 uã⁴⁵iã⁴⁵xəŋ¹³ 鲜红

淡红 t'ã⁴²xəŋ¹³ 浅红

蓝 lã¹³

浅蓝 ts'yã⁴²lã¹³

深蓝 çĩ³³lã¹³

天蓝 t'iã³³lã¹³

绿 liəu⁴⁵

草绿 ts'ɔ⁴²liəu⁴⁵

浅绿 ts'yã⁴²liəu⁴⁵

白 p'o⁴⁵

灰 xue³³

黄 ɔ̃¹³

油菜黄 iəu¹³ts'ue⁴⁵ɔ̃¹³

青 ts'iɔ̃³³ ①蓝色或绿色：～天大老爷；叶子～烟了_{叶子很绿}②黑色：～布

紫 tsɿ⁴²

黑 xæ³³

得人爱 tiæ³³n̩i¹³⁻⁴⁵ue⁴⁵ 可爱

出色 tɕ'ye³³ɕiæ³³

逗打 te³³ta⁴² 讨打

逗人嫌 te³³n̩ɿ¹³⁻⁴⁵ɕiã¹³ 讨嫌

欢喜 xuã³³ɕi⁴² 高兴

丑 tɕ'iəu⁴² 羞

生疏 sɔ̃³³su³³

死声莫老气 sɿ⁴²ɕiɔ̃³³mo⁴⁵lɔ⁴²ɕi⁴⁵ 形容一个人很不爱说话

造孽 ts'ɔ⁴⁵n̩i³³ 可怜

好□□□ xɔ⁴²sɔ̃³³ti⁴⁵tiæ⁴² 小心

受冤 ɕiəu⁴⁵yã³³ 委屈

□碎 t'o¹³sue⁴⁵ 唠叨

　□里八碎 t'o¹³li⁴²⁻⁴⁵piæ³³sue⁴⁵

□清清 kɿ̃⁴⁵ts'ĩ³³ts'ĩ³³ 冷冰冰

滑溜 yæ⁴⁵liəu³³⁻⁴⁵ 光滑

嫩顺 lɔ̃⁴⁵suən⁴⁵ 嫩

（二十六）　副词、介词等

□□ ŋã⁴⁵ŋã⁴⁵ ①刚，刚刚，才：～来②刚好，恰好，正好：～十块钱③刚，正：唔大唔细，～对

恰恰 k'iæ⁴⁵k'iæ⁴⁵

安正 ŋã³³tɔ̃⁴⁵ ①刚好，恰好，正好：～在箇那过身_{刚好从这里经过}；～十块钱②刚，刚刚，

才：～十八岁，就嫁□ti⁴⁵ 了③

刚巧：～我在□me³³ 那_{刚巧我在那儿}

净 ts'ĩ⁴⁵ ～吃好咯，唔吃坏咯

有点 iəu⁴²tia⁴⁵ 有点儿

怕 p'a⁴⁵ 也许：～要落雨了

也许 ia⁴²ɕy⁴²

欠□□ tɕ'iã⁴⁵tiəu³³tiæ⁴² 差点儿

唔…唔 ŋ̩⁴⁵…ŋ̩⁴⁵ 非…不可

搭倒 ta³³tɔ⁴² 马上

迟早 tsʿɿ¹³tsɔ⁴² 早晚：～来下_都要得

好□ xɔ⁴²ti⁴⁵ 幸亏：～你来了，又是走□lo³³ 错了唔晓得_{要不然走错了都不知道}

当倒 tɔ̃³³tɔ⁴² 当面

背后 pe⁴⁵xe⁴⁵ 背地

一起 ie³³tɕ'i⁴² 一块儿：我俚～去

（一）个人（ie³³）ko⁴⁵n̩i¹³⁻⁴⁵ 自己：佢～去

顺便 suən⁴⁵p'iã⁴⁵ 你去学校，～搭佢买滴物件来啦

　顺带 suən⁴⁵ta⁴⁵

□特 ti³³t'iæ⁴⁵ 故意

到底 tɔ⁴⁵ti⁴² 到了儿

真咯 tɕĩ³³kɤ⁴² 压根儿：佢～唔晓得

一点 ie³³tia⁴⁵

硬是 ĩ⁴⁵sɿ⁴² 的确：这个人～好

平（四十）p'iɔ¹³（sɿ⁴⁵ɕie⁴⁵）佢今年平四十（即"他今年要满四十岁"）

总共 tsəŋ⁴²k'əŋ⁴⁵ 一共：～才十个人

莫要 mo⁴⁵iɔ⁴⁵ 不要

空 k'əŋ⁴⁵ 白：～走一回

偏要 p'iã^{33}io^{45} 偏：你唔要我去，我～去

乱 luã^{45} 胡：～搞

先 siã^{33} 你～行，我捱□tsa^{45} 就来你先走，我随后就来

头一 t'e^{13}ie^{33} 先：佢～唔晓得，后□tiæ^{42} 听□t'ã^{13} 人话略他先不知道，后来听别人说的

额外 ŋa^{33}ue^{45} 另外：～还有一个

□uã^{33} 被：～狗咬了一口

搭 ta^{45} 把：佢～我骂了餐死咯他把我臭骂一顿

搭 ta^{45} 对：你～佢好，就佢也～你好你对他好，他就对你好

睭倒 ȵi^{45}to^{42} 对着：佢～我就笑他对着我笑

去 xɤ^{45} 到：你～哪哪去你到哪儿去

到 to^{45} ～哪日为止

到 to^{45} 掸～水窠□tiæ^{42} 去扔到水里去

在 ts'e^{42} 你～哪哪住啊你在哪儿住

在 ts'e^{42} 从：～哪哪去啊从哪儿走

从 ts'əŋ^{13} 自从：～佢走□ti^{45} 以后，我总是唔放心自从他走后我一直不放心

照 to^{45} ～箇细做就好照这样做就好

依倒 i^{33}to^{42} ～我看就对咯照我看是对的

□uã^{33} 使：你～毛笔写

顺倒 suən^{45}to^{42} 顺着：～箇条大路走

傍倒 põ^{42}to^{42} 顺着：～河边上走

朝 ȶ'o^{13} ～屁（股）头看朝后头看

替 t'i^{45}：你～我写封信

　　搭 ta^{45}（这种说法最常见）

　　帮 põ^{33}

搭 ta^{45} 给：～我办点事

搭我 ta^{45}ŋo^{42} 给我（虚用，加重语气）：你～吃净佢！）

搭 ta^{45} 和：箇_{这个}～□me^{33} _{那个}一样

喊...是 xã^{42}...sʮ^{42} 管...叫

从细 ts'əŋ^{13}çi^{45} 从小

增□□ tsʮ^{3}ti^{45}tiæ^{42} 差点儿

偷声摸脚 t'e^{33}çʮ$^{33-45}$mo^{33}ȶo^{33} 偷偷（地）

（二十七）　量词

把 pa^{42} 一～秤

本 pʮ^{42} 一～书

封 fəŋ^{33} 一～信

服 fu^{45} 一～药

条 t'io^{13} 一～河

槌 ȶy$^{13/45}$ 一～墨_{一锭墨}｜一～磨石_{一块磨刀石}

案 ŋã^{45} 一～事_{一件事情}

朵 to^{45} 一～花

餐 ts'ã^{33} 一～饭_{一顿饭}

块 k'ua^{45} 一～手巾帕_{一块手帕}

盏 tsã^{42} 一～灯

桌 tso^{33} 一～酒_{一桌酒席}

席 ts'ia^{45} 一～雨_{一场雨}

场 ȶ'ɔ^{13} 一～戏_{一出戏}

床 ts'ɔ^{13} 一～被_{一床被子}

身 çʮ^{33} 一～（新衣衫裤_{新衣新裤}、□ia^{33} 泥_{稀泥}）

杆 kã^{42} 一～枪

皮 p'i^{13} 一～头丝_{一根头发}｜一～叶子_{一片叶子}

蔸 te^{33} 一～树_{一棵树}

粒 liæ⁴⁵ 一～米—颗米

口 k'e⁴² 一～人

两口人 liɔ⁴²k'e⁴²ȵi¹³ 两口子（夫妻俩）

眼 ŋã⁴² 一～屋—间屋子

件 tɕ'iã⁴² 一～衣衫—件衣装

张 tʂɔ³³ 一～纸

行 xɔ¹³ 一～字

篇 p'iã³³ 一～文章

片 p'iã⁴⁵ 一～书—页书

片 p'iã⁴⁵ 一～好心

□ ti⁴⁵ 一～肉—片儿肉

朵 to⁴⁵ 一～红旗—面红旗

股 k'u⁴² 一～香气

笼 ləŋ⁴⁵ 一～（桥、包子、火、车、帐帐子）

盘 p'ã¹³ 一～棋

叠 t'iæ³³ 一～纸—沓儿纸

缸笼 kɔ³³ləŋ⁴⁵ 一～水

碗 uã⁴² 一～饭

杯 pe³³ 一～茶｜一～酒

□ k'ua⁴² 一～米—把米

包 pɔ³³ 一～花生

卷 tɕyã⁴² 一～纸

捆 k'uən⁴² 一～草

担 tã⁴⁵ 一～米

担 tã⁴⁵ 一～水—挑水

条 t'iɔ¹³ 一～牙齿—排牙齿

挂 kua⁴⁵ 一～响炮鞭炮

码 ma⁴² 一～响炮（十挂鞭炮为一码，现在多叫一封鞭炮）

对 tue⁴⁵ 一～牛（两头牛）

句 tɕy⁴⁵ 一～话

双 sɔ³³ 一～鞋

对 tue⁴⁵ 一～床头枕头

副 fu⁴⁵ 一～眼镜

套 t'ɔ⁴⁵ 一～书

伙 xo⁴² 一～人

批 p'i³³ 一～货

窠 k'o³³ 一～老鼠—窝老鼠｜一～蜂—窝蜂｜一～□ka⁴⁵子—窝蛋｜一～草—丛草

□ pa⁴⁵ 一～葡萄—串葡萄

□ t'a⁴⁵ 一～（大拇指与中指张开的长度或大拇指与食指张开的长度）

□ p'a⁴² 一～（两臂平伸两手伸直的长度，即"一庹"）

揽 lã⁴² 一～（两臂刚好环抱一棵树的周长，叫一揽。如：箇蔸树□ŋã⁴⁵□ŋã⁴⁵有一揽大这棵树刚好手环抱一圈粗）

肚了 tu⁴²tsʅ⁴² 一～气

餐 ts'ã³³ 吃一～吃一顿｜打一～打一顿

回 xue¹³⁻⁴⁵ 走一～走一趟

下 xa⁴⁵ 打一～｜话了一～谈一会儿｜落了一～雨下了一阵雨

□ k'e⁴² 吃一～｜咬一～

跤 kɔ³³ 骂了一～闹一场

幅 fu¹³⁻⁴⁵ 一～画

□ ts'ɔ⁴⁵ 一～墙—堵墙｜一～门—扇门

部 p'u⁴⁵ 一～书

道 tɔ⁴⁵ 洗三～

窑 iɔ¹³ 烧一～瓦

团 t'ɔ¹³⁻⁴⁵ 一～□ia³³泥—团泥

堆 tue³³ 一～雪

抓 tsua³³⁻⁴⁵ 一～头丝—绺头发｜一～羊毛—撮毛

手 ɕiəu⁴² 写一～好字

笔 pie³³ 写一～好字

盘 p'ã¹³ 下一～棋｜一～糖

桌 tso³³ 请一～客

台 t'a¹³ 唱一～戏

点 tia⁴⁵ 一～面灰—点儿面粉

滴 tiəu⁴⁵ 一～雨｜一～水

盒 xo⁴⁵ 一～项链

箱 siɔ̃³³ 一～衣衫

橱 tɕ'y⁴⁵ 一～锅

扯盒 tʂ'a⁴²xo⁴⁵ 一～物件—抽屉东西

箩 lo⁴⁵ 一～谷

篮 lã³³ 一～菜

包 pɔ³³ 一～书

袋 t'ue⁴⁵ 一～花生—一口袋花生

池 ts'ŋ¹³ 一～满水

塘 t'ɔ̃¹³ 一～水

缸 kɔ̃³³ ～一水

瓶 p'ĩ¹³ 一～醋

□ ɔ̃³³ 一～酒—坛子酒

桶 t'əŋ⁴² 一～水

壶 fu¹³⁻⁴⁵ 一～开水

盂 y⁴⁵ 一～茶—壶茶

鼎 tiɔ̃⁴² 一～饭—锅饭

碗 uã⁴² 一～饭

勺 ɕio⁴⁵ 一～汤｜一～酱油

调羹 t'io¹³tɔ̃³³ 一～汤

□ kã⁴⁵ 一～井—眼井｜一～塘

眼 ŋã⁴² 一～屋—一间房子｜一～柑子—瓣桔子

片 p'iã⁴⁵ 一～柑子—一瓣桔子

股 k'u⁴² 一～气味

粒 liæ⁴⁵ 一～桃｜一～米

块 k'ua⁴⁵ 一～帕

行 xɔ̃⁴⁵ 一～绳—一根绳｜一～木—一根木头｜一～棍—一根棍｜一～烟—一根烟

蔸 te³³ 一～树｜一～苞谷—一株玉米｜一～白菜

块 k'ua⁴⁵ 一～土

口 k'e⁴² 一～饭

把 pa⁴² 一～伞（尺、刀）

捧 pəŋ⁴² 一～豆

蒲 pu⁴⁵ 一～尿—泡尿

家 ka³³ 一～人—户人家

副 fu⁴⁵ 一～对子—副对联

句 tɕy⁴⁵ 喊一～—喊一声

个 ko⁴⁵ 一～人（客、瓜、奖章、膏药、帽子、记—印记、砖、垱子—地方）

只 ʈa³³ 一～碗（鸡、牛、手、椅子凳、手套、台桌—桌子、狗、猪、笔、马、屋—整栋房子、山、庙、歌、事、店子—铺子、电视机、车、火车、单车、飞机）

条 t'io¹³⁻⁴⁵ 一～蛇（鱼、裤、河、路）

（二十八） 附加成分等

后加成分：

-死了 sŋ⁴²le⁵³ 后加成分，表示程度极深：坏～｜□⁴⁵蠢～｜辣～

手 ɕiəu⁴² 名词后缀：莫搞～—没搞头｜莫吃～

子 tsɿ⁴² 名词后缀：辣～_{辣椒}｜哑～_{哑巴}｜南风～_{结巴}

崽 tse⁴² 名词后缀：麦～_{麦子}｜□mi⁴⁵ ～_{蚂蚁}｜沙～_{沙子}｜

崽崽 tse⁴²tse⁴² 名词后缀，表小称，爱称：鸭～｜油菜～_{油菜子}｜凳～

公 kəŋ³³ 名词后缀：斋～_{和尚或吃斋的男子}｜师～_{风水先生}｜虾～_虾｜雷～_雷

古 ku⁴² 名词后缀：钝～_{指男性傻子}｜拳头～_{拳头}｜石头～_{石头}

婆 po⁴⁵ 名词后缀：矮～_{个矮的女人}｜蛇～_{虱子}｜芋子～_{大芋头块茎}｜霜～_霜

头 te⁴⁵ 名词后缀：巷～_{巷子}｜夜晡～_{夜晚}｜钵～_{钵子}

形容词后加成分：

- □mi⁴⁵ 形容词后加成分，表示程度高：短～了｜甜～了
- 扯 t'a⁴² 形容词后加成分，表示程度高：矮～了｜慢～了｜密～了
- 溜 liəu³³⁻⁴⁵ 形容词后加成分，表示程度高：直～了
- □pi³³ 形容词后加成分，表示程度很深：硬～了
- □ləŋ⁴⁵ 形容词后加成分，表示程度很深：软～了｜活～了
- □pã⁴⁵ 形容词后加成分，表示程度很深：紧～了｜□iəŋ¹³ ～了_{粥或汤等很浓}｜稀～了_{植物等很稀疏}｜老～了｜粗～了
- 垮 k'ua⁴² 形容词后加成分，表示程

度很深：松～了
- □lɔ³³ 形容词后加成分，表示程度很深：轻～了｜空～了
- 崭 tsã⁴² 形容词后加成分，表示程度很深：新～了
- □pi⁴⁵ 形容词后加成分，表示程度很深：清～了_{粥或汤等很稀}｜咸～了
- □təŋ³³ 形容词后加成分，表示程度很深：满～了
- □t'əŋ⁴⁵ 形容词后加成分，表示程度很深：亮～了
- □xo³³ 形容词后加成分，表示程度很深：嫩～了
- □k'o³³ 形容词后加成分，表示程度很深：乱～了｜朽～了｜熟～了
- 焦 tsiɔ³³ 形容词后加成分，表示程度很深：湿～了
- 粉 fɿ⁴² 形容词后加成分，表示程度很深：烂～了
- 休 çiəu³³ 形容词后加成分，表示程度很深：凉～了
- 滚 kuən⁴² 形容词后加成分，表示程度很深：壮～了
- □xa³³ 形容词后加成分，表示程度很深：瘦～了
- 绯 fi³³ 形容词后加成分，表示程度很深：红～了｜辣～了
- 孙 suən³³ 形容词后加成分，表示程度很深：白～了
- 墨 miæ³³ 形容词后加成分，表示程度很深：黑～了

－□ kəŋ⁴⁵ 形容词后加成分，表示程度很深：黄～了｜酸～了

－□ tɕʻiəu⁴⁵ 形容词后加成分，表示程度很深：淡～了

－喷 pʻi⁴⁵ 形容词后加成分，表示程度很深：香～了

－□ pʻɔ̃³³ 形容词后加成分，表示程度很深：臭～了

－□ lia⁴² 形容词后加成分，表示程度很深：苦～了

－□ lo⁴² 形容词后加成分，表示程度很深：涩～了

老 lo⁴² 前缀①用在称呼人或少数动物里：～弟弟弟｜～亲亲家公｜～芋家伙｜～庚同年生的男性互称｜～同同年生的女性互称｜～泡新手｜～鼠｜～鸹乌鸦②放在数词"二"到"十"前边表示排行，放在"大"前表示排行第一，放在"满"前表示排行最末：～二｜～十｜～大｜～满

阿 a³³ 名词前缀，用于称呼人：～母妈妈｜～嫂家人妇女｜～公崽指家里看得重或很娇气的男孩

初 tsʻu³³ 前缀，加在数词"一"到"十"的前边，表示旧历每个月的前十天：～一｜～十

第 tʻi⁴⁵ 前缀，加在数词前头表示序数：～一｜～二｜～十

（二十九）　数字等

一号（指日期，下同）ie³³xɔ⁴⁵

二号 ɔ⁴⁵xɔ⁴⁵

三号 sã³³xɔ⁴⁵

四号 sl̩⁴⁵xɔ⁴⁵

五号 ŋ⁴²xɔ⁴⁵

六号 liəu⁴⁵xɔ⁴⁵

七号 tɕʻie³³xɔ⁴⁵

八号 piæ³³xɔ⁴⁵

九号 tɕiəu⁴²ɔ⁴⁵

十号 ɕie⁴⁵xɔ⁴⁵

初一 tsʻu³³ie³³

初二 tsʻu³³ɔ⁴⁵

初三 tsʻu³³sã³³

初四 tsʻu³³sl̩⁴⁵

初五 tsʻu³³ŋ⁴²

初六 tsʻu³³liəu⁴⁵

初七 tsʻu³³tɕʻie³³

初八 tsʻu³³piæ³³

初九 tsʻu³³tɕiəu⁴²

初十 tsʻu³³ɕie⁴⁵

老大 lo⁴²tʻa⁴⁵

老二 lo⁴²ɔ⁴⁵

老三 lo⁴²sã³³

老四 lo⁴²sl̩⁴⁵

老五 lo⁴²ŋ⁴²

老六 lo⁴²liəu⁴⁵

老七 lo⁴²tɕʻie³³

老八 lo⁴²piæ³³

老九 lo⁴²tɕiəu⁴²

老十 lo⁴²ɕie⁴⁵

老细 lo⁴²ɕi⁴⁵ 老幺

老满 lo⁴²mã⁴²

哥哥 ko³³⁻⁴⁵ko³³⁻⁴⁵ 大哥

二哥 ɔ⁴⁵ko³³⁻⁴⁵

　细哥 ɕi⁴⁵ko³³⁻⁴⁵

满介屎 mã⁴²ka⁴⁵sʅ⁴² 老末儿

一个 ie³³ko⁴⁵

两个 liɔ̃⁴²ko⁴⁵

三个 sã³³ko⁴⁵

四个 sʅ⁴⁵ko⁴⁵

五个 ŋ⁴²ko⁴⁵

六个 liəu⁴⁵ko⁴⁵

七个 tɕ'ie³³ko⁴⁵

八个 piæ³³ko⁴⁵

九个 tɕiəu⁴²ko⁴⁵

十个 ɕie⁴⁵ko⁴⁵

第一 t'i⁴⁵ie³³

第二 t'i⁴⁵ɔ⁴⁵

第三 t'i⁴⁵sã³³

第四 t'i⁴⁵sʅ⁴⁵

第五 t'i⁴⁵ŋ⁴²

第六 t'i⁴⁵liəu⁴⁵

第七 t'i⁴⁵tɕ'ie³³

第八 t'i⁴⁵piæ³³

第九 t'i⁴⁵tɕiəu⁴²

第十 t'i⁴⁵ɕie⁴⁵

第一个 t'i⁴⁵ie³³ko⁴⁵

第二个 t'i⁴⁵ɔ⁴⁵ko⁴⁵

第三个 t'i⁴⁵sã³³ko⁴⁵

第四个 t'i⁴⁵sʅ⁴⁵ko⁴⁵

第五个 t'i⁴⁵ŋ⁴²ko⁴⁵

第六个 t'i⁴⁵liəu⁴⁵ko⁴⁵

第七个 t'i⁴⁵tɕ'ie³³ko⁴⁵

第八个 t'i⁴⁵piæ³³ko⁴⁵

第九个 t'i⁴⁵tɕiəu⁴²ko⁴⁵

第十个 t'i⁴⁵ɕie⁴⁵ko⁴⁵

一 ie³³

二 ɔ⁴⁵

三 sã³³

四 sʅ⁴⁵

五 ŋ⁴²

六 liəu⁴⁵

七 tɕ'ie³³

八 piæ³³

九 tɕiəu⁴²

十 ɕie⁴⁵

十一 ɕie⁴⁵ie³³

二十 ɔ⁴⁵ɕie⁴⁵

二十一 ɔ⁴⁵ɕie⁴⁵ie³³

三十 sã³³ɕie⁴⁵

三十一 sã³³ɕie⁴⁵ie³³

四十 sʅ⁴⁵ɕie⁴⁵

四十一 sʅ⁴⁵ɕie⁴⁵ie³³

五十 ŋ⁴²ɕie⁴⁵

五十一 ŋ⁴²ɕie⁴⁵ie³³

六十 liəu⁴⁵ɕie⁴⁵

六十一 liəu⁴⁵ɕie⁴⁵ie³³

七十 tɕ'ie³³ɕie⁴⁵

七十一 tɕ'ie³³ɕie⁴⁵ie³³

八十 piæ³³ɕie⁴⁵

八十一 piæ³³ɕie⁴⁵ie³³

九十 tɕiəu⁴²ɕie⁴⁵

九十一 tɕiəu⁴²ɕie⁴⁵ie³³

一百 ie³³po³³

一千 ie³³ts'iã³³

一百一十 ie³³po³³ie³³ɕie⁴⁵

一百一十个 ie³³po³³ie³³ɕie⁴⁵ ko⁴⁵

一百一十一 ie³³po³³ie³³ɕie⁴⁵ie³³

两丈 liɔ̃⁴²tʻɔ̃⁴²

一百一十二 ie³³po³³ie³³ɕie⁴⁵ ɔ⁴⁵

两尺 liɔ̃⁴²tʂʻa³³

一百二（十）ie³³po³³ɔ⁴⁵（ɕie⁴⁵）

两寸 liɔ̃⁴²tsʻuən⁴⁵

一百三（十）ie³³po³³sã³³（ɕie⁴⁵）

两分 liɔ̃⁴²fi³³

一百五（十）ie³³po³³ŋ̍⁴²（ɕie⁴⁵）

两里 liɔ̃⁴²li⁴²

一百五十个 ie³³po³³ŋ̍⁴²ɕie⁴⁵ ko⁴⁵

两担 liɔ̃⁴²tã⁴⁵

二百 liɔ̃⁴²po³³

两斗 liɔ̃⁴²te⁴²

二百五（十）ɔ⁴⁵po³³ŋ̍⁴²（ɕie⁴⁵）

二斗五 ɔ⁴⁵te⁴²ŋ̍⁴²

二百五十个 ɔ⁴⁵po³³ŋ̍⁴²ɕie⁴⁵ko⁴⁵

两升 liɔ̃⁴²ɕ̩ĩ³³

三百一（十）sã³³po³³ie³³（ɕie⁴⁵）

两亩 liɔ̃⁴²mɔ⁴²

三百三（十）sã³³po³³sã³³（ɕie⁴⁵）

几个人？tɕi⁴²ko⁴⁵n̩i¹³⁻⁴⁵

三百六（十）sã³³po³³liəu⁴⁵（ɕie⁴⁵）

好多个人？xɔ⁴²to³³ko⁴⁵n̩i¹³⁻⁴⁵

三百八（十）sã³³po³³piæ³³（ɕie⁴⁵）

好几个 xɔ⁴²tɕi⁴²ko⁴⁵

一千一（百）ie³³tsʻiã³³ie³³（po³³）

好下 xɔ⁴²xa⁴⁵ 好一些

一千一百个 ie³³tsʻiã³³ie³³ po³³ko⁴⁵

大下 tʻa⁴⁵xa⁴⁵ 大一些

一千九（百）ie³³ tsʻiã³³tɕiəu⁴²（po³³）

一点儿 ie³³tia⁴⁵

一千九百个 ie³³tsʻiã³³ tɕiəu⁴²po³³ko⁴⁵

一点点 ie³³tia⁴⁵tia⁴²

三千 sã³³tsʻiã³³

大□□ tʻa⁴⁵ti⁴⁵tiæ⁴² 大点儿

五千 ŋ̍⁴²tsʻiã³³

十多个 ɕie⁴⁵to³³ko⁴⁵

八千 piæ³³tsʻiã³³

一百多个 ie³³po³³to³³ko⁴⁵

一万 ie³³uã⁴⁵

千多个 tsʻiã³³to³³ko⁴⁵ 千数个

一万二（千）ie³³uã⁴⁵ɔ⁴⁵（tsʻiã³³）

百把个 po³³pa⁴²ko⁴⁵

一万二千个 ie³³uã⁴⁵ɔ⁴⁵tsʻiã³³ ko⁴⁵

半个 pã⁴⁵ko⁴⁵

三万五（千）sã³³uã⁴⁵ŋ̍⁴²（tsʻiã³³）

一半 ie³³pã⁴⁵

三万五千个 sã³³uã⁴⁵ŋ̍⁴²tsʻiã³³ ko⁴⁵

两半 liɔ̃⁴²pã⁴⁵

零 li¹³

一大半 ie³³tʻa⁴⁵pã⁴⁵

两斤 liɔ̃⁴²tɕ̩ĩ³³

一个半 ie³³ko⁴⁵pã⁴⁵

二两 ɔ⁴⁵liɔ̃⁴²

…左右 tso⁴²iəu⁴⁵

两钱 liɔ̃⁴²tsʻiã¹³

三四个 sã³³sʅ⁴⁵ko⁴⁵

两克 liɔ̃⁴²kʻiæ³³

干支：

两分 liɔ̃⁴²fi³³

甲 ʈa³³

两厘 liɔ̃⁴²li¹³

乙 ie³³

丙 pĩ⁴²

丁 tĩ³³

戊 u⁴⁵

己 tɕi⁴²

庚 kĩ³³

辛 sĩ³³

壬 ĩ¹³

癸 kue⁴²

子 tsɿ⁴²

丑 tɕʻiəu⁴²

寅 ĩ¹³

卯 mɔ⁴²

辰 ɕĩ¹³

巳 sɿ⁴⁵

午 u⁴²

未 ue⁴⁵

申 ɕĩ³³

酉 iəu⁴²

戌 ɕye³³

亥 xae⁴⁵

第四章　桂阳六合土话语法①

一、词法特点

（一）代词

1. 人称代词

①桂阳六合土话的第一、第二、第三人称代词

A. 桂阳六合土话的第一、第二、第三人称代词系统

表 4-1　　桂阳六合土话三身代词表

人称＼数＼格	主格		宾格		领格	
	单数	复数	单数	复数	单数	复数
第一人称	我 ŋo^{42}	我俚 ŋo^{42}liæ^{42} 或读成 ŋo^{42}læ^{42} 或 ŋuæ^{42}（合音）	我 ŋo^{42}	我俚 ŋo^{42}liæ^{42} 或读成 ŋo^{42}læ^{42} 或 ŋuæ^{42}（合音）	我 ŋo^{42}	我俚 ŋo^{42}liæ^{42} 或读成 ŋo^{42}læ^{42} 或 ŋuæ^{42}（合音）
第二人称	你 n̠i^{42}	你俚 n̠i^{42}liæ^{42} 或读成 n̠i^{42}læ^{42} 或 n̠iæ^{42}（合音）	你 n̠i^{42}	你俚 n̠i^{42}liæ^{42} 或读成 n̠i^{42}læ^{42} 或 n̠iæ^{42}（合音）	你 n̠i^{42}	你俚 n̠i^{42}liæ^{42} 或读成 n̠i^{42}læ^{42} 或 n̠iæ^{42}（合音）
第三人称	佢 kɤ^{42}	佢俚 kɤ^{42}liæ^{42} 或读成 kɤ^{42}læ^{42} 或 kæ^{42}（合音）	佢 kɤ^{42}	佢俚 kɤ^{42}liæ^{42} 或读成 kɤ^{42}læ^{42} 或 kæ^{42}（合音）	佢 kɤ^{42}	佢俚 kɤ^{42}liæ^{42} 或读成 kɤ^{42}læ^{42} 或 kæ^{42}（合音）

①第四章和第五章同音字均在字下加波浪线表示。例如：爽另：干脆

B. 第一人称代词单数的语法功能

a. 作主语

（1）我就唔去，你去咯时候就告诉我下。（我就不去了，你去的时候告诉我一声。）

$$ŋo^{42}tɕ‘iəu^{45}ŋ^{45}xɤ^{45}，ȵi^{42}xɤ^{45}kɤ^{42}sɿ^{13}xe^{45}tɕ‘iəu^{45}ko^{45}su^{45}ŋo^{42}xa^{45}.$$

b. 作宾语

（2）你哄唔倒我。（你骗不了我。）

$$ȵi^{42}xəŋ^{42}ŋ^{45}to^{42}ŋo^{42}.$$

（3）你打我，我唔接手。（你打我，我也不还手。）

$$ȵi^{42}ta^{42}ŋo^{42}，ŋo^{42}ŋ^{45}tɕie^{33}ɕiəu^{42}.$$

c. 作定语

（4）我咯物件□你搞坏了！（我的东西被你弄坏了！）

$$ŋo^{42}kɤ^{42}yæ^{33}tɕ‘iã^{45}uã^{33}ȵi^{42}ko^{42}xua^{45}le^{53}！$$

（5）我爷爷是做木咯，所以我晓得做。（我爷爷是木工，所以我会做。）

$$ŋo^{42}ia^{13}ia^{13-45}sɿ^{13}tsu^{45}mu^{33}kɤ^{42}，so^{42}i^{42}ŋo^{42}ɕio^{42}tiæ^{42}tsu^{45}.$$

C. 第一人称代词复数的语法功能

a. 作主语

（6）我俚等下嗒去。（我们等一会儿再去。）

$$ŋo^{42}liæ^{42}təŋ^{42}xa^{45}ta^{45}xɤ^{45}.$$

（7）我俚去赶墟去。（我们去赶集。）

$$ŋo^{42}liæ^{42}xɤ^{45}kuã^{42}ɕy^{33}xɤ^{45}.$$

（8）□嗟下搞得蛮好，□嗟随吗咯还唔曾做。（你们都搞得很好，我们什么都还没做。）

$$ȵiæ^{42}tɕie^{45}xa^{45}ko^{42}tiæ^{42}mã^{13}xo^{42}，ŋuæ^{42}tɕie^{45}ts‘ue^{13}ma^{45}kɤ^{42}xa^{13}ŋ^{45}tɕ‘iã^{13}tsu^{45}.$$

例（8）的“□ŋuæ^{42}”是“我俚”的合音形式，“□ȵiæ^{42}”是“你俚”的合音形式。

b. 作宾语

（9）你来看我俚啰。（你来看我们吧。）

$$ȵi^{42}le^{13}k‘ã^{45}ŋo^{42}liæ^{42}lo^{42}.$$

c. 作定语

（10）我俚咯物件蛮好吃。（我们的东西很好吃。）

ŋo⁴²liæ⁴²kɤ⁴²yæ³³tɕ'iæ⁴⁵mã¹³xɔ⁴²t'a³³.

（11）我俚只屋好大。（我们的房子很大。）

ŋo⁴²liæ⁴²ʈa³³u³³xɔ⁴²t'a⁴⁵.

（12）我俚箇个垱子好穷。（我们这个地方很穷。）

ŋo⁴²liæ⁴²ke³³ko⁴⁵tɔ̃⁴⁵tsŋ⁴⁵xɔ⁴²t'əŋ¹³.

D. 第二人称代词单数的语法功能

a. 作主语

（13）你喊了曾咖？（你喊了没有？）

ȵi⁴²xã⁴²le⁵³ts'iæ⁴⁵ka⁴²？

b. 作宾语

（14）我蛮想你。（我很想你。）

ŋo⁴²mã¹³siɔ̃⁴²ȵi⁴².

（15）佢在咖表扬你。（他在夸你。）

kɤ⁴²ts'e⁴²ka⁴²piɔ⁴²iɔ̃¹³ȵi⁴².

c. 作定语

（16）你咯禾长得箇□好。（你的禾长得这样好。说这句话时听说双方站在田边）

ȵi⁴²kɤ⁴²o¹³tiɔ̃⁴²tiæ⁴²ke¹³ŋ⁴⁵xɔ⁴².

（17）你咖田□咯禾长得蛮好。（你那田里的禾长得很好。说这句话时听说双方不在田边）

ȵi⁴²ka⁴⁵t'iã¹³tiæ⁴²kɤ⁴²o¹³tiɔ̃⁴²tiæ⁴²mã¹³xɔ⁴².

（18）箇本书是你咯。（这本书是你的。）

ke³³pĩ⁴²ɕy³³sŋ⁴²ȵi⁴²kɤ⁴².

（19）你箇□物件去□好多钱啦？（你这些东西花了多少钱？）

ȵi⁴²ke³³ti⁴⁵yæ³³tɕ'iæ⁴⁵xɤ⁴⁵ti⁴⁵xɔ⁴²to³³ts'iã¹³la³³？

E. 第二人称代词复数的语法功能

a. 作主语

（20）你俚去哪哪去？（你们到哪儿去？）

ȵi⁴²liæ⁴²xɤ⁴⁵la⁴⁵la⁴⁵xɤ⁴⁵？

b. 作宾语

（21）我四垱子去寻了你俚。（我到处去找你们。）

ŋo⁴²sŋ⁴⁵tɔ̃⁴⁵tsŋ⁴⁵xɤ⁴⁵tsĩ¹³le⁵³ȵi⁴²liæ⁴².

c. 作定语

（22）你俚只屋好大莫得？（你们的房子有多大？）

ȵi⁴²liæ⁴²ʈa³³u³³xɔ⁴²t'a⁴⁵mo⁴⁵tiæ⁴²？

（23）你俚家人□禾长得好唔好？（你们家的禾长得好不好？）

ȵi⁴²liæ⁴²ka³³ȵi⁴⁵ti⁴⁵o¹³ʈiɔ̃⁴²tiæ⁴²xɔ⁴²ŋ⁴⁵xɔ⁴²？

（24）箇□物件是你俚咯。（这些东西是你们的。）

ke³³ti⁴⁵yæ³³tɕ'iã⁴⁵sɿ⁴²ȵi⁴²liæ⁴²kɤ⁴².

F. 第三人称代词单数的语法功能

a. 作主语

（25）佢蛮心灵。（他很聪明。）

kɤ⁴²mã¹³sĩ³³lĩ¹³.

（26）佢在咖搞吗咯？（他在干什么？）

kɤ⁴²ts'e⁴²ka³³kɔ⁴²ma³³kɤ⁴²？

b. 作宾语

（27）我喊佢去。（我叫他去。）

ŋo⁴²xã⁴²kɤ⁴²xɤ⁴⁵.

这里"佢"实际上是兼作宾语和主语，是兼语。

c. 作定语

（28）佢咯事你莫管。（他的事你别管。）

kɤ⁴²kɤ⁴²sɿ⁴⁵ȵi⁴²mo⁴⁵kuã⁴².

G. 第三人称代词复数的语法功能

a. 作主语

（29）佢俚在咖买物件。（他们在买东西。）

kɤ⁴²liæ⁴²ts'e⁴²ka³³ma⁴²yæ³³tɕ'iã⁴⁵.

（30）□在咖搞吗咖？（他们在干什么？）

kæ⁴²tse⁴²ka³³kɔ⁴²ma³³ka⁴²？

例（30）的"□kæ⁴²"是"佢俚kɤ⁴²liæ⁴²"的合音形式。

b. 作宾语

（31）我去寻佢俚。（我去找他们。）

ŋo⁴²xɤ⁴⁵tsĩ¹³ kɤ⁴²liæ⁴².

c. 作定语

（32）佢俚只牛犁田好□。（他们的牛犁田很厉害。）

kɤ⁴²liæ⁴²ta³³n̩iəu¹³li¹³tʻiã¹³xɔ⁴²tɕʻiã⁴⁵.

H. 复数人称代词词尾词源探讨

桂阳六合土话复数人称 " 我俚 ŋo⁴²liæ⁴²、你俚 n̩i⁴²liæ⁴²、佢俚 kɤ⁴²liæ⁴²",也可读成 " 我俚 ŋo⁴²læ⁴²、你俚 n̩i⁴²læ⁴²、佢俚 kɤ⁴²læ⁴²",它们都还有合音形式 "ŋuæ⁴²、n̩iæ⁴²、kæ⁴²"。据《桂阳县志》第三十篇里的方言章列举介绍,飞仙话 " 我们、你们、他们 " 说成 "ŋo³²le⁵²、n̩i³²le⁵²、kei²³le⁵²";流峰话说成 "ŋuæ³²、læ³²、kæ³²" 是典型的合音;洋市话说成 "ŋo læ、n̩i⁵² læ、ki læ";和平、银河一带只记录了 " 我们 " 说成 " 饿赖 ",这些乡镇和六合乡一样都位于县城北部,我们称北半县,它们的复数人称词尾从读音来看应是一样的,我们推测本字应该是 " 里 "。" 里面 " 桂阳六合土话说成 " 里头 li⁴²te⁴⁵ "," 被子里 " 桂阳六合土话说成 "pʻi⁴²kʻo³³tiæ⁴² "," 在屋里 " 六合土话说成 "tsʻe⁴²u³³tiæ⁴² "。处在后字位置时," 里 li⁴² " 读成了 "tiæ⁴² ",这种语音现象据张惠英先生(2001)分析在崇明话中也有,比如崇明话第二、第三人称复数 " 你特、夷特 " 也说 " 你勒、夷勒 " 就是如此。张惠英先生(2001)还写道,赵元任先生(1956,95 - 97 页)记载的浦东、上海、吴县、嘉兴第三人称复数都说 " 夷赖 " 或 " 伊赖 ",松江说 " 自其赖 "。绍兴、诸暨、嵊县复数第一人称说 "兀丫上辣",宁波说 " 阿辣 "。这个 " 赖、辣 ",可能还是 " 里(俚)" 的变读。" 里 " 之读 " 赖 " 或读 " 辣 "(今多写作 " 拉 ",如宁波话的 " 阿拉 "),可能和古代 " 寺、待、特 " 相谐的道理类似。张惠英先生(2001)还倾向认为昆山、宝山、崇明话中第二、第三人称复数词尾 " 得、特 " 也是和第一人称复数 " 我俚 " 的 " 俚 " 来源相同。温州话 " 你 ler(你们)、我 ler(我们)、佢 ler(他们)" 的词尾 le 和 " 被里、屋里 " 的 " 里 " 音相同,张惠英先生(2001)认为温州话的复数人称代词词尾也是 " 里 "。很多方言的词尾都是 " 里 ",写法有写成 " 俚、哩 " 的。" 里 " 可以指居处、宅院,和 " 家、门 " 同义,所以也用作复数人称代词词尾。桂阳六合土话及周边土话的复数人称代词词尾 " 里 " 的读音也都印证了张惠英先生(2001)的推理和结论是合理可靠的。《湘南土话代词研究》(卢小群,2004)记录人称代词复数词尾,道县祥霖铺和小甲都读 le,临武万水读 le,嘉禾石桥和塘村读 lie,读音都和六合土话接近。

桂阳官话第一、二、三人称单数为 " 我 ŋo⁴²(上声)、你 n̩i⁴²(上声)、他 ta⁴⁵(阴平)",跟普通话接近。第一、二、三人称复数 " 我们、你们、他们 " 说成 " 我屋 ŋo⁴⁵u⁴⁵、你屋 n̩i⁴⁵ u⁴⁵、他屋 ta³³ u⁴⁵ " 或者 " 我人

ŋo⁴⁵n̠in⁴⁵、你人 n̠i⁴⁵ n̠in⁴⁵、他人 ta³³ n̠in⁴⁵”，“屋、人”的声调读成阴平调。桂阳官话“屋”单念读阳平“u³¹”，“人”单念读阳平“in³¹”。《桂阳县志》第三十篇里的方言章列举介绍，荷叶话“我们”说成“瓮拎”或“安拎”，“你们、他们”荷叶分别说成“妞乌、涛乌”，仁义圩话“我们、你们、他们”分别说成“[ŋo in]、[n̠i in]、[i in]，荷叶镇在桂阳县城的南边，仁义虽在县城北边，但紧挨县城，整体上它们属桂阳南边。它们的第一、二、三人称复数词尾都为“屋”或“人”，用“屋、人”做复数人称代词词尾，是以人或人们集居之所来表示复数。张惠英先生（2001）总结闽语如厦门话、漳平话、福清话，还有四川成都市郊龙潭寺的客家话，基本上是以“侬、人”作为复数人称代词词尾。“屋”做词尾，张惠英先生（2001）没有讨论，我们翻阅了北京大学中国语言文学系语言学教研室编的《汉语方言词汇》，没看到有“屋”及类似读音的复数词尾，《湖南方言的代词》（2000）18 个点也没有“屋”做复数词尾的，《湘南土话代词研究》（卢小群，2004）也没记载有“屋”及类似读音的复数词尾。但“屋”跟“家、门、里”应该一样，都是来自表示家庭、门户、宅里、房屋的一组同义词，它做复数词尾也就不足为奇了。

②自称代词

A. 自称代词“自家 sɿ⁴⁵ka³³”

a. 作主语、宾语

（33）自家管自家。（自己管自己。）

　　sɿ⁴⁵ka³³kuã⁴²sɿ⁴⁵ka³³.

（34）我自家晓得。（我自己知道。）

　　ŋo⁴²sɿ⁴⁵ka³³ɕiɔ⁴²tiæ⁴².

b. 作定语

（35）佢把自家咯书□□了。（他把自己的书弄丢了。）

　　kɤ⁴²pa⁴²sɿ⁴⁵ka³³kɤ⁴²ɕy³³la¹³ti⁴⁵le⁵³.

B. 自称代词“个人 ko⁴⁵n̠i⁴⁵ 或读成 kʻa³³n̠i⁴⁵”

a. 作主语

（36）个人做个人咖。（自己做自己的。）

　　kʻa³³n̠i⁴⁵tsu⁴⁵ kʻa³³n̠i⁴⁵ ka⁴².

（37）你唔放门我就个人走。（你不开门我就自己走。）

　　n̠i⁴²ŋ⁴⁵fɔ̃⁴⁵mĩ¹³ŋo⁴²tɕʻiɔu⁴⁵kʻa³³n̠i⁴⁵tse⁴².

（38）莫搭佢话了，个人走咖。（别跟他说了，走吧。）

mo⁴⁵ta⁴⁵kɤ⁴²ua⁴⁵le⁵³，kʻa³³ȵi⁴⁵tse⁴²ka⁴².

（39）莫管佢，个人走□了咯。（别管他，他自己会走的。）

mo⁴⁵kuã⁴²kɤ⁴²，kʻa³³ȵi⁴⁵ tse⁴²ti⁴⁵le⁵³kɔ⁴².

（40）□那山的个人起火了。（那座山自己起火了。）

me³³la⁴⁵sã³³tiæ⁴²ko⁴⁵ȵi⁴⁵çi⁴²xɔ⁴²le⁵³.

b. 和代词构成同位短语作主语

（41）你莫管佢，佢个人到举来了咯。（你别管他，他自己会回来的。）

ȵi⁴²mo⁴⁵kuã⁴²kɤ⁴²，kɤ⁴²ko⁴⁵ȵi⁴⁵tɔ⁴⁵tçy⁴²le¹³le⁵³kɤ⁴².

（42）你个人来咖还是搭哪个两个人来咖？（你自己来的还是跟谁两个人一块来的？）

ȵi⁴²ko⁴⁵ȵi⁴⁵le¹³ka⁴²xa¹³sʅ⁴²ta⁴⁵la⁴⁵ko⁴⁵liɔ̃⁴²ko⁴⁵ȵi⁴⁵le¹³ka⁴².

（43）你个人走啰，莫要管我。（你自己走，别管我。）

ȵi⁴²kʻa³³ȵi⁴⁵ tse⁴² lo⁴²，mo⁴⁵iɔ⁴⁵kuã⁴²ŋo⁴².

c. 作定语

（44）个人咯话法唔同。（每个人的说法不同。）

kʻa³³ȵi⁴⁵kɤ⁴²ua⁴⁵fa⁴²ŋ⁴⁵tʻəŋ¹³.

③旁称代词"□人 tʻã¹³ȵi⁴⁵"

（45）你个人坐□一边，□人□细坐得下啰。（你一个人坐了一边，别人怎么坐得下。）

ȵi⁴²ko⁴⁵ȵi⁴⁵tsʻo⁴²ti⁴⁵ie³³piæ³³,tʻã¹³ȵi⁴⁵tʻɔ̃⁴⁵çi⁴⁵tsʻo⁴²tiæ⁴²xa⁴²lo⁴².

（46）莫要看唔起□人！（不要瞧不起人家！）

mo⁴⁵iɔ⁴⁵kʻã⁴⁵ŋ⁴⁵tçʻi⁴tʻã¹³ȵi⁴⁵！

"□tʻã¹³人"除了可做旁称代词表示"别人""人家"之意，还可代指第三人称单数或第三人称复数，如：

（47）□人蛮好。（他（或"他们"）很好。）

tʻã¹³ȵi⁴⁵mã¹³xɔ⁴².

（48）□人来了。（他（或"他们"）来了。）

tʻã¹³ȵi⁴⁵le¹³le⁵³.

如在"□tʻã¹³人"后加上"佢"则确表单数，在"□tʻã¹³人"后加上"佢俚"或"□kæ⁴²"则确表复数。如：

（49）□人佢来了。（他来了。）

t'ã^{13}n̠i^{45} kɤ^{42} le^{13}le^{53}.

（50）□人佢俚来了。（他们来了。）

t'ã^{13}n̠i^{45} kɤ^{42} liæ^{42} le^{13}le^{53}.

（51）□人□嗒下来了。（他们都来了。）

t'ã^{13}n̠i^{45}kæ^{42} ta^{45}xa^{45}le^{13}le^{53}.

附近的四里话旁称代词说成"□人 xã^{13}n̠i^{45}"，欧阳海话说成"□人 xa^{33}n̠ɨ^{24}"。

④分称代词□人 tɕie^{45}n̠i^{45}

（52）□人一个。（每人一个。）

tɕie^{45}n̠i^{45}ie^{33}ko^{45}.

（53）□人搭□弯点。（给你们每人一点。）

tɕie^{45}n̠i^{45}ta^{45}n̠iæ^{42}uã^{33}tia^{45}.

⑤尊称代词"你老大人 n̠i^{42}lɔ^{42}t'a^{45}n̠i^{45}"

桂阳六合土话尊称代词用"你老大人 n̠i^{42}lɔ^{42}t'a^{45}n̠i^{45}"，如：

（54）你老大人去搞吗咖啦？（您老人家干什么去了？ 完成态）

n̠i^{42}lɔ^{42}t'a^{45}n̠i^{45}xɤ^{45}kɔ^{42}ma^{45}ka^{42}la^{33}？

（55）你老大人搞吗咖去啊？（您老人家去干什么呢？未完成态）

n̠i^{42}lɔ^{42}t'a^{45}n̠i^{45}kɔ^{42}ma^{45}ka^{42} xɤ^{45}a^{33}？

2. 疑问代词

① 桂阳六合土话疑问代词系统

表4-2　桂阳六合土话疑问系统表

疑问对象	疑问代词	相当于普通话
人	哪个 la^{45}ko^{45}、哪□人 la^{45}ti^{45}n̠i^{13}	谁、哪些人
事物	吗咯 ma^{45}kɤ^{42}（或读 ma^{45}ka^{42}）	什么
处所	哪哪 la^{45}la^{45}	哪里
时间	好久 xɔ^{42}tɕiəu^{42}、哪时 la$^{45-33}$sʅ$^{13-45}$	什么时候
数量	好多 xɔ^{42}to^{33}	多少
方式	□细 t'ɔ^{45}ɕi^{45}	怎么、怎么样
原因	吗事 ma^{45}sʅ^{45}	怎么

② 疑问代词的用法

A. 问人的疑问代词"哪个 la⁴⁵ko⁴⁵""哪□人 la⁴⁵ti⁴⁵n̠i¹³"

（56）哪个话咯？（谁说的？）

　　　la⁴⁵ko⁴⁵ua⁴⁵kɤ⁴²？

（57）哪个在咖田□唱歌？（谁在田里唱歌？）

　　　la⁴⁵ko⁴⁵ts'e⁴²ka⁴²t'iã¹³tiæ⁴²t̠ɔ⁴⁵ko³³？

（58）张三是哪个？（张三是谁？）

　　　t̠ɔ³³sã³³sɿ⁴²la⁴⁵ko⁴⁵？

（59）你俚□个村选哪个当村长？（你们那个村选谁当村长？）

　　　n̠i⁴²liæ⁴²me³³ko⁴⁵ts'uən³³ɕyã⁴²la⁴⁵ko⁴⁵tɔ³³ts'uən³³t̠ɔ⁴²？

（60）□日是哪□人来了散？（昨天是哪些人来了？）

　　　ts'iã⁴⁵n̠i⁴⁵sɿ⁴²la⁴⁵ti⁴⁵n̠i¹³le¹³le⁵³sã⁴²？

问一个人用"哪个"，如例（56）—（59）；问一些人用"哪□ ti⁴⁵ 人"，如例（60）。

B. 问事物的疑问代词"吗咯 ma⁴⁵kɤ⁴²"

"吗咯 ma⁴⁵kɤ⁴²（或读 ma⁴⁵ka⁴²）"这个疑问代词是一个典型的客赣方言词，说明桂阳六合土话具有客赣方言特点。

a. 作主语

（61）佢吗咯嗒唔怕。（他什么都不怕。）

　　　kɤ⁴²ma⁴⁵kɤ⁴²ta⁴⁵ŋ⁴⁵p'a⁴⁵.

b. 作宾语

（62）你在咖吃吗咯？（你在吃什么？）

　　　n̠i⁴²ts'e⁴²ka³³t̠'a³³ma⁴⁵kɤ⁴²？

（63）问：你爱吃吗咯了？答：我吃吗咯都做得。（问：你爱吃什么？答：我吃什么都行？）

　　　n̠i⁴²ue⁴⁵t̠'a³³ma⁴⁵kɤ⁴² le⁵³?ŋo⁴²t̠'a³³ma⁴⁵kɤ⁴²tu³³tsu⁴⁵tiæ⁴².

（64）细姐话吗咯？（二姐说什么？）

　　　ɕi⁴⁵tɕia⁴⁵ua⁴⁵ma⁴⁵kɤ⁴²？

（65）搞吗咯去了？（干什么去了？）

　　　kɔ⁴²ma⁴⁵kɤ⁴²xɤ⁴⁵le⁵³？

c. 作定语

（66）吗咯物件咬你？（什么东西咬你？）

ma⁴⁵kɤ⁴²yæ³³tɕ'iã⁴⁵ŋɔ⁴²n̠i⁴² ?

桂阳六合土话问事物的疑问代词跟湘南多数土话一样，都是由疑问词
"吗"等加上"咯"等词缀构成。

C. 问处所的疑问代词"哪哪 la⁴⁵la⁴⁵"

（67）店子在哪哪？（商店在哪儿呢？）

tiã⁴⁵tsɿ⁴²ts'e⁴²la⁴⁵la⁴⁵ ?

（68）你去哪哪？（你去哪里？）

n̠i⁴²xɤ⁴⁵la⁴⁵la⁴⁵ ?

（69）你在哪哪散？（你在哪儿？）

n̠i⁴²ts'e⁴²la⁴⁵la⁴⁵sã⁴² ?

（70）本书摞在哪哪散？（书放在哪儿？）

p'ɿ⁴²ɕy³³liɔ⁴⁵ts'e⁴²la⁴⁵la⁴⁵sã⁴² ?

（71）哪哪默倒话离婚哪？（哪里想到会说离婚呢？）

la⁴⁵la⁴⁵miæ³³tɔ⁴²ua⁴⁵li¹³xuən³³lã⁴² ?

例（71）用"哪哪"不表处所，表示反问，"哪哪默倒"即"没有想到"。

D. 问时间的疑问代词"好久 xɔ⁴²tɕiəu⁴²、哪时 la⁴⁵⁻³³sɿ¹³⁻⁴⁵"

（72）你好久嗒来啦？（你什么时候来？）

n̠i⁴²xɔ⁴²tɕiəu⁴²ta⁴⁵le¹³la³³ ?

（73）你哪时来咯？（你多会儿来的？）

n̠i⁴²la⁴⁵⁻³³sɿ¹³⁻⁴⁵le¹³kɔ⁴² ?

桂阳六合土话问时间的疑问代词和其他湘南土话一样，可以分两类，
一类是由疑问词"好"加上形容词"久"构成疑问；一类以相当于北京
话"哪"的疑问词加后面部分组成，后面部分有"时""时候""时间"等。

E. 问数量的疑问代词"好多 xɔ⁴²to³³"

（74）十三减七等于好多啊？（十三减七等于多少？）

ɕie⁴⁵sã³³kã⁴²tɕ'iã³³tĩ⁴²y¹³xɔ⁴²to³³a³³ ?

（75）你买好多化肥？（你买多少化肥？）

n̠i⁴²ma⁴²xɔ⁴²to³³xua⁴⁵fi¹³ ?

（76）你来了好多次了啦？（你来了多少次了？）

n̠i⁴²le¹³le⁵³xɔ⁴²to³³ts'ɿ⁴⁵le⁵³la³³ ?

（77）你箇□肉好多钱一斤啦？（你这些肉多少钱一斤？）

n̠i⁴²ke³³ti⁴⁵n̠iəu³³xɔ⁴²to³³ts'iã¹³ie³³tɕĩ³³la³³ ?

（78）你这□物件去□好多钱啦？（你这些东西花了多少钱？）

　　ȵi⁴²ke³³ti⁴⁵yæ³³tɕʻiã⁴⁵xɤ⁴⁵ti⁴⁵xɔ⁴²to³³tsʻiã¹³la³³？

　　值得注意的是在桂阳六合土话中"好多"有时并不做问数量的疑问代词表疑问，而是副词"好"修饰形容词"多"，构成一个状中短语，在语义上表示数量很多，这时副词"好"可以重读。试比较：

（79）a 佢来了好多回？（他来了多少次？）

　　ke⁴²le¹³ le⁵³xɔ⁴²to³³xue¹³⁻⁴⁵？

　　疑问代词"好多"语音上是"中重"格式，"好"不能重读。全句是问数量的疑问句。

　　b 佢来了好多回。（他来了很多次。）

　　ke⁴²le¹³ le⁵³xɔ⁴²to³³xue¹³⁻⁴⁵.

　　语音上副词"好"可以重读，是陈述句。

（80）a 箇□物件去□好多钱？（这些东西花了多少钱？）

　　ke³³ti⁴⁵yæ³³tɕʻiã⁴⁵xɤ⁴⁵ti⁴⁵xɔ⁴²to³³tsʻiã¹³？

　　语音上无强调部分，是疑问句。

　　b 箇□物件去□好多钱。（这些东西花了很多钱。）

　　ke³³ti⁴⁵yæ³³tɕʻiã⁴⁵xɤ⁴⁵ti⁴⁵xɔ⁴²to³³tsʻiã¹³.

　　语音上可以强调副词"好"，是陈述句。

　　（79）b 和（80）b 中的"好多"作为一个短语还可以重叠，说成"佢来了好多好多回"和"箇□物件去□好多好多钱"。

（81）我比你好唔得好多。（我比你好不了多少。）

　　ŋo⁴²pi⁴²ȵi⁴²xɔ⁴²ŋ⁴⁵tiæ⁴²xɔ⁴²to³³.

　　例（81）中的"好多"也是状中短语，在语义上表示数量许多，不表疑问。

　　F. 问方式的疑问代词"□细ʈɔ̃⁴⁵ɕi⁴⁵"

（82）箇案事□细搞啊？（这件事怎么办呢？）

　　ke³³ŋã⁴⁵sɿ⁴⁵ʈɔ̃⁴⁵ɕi⁴⁵kɔ⁴²a³³？

（83）你是□细想咯？（你是怎么想的呢？）

　　ȵi⁴²sɿ⁴⁵ʈɔ̃⁴⁵ɕi⁴⁵ɕiɔ̃⁴²kɤ⁴²？

（84）要□细嗒进得去？（怎样才能进得去呀？）

　　iɔ⁴⁵ʈɔ̃⁴⁵ɕi⁴⁵ta⁴⁵tsɿ⁴⁵tiæ⁴²xɤ⁴⁵？

（85）你□细去话啦。（你怎么去说？）

　　ȵi⁴²tʻɔ̃⁴⁵ɕi⁴⁵xɤ⁴⁵ua⁴⁵la⁴².

（86）□细嗒唔搞了。（不管怎么样都不做了。）

　　　ȶ'ɔ⁴⁵ɕi⁴⁵ta⁴⁵ŋ⁴⁵kɔ⁴²le⁵³.

（87）佢□细也戒唔倒，佢□□嗒戒唔倒咯。（他怎么也戒不了，他怎么也戒不了。）

　　　kɤ⁴²ȶ'ɔ⁴⁵ɕi⁴⁵ia⁴²ka⁴⁵ŋ⁴⁵tɔ⁴²，kɤ⁴²ȶ'ɔ⁴⁵ɕi⁴⁵ta⁴⁵ka⁴⁵ŋ⁴⁵tɔ⁴²kɤ⁴².

（88）你明日□细要来啊。（你明天准来呀！）

　　　ȵi⁴²miã̃¹³ȵi³³ȶ'ɔ⁴⁵ɕi⁴⁵iɔ⁴⁵le¹³a³³.

（89）□细管唔倒。（怎么也管不到。）

　　　ȶ'ɔ⁴⁵ɕi⁴⁵kuã̃⁴²ŋ⁴⁵tɔ⁴².

　　例（86）—（89）是 " □细 ȶ'ɔ⁴⁵ɕi⁴⁵ " 的活用，表示任指，可理解为 " 无论怎样 "。 桂阳六合土话问方式的疑问代词 " □细 ȶɔ⁴⁵ɕi⁴⁵ "，在附近的塘市镇读成 " tɔ⁴⁵ȵi⁴⁵ "，本字待考。

　　（G）问原因的疑问代词 " 吗事 ma⁴⁵sŋ⁴⁵ "

（90）你吗事箇细唔听话啰？（你怎么这么不听话呢？）

　　　ȵi⁴²ma⁴⁵sŋ⁴⁵ke³³ɕi⁴⁵ŋ⁴⁵t'iɔ³³xua⁴⁵lo⁴²？

（91）□物件吗事箇□贵哇？（这些东西怎么这么贵？）

　　　ti⁴⁵yæ³³tɕ'iã̃⁴⁵ma⁴⁵sŋ⁴⁵ke³³ ŋ⁴⁵kue⁴⁵ua³³？

3. 指示代词
A．指示代词的类型

　　桂阳六合土话的指示代词若从功能上分有表单数的指示代词、表不定复数的指示代词、表处所的指示代词、表程度的指示代词、表方式的指示代词、表时间的指示代词等。若从距离来看，指示代词有近指、中指、远指之分，六合土话的指示范畴有三分。

表4-3　　桂阳六合土话指示代词表

指示代词 指代对象	指称区分	近指	中指	远指
指代单数		箇＋量词	果＋量词	□ me^{33}＋量词
指代不定复数		箇□ ke^{33} ti^{45} （这些）	果□ ko^{42} ti^{45} （这些/那些）	□□ me^{33}ti^{45} （那些）
指代处所		箇哪 ke^{33}la^{45} （这里）	果哪 ko^{42} la^{45} （这里/那里）	□哪 me^{33} la^{45} （那里）
指代程度		箇□ ke^{33}ŋ^{45} （这么）	果□ ko^{42}ŋ^{45} （这么/那么）	□□ me^{33}ŋ^{45} （那么）
指代方式		箇细 ke^{33}çi^{45} （这样）	果细 ko^{42}çi^{45} （这样/那样）	□细 me^{33} çi^{45} （那样）
指代时间		箇阵 ke^{33}çĩ^{45} （这阵子） 箇下的 ke^{33}xa^{45}tiæ^{42} （这会儿）	果下的 ko^{42}xa^{45}tiæ^{42} （这会儿/那会儿）	□阵 me^{33}çĩ^{45} （那阵子） □下的 me^{33}xa^{45}tiæ^{42} （那会儿）

B. 指示代词的三分

桂阳六合土话的指示代词是三分的。先秦汉语的指示代词是二分的，黄盛璋（1993）曾把先秦汉语中出现的指示代词列出来，从拟音看出，近指来自舌头音和零声母，远指来自唇音，舌根音和舌头音。而近代汉语的近指和远指"这"和"那"同属舌头音。伍云姬（2000）指出湖南方言二分的指示代词来自四大类：舌根，舌头，零声母，混合声母。在先秦的系统里，近指代词没有来源于舌根音的。而湖南方言有一些点的近指和远指都来源于舌根音，伍云姬认为这是一种底层系统。近指和远指都来自舌头音的属于外来系统，主要分布在湘西，也就是在西南官话区。伍云姬推测外来系统是从湘西北角进入湖南的。现在，整个北角均为外来系统所占领。而湘北、湘中和湘南大部分地区都属于近指来自舌根，远指来自舌头这种混合系统。桂阳县官话虽属西南官话，但它位于湘南，近指是"果 ko"，读舌根音，保留了底层读音。远指是"那 la"，读舌头音，显然是受到了外来侵蚀，伍云姬认为在大多数方言点中，远指先受到侵蚀。对于三分的指示代词，伍云姬（2000）也列出了一个表，见下：

表4-4　　湖南方言的三分的指示代词

近指	中指	远指	方言点
i^{25}	ko^{41}	ŋ^{55}	浏阳
i^{33}	ŋ^{13}	ŋ^{25}	涟源
ko^{21}/i^{21}	ņ^{21}	n̩^{33}	新化
ko^{24}	la^{45}	lɤ^{25}	株洲
ko^{31}	ņ^{31}	mẽ^{55}	隆回
ko^{31}	ŋ^{13}	mei^{44}	洞口
ko^{31}	li^{41}	li^{45}	武冈
ko^{41}	ŋ^{22}	ŋ^{55}	冷水江
ko^{42}	ņi^{42}	ņi^{55}	城步
ku^{41}	u^{25}	ŋ^{25}	双峰
ku^{41}	ņa^{13}	ņa^{45}	祁东
te^{24}	o^{24}	la^{24}	黔阳
ta^{45}	ko^{22}	mei^{55}	怀化
tiẽ^{13}	u^{33}	ņa^{33}	石门
ke^{33}	kʊ^{42}	mɛ^{33}	桂阳六合

我们把桂阳六合土话也补充列在了表内，以方便对比。伍云姬认为从这个表中可以看出湖南方言中中指和远指的关系大都很密切，不是仅区别于声调，就是仅区别于韵母。她认为其中一个是从另一个中分裂出来的。桂阳六合土话则比较特殊，它的中指声母跟近指声母相同，都是 k，关系密切，跟远指反而声韵调都不相同，关系远一些。由此我们可以看出桂阳六合土话的中指和近指有读音上的联系，它们可能有共同的来源，很可能桂阳六合土话的中指是从近指中分裂出来的。更有趣的是，桂阳官话的近指"果 ko^{42}"是上声，桂阳六合土话的中指"果 ko^{42}"也是上声，且调值也一模一样。这更印证了桂阳六合土话的中指"果 ko^{42}"跟近指的关系密切。张惠英（2001）认为在广州方言中，"个"有四个读音，作为量词，读阴去调 [ko^{33}]；作为远指词，读同阴上调 [kɔ^{35}]；作为领属助词，读阴去调 [ke^{33}]，字通常写作"嘅"，"个"读同"嘅"，在赣语、客家话和陕西关中话中都能见到，是"个"的一种古读。我们可以这样推测，桂阳六合

土话近指"箇 ke^{33}"是"个 ko^{45}"的一种古读，而中指"果 ko^{42}"是从近指中分裂出来的，本字同样也是"个"。因为桂阳六合土话的量词"个 ko^{45}"和中指"果 ko^{42}"只是声调不同。

一个词身兼量词、指示词、结构助词数职在南方方言中比较常见，"个"在桂阳六合土话中也兼量词、指示词、结构助词。作量词如：一个人，一个虾公（一只虾），一个砖（一块砖），一个意见。

"个"作量词单独置于名词前时，都兼有指示词的作用，如：

个人也□ pən^{45} □ ti^{45} 了，寻也寻唔倒。（人也藏起来了，找也找不着。）

个天要晴了。（天要晴了。）

"个"还可以联结名词性的定语与中心语，用作结构助词。如：

你个女的唔带起来咖。（你的女儿不带过来呀。）

你个面红□$_{ti^{45}}$了，你今日限定做了坏事。

（你的脸很红，你今天可能做了坏事吧。）

我个脾气也蛮躁，佢个脾气也蛮躁。（我的脾气很躁，他的脾气也很躁。）

"个"在六合土话中是个比较常用的量词，它又兼作指示代词的近指和中指，只是读音稍有变化，这是为了区别词义、词性所采取的一种手段。张惠英（2001）以吴语、粤语为例对这一现象作了全面考察。这里不再赘述。

卢小群的《湘南土话代词研究》考察了湘南地区 29 个土话点的指示代词，都是两分的。志村良志（1995）认为古汉语指示代词和人称代词不具有"近指""中指""远指"的对应关系，上古汉语指示代词是二分的对立。学者们一般都认为二分系统古已有之，三分系统的产生要晚于二分系统。张洪燕（2006）考察了三分系统的指示代词，近指、中指、远指基本词形都在二分系统的近指远指基本词形范围内。三分系统的近指、中指、远指词形与二分系统的近指、远指词形有相同来源。她拟测三分系统形成原因可能有二：一可能是两种二分系统在地理上的竞争，二可能是权威方言或普通话的影响。

不管年龄层次，桂阳六合人一律认为六合话有三个指示代词，而且越是年纪大的六合人越是轻而易举就说出三个指示代词的区别是距离远近的不同造成的。如：

a. 箇、果、□ me^{33} 同现

（92）箇个就是我哥哥，果个就是我姐姐，□个就是我姐夫。（这位是我哥哥，这位是我姐姐，还有这位是我姐夫。）

ke³³ko⁴⁵tɕʻiəu⁴⁵sʅ⁴²ŋo⁴²ko⁴⁵ko⁴⁵，ko⁴²ko⁴⁵tɕʻiəu⁴⁵sʅ⁴²ŋo⁴²tsia⁴²⁻⁴⁵tsia⁴²⁻⁴⁵，me³³ko⁴⁵tɕʻiəu⁴⁵sʅ⁴²ŋo⁴²tsia⁴²fu³³.

指称三个不同的人或物时，离说话人最近的指称为"箇"，稍远的指称为"<u>果</u>"，最远的指称为"□ me³³"。

（93）箇哪种树，<u>果</u>哪种花，□哪种草。（这里种花，那里种花，那里种草。）

　　　　ke³³la⁴⁵təŋ⁴⁵ɕy⁴⁵,ko⁴²la⁴⁵təŋ⁴⁵xua³³,me³³la⁴⁵təŋ⁴⁵tsʻɔ⁴².

指称处所时，最近的地方称"箇哪"，稍远的地方称"<u>果</u>哪"，最远的地方称"□ me³³ 哪"。

b. 箇、□ me³³ 同现

（94）□个冇得箇个好。（那个没有这个好。）

　　　　me³³ko⁴⁵mo⁴⁵tiæ⁴²ke³³ko⁴⁵xɔ⁴².

（95）箇个有唔有□个□□大？（这个有没有那个那么大？）

　　　　ke³³ko⁴⁵iəu⁴²ŋ⁴⁵ iəu⁴²me³³ko⁴⁵me³³ ŋ⁴⁵tʻa⁴⁵.

（96）箇□屋冇得□□屋要好下。（这些房子没有那些房子好。）

　　　　ke³³ti⁴⁵u³³mo⁴⁵tiæ⁴²me³³ti⁴⁵u³³iɔ⁴⁵xɔ⁴²xa⁴⁵.

（97）□阵就穷死了，箇阵就好下了。（那时特别穷，现在就好些了。）

　　　　me³³ ɕĩ⁴⁵tɕʻiəu⁴⁵tʻəŋ¹³sʅ⁴²le⁵³，ke³³ɕĩ⁴⁵tɕʻiəu⁴⁵xɔ⁴²xa⁴⁵le⁵³.

指称时间时，"□ me³³ 阵"可以泛指过去或将来的某个时候，而"<u>果</u>阵"的说法在六合土话中则没有。"箇阵"是指现在这阵子，即现在这段时间。

c. 箇、<u>果</u>同现

（98）箇个也唔要，<u>果</u>个也唔要，你要哪个散？（这个也不要，那个也不要，你要哪个呢？）

　　　　ke³³ko⁴⁵ia⁴²ŋ⁴⁵iɔ⁴⁵，ko⁴²ko⁴⁵ia⁴²ŋ⁴⁵iɔ⁴⁵，n̠i⁴²iɔ⁴⁵la⁴⁵ko⁴⁵sã⁴²？

（99）□日买<u>果</u>□线瓜蛮好吃，今日买箇□线瓜点唔好吃。（那天买那些棱角丝瓜很好吃，今天买这些棱角丝瓜一点也不好吃。）

　　　　me³³n̠i³³ma⁴²ko⁴⁵ti⁴⁵ɕiã⁴⁵kua³³mã⁴⁵ xɔ⁴²tʻa³³，kĩ³³n̠i³³ma⁴²ke³³ti⁴⁵ɕiã⁴⁵kua³³tia⁴⁵ŋ⁴⁵xɔ⁴²tʻa³³.

（100）箇哪拿点，<u>果</u>哪拿点。（这里拿点儿，那里拿点儿。）

　　　　ke³³la⁴⁵la³³tia⁴⁵，　ko⁴²la³³ la³³tia⁴⁵.

例（100）用"箇哪"和"<u>果</u>哪"，"<u>果</u>哪"不能换成"□ me³³ 哪"，是因为"箇哪"和"<u>果</u>哪"都是在视线所及的范围内，才能这里拿一点，那里拿一点，而 " □ me^{33} 哪 " 一般不在视线范围内。

（101）就箇细做，莫要<u>果</u>细做。（就这样做，别那样做。）

tɕ'iəu^{45}ke^{33}ɕi^{45}tsu^{45},mo^{45}iɔ^{45}ko^{42}ɕi^{45}tsu^{45}.

例（101）也可以说成 " 就箇细做，莫要 □ me^{33} 细做。" 说 "<u>果</u>细 " 还是 " □ me^{33} 细 "，跟距离远近或者说话人和听话人的关系远近有关系。

d. 中指可以独立存在，它的所指意义不固定，有时可以理解成 " 这 "，有时可以理解成 " 那 "，如：

（102）<u>果</u>滴饭搭细细吃。（那 / 这些饭给细细吃。）

ko^{42}ti^{45}fã^{45}ta^{45}ɕi^{45}ɕi^{45}t'a^{33}

没有前言后语的对比语境时，"<u>果</u>滴 " 既可理解成 " 那些 "，也可理解成 " 这些 "。如果有现实语境，则离说话人比较远可理解成 " 那些 "，离说话人比较近则理解成 " 这些 "。

又比如表方式的 "<u>果</u>细 "，有时可以对应于普通话的 " 这样 "，有时可对应于普通话的 " 那样 "。

（103）就可以<u>果</u>细话。（就可以那样 / 这样说。）

tɕ'iəu^{45}k'o^{42}i^{42}ko^{42}ɕi^{45}ua^{45}.

（104）就<u>果</u>细好下。（就那样 / 这样好些。）

tɕ'iəu^{45}ko^{42}ɕi^{45}xɔ^{42}xa^{45}.

C．指示代词的用法

卢小群（2004）把湘南土话的基本形指示代词分为两种情况：一种是基本形指别词，一种是基本形指代词。桂阳六合土话属于基本形指别词。基本形指别词与北京话最基本的指示代词 " 这、那 " 不同，它只指不代，即①不能单独充当一个句法成分；②不能直接用在名词或数词前作定语，也不能直接修饰名词、动词、形容词。如：

（105）箇□是书，□□是笔。（这是书，那是笔。）

ke^{33}ti^{45}sʅ^{42}ɕy^{33}，　me^{33}ti^{45}sʅ^{42}pie^{33}.

（106）佢看下箇哪，又看下<u>果</u>哪。（他看看这，看看那。）

kɤ^{42}k'ã^{45}xa^{45}ke^{33}la^{45}，iəu^{45}k'ã^{45}xa^{45}ko^{42}la^{45}.

（107）□个垱子山也蛮好，水也蛮好。（那地方山好水好。）

me^{33}ko^{45}tõ^{45}tsʅ^{45}sã^{33}ia^{42}mã^{13}xɔ^{42}，ɕy^{42}ia^{42}mã^{13}xɔ^{42}.

桂阳六合土话不能说成 " 箇是书，□ me^{33} 是笔 "，" 佢看下箇，又看下<u>果</u> "，" □ me^{33} 垱子山也蛮好，水也蛮好 "。" 箇、果、□ me^{33} " 都不能单独作主语、宾语，也不能直接用在名词前作定语，而必须依靠其他成分（例如量词等）才能作句法成分。卢小群（2004）考察湘南土话 29 个点有 10 个点相当于"这、那"的指示代词不能单独充当主语，必须带相当于"个"的量词。有 23 个点相当于"这、那"的指示代词不单用作宾语。桂阳六合土话也属于这一种情况。卢小群引用梅祖麟（1987）的解释：唐朝、五代"这、那"不能单用作为主语，"这、那"两个指代词在唐代产生以后，一直只能用作定语，不能作主语。现代汉语方言广东话和客家话虽然所用的指代词不是"这、那"，但是也不能用单音节的近指词或远指词作为主语。梅祖麟认为这种不单用指代词作为主语的规律是继承唐代北方方言的遗风。我们认为土话区居民多是唐宋以后从北方移民而来，保留了北方方言的这一原始风貌，它们在现代北方方言中反而不容易看到了。这同时也说明六合土话由于远离桂阳县城，属于受官话影响比较小的土话。因为其他湘南土话中有 19 个点相当于"这、那"的指示代词可以单用作主语，有 6 个点相当于"这、那"的指示代词既可作主语，又可作宾语，它们都受到了官话或普通话的影响。

a. 指代人和物

（108）箇条裤是□□买起咯。（这条裤是刚买的。）
ke³³t'iɔ¹³k'u⁴⁵sʅ⁴²sã³³te⁴⁵ma⁴²ɕi⁴²kɔ⁴².

（109）箇案事蛮急，你搭佢去搞下啦。（这件事很急，你帮他去弄一下。）
ke³³ŋã⁴⁵sʅ⁴⁵mã¹³tɕie³³, n̩i⁴²ta⁴⁵kɤ⁴²xɤ⁴⁵kɔ⁴²xa⁴⁵la⁴².

（110）箇件衣裳箇阵买唔到了。（这件衣服现在买不到了。）
ke³³tɕ'iã⁴⁵i³³sã³³ke³³ɕi⁴⁵ma⁴²ŋ⁴⁵tɔ⁴²le⁵³.

（111）唔是箇个，唔是果个，是□个。（不是这个，不是那个，是那个。）
ŋ⁴⁵sʅ⁴²ke³³ko⁴⁵, ŋ⁴⁵sʅ⁴²ko⁴²ko⁴⁵, sʅ⁴⁵me³³ko⁴⁵.

（112）箇□物件是箇□人咯。（这些东西是这些人的。）
ke³³ti⁴⁵yæ²tɕ'iã⁴⁵sʅ⁴²ke³³ti⁴⁵n̩i⁴²kɤ⁴².

（113）箇□杯是新咯。（这些杯子是新的。）
ke³³ti⁴⁵pe³³sʅ⁴⁵sĩ³³kɤ⁴².

（114）□□话我听唔懂。（那些话我听不懂。）
me³³ti⁴⁵xua⁴⁵ŋo⁴²t'iɔ̃³³n̩⁴⁵təŋ⁴².

b. 指代处所

（115）箇那有水。（这里有水。）

ke³³la⁴⁵iəu⁴²ɕy⁴².

（116）你徛倒箇那等我。（你站在这里等我。）

ȵi⁴²tɕʻi⁴²tɔ⁴²ke³³la⁴⁵tĩ⁴²ŋo⁴².

（117）箇那咯人下吃箇□井咯井水。（这里的人全喝这里的水。）

ke³³la⁴⁵kɤ⁴²ȵi¹³xa⁴⁵ta⁴³ke³³kã⁴⁵tɕiɔ̃⁴²kɤ⁴²tɕiɔ̃⁴²ɕy⁴².

（118）物件放在□那了。（东西放在那儿了。）

yæ³³tɕʻiã⁴⁵fã⁴⁵tsʻe⁴²me³³la⁴⁵le³³.

（119）箇哪拿点，果哪拿点。（这里拿一点，那里拿一点。）

ke³³la⁴⁵la¹³⁻³³tia⁴⁵,　ko⁴²la⁴⁵la¹³⁻³³tia⁴⁵.

c. 指代程度

（120）佢□细箇□高啊。（他怎么这么高。）

ke⁴²ȶʻɔ̃⁴⁵ɕi³³keˀ³³ŋ⁴⁵kɔ³³a³³.

（121）箇□远啊。（这么远啊。）

ke³³ŋ⁴⁵yã⁴²a³³.

（122）你□细箇□□法的啰。（你怎么这么蠢啰。）

ȵi⁴²ȶʻɔ̃⁴⁵ɕi⁴⁵ke³³ŋ⁴⁵ɔ̃⁴⁵fiæ³³tiæ⁴²lo⁴².

（123）箇个人□细果□坏。（这人怎么那么坏。）

ke³³ko⁴⁵ȵi¹³ȶʻɔ̃⁴⁵ɕi⁴⁵ko⁴²ŋ⁴⁵xua⁴⁵.

（124）真咯有□□好啊！（真的有那么好啊！）

tɕĩ³³kɤ⁴²iəu⁴²me³³ŋ⁴⁵xɔ⁴²a⁴²！

（125）吗事箇个人□□坏咯哇？（怎么这个人那么坏呢？）

ma⁴⁵sɿ⁴⁵ke³³ko⁴⁵ȵi¹³me³³ŋ⁴⁵xua⁴⁵kɔ⁴²ua³³？

　　有时"箇□ŋ⁴⁵"说得快时就把"□ŋ⁴⁵"给省略掉了，如可以说："箇高箇大（这么高这么大）ke³³kɔ³³ke³³tʻa⁴⁵"

d. 指代方式

（126）佢就是箇细搞咯。（他就是这样做的。）

kɤ⁴²tɕʻiəu⁴⁵sɿ⁴²ke³³ɕi⁴⁵kɔ⁴²kɤ⁴².

（127）箇细话就明下。（这样说就明白些。）

ke³³ɕi⁴⁵ua⁴⁵tɕʻiəu⁴⁵mĩ¹³xa⁴⁵.

（128）要莫就是果细话。（要不就那样/这样说。）

iɔ⁴⁵mo⁴⁵tɕʻiəu⁴⁵sɿ⁴²ko⁴²ɕi⁴⁵ua⁴⁵.

（129）佢唔要我□细做。（他不要我那样做。）

kɤ⁴²ŋ⁴⁵iɔ⁴⁵ŋo⁴²me³³çi⁴⁵tsu⁴⁵.

（130）佢果细就大势唔来，有事就来了。（他平时就不来，有事就来了。）

kɤ⁴²ko⁴²çi⁴⁵tɕ'iəu⁴⁵t'a⁴⁵sʅ⁴⁵ŋ⁴⁵le¹³，iəu⁴²sʅ⁴⁵tɕ'iəu⁴⁵le¹³le⁵³.

（131）佢果细就读书唔下米，考试就来照灯盏了。（他平时读书不努力，考试时就来加班了。）

kɤ⁴²ko⁴²çi⁴⁵tɕ'iəu⁴⁵t'u⁴⁵çy³³ŋ⁴⁵çia⁴⁵mi⁴²，kɔ⁴²sʅ⁴⁵tɕ'iəu⁴⁵le¹³tɔ⁴⁵tï³³tsã⁴²le⁵³.

（132）箇个人果细就随便咯的。（这个人平时比较随便。）

ke³³ko⁴⁵n̠i¹³ko⁴²çi⁴⁵tɕ'iəu⁴⁵ts'ue¹³p'iã⁴⁵kɤ⁴²tiæ⁴².

也可以说成 "箇个人果细就蛮随便"，意思一样。

e. 指代时间

（133）□阵（就）我屋□好穷。（那会儿我们家很穷。）

me³³ çi⁴⁵（tɕ'iəu⁴⁵）ŋo⁴²u³³tiæ⁴²xɔ⁴²t'əŋ¹³.

（134）箇下□我得空，你来啰。（这会儿我有空，你过来吧。）

ke³³xa⁴⁵tiæ⁴²ŋo⁴²tiæ³³kəŋ⁴⁵，n̠i⁴⁵le¹³lo⁴².

（135）佢冇得屋，箇下的就住倒佢俚姐姐咖屋□　。（他没有房子，暂时就住在姐姐家里。）

kɤ⁴²mo⁴⁵tiæ⁴²u³³，ke³³xa⁴⁵tiæ⁴²tɕ'iəu⁴⁵tɕy⁴⁵tɔ⁴²kɤ⁴²liæ⁴²tɕia⁴⁵tɕia⁴⁵ka⁴⁵u³³tiæ⁴².

（136）□□佢吃饭果下□，大大就过去了。（刚刚他吃饭那阵子，大大就过去了。

ŋã⁴⁵ŋã⁴⁵kɤ⁴²t'a³³fã⁴⁵ko⁴²xa⁴⁵tiæ⁴²，t'a⁴⁵t'a⁴⁵tɕiəu⁴⁵ko⁴⁵xɤ⁴⁵le⁵³.

这句话中的 "果下的" 换成 "□me³³ 下的" 也可以，意思基本不变。

（二）量词

量词因其与名词搭配而显得丰富多彩。六合土话的量词和普通话比较，根据其与名词的搭配关系，可以分成三类：词形及其搭配关系与普通话基本相同的量词；词形与普通话相同但搭配有别的量词；六合土话特有的量词。

1. 词形及搭配关系与普通话基本相同的量词

这些量词有些是受了普通话的影响而后起的。如："一□ [ts'ɔ̃⁴⁵] 皮" "一簿书" 中的量词是桂阳六合土话原有说法，"一层皮" "一本书" 中的量词是受普通话影响形成后起的，在桂阳六合土话里和原有说法并存。

桂阳六合土话中词形及其搭配关系与普通话基本相同的量词有：

①块 [kʻua⁴⁵]：布，帕（手帕），面帕（洗脸毛巾），澡帕（洗澡毛巾），围巾，膏药，镜（镜子），土（地），碑，板子，饼子，豆腐，玻璃，瓦，糖。

在普通话中，量词"块"用于块状或某些片状的东西，六合土话的量词"块"同样具有这一功能。

②盏 [tsã⁴²]：灯

③口 [kʻe⁴²]：人

④刀 [tɔ³³]：纸

⑤餐 [tsʻã³³]：

A. 作物量词，如：一餐饭

B. 作动量词，如：打了餐跤（打了一架），骂了餐跤（骂了一架），弯佢打了一餐（被他打了一顿），骂了佢一餐（骂了他一顿）

在赣方言中，"餐"和"顿"既可作物量词，又可作动量词，表示吃饭的次数，或斥责、打骂等动作行为的次数。在桂阳六合土话中不论作物量词还是动量词，都用"餐"而不用"顿"。

⑥桌 [tsɔ³³]：酒

⑦铺 [pʻu⁴⁵]：床

⑧床 [tsʻɔ¹³ 或 tsʻɔ⁴⁵]：被，垫单（被单），□ [mo⁴⁵] 单（褥单），毯子，草席，垫（篾席）

⑨担 [tã⁴⁵]：米，一担水（一挑水），对箩（箩），水桶

⑩滴 [tiəu⁴⁵]：水，血，眼泪，汗，雨

⑪根 [kĩ³³]：蒜，草，针

⑫件 [tɕʻiã⁴⁵]：衣裳，霜衣（棉衣）

⑬篇 [pʻiã³³]：日记

⑭封 [fəŋ³³]：响炮（鞭炮），信

⑮挂 [kua⁴⁵]：响炮（一挂响炮比一封响炮短）

普通话中，可用"挂、串"表示连贯起来的东西。在客、赣方言中也如此。如鞭炮、辣椒，都可用"挂"或"串"修饰。（鞭炮多以"挂"论，辣椒多以"串"论。）六合土话用"挂"这个量词，不用"串"这个量词。

⑯副 [fu⁴⁵]：牌，手套，眼镜

⑰服 [fu⁴⁵]：药（中药）

⑱味 [ue⁴⁵]：一味药即一服中药里的一种药。

⑲ 张 [tɕɔ̃³³]：纸，画，票子，邮票，钱，报纸，相片，牌，表（表格），布告

⑳ 支 [tsɿ³³]：水笔（钢笔）

㉑ 本 [pʻĩ⁴²]：书，小书（小说），杂志

㉒ 架 [ka⁴⁵]：楼梯

㉓ 杆 [kã⁴²]：笛子，枪

㉔ 句 [tɕy⁴⁵]：口号

㉕ 笔 [pie³³]：收入

㉖ 盒 [o⁴⁵]：洋火（火柴）

㉗ 包 [pɔ³³]：烟

㉘ 双 [sɔ̃³³]：鞋，袜子，肩头，一双眼珠（常用），筷子，手，脚

㉙ 对 [tue⁴⁵]：电油（电池），一对眼珠（少用）

㉚ 叠 [tʻiæ³³]：票子，钱，纸，碗

㉛ 撮 [tsʻo³³]：用撮箕撮的灰的分量，如：一撮灰

㉜ 伙 [xo⁴²]：人

㉝ 家 [ka³³]：人

㉞ 窝 [o³³]：糖蜂（蜜蜂）

㉟ 层 [tsʻĩ¹³]：楼，皮

㊱ 垛 [to⁴⁵]：柴

㊲ 堆 [tue³³]：沙崽（沙子）

㊳ 捧 [pəŋ⁴²]：双手捧的灰的分量，如：一捧灰

㊴ 群 [kʻuən¹³]：白鹭

㊵ 场 [ɖʐɔ¹³]：电影，戏，运动，战斗，战争

㊶ 回 [xue¹³⁻⁴⁵]：

A. 作物量词，如：一回比赛

B. 作动量词，如：看了一回（看了一次），打了回跤（打了一架，跟"打了餐跤"比起来，更强调量词意味），骂了回跤（骂了一架）

㊷ 把 [pa⁴²]：

A. 用于计量有把手，或类似有把手的东西，表个体量，如：

铲 [tsʻã⁴²]，刀，钁头（锄头），斧头 [fu⁴² tʻe¹³]，剪刀，镰刀，刷帚 [sa⁴²tɕiəu⁴⁵]（刷子），秤，枪，唢咙 [sɔ̃⁴²ləŋ⁴⁵]（喇叭），弓，尺 [ɖʐa³³]，锁

B. 用于表示成小捆、成束的东西，表示集合量，这个量也是大约量。如：

花，草，葱，毛线

2.词形与普通话相同但搭配有别的量词

①搭配范围比普通话大的量词

"个"是普通话中和各大汉语方言普遍使用的量词，"只"在很多南方方言中广泛使用，尤其在湘语和赣语中使用普遍。罗昕如（2004）考察了湘南土话的通用型量词有"只""个""粒""头"等，而六合土话的通用型量词是"只"和"个"，体现了它和赣语、湘语关系密切的一面。现列举搭配范围比普通话大的量词：

A. 只 [ʈa³³]

a. 跟表事物的名词搭配

一只锁□ [so⁴⁵]（一把钥匙），一只□□ [k'ua³³k'ua³³]（实际上是"圈圈"的意思，用来表示手镯。一只手镯），一只耳环，一只棋（一个棋子儿），一只勺（一把勺子），一只桶（一个桶），一只水桶，一只袋（一个袋子），一只麻包（一个麻袋），一只碗（一个碗），一只杯（一个杯子），一只针（一根针），一只刷帚（一把刷子），一只牙刷帚（一把牙刷），一只台桌（一张桌子），一只笔，一只砚子（一块砚台），一只牛角（一个牛角），一只羊角（一个羊角），一只尾巴（一条尾巴），一只蹄子，一只手套，一只帽子（一个帽子），一只手表，一只鞋（一个鞋），一只缸□ [lɔ⁴⁵](一个缸)，一只鼓（一面鼓），一只钟（一个钟），一只烛（一支蜡烛），一只对箩（一个箩筐），一只篮（一只篮子），一只锅（一口锅），一只锣（一面锣），一只鼎（一个饭锅），一只凳（一张凳），一只椅子凳（一把椅子），一只板箱（一口箱子），一只□ [tɕ'y⁴⁵]（一个柜子），一只打衣机（一台缝纫机），一只拖拉机（一台拖拉机），一只收音机（一台收音机），一只船（一条船），一只车（一辆车），一只汽车（一辆汽车），一只单车（一辆自行车），一只架眼（一扇窗户），一只瓜（一个瓜），一只柑子（一个桔子），一只塔（一座塔），一只水库（一个水库），一只学校（一所学校），一只医院（一家医院），一只工厂（一个工厂），一只礼堂（一个礼堂），一只旅社（一家旅馆），一只车站（一个车站），一只饭店（一家饭店），一只店子（一家商店），一只门面（一个门面），一只屋（一座房子），一只米铺（一家米铺），一只药铺（一家药铺），一只山口（一道山口），一只毛主席像（一个毛主席像），一只歌（一首歌），一只事（一件事情），一只题（一个题目），一只古戏（一个故事）

b. 跟身体器官名词搭配

一只耳朵，一只肩头（一个肩膀），一只眼珠（一只眼睛），一只嘴巴（一张嘴），一只手，一只脚，一只手口 [tɔ̃⁴⁵]（一只胳膊），一只脚口 [tɔ̃⁴⁵]（一只腿），一只舌子（一个舌头），一只牙齿（一颗牙齿），一只喉口 [kɔ̃³³]（一副嗓子），一只鼻子

c. 跟动物名词搭配

一只鸡，一只鸭，一只猪（一头猪），一只牛（一头牛），一只羊（一头羊），一只马（一匹马），一只狗（一条狗），一只老鼠，一只野狗（一只狐狸），一只豺狼，一只老虎，一只猫崽（一只猫），一只鸟鸟（一只鸟），一只麻口 [kuæ³³]（一只青蛙），一只口口 [p'o⁴⁵lo⁴²]（一只大雁），一只兔子，一只癞子花花（一只蝴蝶）

B. 个 [ko⁴⁵]

a. 跟表人的名词搭配

人，客 [k'a³³]（客人），工人，亲戚，尸体，

b. 跟动物名词搭配

一个口崽 [mi³³tse⁴²]（一个蚊子，也指一个苍蝇），一个螃蟹，一个口口婆婆 [lĩ³³ lĩ³³po⁴⁵po⁴⁵]（一个蜻蜓），一个糖蜂（一只蜜蜂），一个虾公（一个虾），一个鱼（指一条鲤鱼，一条草鱼，一条鲫鱼等）

c. 跟表物体的名词搭配

一个柑子（一个橘子），一个蒜头脑（一个蒜头），一个秧（一株秧），一个馒头，一个烤饼，一个月饼，一个砖（一块砖），一个膏药（一块膏药），一个镜（一个镜子），一个扯钻（一把钻），一个口盘 [lue³³ p'ã⁴⁵]（一个轮子），一个线口口 [po⁴⁵lo⁴⁵]（绕成球形的线），一个章，一个金牌（一块金牌），一个疤口 [li⁴⁵]（一块疤痕），一个响炮（一个鞭炮），一个图纸（一张图纸），一个针（一根针），一个床头（一个枕头），一个手榴弹，一个炸弹，一个刷帚（一个刷子），一个风水（一个坟），一个菩萨（一尊佛像），一个垱子（一处地方），一个字，一个词，一个题

d. 跟抽象名词搭配

一个政策，一个制度，一个命令，一个意见，一个办法

C. 股 [k'u⁴²]：一股牙齿（一排牙齿），烟（气体）

D. 条 [t'io¹³]：口 [kɔ̃³³]（指小河），河（指大河），坑圳 [kɔ̃³³tɕuən⁴⁵]（沟），虹，街，凳（只针对长条形的凳），鞭子，肠子，心，黄瓜，围

裙（裙子），裤，蛇，蚕，蛆，虫，鱼（泥鳅，黄鳝等长条形的一定说"条"，不能说"个"，鲤鱼、草鱼、鲫鱼等则既能说"条"，又能说"个"），筋，理由，一条光（一道光），河坝（一道河坝），眉毛（一道眉毛）

"条"多表示条形物体或杆状物体。

E. 粒 [liæ⁴⁵]：米，谷，花生肉（指花生米），种子，葡萄，算盘珠，沙崽（沙子），子弹，药，一粒钉（一颗钉），一粒星（一颗星），珍珠，豆，瓜子，一粒汗（一滴汗）

除了普通话用"粒"的名词六合土话也用"粒"以外，普通话用"颗"处，六合土话多用"粒"，这跟赣方言相似。液体也可说成一粒，如"一粒汗"，江西赣方言高安、上高也将一滴眼泪说成"一粒眼泪"(刘纶鑫主编 1999)

F. 朵 [to⁴⁵]：花，云，一朵旗（一面旗），一朵□□ [k'a⁴²tsη⁴⁵]（一根树枝）

G. 幅 [fu⁴⁵]：地图，标语，画，一幅串网 [tɕ'yã⁴⁵mɔ̃⁴²]（一张鱼网）

H. 蔸 [te³³]：一蔸树，一蔸葡萄（一棵葡萄），一蔸禾，一蔸菜，一蔸麦崽（一株麦子），一蔸棉花（一株棉花），一蔸麻（一株麻），一蔸蒜（一根蒜）

I. 盘 [p'ã¹³]：一盘算盘（一把算盘），一盘棋

J. 次 [ts'η⁴⁵]：一次病（一场病），运动，饥荒

②搭配对象与普通话有别的量词

A. 面 [miã⁴⁵]：一面纸（一页纸）

B. 路 [lu⁴⁵]：一路桥（一座桥）

江西赣方言点永修县也说"一路桥"。

C. 码 [ma⁴²]：十挂响炮为一码，说一码响炮。

D. □ [tɕ'ie⁴⁵]：落了一□雨（下了一场雨），落了一□雪（下了一场雪），打了一□霜（打了一场霜）

E. 行 [xɔ̃¹³ 或 xɔ̃⁴⁵]：一行蒜（一根蒜），一行豆□ [tɕi³³]（一根长豆角），铁丝，电线，灯管，铁丝，担竿（扁担），□ₖɔ⁴⁵（甘蔗），蜡烛，毛线，木（大的），棍（小的），绳，竹，箭，骨头，皮带，一行绳（一根绳），一行筋（一根筋），一行柴（一根柴），葱，线（较粗的线），丝线（很细的线），琴线（弦），线香（香）

F. 道 [tɔ⁴⁵]：走两道（走两趟），□ₜ'ɔ⁴² 了一道（洗了一水）

3.桂阳六合土话特有的量词

这里说的特有的量词，是指桂阳六合土话有，而普通话没有的量词。

①个体量词

六合土话有一些特有的个体量词。如：

A.□ [tsʻɔ⁴⁵]：门，墙，皮，鸡笼门（有两个意思，一指鸡笼子的门；也把水库的闸门叫鸡笼门）

B.把 [pa⁴⁵]：普通话"把"读去声可以指"花、叶或果实的柄"，如"花把儿、梨把儿"，但不能做量词，而土话可以做量词，指一个柄上结的果实为"一把"。如：一把香蕉，一把葡萄（一串葡萄）

C.□ [ti⁴⁵]：指切碎的一片。一□ [ti⁴⁵] 肉（切碎的一小片猪肉），一□ [ti⁴⁵] 鱼， 一□ [ti⁴⁵] 鸡肉，一□ [ti⁴⁵] 鸭肉

D.眼 [ŋã⁴²]：一眼屋（一间房子），一眼教室（一间教室），一眼柑子（一瓣橘子）， 一眼西瓜（一瓣西瓜）

E.皮 [pʻi¹³]（有时变调读成 [pʻi⁴⁵]）：一皮叶子（一片叶子），一皮头丝（一根头发）， 一皮秆 [kuã⁴²]（一根稻草），一皮毛（一根毛），一皮翅（一只翅膀）

桂阳六合土话可以这样问"□ _ta⁴⁵_ 你□ uã³³ 皮翼，你吃唔吃？（给你一只鸡翅膀，你吃不吃？）"。

"皮"兼有普通话"片""根"等量词的部分功能，这个量词在一些客赣方言中都存在。

F.笼 [ləŋ⁴⁵]：火（包括灯盏、蜡烛），轿，帐（蚊帐），锯，磨，碓，桥，水车

G.门 [mĩ¹³]：一门药（一服中药里的一种药）

H.号 [xɔ⁴⁵]：一号药（一服中药里的一种药），几号物件（几样东西）

I.□ [tɕʻy¹³ 或 tɕʻy⁴⁵]：一□ [tɕʻy⁴⁵] 骨头（一块骨头），一□ [tɕʻy⁴⁵] 肥皂（一块肥皂），一□ [tɕʻy⁴⁵] 石头古（一块石头），一□ [tɕʻy⁴⁵] 砖（一块砖），一□ [tɕʻy⁴⁵] 墨 [miæ⁴⁵]（一锭墨），一□ [tɕʻy⁴⁵] 料（一口棺材），一□ [tɕʻy⁴⁵] 雹 [pʻɔ⁴⁵]（一颗冰雹）

□ [tɕʻy¹³ 或 tɕʻy⁴⁵] 这个量词的语义特征比较接近普通话的"块"，用于块状或某些片状的东西。

J.□ [tɕy⁴⁵ 或 tɕʻy⁴⁵]：花生（带壳的花生），一□ [tɕy⁴⁵ 或 tɕʻy⁴⁵] 香蕉（一根香蕉）。□ [tɕy⁴⁵ 或 tɕʻy⁴⁵] 这个量词用于一些圆柱形的东西。

K. 筒 [t'əŋ⁴⁵]：一筒电油（一个电池），一筒藕（一节藕），一筒 [t'əŋ⁴⁵ 或 təŋ⁴⁵] 烟（一根烟）

L. 簿 [p'u⁴²]：书

M. 案 [ŋã⁴⁵]：一案事（一件事），两案任务（两项任务）

N. 步 [p'u⁴⁵]：一步□ [t'əŋ⁴⁵] 子（一级台阶）

O. □ [kã³³]：一□ [kã³³] 蛮大的气（一股好大的气味）

P. □ [kã⁴⁵]：一□ [kã⁴⁵] 琴（一把琴），一□ [kã⁴⁵] 犁（一张犁），一□ [kã⁴⁵] 井（一口井）

②集合量词

集合量词是用于成组或成群的事物的量词，桂阳六合土话也有一些特有的集合量词：

A. □ [p'u⁴⁵]：手能抓的分量，如：一□ [p'u⁴⁵] 草（一把草）

B. □ [k'a³³]：手能抓的分量，如：一□ [k'a³³] 草，（比一□ [p'u⁴⁵] 草多一些），一□ [k'a³³] 筷子（一把筷子），一□ [k'a³³] 面（一把面）

C. □ [k'ua⁴²]：手抓满把的分量，用于细小的物体，可以全握在手掌里。如：一□ [k'ua⁴²] 沙崽（一把沙子），一□ [k'ua⁴²] 土（一把土）

D. □ [tsua⁴⁵]：手抓的分量，分量比□ [k'ua⁴²] 少。如：一□ [tsua⁴⁵] 灰（一撮灰），一□ [tsua⁴⁵] 毛（一撮毛），一□ [tsua⁴⁵] 胡子（一撮胡子）

E. □ [tɕiã⁴²]：用于捆起来的东西，如：一□ [tɕiã⁴²] 秆（一扎秆）

F. 沓 [ta⁴²]：一沓钱（一沓钞票）

G. 指 [tsʅ⁴⁵]：一指钱（一小沓钞票）

H. □ [p'u⁴⁵ 或 pu⁴⁵]：鼻泷，口水，尿，屎

I. 扒：一扒灰（用扒箕撮的灰的分量）

③不定量词

六合话用于事物的不定量词有点 [tia⁴⁵]、点点 [tia⁴⁵tia⁴²]、□ [ti⁴⁵]、□点 [ti⁴⁵ tia⁴²]。这四个量词前只能加数词"一"。"一点"和"一□ ti⁴⁵"表示的量都是比较少，而"一点点""一□ ti⁴⁵ 点"表示的量比"一点""一□ ti⁴⁵"还要少。

如："一点 [tia⁴⁵] 钱"和"一□ [ti⁴⁵] 钱"表示的量一样，都是钱少。

又如：

（1）a. 我有一点点物件。（我有一点点东西。）

ŋo⁴²iəu⁴²ie³³tia⁴⁵tia⁴²yæ³³tɕ'iã⁴⁵.

　　b. 我有一点物件。（我有一点东西。）

　　　ŋo⁴²iəu⁴²ie³³tia⁴⁵yæ³³tɕʻiã⁴⁵．

　　（1）a 句比（1）b 句表示的量还要少些。
" 一点 " 后可跟抽象名词，如 " 一点心意 "，不说 " 一口 [ti⁴⁵] 心意 "，" 一口 [ti⁴⁵]" 后不能跟抽象名词。又如：

　　（2）a. 点（米）大 (个)口咯鱼。（一点点大的鱼。）

　　　tia⁴⁵（mi⁴⁵）tʻa⁴⁵(ko⁴⁵)tiæ⁴²kɤ⁴²ŋ¹³．

　　　b.口 ti⁴⁵（米）大 (个)口咯鱼。（一点点大的鱼。）

　　　ti⁴⁵（mi⁴⁵）tʻa⁴⁵(ko⁴⁵)tiæ⁴²kɤ⁴²ŋ¹³．

　　这里的 " 米 " 可要可不要，但加上 " 米 " 比不加 " 米 " 表示鱼要更小一些。

　　（2）a 和 b 意思一样，" 点 " 和 " 口 [ti⁴⁵]" 可以互换，因为后面的 " 鱼 " 是具体名词。

　　（3）点果啊事话吗咖话啦？（一点这样的事说什么说？）

　　　tia⁴⁵ko⁴²a³³sŋ⁴⁵ua⁴⁵ma⁴⁵ka⁴²ua⁴⁵la³³ ？

　　这句话里的 " 点 " 不可以换成 " 口 [ti⁴⁵]"，因为后面的 " 事 " 是抽象名词。

　　六合话用于时间的不定量词有 " 下 [xa⁴⁵]"，如：

　　话了一下（谈了一会儿）　落了一下雨（下了一阵子雨）

　　4. 量词的指示词和结构助词用法
　　①量词用作指示词

　　六合土话量词有一个常见用法是独立用作指示词，具有指示功能，可表示近指或远指，根据语境的不同相当于普通话的 " 这 " 与 " 那 "，指示有定事物，即定指功能。量词用在体词性成分前作限制成分，类似英语中的定冠词 "the"。量词所领起的名词性成分分别充当主语与宾语。

　　A. 量词所领起的名词性成分作主语

　　a. 个体量词＋名词性成分

　　（4）只杯嗒打烂了。（这个杯子打烂了。）

　　　ʈa³³pe³³ta⁴⁵taʻ⁴²lã⁴⁵le⁵³．

　　（5）只杯我自家打烂了。（这个杯子我自己打烂了。）

　　　ʈa³³pe³³ŋo⁴²tsʻŋ⁴⁵ka³³taʻ⁴²lã⁴⁵le⁵³．

　　（6）佢搞了蛮多搞菜，只桌子啊摆满了。（他弄了很多菜，这张桌子都摆满了。）

　　　　kɤ⁴²kɔ⁴²le⁵³mã¹³to³³kɔ⁴²tsue⁴⁵, ȶa³³tso³³tsʅ⁴²a³³pa⁴²mã⁴²le⁵³.

（7）只脚走唔走得啦？（（你的）脚还能走吗？）

　　　　ȶa³³ȶo³³tse⁴²ŋ⁴⁵tse⁴²tiæ⁴²la³³？

（8）个人也□□了，寻也寻唔倒。（（他）人也藏起来了，找也找不着。）

　　　　ko⁴⁵ȵi¹³ia⁴²pəŋ⁴⁵ti⁴⁵le⁵³, tsʻĩ¹³ia⁴²tsʻĩ¹³ŋ⁴⁵tɔ⁴².

（9）个天要晴了。（天要晴了。）

　　　　ko⁴⁵tʻiã³³iɔ⁴⁵tsʻiɔ̃¹³le⁵³.

（10）件箇□好咯毛索子去拆□佢哇。（一件这么好的毛衣去拆掉它。）

　　　　tɕʻiã⁴⁵ke³³ŋ⁴⁵xɔ⁴²kɔ⁴²mɔ¹³so⁴²tsʅ⁴²xɤ⁴⁵tɕʻiæ³³ti⁴⁵kɤ⁴²ua⁴⁵.

（11）鼎饭香起了。（（在煮的）饭香起来了。）

　　　　tiɔ̃⁴²fã⁴⁵çiɔ̃³³çi⁴²le⁵³.

b. 不定量词＋名词性成分

（12）□精肉好吃。（这些精肉好吃。）

　　　　ti⁴⁵tsiɔ̃³³ȵiəu³³xɔ⁴²ȶʻa³³.

（13）话□肉就你提上去啰，就歇就在箇哪歇，黑□□怕难走嘛。（（我）说这些肉你就提上去，（我们）睡就在这里睡，黑黢黢的怕（路）难走。）

　　　　ua⁴⁵ti⁴⁵ȵiəu³³tɕʻiəu⁴⁵ȵi⁴²tia¹³çiɔ̃³³xɤ⁴⁵lo⁴², tɕʻiəu⁴⁵çie³³ tɕʻiəu⁴⁵
　　　　tsʻe⁴²ke³³la⁴⁵çie³³, xæ³³mia³³ mia³³pʻa⁴⁵ lã¹³tse⁴²ma⁴².

（14）□钱你搭佢数正，莫搞错了。（这些钱你帮他数好，别弄错了。）

　　　　ti⁴⁵tsʻiã¹³ȵi⁴²ta⁴⁵kɤ⁴²su⁴²tɔ̃⁴⁵, mo⁴⁵kɔ⁴²tsʻo⁴⁵le⁵³.

（15）箇那蛮多咯人，□物件莫失□了。（这里很多人，东西别丢了。）

　　　　ke³³la⁴⁵mã¹³to³³kɤ⁴²ȵi¹³, ti⁴⁵yæ³³tɕʻiã⁴⁵mo⁴⁵çie⁴⁵ti⁴⁵le⁵³.

（16）你总在咖寻，□物件唔见□了散？（你总是在找，东西不见了吗？）

　　　　ȵi⁴²tsəŋ⁴²tsʻe⁴²ka³³tsʻĩ¹³,ti⁴⁵yæ³³tɕʻiã⁴⁵ŋ⁴⁵tɕiã⁴⁵ti⁴⁵le⁵³sã⁴²?

（17）落雨了，□谷要盖倒。（下雨了，谷要盖好。）

　　　　la⁴⁵y⁴²le⁵³, ti⁴⁵ku³³iɔ⁴⁵kue⁴⁵tɔ⁴².

（18）放久了，滴糖融□了。（放久了，糖融掉了。）

　　　　fɔ̃⁴⁵tɕiəu⁴²le⁴⁵, ti⁴⁵tɔ̃¹³io¹³ti⁴⁵le⁵³.

（19）□南瓜好好吃。（这些南瓜很好吃。）

　　　　ti⁴⁵lã¹³kua³³xɔ⁴²xɔ⁴²ȶʻa³³.

B. 量词所领起的名词性成分作宾语

a. 量词所领起的名词性成分作一般宾语

（20）只猫□吃了只鸡崽崽。（猫把小鸡吃了。）

ȵa³³mɔ³³ȵiəu⁴⁵t̠'a³³le⁵³t̠a³³tɕi³³tse⁴²tse⁴².

（21）搭我打开个轿盖。（帮我打开轿门。）

ta⁴⁵ŋo⁴²ta⁴²k'a³³ko⁴⁵t̠'ɔ⁴⁵kue⁴⁵.

（22）你就解开件衣裳啰。（你就脱了这件衣裳。）

ȵi⁴²tɕ'iəu⁴⁵ka⁴²k'a³³tɕ'iã⁴⁵i³³sã³³lo⁴².

b. 量词所领起的名词性成分作介词宾语

（23）搭只狗咬□口。（被狗咬了一口。）

ta⁴⁵t̠a³³ke⁴²ŋo⁴²ti⁴²k'e⁴².

（24）鸡崽崽弯只猫□吃□了。（小鸡被猫吃了。）

tɕi³³tse⁴²tse⁴²uã³³t̠a³³mɔ³³ȵiəu⁴⁵t̠'a³³ti⁴⁵le⁵³.

（25）牛弯行绳绊倒只脚了。（牛被套绳把腿绊住了。）

ȵiəu¹³uã³³xɔ̃⁴⁵ɕĩ¹³p'ã⁴⁵t̠ɔ⁴²t̠a³³t̠o³³le⁵³.

②量词用作结构助词

　　量词还可以联结名词性的定语与中心语，用作结构助词。量词从指示词到结构助词，其中经历了一个语法化过程。先看例句：

（26）你只舌子管唔倒自家，总是要话。（你的舌头管不住自己，总是要说。）

ȵi⁴²t̠a³³ɕie⁴⁵tsɿ⁴²kuã⁴²ŋ̍⁴⁵t̠ɔ⁴²sɿ⁴⁵ka³³，tsəŋ⁴²sɿ⁴²iɔ⁴⁵ua⁴⁵.

（27）我只锁匙放到咖桌子上，唔记得拿起来了。（我的钥匙放在桌子上，忘了拿来了。）

ŋo⁴²t̠a³³so⁴²sɿ¹³⁻⁴⁵fã⁴⁵t̠ɔ⁴²ka³³tso³³tsɿ⁴²ɕiɔ̃⁴⁵，ŋ⁴⁵tɕi⁴⁵tiæ⁴²la¹³ɕi⁴²le¹³le⁵³.

（28）张三只脚弯石头古划开了。（小张被石头划破了脚。）

t̠ɔ̃³³sã³³t̠a³³t̠o³³uã³³ɕia⁴⁵te⁴⁵ku³³xua⁴⁵k'a³³le⁵³.

（29）你个女的唔带起来咖。（你的女儿不带过来呀。）

ȵi⁴²ko⁴⁵ȵy⁴²tiæ⁴²ŋ̍⁴⁵ta⁴⁵ɕi⁴²le¹³ka⁴².

（30）你个面红□了，你今日限定做了坏事。（你的脸很红，你今天可能做了坏事吧。）

ȵi⁴²ko⁴⁵miã⁴⁵xəŋ¹³ti⁴⁵le⁵³，ȵi⁴²kĩ³³ȵi³³xã⁴⁵t̠'i⁴⁵tsu⁴⁵le⁵³xua⁴⁵sɿ⁴⁵.

（31）我个脾气也蛮躁，佢个脾气也蛮躁。（我的脾气很躁，他的脾气也很躁。）

ŋo⁴²ko⁴⁵pʻi¹³tɕʻi⁴⁵ia⁴²mã¹³tsʻɔ⁴⁵，kɤ⁴²ko⁴⁵pʻi¹³tɕʻi⁴⁵ia⁴²mã¹³tsʻɔ⁴⁵.

（32）你□菜下买起来了曾？（你的菜都买来了没有？）

n̠i⁴²ti⁴⁵tsʻue⁴⁵xa⁴⁵ma⁴²ɕi⁴²le¹³le⁵³tɕʻiã⁴⁵？

（33）箇□书是我□书，□□书是你咯。（这些书是我的书，那些书是你的。）

ke³³ti⁴⁵ɕy³³sʅ⁴²n̠i⁴²ti⁴⁵ɕy³³，me³³ti⁴⁵ɕy³³sʅ⁴²ŋo⁴²kɤ⁴².

这些量词都处在" 定语＋量词＋中心语 " 的句法位置上，可以设想这个句法结构是由" 量＋名 " 前加定语扩展而来的，所加的定语多为领属性定语，而领属性定语有强烈的定指性质，因此减弱了量词的指示功能而促使其向结构助词转化。

桂阳六合土话有一个专职结构助词" 咯 "，由于有专职结构助词，因此量词作为结构助词使用范围不大。有些量词构成的结构助词可换成专职结构助词" 咯 "，如：

（34）我□物件弯你搞坏了！"（我的东西被你弄坏了！）

ŋo⁴²ti⁴⁵yæ³³tɕʻiã⁴⁵uã³³n̠i⁴²ko⁴²xua⁴⁵le⁵³！

可说成 " 我咯物件弯你搞坏了！ "

ŋo⁴²kɤ⁴²yæ³³tɕʻiã⁴⁵uã³³n̠i⁴²ko⁴²xua⁴⁵le⁵³！

而且" □ₜᵢ₄₅ " 一般也不构成与普通话" 的 " 字短语相当的助词短语。如：

（35）箇□物件是我咯。（这些东西是我的。）

ke³³ti⁴⁵yæ³³tɕʻiã⁴⁵sʅ⁴²ŋo⁴²kɤ⁴².

这里 " 我咯 " 相当于普通话的" 的 " 字短语" 我的 "。但不能说成" 箇□ₜᵢ₄₅物件是我□ₜᵢ₄₅。"

量词的指示词用法和结构助词用法在很多南方方言中都存在。

5.量词的重叠和数词的省略

①量词的重叠

桂阳六合土话量词重叠有一种较特殊的结构，即" 量式量 " 结构，在单音节量词的重叠式中间嵌入一个相当于中缀的" 式 sʅ⁴⁵"，这个音节读成去声，因此我们写成同音字" 式 "。请看例句：

（36）箇细冇得挂式挂咯响炮了，下是封式封咯了满。（现在没有一挂一挂的鞭炮了，都是一封一封的。）

ke³³ɕi⁴⁵mo⁴⁵tiæ⁴²kua⁴⁵sʅ⁴⁵kua⁴⁵ko⁴²ɕiɔ̃⁴²pɔ⁴⁵le⁵³，xa⁴⁵sʅ⁴²fəŋ³³sʅ⁴⁵fəŋ³³ko⁴² le⁵³mã⁴².

（37）莳田就要丘式丘咯莳。（插田就要一丘一丘地插。）

ts'ŋ⁴⁵t'iã¹³tɕ'iəu⁴⁵iɔ⁴⁵tɕ'iəu³³sŋ⁴⁵tɕ'iəu³³kɔ⁴²ts'ŋ⁴⁵.

（38）碗式碗咯喝。（一碗一碗地喝。）

uã⁴²sŋ⁴⁵uã⁴²kɔ⁴²xo⁴⁵.

（39）个式个咯走。（一个一个地走。）

ko⁴⁵sŋ⁴⁵ko⁴⁵kɔ⁴²tse⁴².

（40）佢就蛮大方，弯钱下是百式百咯弯。（他很大方，给钱都是一百一百地给。）

kɤ⁴²tɕ'iəu⁴⁵mã¹³t'a⁴⁵fɔ³³，uã³³tɕ'iã¹³xa⁴⁵sŋ⁴²po³³sŋ⁴⁵po³³kɔ⁴²uã³³.

例（40）"百"是一个位数词，也近似于量词。

这里"量式量"相当于普通话"一量一量"的重叠，在上述例句中"量式量"都作状语，表示"多"。

《汉语方言语法类编》提到湖南汝城话的量词也有这种重叠式，表述成"A士 [sŋ]A（子 [tɕi]）"，A为量词，"子"可要可不要，如"丈士丈（子）布（差不多一丈布）""个士个（子）食（一个（一）个吃）""切起片士片（子）（切得一片（一）片的）""买盒士盒（子）个（买一盒（一）盒的）""日士日（子）都唔够（一天都不够）、锅士锅头（子）饭（差不多一锅饭）、装起麻士麻包袋（子）（装得一麻袋一麻袋的）；还提到湖南湘乡话量词重叠可以是"量词＋四＋量词＋名词"，如"桌四桌菜"、"房四房书"。崔振华（1983）、徐慧（2001）也详细介绍了湖南益阳方言的这种结构，他们写作"A什 A"，"什也读作"sŋ⁴⁵"，只不过在益阳话中是入声调。我们调查长沙话也有这种结构，"一个人吃得份式份的。（一个人能吃近一份。）""油菜花片式片下是的。（有一大片的油菜花。）""式"读音为 sŋ⁴⁵，是阴去调。湘乡、益阳、长沙话都属于湘语，汝城话属于客家话，可见这种结构在湖南方言中应该分布比较广。

刘纶鑫主编的《客赣方言比较研究》（1999）里介绍赣方言这种情况多用中缀"似、数"，如"斤似（数）斤"，客家方言用中缀"打"，如"个打个""百打百"，极言数量之多。

②数词的省略

先看例句：

（41）问：好多钱斤？（多少钱一斤？）

xɔ⁴²to³³tɕ'iã¹³tɕi³³？

回答1：一块钱一斤。（一块钱一斤。）

ie³³k'ua⁴²tɕ'iã¹³ie³³tɕĩ³³.

回答 2：一块钱斤。（一块钱一斤。）

ie³³k'ua⁴²tɕ'iã¹³tɕĩ³³.

回答 3：块钱斤。（一块钱一斤。）

k'ua⁴²tɕ'iã¹³tɕĩ³³.

普通话"一块钱一斤"这样的主谓结构，在桂阳六合土话中可省略谓语中的数词，多半说成"一块钱斤"。还可以把主语、谓语中的数词都省略，说成"块钱斤"。当然也可以不省，仍然说成"一块钱一斤"。

（42）还吃碗。（再吃一碗。）

xa¹³ʈ'a³³uã⁴².

（43）箇只笔劳杠嗒是要块多钱。（这支笔只要一块多钱。）

ke³³ʈa³³pie³³ lɔ¹³kã⁴⁵ta⁴⁵sɿ⁴²iɔ⁴⁵k'ua⁴²to³³tɕ'iã¹³.

（44）箇□线瓜，老半了条的。（这些线瓜，很老一条。）

ke³³ti⁴⁵ɕiã⁴⁵kua³³, lɔ⁴²pã⁴⁵le⁵³t'iɔ¹³tiæ⁴².

（45）□日买果□线瓜蛮好吃，今日买箇□线瓜点唔好吃。（那天买那些线瓜很好吃，今天买这些线瓜一点也不好吃。）

me³³ȵi³³ma⁴²kɔ⁴²ti⁴⁵ɕiã⁴⁵kua³³mã¹³ xɔ⁴²ʈ'a³³, kĩ³³ȵi³³ma⁴²ke³³ti⁴⁵ɕiã⁴⁵kua³³tia⁴⁵ŋ⁴⁵xɔ⁴²ʈ'a³³.

（46）佢俚家人唔在咖，门也锁倒咖的。（他们一家人不在，锁着门呢。）

ke⁴²liæ⁴²ka³³ȵi⁴⁵ŋ⁴⁵tse⁴²ka⁴², mĩ¹³ia⁴²so⁴²tɔ⁴²ka⁴²tiæ⁴².

6. "一碗大饭"和"一碗细饭"

普通话数词和量词之间有时可以插入一个形容词，其作用在于强调量的大小，带夸张语气。桂阳六合土话语序和普通话不同，形容词放在数量词和修饰的名词之间。如：

一碗大饭（一大碗饭）

ie³³uã⁴²t'a⁴⁵fã⁴⁵

一碗细饭（一小碗饭）

ie³³uã⁴²ɕi⁴⁵fã⁴⁵

（47）你搭我装碗大饭啰。（你帮我装一大碗饭。）

ȵi⁴²ta⁴⁵ŋo⁴²tiɔ̃³³uã⁴²t'a⁴⁵fã⁴⁵lo⁴².

（48）你搭我装碗细饭啰。（你帮我装一小碗饭。）

ȵi⁴²ta⁴⁵ŋo⁴²tiɔ̃³³uã⁴²ɕi⁴⁵fã⁴⁵lo⁴².

（三）介词

1. 桂阳六合土话和普通话系统比较分类

现代汉语的介词都是动词虚化而成的。这种虚化，有的是永久的，即只有介词一种词性了，不能再做动词，如普通话的"从"。有的是临时的，即兼有动词和介词的词性，如普通话的"在"。

介词属封闭类词（closed word），可以做穷尽性的描写研究。

我们以普通话为参照分类。据我们统计，《现代汉语八百词》（增订本）（1999）收介词 64 个，我们以此作为依据，进行分类描写分析。

①桂阳六合土话与普通话词形一样的介词

A. 与普通话词形一样，用法一致的介词

比［pi⁴²］　　为［ue⁴⁵］　　　从［tsʻəŋ¹³］　　对［tue⁴⁵］

拿［la¹³］　　连［iã¹³］　　　把［pa⁴²］

B. 与普通话词形一样，用法有差别的介词

六合话：在［tsʻe⁴²］　　按［ŋã⁴⁵］　　向［ɕiõ⁴⁵］

普通话：在、从　　　　按、论　　　向、往、问

②桂阳六合土话与普通话词形相近的介词

A. 与普通话词形相近，用法一致的介词

六合话：除⊔［tɕʻy¹³ti⁴⁵］

普通话：除、除了、除开、除去

B. 与普通话词形相近，用法有差别的介词

六合话：为了［ue⁴⁵le⁵³］　　　　　　朝倒［ʈʻɔ¹³tɔ⁴²］

普通话：为、因、因为　　　　　　　朝

③桂阳六合土话与普通话词形不同的介词

A. 与普通话词形不同，用法差别可忽略不计的介词

六合话：傍倒［pʻɔ⁴²tɔ⁴²］　照倒［ʈɔ⁴⁵tɔ⁴²］　　就倒［tɕʻiəu⁴⁵tɔ⁴²］

普通话：沿　　　　　　照、按、按照　　乘、趁

六合话：到［tɔ⁴⁵］　倒［tɔ⁴²］

普通话：在、到　　在

B. 与普通话词形不同，用法差别小的

六合话：和倒［xo⁴⁵tɔ⁴²］

普通话：连

C. 与普通话词形不同，用法差别大的介词

散［sã⁴⁵］　搭［ta⁴⁵/ta³³］　变［uã³³］　变志［uã³³tsʅ⁴⁵］

④普通话有，桂阳六合土话无的介词

被 于 与 为（阳平）　以 打 本 本着 由于 叫 让

至于 当 同 自 自从 齐 问 关于 论 和

凭 依 依照 往（上声）　往（去声）　沿 限于

临 顺 将 给 赶 根据 通过　据 替 鉴于

照 按照 跟 管

2. 与普通话词形一样的介词

①桂阳六合土话与普通话词形一样，用法一致的介词

比［pi⁴²］　　为［ue⁴⁵］　　从［tsʻəŋ¹³］　对［tue⁴⁵］

拿［la¹³］　　连［iã¹³］　　把［pa⁴²］

这一类词在桂阳六合土话中的用法情况和普通话一样，且有些词明显是后起的，如"比、把、被"等，因此它们在六合土话中的使用范围普遍都小于普通话。

A. 比 pi⁴²

（1）你比唔比佢高哈？ —— 佢比我高。（你比不比他高？ —— 不，他比我高。）

ȵi⁴²pi⁴²ŋ⁴⁵pi⁴²kɤ⁴²ko³³xa⁴⁵? ——kɤ⁴²pi⁴²ŋo⁴²ko³³.

（2）今年咯产量比旧年要高。（今年的产量比去年要高。）

kĩ³³ȵiã¹³kɤ⁴²tsʻã⁴²liɔ̃⁴⁵pi⁴²tɕʻiəu⁴⁵ȵiã¹³iɔ⁴⁵kɔ³³.

B. 为 ue⁴⁵

桂阳六合土话的介词"为"，使用范围比普通话的介词"为"小一些，只用来引进动作的受益者。如：

（3）下为你欢喜。（大家都为你高兴。）

xa⁴⁵ue⁴⁵ȵi⁴²xuã³³ɕi⁴².

（4）莫要为我担心啰。（不用为我担心。）

mo⁴⁵iɔ⁴⁵ue⁴⁵ŋo⁴²tã³³sĩ³³lo⁴².

C. 从 tsʻəŋ¹³

桂阳六合土话的介词"从"，使用范围比普通话的介词"从"小一些。

a. 表示处所起点。

（5）从南方面到北方面去。（从南往北走。）

tsʻəŋ¹³lã¹³fɔ³³miã⁴⁵tɔ⁴⁵pia³³fɔ³³miã⁴⁵xɤ⁴⁵.

b. 表示时间起点 。如：

（6）从前夜晡开始打，打到今日早晨天亮。（从昨天晚上开始打，打到今天早晨天亮。）

ts'əŋ¹³ts'iã¹³⁻⁴⁵ia⁴⁵pu³³k'a³³sᴉ⁴²ta⁴², ta⁴²tɔ⁴²kĩ³³n̠i³³tsɔ⁴²ɕĩ⁴⁵t'iã³³liɔ̃⁴⁵.

（7）从今日开始下米读书。（从今天开始努力读书。）

ts'əŋ¹³kĩ³³n̠i³³k'a³³sᴉ⁴²ɕia⁴⁵mi⁴²t'u⁴⁵ɕy³³.

（8）佢从细就吃得苦。（他从小就能吃苦。）

kɤ⁴²ts'əŋ¹³ɕi⁴⁵tɕ'iəu⁴⁵t̠'a³³tiæ⁴²k'u⁴².

c. 表示发展、变化、范围的起点。

（9）下是从唔懂到懂咯。（都是从不懂到懂的。）

xa⁴⁵sᴉ⁴²ts'əŋ¹³ŋ̍⁴⁵təŋ⁴²tɔ⁴⁵təŋ⁴²kɔ⁴².

D. 对 tue⁴⁵

桂阳六合土话的介词 " 对 "，使用范围比普通话的介词 " 对 " 小一些。它表示对待。

（10）你对佢好就佢也对你好。（你对他好，他也对你好。）

n̠i⁴²tue⁴⁵kɤ⁴²xɔ⁴²tɕ'iəu⁴⁵kɤ⁴²ia⁴²tue⁴⁵n̠i⁴²xɔ⁴².

（11）我对姓张咯有点意见。（我对姓张的有点意见。）

ŋo⁴²tue⁴⁵ɕĩ⁴⁵t̠ɔ̃³³kɔ⁴²iəu⁴²tia⁴⁵i⁴⁵tɕiã⁴⁵.

（12）箇生活，对佢来话，就蛮好了。（这生活，对她来说算很好了。）

ke³³sᴉ̃³³xuæ⁴⁵, tue⁴⁵kɤ⁴²le¹³ua⁴⁵, tɕ'iəu⁴⁵mã¹³xɔ⁴²le⁵³.

E. 拿 la¹³

桂阳六合土话的介词 " 拿 "，使用范围比普通话的介词 " 拿 " 小一些。它引进所凭借的工具、材料、方法等。

（13）拿只毛笔写，莫用水笔写。（拿毛笔写，别用钢笔写。）

la¹³t̠a³³mɔ¹³pie⁴²ɕia⁴², mo⁴⁵iəŋ⁴⁵sue⁴²pie⁴²ɕia⁴².

（14）拿刀切。

la¹³tɔ³³tɕ'ie³³.

F. 连 iã¹³

桂阳六合土话只用于表示强调，" 连 " 后接动词，谓语限于否定式。如：

（15）佢就连看电影也唔喜欢。（他连看电影也没兴趣。）

kɤ⁴²tɕ'iəu⁴⁵iã¹³k'ã̃⁴⁵tiã⁴⁵ĩ⁴²ia⁴²ŋ̍⁴⁵ɕi⁴²xuã³³.

G. 把 pa⁴²

表处置用"把",应是受普通话影响的后起现象。

（16）唔把我当人看。（不把我当人看。）

ŋ⁴⁵pa⁴²ŋo⁴²tɔ̃³³n̠i¹³kʻã⁴⁵.

（17）把我唔当人看。（把我不当人看。）

pa⁴²ŋo⁴²ŋ⁴⁵tɔ̃³³n̠i¹³kʻã⁴⁵.

（18）把箇滴物件去□倒。（把这些东西藏起来。）

pa⁴²ke³³ti⁴⁵yæ³³tɕʻiã⁴⁵xɤ⁴⁵pəŋ⁴⁵tɔ⁴².

这里的介词"把"都不能换成介词"搭"。

②桂阳六合土话与普通话词形一样,用法有差别的介词

六合话：　在 [tsʻe⁴²]　　按 [ŋã⁴⁵]　　　向 [ɕiɔ̃⁴⁵]

普通话：　在、从　　　按、论　　　　向、往、问

A. 在 tsʻe⁴²

a. 表示动作发生或事物存在的处所,用法跟普通话"在"相同。

（19）佢在门口做了只记。（他在门口做了记号。）

kɤ⁴²tsʻe⁴²mĩ¹³kʻe⁴²tsu⁴⁵le⁵³t̠a³³tɕi⁴⁵.

（20）今夜晡就在我屋□困。（今晚就在我屋里睡。）

kĩ³³ia⁴⁵pu³³tɕʻiəu⁴²tsʻe⁴²ŋo⁴²u³³tiæ⁴²xuən⁴⁵.

（21）佢在郴州上班。（他在郴州上班。）

kɤ⁴²tsʻe⁴²tɕʻĩ³³tɕiəu³³ɕiɔ̃⁴⁵pã³³.

（22）在果只埦子盖只猪栏。（在那个地方盖个猪圈。）

tsʻe⁴²ko⁴²t̠a³³tɔ̃⁴⁵tsʅ⁴⁵ka⁴⁵t̠a³³tɕy³³lã⁴⁵.

b. 表示居留的处所,普通话中"在"构成的介词短语可在动词前或后,如"你在哪儿住?",也可说"你住在哪儿?",桂阳六合土话只能说：

（23）你在哪哪住啦?（你在哪儿住?）

n̠i⁴²tsʻe⁴²la⁴⁵la⁴⁵tɕʻy⁴⁵la³³?

而"你住在哪儿?"桂阳六合土话不能用介词"在",只能用介词"倒",说成"你住倒哪哪? n̠i⁴² tɕʻy⁴⁵tɔ⁴² la⁴⁵la⁴⁵?"

c. 表示范围。和普通话介词"在"用法一样。

（24）在箇个方面,你要比佢好。（在这方面,你要比他好。）

tsʻe⁴²ke³³ko⁴⁵fã³³miã⁴⁵, n̠i⁴²iɔ⁴⁵pi⁴²kɤ⁴²xɔ⁴².

d. 表示起点,指处所。相当于普通话的介词"从"。

（25）在汽车站出发,就到郴州。（从汽车站出发,就到郴州。）

tsʻe⁴²tɕʻi⁴⁵tɕʻie³³tsã⁴⁵tɕʻye³³fa³³，tɕʻiəu⁴⁵tɔ⁴⁵tɕʻĩ³³tɕiəu³³.

（26）在沙林到塘市，七里路咯样子。（从沙林到塘市，大概有七里路。）

tsʻe⁴²sa³³lĩ⁴⁵tɔ⁴⁵tʻɔ̃¹³sŋ⁴⁵，tɕʻie³³li⁴²lu⁴⁵kɤ⁴²iɔ̃⁴⁵tsŋ⁴².

（27）佢在山上走下来了。（他从山上走下来了。）

kɤ⁴²tsʻe⁴²sã³³ɕiɔ̃⁴⁵tse⁴²xa⁴²le¹³le⁵³.

（28）今日你在哪哪来咯啦？（今天你从哪里来的？）

kĩ³³n̠i³³n̠i⁴²tsʻəŋ¹³la⁴⁵la⁴⁵le¹³kɤ⁴²la³³？

e. 表示起点，指时间。相当于普通话的介词"从"。

（29）在五月份开始，我就再也唔曾收到佢咯信了。（从五月份开始，我就再也没有收到他的信了。）

tsʻe⁴²ŋ⁴²ye⁴⁵fĩ⁴⁵kʻa³³sŋ⁴²，ŋo⁴²tɕʻiəu⁴⁵tsa⁴⁵ia⁴²ŋ⁴²tɕʻiã¹³ɕiəu³³tɔ⁴²kɤ⁴²kɔ⁴²sĩ⁴⁵le⁵³.

f. 表示经过的路线、场所。相当于普通话的介词"从"。

（30）我在小路走了啊。（我从小路走。）

ŋo⁴²tsʻe⁴²ɕiɔ⁴²lu⁴⁵tse⁴²le⁵³a³³.

B. 按 ŋã⁴⁵

a. 表示遵从某种标准。相当于普通话的介词"按"。

（31）按箇咯速度走，2点钟到得。（按这个速度走，2点钟能到。）

ŋã⁴⁵ke³³kɔ⁴²su⁴⁵tu⁴⁵tse⁴²，liɔ̃⁴²tiã⁴²təŋ³³tɔ⁴⁵tiæ⁴².

（32）箇案事按你咯意思去办。（这件事按你的意思去办。）

ke³³ŋã⁴⁵sŋ⁴⁵ŋã⁴⁵n̠i⁴²kɔ⁴²i⁴⁵sŋ³³xɤ⁴⁵pã⁴⁵.

（33）按理话，佢应该会同意。（按理说，他应该会同意。）

ŋã⁴⁵li⁴²ua⁴⁵，kɤ⁴²ĩ³³ka³³xue⁴⁵təŋ¹³i⁴⁵.

b. 表示以某种单位为准。相当于普通话的介词"论"。

（34）按天数算工钱。（论天数计算工资。）

ŋã⁴⁵tʻiã³³su⁴⁵suã⁴⁵kəŋ³³tsʻiã¹³.

（35）苹果唔卖散咯，按称咯。（苹果不论个卖，论斤卖。）

pʻĩ¹³kɔ⁴²ŋ⁴⁵ma⁴⁵sã⁴²kɔ⁴²，ŋã⁴⁵tɕʻi³³kɔ⁴².

C. 向 ɕiɔ̃⁴⁵

a. 桂阳六合土话介词"向"，跟名词组合，表示动作的方向。相当于普通话的"往"。

（36）向东方面去啰。（往东边走。）

ɕiɔ̃⁴⁵təŋ³³fɔ̃³³miã⁴⁵xɤ⁴⁵lo⁴².

（37）向屁股头走下啰。（往后退一下。）

　　　çiɔ̃⁴⁵pʻi⁴⁵ku⁴²te⁴⁵tse⁴²xa⁴⁵lo⁴².

b. 用于引进动作的对象，可理解为普通话的"向、问"。

如："向你学习""向你看齐"。

（38）你唔曾向佢借过钱？（你没问他借过钱？）

　　　n̠i⁴²ŋ⁴⁵tsʻiã¹³çiɔ̃⁴⁵kɤ⁴²tsia⁴⁵ko⁴⁵tçʻiã¹³？

（39）你向我要，我向哪个要啦？（你问我要，我问谁要去？）

　　　n̠i⁴²çiɔ̃⁴⁵ŋo⁴²io⁴⁵，ŋo⁴²çiɔ̃⁴⁵la⁴⁵ko⁴⁵io⁴⁵la³³？

（40）向老张借本书。（问老张借本书。）

　　　çiɔ̃⁴⁵lo⁴²tɔ̃³³tsia⁴⁵pĩ⁴²çy³³.

3. 与普通话词形相近的介词

A. 桂阳六合土话与普通话词形相近，用法一致的介词

普通话的介词"除、除了、除开、除去"，六合话说成"除□ tçʻy¹³ti⁴⁵"，如：

（41）除□细人的，下晓得箇案事。（除了小孩，都知道这件事。）

　　　tçʻy¹³ti⁴⁵çi⁴⁵n̠i¹³tiæ⁴²iʔ⁴⁵ue⁴⁵，xa⁴⁵çiɔ⁴²tiæ⁴²kɤ³³ʈa³³sʔ⁴⁵.

（42）除□煮饭，就有吗咯事了。（除了煮饭，就没什么事了。）

　　　tçʻy¹³ ti⁴⁵tçy⁴²fã⁴⁵，tçʻiɔu⁴⁵mo⁴⁵tiæ⁴²tçʻi¹³ta³³kɤ⁴²sʔ⁴⁵le⁵³.

②桂阳六合土话与普通话词形相近，用法有差别的介词

六合话：为了 ue⁴⁵le⁵³　　　　　　　　朝倒 ʈʻɔ¹³tɔ⁴²

普通话：为（去声）、因、因为　　　朝

A. 为了 ue⁴⁵le⁵³

a."为了"相当于普通话的"为（去声）"，表示原因、目的。

（43）为了搭你读书，我欠了蛮多账。（为了给你读书，我欠了很多钱。）

　　　ue⁴⁵le⁵³ta⁴⁵n̠i⁴²tʻu⁴⁵çy³³，ŋo⁴²tçʻiã⁴⁵le⁴²mã¹³to³³ʈɔ̃⁴⁵.

（44）为了唔出错，还检查下啰。（为了不出错，再检查一下。）

　　　ue⁴⁵le⁵³ŋ⁴⁵tçʻye³³tsʻo⁴⁵，xa¹³tçiã⁴²tsʻa¹³xa⁴⁵lo⁴².

b."为了"相当于普通话的"因、因为"，表示原因。

（45）为了箇案事，佢得了奖。（因为这件事，他得了奖。）

　　　ue⁴⁵le⁵³kɤ³³ŋã⁴⁵sʔ⁴⁵，kɤ⁴²tiæ³³le⁵³tsiɔ̃⁴².

B. 朝倒 ʈʻɔ¹³tɔ⁴²

桂阳六合话中"朝倒"可以做动词，如"朝倒佢骂。（朝着他骂。）"

作介词时跟名词组合，表示动作的方向。相当于普通话的"朝"。

（46）朝倒东边走莫好远就是学校。（朝东走不远就是学校。）

t‛ɔ¹³tɔ⁴²təŋ³³piã³³tse⁴²mo⁴⁵xɔ⁴²yã⁴²tɕ‛iəu⁴⁵sʅ⁴²ɕio¹³ɕio⁴⁵.

4. 与普通话词形不同的介词

① 桂阳六合土话与普通话词形不同，用法差别可忽略不计的介词

六合话：傍倒 p‛ɔ̃⁴²tɔ⁴²　照倒 ʈɔ⁴⁵tɔ⁴²　　就倒 tɕ‛iəu⁴⁵tɔ⁴²　到 tɔ⁴⁵　倒 tɔ⁴²

普通话：沿　　　　　　照、按、按照　乘、趁　　　　在、到　在

A. 傍倒 p‛ɔ̃⁴²tɔ⁴²

相当于普通话的介词" 沿 "。

（47）你傍倒河边走。（你沿着河边走。）

n̠i⁴²p‛ɔ̃⁴²tɔ⁴²xo¹³piã³³tse⁴².

（48）傍倒箇条路走。（沿着这条路走。）

p‛ɔ̃⁴²tɔ⁴²ke³³t‛io¹³lu⁴⁵tse⁴².

（49）傍倒箇只岭走。（沿着这座山走。）

p‛ɔ̃⁴²tɔ⁴²ke³³ʈa³³liɔ̃⁴²tse⁴².

B. 照倒 ʈɔ⁴⁵tɔ⁴²

相当于普通话的介词" 照、按、按照 "。

（50）照倒箇只样子做。（照着这个样子做。）

ʈɔ⁴⁵tɔ⁴²ke³³ʈa³³iɔ̃⁴⁵tsʅ⁴²tsu⁴⁵.

（51）照倒箇只样子画。（按照这个样子画。）

ʈɔ⁴⁵tɔ⁴²ke³³ʈa³³iɔ̃⁴⁵tsʅ⁴²xua⁴⁵.

C. 就倒 tɕ‛iəu⁴⁵tɔ⁴²

相当于普通话的介词" 趁 "" 乘 "，即利用条件或机会。

（52）就倒佢唔在咖咯时候就去拿。（趁他不在的时候去拿。）

tɕ‛iəu⁴⁵tɔ⁴²kɤ⁴²ŋ⁴⁵ts‛e⁴²ka⁴⁵kɤ⁴²sʅ¹³xe⁴⁵tɕ‛iəu⁴⁵xɤ⁴⁵la¹³.

D. 到 tɔ⁴⁵

a. 指动作发生的处所。相当于普通话的介词" 在 "。

（53）你到大门挡坐下。（你在门坎上坐坐。）

n̠i⁴²tɔ⁴⁵t‛a⁴⁵mĩ⁴⁵tɔ̃⁴²ts‛o⁴²xa⁴⁵.

（54）吃口饭到屋口口，莫到门前去口。（吃过饭在家里玩，别到外面去玩。）

t‛a³³ti⁴⁵fã⁴⁵tɔ⁴⁵u³³tiæ⁴²xe³³, mo⁴⁵tɔ⁴⁵mĩ⁴⁵tɕ‛iã⁴⁵xɤ⁴⁵xe³³.

b. 指动作到达的终点。

（55）箇滴钱摞到扯盒□去。（把钱放到抽屉里。）

ke³³ti⁴⁵ts'iã¹³liɔ⁴⁵tɔ⁴⁵t'a⁴²xɔ⁴⁵tiæ⁴² xɤ⁴⁵.

（56）掸到水窠□去了。（扔到水里去了。）

tã⁴²tɔ⁴⁵çy⁴²k'o³³tiæ⁴²xɤ⁴⁵le⁵³.

c. 表时间

（57）改到夜晡。（改在晚上。）

ka⁴²tɔ⁴⁵ia⁴⁵pu³³ .

E. 倒 tɔ⁴²

a. 指动作发生、居住的处所，"倒"构成的介词短语在动词后。相当于普通话的介词"在"。

（58）佢总是坐倒咖碰凳上。（他总是坐在椅子上。）

kɤ⁴²tsən⁴²sʅ⁴²ts'o⁴²tɔ⁴²ka⁴⁵p'əŋ⁴⁵tʅ⁴⁵çiɔ⁴⁵.

（59）你住倒哪那啦？（你住在哪里？）

n̠i⁴²tç'y⁴⁵tɔ⁴²la⁴⁵la⁴⁵la³³ ？

（60）住倒我隔壁。（住在我隔壁。）

tç'y⁴⁵tɔ⁴²ŋo⁴²kiæ³³piæ³³.

（61）困倒我屋□。（睡在我房里。）

xuən⁴⁵tɔ⁴²ŋo⁴²u³³tiæ⁴².

b. 指动作达到的处所。"倒"构成的介词短语在动词后，相当于普通话的介词"在"。

（62）佢骑倒咖牛背上。（他骑在牛背上。）

kɤ⁴²tç'i¹³tɔ⁴²ka⁴⁵n̠iəu¹³pe⁴⁵çiɔ⁴⁵.

（63）我只锁匙摞倒咖桌子上，唔记得拿起来了。（我的钥匙放在桌子上，忘了拿来了。）

ŋo⁴²ta⁴²so⁴²sʅ⁴⁵liɔ⁴⁵tɔ⁴²ka⁴⁵tso³³tsʅ⁴²çiɔ⁴⁵，ŋ̍⁴⁵tçi⁴⁵tiæ⁴²la¹³çi⁴²le¹³le⁵³.

②桂阳六合土话与普通话词形不同，用法差别小的介词

六合话：和倒 xo⁴⁵tɔ⁴²

普通话：连

桂阳六合话"和倒"相当于普通话的"连"，但使用范围比"连"小一些。

a. 表示不排除另一有关事物

（64）吃苹果皮也要和倒吃。（吃苹果要连皮吃。）

t'a³³p'i⁴⁵ko⁴²pi⁴⁵ia⁴²iɔ⁴⁵xo⁴⁵tɔ⁴²ʈ'a³³.

b. 表示包括

（65）和倒你一起十个人。（连你一共有十人。）

xɔ⁴⁵tɔ⁴²ŋi⁴²ie³³tɕ'i⁴²ɕie⁴⁵ko⁴⁵ŋi̴.

（66）和倒老书，差唔多五百本。（连旧书在内，大概有五百本。）

xo⁴⁵tɔ⁴²lɔ⁴²ɕy³³，ts'a⁴⁵ŋ̍⁴⁵to³³ŋ̍⁴² po³³pĩ⁴².

③桂阳六合土话与普通话词形不同，用法差别大的介词

散 sã⁴⁵　　搭 ta⁴⁵/ta³³　　弯̰ uã³³　　弯志̰ uã³³tsʅ⁴⁵①

我们对这类桂阳六合土话和普通话词形不同、用法殊异的类着重展开分析。先把它们和普通话介词的对应关系列表如下：

表 4-5　桂阳六合土话介词和普通话介词对应关系表

桂阳六合土话用词	普通话用词
散 sã⁴⁵	向
搭 ta⁴⁵/ta³³	拿、跟、和、给、把、为
弯̰ uã³³、弯志̰ uã³³tsʅ⁴⁵	被、叫、让

A. 散 sã⁴⁵

"散"作动词相当于"给"，如"散□_{ti⁴⁵}钱搭我_{给点钱给我}"作介词相当于普通话的介词"向"，引进动作的对象，跟指人的名词、代词组合，只用在动词前。

（67）读书就读唔进得，钱就日日散我来讨，就唔好了。（读书就读不进，却天天向我讨钱，就不好了。）

t'u⁴⁵ɕy³³tɕ'iəu⁴⁵t'u⁴⁵ŋ̍⁴⁵tsʅ⁴⁵tiæ⁴²，ts'iã¹³tɕ'iəu⁴⁵n̩i³³n̩i³³sã⁴⁵ŋo⁴²le¹³t'ɔ⁴²，tɕ'iəu⁴⁵ŋ̍⁴⁵xɔ⁴²le⁵³.

B. 搭 ta⁴⁵/ta³³

a. 在桂阳六合土话中作动词。

第一，相当于动词"捎、带"。这时读成阴平 33，"搭"属端母咸摄

---

① "弯、弯志"为同音字，用下加波浪线标记。为简便起见，正文均下加波浪线，而例句省略了波浪线，特此说明。

合韵开口一等入声字，六合话清声母入声字归阴平，读成33调。动词"搭"理解为"捎、带"，在桂阳官话中也有，如"跟我搭只信去（帮我捎个口信去）""帮我搭滴东西去（帮我带点东西去）"，"搭"读成阳平"ta^{31}"，因为桂阳官话入声全归入阳平了。

（68）搭个信去。（捎个信去。）

ta^{33}ko^{45} sĩ^{45}xɤ^{45}.

（69）搭冬景搭□$_{ti^{45}}$物件。（帮冬景带点东西。）

ta^{45}təŋ^{33}tɕĩ^{33}ta^{33}ti^{45}yæ^{33}tɕ'iã^{45}.

第二，相当于动词"给"。后面只能跟与事，不跟受事。

（70）搭佢弯只包子。（给他一个包子。）

ta^{45}kɤ^{42}uã^{33}ta^{33}po^{33}tsɿ^{42}.

（71）搭我弯了二十块钱。（给了我二十块钱。）

ta^{45}ŋo^{42}uã^{33}le^{53}ɔ$^{}$ɕie^{45}k'ua^{42}ts'iã^{13}.

（72）你搭唔搭我啦？（你给不给我？）

n̠i^{42}ta^{45}ŋ^{45}ta^{45}ŋo^{42}la^{33}?

（73）我□□拿本书搭你。（我待会儿拿本书给你。）

ŋo^{42}ŋa^{13}tsa^{45}la^{13}pĩ^{42}ɕy^{33}ta^{45}n̠i^{42}.

第三，相当于普通话动词"帮"，后接帮助的对象。

（74）有个搭佢做家务事咯人。（有个帮他做家务事的人。）

iəu^{42}ko^{45}ta^{45}kɤ^{42}tsu^{45}ta^{33}u^{45}sɿ^{45}kɤ^{42}n̠i^{42}.

（75）从来唔曾搭我做只吗咯事。（从来不帮我做什么事。）

ts'əŋ^{13}le^{13}ŋ^{45}ts'iã^{13}ta^{45}ŋo^{42}tsu^{45}ta^{33}ma^{45}kɤ^{42}sɿ^{45}.

（76）你搭我抄几个字。（你帮我抄点东西。）

n̠i^{42}ta^{45}ŋo^{42}ts'ɔ^{33}tɕi^{45}ko^{45}sɿ^{45}.

（77）你搭我拿把剪刀过来。（你帮我拿把剪刀过来。）

n̠i^{42}ta^{45}ŋo^{42}la^{13}pa^{42}tsiã^{42}tɔ^{33}ko^{45}le^{13}.

（78）搭我打开个轿盖。（帮我打开轿门。）

ta^{45}ŋo^{42}ta^{42}k'a^{33}ko^{45}t̠ɔ^{45}kue^{45}.

（79）你搭妹妹洗下衣裳啰。（你帮妹妹洗一下衣服。）

n̠i^{42}ta^{45}me^{45}me^{45}ɕi^{42}xa^{45}i^{33}sã^{33}lo^{42}.

（80）你搭我话两句好话啰。（你帮我说两句好话。）

n̠i^{42}ta^{45}ŋo^{42}ua^{45}liɔ̃^{42}tɕy^{45}xɔ^{42}xua^{45}lo^{42}.

第四，相当于普通话的动词"替"，表示代替。

（81）你搭我买两包化肥来啰。（请你替我买两包化肥来。）

　　　ȵi⁴²ta⁴⁵ŋo⁴²ma⁴²liɔ̃⁴²pɔ³³xua⁴⁵fi¹³le¹³lo⁴².

（82）你搭我写几个字啰。（请你替我写几个字。）

　　　ȵi⁴²ta⁴⁵ŋo⁴²ɕia⁴²tɕi⁴²ko⁴⁵ts'ɿ⁴⁵lo⁴².

（83）你搭我倒杯茶啰。（请你替我倒杯茶。）

　　　ȵi⁴²ta⁴⁵ŋo⁴²tɔ⁴²pe³³ts'a¹³lo⁴².

b. 作介词，相当于普通话的介词"跟、和"。

第一，表示共同，协同。跟指人的名词组合。

（84）唔搭佢讲客气。（不跟他讲客气。）

　　　ŋ̍⁴⁵ta⁴⁵kɤ⁴²tõ⁴²k'iæ³³tɕ'i⁴⁵.

（85）搭你还亲下。（跟你还亲些。）

　　　ta⁴⁵ȵi⁴²xa¹³tsĩ³³xa⁴⁵.

（86）搭你是个亲戚。（跟你是亲戚。）

　　　　ta⁴⁵ȵi⁴²sɿ⁴²ko⁴⁵tsĩ³³tɕ'ie⁴⁵.

（87）我唔搭佢□。（我不跟她玩。）

　　　ŋo⁴²ŋ̍⁴⁵ta⁴⁵kɤ⁴²xe³³.

（88）你搭我困啰。（你和我睡。）

　　　ȵi⁴²ta⁴⁵ŋo⁴²xuən⁴⁵lo⁴².

（89）张三搭李四结婚了。（张三和李四结婚了。）

　　　tɕ̍ɔ̃³³sã³³ta⁴⁵li⁴²sɿ⁴⁵tɕie³³xuən³³le⁵³.

第二，表示与某事物有无联系。

（90）我来啊唔来好，搭你有吗咖关系？（我来也好，不来也好，和你有什么关系？）

　　　ŋo⁴²le¹³a⁴⁵ŋ̍⁴⁵le¹³xɔ⁴²，ta⁴⁵ȵi⁴²iəu⁴²ma⁴⁵ka⁴²kuã³³ɕi⁴⁵？

第三，引进用来比较的对象

（91）哪个敢搭我比啦？（谁敢跟我比呀？）

　　　la⁴⁵ko⁴⁵kã⁴²ta⁴⁵ŋo⁴²pi⁴²la³³？

（92）箇个人做事搭□人唔一样。（这家伙做事和人家不一样。）

　　　ke³³ko⁴⁵ȵi¹³tsu⁴⁵sɿ⁴⁵ta⁴⁵tã¹³ȵi¹³ŋ̍⁴⁵ie³³iã⁴⁵.

（93）你箇□禾搭□人□□咯禾就唔一样。（你这些禾和别人那里的禾就不一样。）

ȵi⁴²ke³³ti⁴⁵o¹³ta¹³tʻã¹³ȵi⁴⁵me³³ti⁴⁵kɤ⁴²o¹³tɕʻiəu⁴⁵ŋ⁴⁵ie³³ĩɔ̃⁴⁵.

c. 作介词，相当于普通话的介词"给"。

第一，引进交付、传递的接受者。可用在动词前。

（94）我又搭佢打了电话。（我又给他打了电话。）

　　　ŋo⁴²iəu⁴⁵ta⁴⁵kɤ⁴²ta⁴²le⁵³tiã⁴⁵xua⁴⁵.

（95）搭佢看下啰。（给他看一下。）

　　　ta⁴⁵kɤ⁴²kã⁴⁵xa⁴⁵lo⁴².

（96）搭佢送起去。（给他送去。）

　　　ta⁴⁵kɤ⁴²səŋ⁴⁵ɕi⁴²xɤ⁴⁵.

（97）搭佢话起听。（说给他听。）

　　　ta⁴⁵kɤ⁴²ua⁴⁵ɕi⁴²tʻiɔ̃³³.

第二，引进动作的受益者。

（98）还搭你捐款。（还给你捐款。）

　　　xa¹³ta⁴⁵ȵi⁴²tɕyã³³kuã⁴².

（99）我搭佢吃了杯酒，佢硬搭我搞了一万块钱。（我给他喝了杯酒，
　　　他硬给我弄了一万块钱。）

　　　ŋo⁴²ta⁴⁵kɤ⁴²tɕʻa³³le⁵³pe³³tɕiəu⁴²，kɤ⁴²ĩ⁴⁵ta⁴⁵ŋo⁴²kɔ⁴²le⁵³ie³³uã⁴⁵kʻua⁴²tsʻiã¹³.

（100）搭我搞□去。（给我弄点去。）

　　　ta⁴⁵ŋo⁴²kɔ⁴²ti⁴⁵xɤ⁴⁵.

（101）搭你搞□粮食来吃。（给你弄点粮食来吃。）

　　　ta⁴⁵ȵi⁴²kɔ⁴²ti⁴⁵liɔ̃¹³ɕie⁴⁵le¹³tʻa³³.

（102）搭我来买□饭，买□菜。（给我买点饭，买点菜。）

　　　ta⁴⁵ŋo⁴²le¹³ma⁴²ti⁴⁵fã⁴⁵，ma⁴²ti⁴⁵tsʻue⁴⁵.

（103）搭我俚做事。（给大家办事。）

　　　ta⁴⁵ŋo⁴²liæ⁴²tsu⁴⁵sʅ⁴².

d. 作介词，引进动作的受益者，相当于普通话的介词"为"。

（104）我是搭你□后生家做事。（我是为你们年轻人做事。）

　　　ŋo⁴²sʅ⁴²ta⁴⁵ȵi⁴²ti⁴⁵xe⁴²sɔ̃³³ka³³tsu⁴⁵sʅ⁴⁵.

e. 作介词，表示处置。相当于普通话的介词"把"。

（105）搭支书批评一顿。（把支书批评了一顿。）

　　　ta⁴⁵tɕi³³ɕy³³pʻi³³pʻĩ¹³ie³³tuən⁴⁵.

（106）他搭我吓了一跳。（他把我吓了一跳。）

$$k\gamma^{42}ta^{45}\eta o^{42}xa^{33}le^{53}ie^{33}t'io^{45}.$$

（107）佢搭我打了一锤。（他把我打了一拳。）

$$k\gamma^{42}ta^{45}\eta o^{42}ta^{45}le^{53}ie^{33}t\varsigma'y^{13}.$$

（108）我搭□只狗踢了两脚。（我把那条狗踢了两脚。）

$$\eta o^{42}ta^{45}\ me^{33}ta^{33}ke^{42}t'i\vartheta u^{33}le^{53}li\tilde{o}^{42}to^{33}.$$

（109）佢搭我骂了餐死咯。（他把我臭骂一顿。）

$$k\gamma^{42}ta^{45}\eta o^{42}ma^{45}le^{53}ts'\tilde{a}^{33}s\eta^{42}k\gamma^{42}.$$

f. 作介词，用于被动句，引进动作的施事者。

（110）搭只狗咬□口。（被狗咬了一口。）

$$ta^{45}ta^{33}ke^{42}\eta o^{42}ti^{45}k'e^{42}.$$

这个例句中"搭"相当于"被"。

g. 作连词

（111）张三搭李四两个人结婚了。（张三和李四结婚了。）

$$t\tilde{o}^{33}s\tilde{a}^{33}ta^{45}li^{45}s\eta^{45}li\tilde{o}^{42}ko^{45}\eta i^{45}t\varsigma ie^{33}xu\vartheta n^{33}le^{53}.$$

湘南土话表处置的介词比较丰富，我们把一些点的介词的处置用法举例如下：

桂阳六合：搭门前扫下。（把外面扫扫。）

桂阳流丰：拿地扫下。（把地扫扫。）

佢搭我骂了顿死咯。（他把找臭骂了一顿。）

桂阳洋市：佢拿牛牵走了。（他把牛牵走了。）

桂阳燕塘：快拿门关紧。（快把门关上。）

宜章麻田：我昨晡日□$_{\eta\alpha^{53}}$鸡杀咖。（我昨天把鸡杀了。）

宜章赤石：这些地方拿太阳叫日头。（这些地方把太阳叫日头。）

嘉禾广发：安饭食者。（把饭吃了。）

东安花桥：□$_{\gamma a^{24}}$不要掇茶杯打呱哩。（不要把茶杯摔破了。）

东安石期：掇书□$_{da^{35}}$在台板高子。（把书放在桌上。）

宁远平话：你才归来，逮倒你奶奶急死呱了。（你才回来，把你奶奶急死了。）

你莫与脚搭倒台子高头。（你别把腿搭在桌子上。）

江永城关：他分我的衣借了去。（他把我的衣服借走了。）

以上有4个土话点都用了"拿"做表处置的介词。"拿"在这4个点中做动词都表示它的基本义"用手或用其他方式抓住、搬动（东西）"，都可以说"拿东西"。宜章麻田的"□næ⁵³"读成阴去调，也可以做动词表示"拿"的基本义。"拿"在桂阳燕塘、宜章赤石还可表示"给予"的动词义。例如：

桂阳燕塘：你拿_给他。　　　　宜章赤石：送一篮落花生拿_给亲家。

东安花桥和石期的"掇"做动词也都可以表示"拿"的意思。如：

东安花桥：觑到老母_{妻子}掇_拿起照子_{镜子}照。

东安石期：掇_拿东西。

"掇"在花桥和石期还可表示"给予"的动词义。例如：

东安花桥：掇本书□_{du¹³给}你。（给你一本书。　）

东安石期：掇本书掇我。（给我一本书。）

桂阳六合和桂阳流丰的"搭"、嘉禾广发的"安"、宁远平话的"与"、江永城关的"分"也都表"给予"的动词义，如：

桂阳六合：搭我弯本书。（给我一本书。　）

桂阳流丰：搭我弯本书。（给我一本书。　）

嘉禾广发：安他一本书。（给他一本书。）

宁远平话：我与□_{kuai⁵³}物事你。（我给你一点东西。）

江永城关：德贵□_{tsauˀ拿}起好吃的物件分一份分_给哥哥。

宁远平话的"逮倒"，张晓勤先生看成"v倒"式介词，但"逮"在宁远平话中可以做动词，如"贼佬兜倒我逮倒呱了（小偷被我抓住了）"。这里的"逮"用的是基本义"捉、抓"的意思。"逮"在宁远平话中做动词也可以引申出"拿"的意思，如"与那本书逮过来（把那本书拿过来）"。

江蓝生先生（2000）谈到近现代汉语表处置的介词都源自跟手持义有关的一系列动词，手持义的动词是用手握持东西，是表手的动作的一种。从我们现有的材料来看，湘南土话表处置的介词都是由手的动作义动词演变而来，总而言之，桂阳六合土话介词"搭"应用广泛，使用频率高。

C.弯 uã³³、弯志 uã³³tsɿ⁴⁵

a."弯""弯志"作动词

第一，"弯""弯志"的动词义在桂阳六合土话中是"给"。"弯"后面既能跟受事，又能跟与事。"弯志"的后面只能跟与事，不能跟受事。

其一，"弯"后跟受事宾语。受事和与事需要同时出现时，总是"搭"和"弯"结合使用，动词"搭"后跟与事，动词"弯"后跟受事。如：

（112）搭我弯了眼屋。（给了我一间房子。）

ta⁴⁵ŋo⁴²uã³³le⁵³ŋã⁴²u³³.

（113）搭佢弯只包子。（给他一个包子。）

　　ta⁴⁵kɤ⁴²uã³³ʈa³³pɔ³³tsɿ⁴².

其二，"弯""弯志"后跟与事宾语，如：

（114）我咯物件弯 / 弯志你。（我的东西给你。）

　　ŋo⁴²⁵kɤ⁴²yæ³³tɕ'iã³³uã³³/uã³³tsɿ⁴⁵ȵi⁴².

（115）箇点钱唔弯 / 弯志（细）你了。(这点钱不给你了。）

　　ke⁴²tia⁴⁵ts'iã¹³ŋ⁴⁵uã³³/uã³³tsɿ⁴⁵（ɕi⁴²）ȵi⁴²le⁵³.

（116）拿了 58 块钱弯 / 弯志食堂里管后勤咯去买。（拿了 58 块钱
给食堂里管后勤的去买。）

　　　　la⁴⁵le⁵³ŋ⁴²ɕie⁴⁵piæ³³k'ua⁴²ts'iã¹³uã³³/uã³³tsɿ⁴⁵ɕie⁴⁵t'ɔ̃¹³li⁴²kuã⁴³xe⁴⁵tɕ'ĩ¹³
kɤ⁴²xɤ⁴⁵ma⁴².

（117）总是搭佢弯□钱，弯 / 弯志佢自家去买。（总是给他一点钱，
让他自己去买。）

　　　　tsəŋ⁴²sɿ⁴²ta⁴⁵kɤ⁴²uã³³ti⁴²ts'iã¹³，uã³³/uã³³tsɿ⁴⁵kɤ⁴²ts'ɿ⁴⁵xɤ⁴⁵ma⁴².

普通话可说"给他给点钱。"但桂阳六合土话不说"弯佢弯滴钱，"
而只说"搭佢弯滴钱。"可能是为了避免用字重复，还有可能是因为"弯佢"
容易理解为介词短语"被他"之意。

第二，"弯"作动词理解为表使令意义的动词"叫、让、要"，构成兼语句。

（118）弯老张借本书啰。（叫 / 让 / 要老张借本书。）

　　　　uã³³lo⁴²ʈɔ̃³³tɕia⁴⁵pĩ⁴²ɕy³³lo⁴².

b."弯""弯志"作介词。

第一，"弯"在桂阳六合土话中作介词，相当于普通话的介词"拿"，
引进所凭借的工具、材料、方法等。

（119）弯只碗装饭。（拿个碗装饭。）

　　　　uã³³ʈa³³uã⁴²tiɔ̃³³fa⁴⁵.

（120）弯块帕擦下汗。（拿块毛巾擦下汗。）

　　　　uã⁴⁵k'ua⁴⁵p'a⁴⁵ts'iæ³³xa⁴⁵xuã⁴⁵.

第二，"弯""弯志"作介词，用于被动句，引进动作的施事者。

（121）张三弯 / 弯志只车子撞倒了。（张三给车撞了。）

　　　　ʈɔ̃³³sã³³uã³³/uã³³tsɿ⁴⁵ʈa³³tɕ'ie³³tsɿ⁴²ts'ɔ⁴²tɔ⁴²le⁵³.

（122）张三弯 / 弯志李四打了餐死咯。（张三被李四狠狠地打了一顿。）

ʈɔ̃³³sã³³uã³³/uã³³tsʅ⁴⁵ li⁴²si⁴⁵ta⁴²le⁵³ts'ã³³sʅ⁴²kɤ⁴².

（123）□只狗弯 / 弯志我踢了两脚。（那条狗被我踢了两脚。）
me³³ʈa³³ke⁴² uã³³/uã³³tsʅ⁴⁵ŋo⁴² t'iəu³³le⁵³liɔ̃⁴²ʈo³³.

（124）我弯 / 弯志佢吓了一跳。（我被他吓了一跳。）
ŋo⁴²uã³³/uã³³tsʅ⁴⁵kɤ⁴²xa³³le⁵³ie⁵³t'io⁴⁵.

（125）□本书唔曾弯 / 弯志□人借起走。（那本书没被人借走。）
me³³pĩ⁴²çy³³ŋ⁴⁵ts'iã¹³uã³³/uã³³tsʅ⁴⁵t'a¹³n̠i⁴⁵tçia⁴⁵çi⁴²tse⁴².

（126）鼎饭嗒弯 / 弯志你烧□了。（饭被你烧坏了。）
tiɔ̃⁴²fã⁴⁵ta⁴⁵ uã³³/uã³³ tsʅ⁴⁵n̠i⁴²çiɔ³³ti⁴⁵le⁵³.

（127）弯 / 弯志我来试下看。（让我试试看。）（使动句）
uã³³/uã³³tsʅ⁴⁵ŋo⁴²le¹³sʅ⁴⁵xa⁴⁵kã⁴⁵.

（128）牛弯 / 弯志行绳绊倒只脚了。（牛被套绳把腿绊住了。）
n̠iəu¹³uã³³/uã³³tsʅ⁴⁵xɔ⁴⁵çĩ¹³p'ã⁴¹tɔ⁴²ʈa³³ʈo³³le⁵³.

（129）箇个细人的弯 / 弯志我□起走□了。（这小孩被我把他赶走了。）
ke³³ko⁴⁵çi⁴⁵n̠i⁴⁵tiæ⁴²uã³³/uã³³tsʅ⁴⁵ŋo⁴²tçyã⁴²çi⁴²tse⁴²ti⁴⁵le⁵³.

（130）箇个细人的弯 / 弯志佢咯老娘打了一餐。（孩子被他妈打了一顿。）
ke³³ko⁴⁵çi⁴⁵n̠i⁴⁵tiæ⁴²uã³³/uã³³tsʅ⁴⁵kɤ⁴²kɤ⁴²lɔ³³n̠iɔ̃⁴⁵ta⁴²le⁵³ie³³ts'ã³³.

（131）箇木书弯 / 弯志佢掀□两片纸。（这本书被他把前两页撕了。）
ke³³pĩ⁴²çy³³uã³³/uã³³tsʅ⁴⁵kɤ⁴²çiã³³ti⁴⁵liɔ̃⁴²p'iã⁴⁵tsʅ⁴².

（132）箇滴事莫要弯 / 弯志佢俚晓得。（这些事情不要被他们知道了。）
ke³³ti⁴⁵sʅ⁴⁵mo⁴²iɔ⁴⁵uã⁴⁵/uã³³tsʅ⁴⁵kɤ⁴²liæ⁴²çiɔ³³tiæ⁴².

（133）□件衣裳弯 / 弯志佢滴了蛮多咯油。（那衣服上面被他滴了
许多油。）
me³³tç'iã⁴⁵i³³sã³³ uã³³/uã³³tsʅ⁴⁵kɤ⁴²tiəu⁴⁵le⁵³mã¹³to³³kɤ⁴²iəu¹³.

桂阳六合土话介词"弯"后一定要跟施事者，不能直接跟动词。如："好大的雨，我的衣服都被淋湿了。"桂阳六合土话只会说成"好大咯雨，我件衣裳□湿了。xɔ⁴²t'a⁴⁵kɔ⁴²y⁴²，ŋo⁴²tç'iã⁴⁵i³³sã³³ts'ue⁴²çie³³le⁵³"，或者说"好大咯雨，我件衣裳弯雨□ts'ue⁴²湿了。"而不会说成"好大咯雨，我件衣裳弯□ts'ue⁴²湿了。"

伍云姬先生（1998）认为湖南方言表被动的介词主要是从两类动词中发展而来的：一类是表遭受意义的动词，如"被、着、遭、吃、挨"，一类是表处置意义的动词。由表处置意义演变而来的介词有两类：（1）表"听

任""给予"的动词，如"听、等、让、把"等；（2）表"掌握""招致"的动词，如"拿、提、要、逗"等。前者表示的是一种消极的处置，后者表示一种积极的处置。按伍先生的说法，桂阳六合土话表被动的介词属于从消极处置义动词，即"给予"动词发展而来的介词。

伍云姬先生(1998)还认为，湖南方言的被动句里，如果介词是由表处置意义的动词虚化而来的，那么这个介词一定不能直接用在动词前面，即施事不能省略。桂阳六合土话也是如此。但也有少数湘南土话点表被动的介词不遵循这个规律，详细讨论见邓永红（2005）。

c.湘南土话表被动介词的探讨

从我们调查的材料和前贤已有的文章看，湘南土话表被动的介词中，大部分被动介词都和表给予义的动词同形，虽然它们彼此的音形都不同，但做动词时的意义却相同。举例如下：

桂阳六合：搭我弯本书。（给我一本书。）

桂阳流丰：搭我弯本书。（给我一本书。）

桂阳洋市：□$_{læ^{24}}$/ 散我（一）本书。（给我一本书。）

桂阳燕塘：拿本书拿 / □$_{o^{45}}$ 洒。（给我一本书。）

宜章麻田：俵 / □$_{pei^{21}}$ 我一本书。（给我一本书。）

嘉禾广发：安他一本书。（给他一本书。）

你要安过洒。（你要给我。）

东安花桥：摘朵鲜花□$_{du^{13}}$ 妹戴。

宁远平话：我与□$_{kuəi^{53}}$ 物事你。（我给你一点东西。）

江永城关：德贵□$_{tsau^{5}}$ 起好吃的物件分一份分$_{给}$哥哥。

作介词表被动意义举例如下：

桂阳六合：只杯弯佢打烂了。（杯子被他打烂了。）

桂阳流丰：杯子搭 / 弯佢打烂了。（杯子被他打烂了。）

桂阳洋市：杯子□$_{læ^{24}}$ 散佢打烂得。（杯子被他打烂了。）

桂阳燕塘：杯子拿 / □$_{o^{45}}$ □$_{ie^{21}他}$ 打烂了。（杯子被他打烂了。）

宜章麻田：杯子俵 / □$_{pei^{21}}$ □$_{ie^{22}他}$ 打烂咖。（杯子被他打烂了。）

嘉禾广发：碗安 / 安过□$_{lau^{35}}$ 他打烂者。（碗被他打烂了。）

东安花桥：□$_{e^{33}这}$ 只茶杯□$_{du^{13}}$ 他打呱哩。（这个茶杯被他摔坏了。）

宁远平话：手与斑毛草割开呱了。（手被斑毛草割开了。）

江永城关：我的书分他□$_{tsau^{5}}$ 了去。（我的书包被他拿走了。）

表被动的介词和给予义动词同形，这在南方方言中比较普遍。正如桥本万太朗先生(1987)指出，"大多数的南方方言里,正如南方非汉各语一样，被动标志是从动词'给予'来的"。

d. 弯和弯志用法的区别

第一，"弯"和"弯志"作动词用法的区别

（134）A □me³³ 本书弯我。（那一本书拿给我。）

　　　　B □me³³ 本书弯志我。（那一本书拿给我。）

B 句比 A 句要语气坚决一些。

（135）A 我弯妹妹去。（我要妹妹去。）

　　　　B 我弯志妹妹去。（我要妹妹去。）

A 句语气弱一些；B 句语气很肯定，表示已经做决定了。

第二，"弯"和"弯志"作介词用法的区别

（136）A 只杯弯佢打烂了。（杯子被他打烂了。）

　　　　B 只杯弯志佢打烂了。（杯子被他打烂了。）

A 句说话人语气平和，无责怪之意；B 句说话人生气，有责怪之意，语气重一些。

（137）A 佢随时弯/弯志老师骂。（他经常被老师骂。）

　　　　B 佢随时弯老师表扬。（他经常被老师表扬。）

A 句为不好的事情用"弯志"，也可用"弯"；B 句为好的事情一般用"弯"，不用"弯志"。

总的说来，不管是作动词还是作介词，用"弯志"比用"弯"的语气要重一些，所以"弯志"一般也就不用于表示好的事情的被动句。

（138）A 佢弯车□t'a⁴⁵倒了。（他被车压住了。）（说）

　　　　B 佢弯只车□倒了。（说）

　　　　C 佢弯志车□倒了。（不说）

　　　　D 佢弯志只车□倒了。（说）

（139）A 佢弯狗咬倒了。（他被狗咬了。）（说）

　　　　B 佢弯只狗咬倒了 。（说）

　　　　C 佢弯治狗咬倒了。（不说）

　　　　D 佢弯志只狗咬倒了。（说）

例（138）、（139），当介词宾语不是表人的名词时，介词"弯"后跟名词或量词＋名词作宾语都可以，而"弯志"后一般要跟量词＋名词作宾语，单独跟名词作宾语就不成立，原因是什么，还有待进一步探讨。

第三，"志"的其他用法

（140）A 我让你去。（我让你去。）

　　　　B 我让志你去。（我让你去。）

A、B 比较起来，B 句语气更重一些，即自己很想去，而不太情愿地让给对方去。这里"让"和"让志"的区别跟"弯"和"弯志"的区别是一样的。

桂阳六合土话"志"还可放在别的动词后，引进交付、传递的接受者。这时相当于普通话的介词"给"，如：

（141）话志你听，你也听唔懂。（讲给你听，你也听不懂。）

　　　　ua^{45}tsŋ^{45}ȵi^{42}tiɔ̃^{33}, ȵi^{42}ia^{42}tiɔ̃^{33}ŋ^{45}təŋ^{42}.

（142）□只屋早就租志□人了。（那间房子早就租给别人了。）

　　　　me^{33}ʈa^{33}u^{33}tso^{42}tɕʻiəu^{45}tsu^{33}tsŋ^{45}tʻã^{13}ȵi^{45}le^{53}.

（143）我咯书借志佢。（我的书借给他。）

　　　　ŋo^{42}kɤ^{42}ɕy^{33}tɕia^{45}tsŋ^{45}kɤ^{42}.

（144）箇丘田包志细你。（这丘田包给你。）

　　　　ke^{33}tɕʻiəu^{33}tʻiã^{13}pɔ^{33}tsŋ^{45}ɕi^{45}ȵi^{42}.

（四）语气词

1. 桂阳六合土话语气词系统

表4-6　桂阳六合土话语气词系统

句中语气词	句末语气词			
	陈述语气	疑问语气	祈使语气	感叹语气
啊 a$^{42/45/33}$		啊 a$^{33/42}$	啊 a^{33}	啊 a^{42}
	了 le^{53}		了 le^{53}	了 le^{53}
	咯 kɤ^{42}	咯 kɤ^{42}	咯 kɤ^{42}	
嘞 le$^{33/53}$		嘞 le^{53}		嘞 le$^{42/13}$
	咖 ka^{42}	咖 ka^{42}		咖 ka^{42}
嗒 ta^{45}	嗒 ta^{45}	嗒 ta^{45}	嗒 ta^{45}	嗒 ta^{45}
啦 la^{33}		啦 la^{33}	啦 la^{42}	
满 mã$^{33/42}$	满 mã^{42}			
	啰 lo^{42}	啰 lo^{42}	啰 lo^{42}	
	嗲 tiæ^{42}	嗲 tiæ^{42}		
		哇 ua$^{33/45}$		
		喃 lã^{42}		
		呃 e^{42}		

桂阳六合土话句中语气词有"啊、嘞、嗒、啦、满"等，主要用来表示停顿、列举。句末语气词有"了、咯、咖、嗲、嘞、满、啰、啊、啦、嗒、哪、哇、呃"等。

2. 句中语气词

桂阳六合土话句中语气词有"啊、嘞、嗒、啦、满"等，主要用来表示停顿、列举。

①表句中停顿的语气词

A. 啊 a^{42}（或 a^{45} 或 a^{33}）

经常用于话题性提顿，还带有较强的感情色彩。

（1）箇案事啊，四垱子晓得了。（这件事儿啊，四处都知道了。）

　　ke^{33}ŋã^{45}sʅ^{45}a^{42},sʅ^{45}tɔ̃^{45}tsʅ^{45}ɕiɔ^{42}tiæ^{42}le^{53}.

（2）老张啊，莫要闹了啰。（老张啊，别闹了。）

　　lɔ^{42}tɔ̃^{33}a^{42}, mo^{45}iɔ^{45}lɔ^{45}le^{53}lo^{42}.

（3）我个崽啊，你到举来了。（我的儿啊，你可回来了！）

　　ŋo⁴²ko⁴⁵tse⁴²a⁴², n̠i⁴²tɔ⁴⁵tɕy⁴²le¹³le⁵³.

例（3）"啊"除表句中停顿外，还带有兴奋的色彩。

（4）老子啊老子啊，搭我做案箇咯事出来啊。

　　（我的祖宗啊，给我做出这种事来。）

　　lɔ⁴²tsɿ⁴²a⁴⁵lɔ⁴²tsɿ⁴²a⁴², ta⁴⁵ŋo⁴²tsu⁴⁵n̠ã⁴⁵ke³³kɤ⁴²sɿ⁴⁵tɕʻye³³le¹³a⁴².

（5）我本来话去喊佢，哪个晓得啊，佢□也唔□□我。

　　（我本来要去喊他，谁知道呀，他理都不理我。）

　　ŋo⁴²pi̠⁴²le¹³ua⁴⁵xɤ⁴⁵xã⁴²kɤ⁴², la⁴⁵ko⁴⁵ɕiɔ⁴²tiæ⁴²a³³, kɤ⁴²tiɔ⁴²a³³ŋ⁴⁵tiɔ⁴²ɕi⁴⁵ŋo⁴².

B. 嘞 le³³（或 le⁵³）

（6）你嘞，真咯是难得搞。（你呀，真是麻烦。）

　　n̠i⁴²le³³, tɕĩ³³kɤ⁴²sɿ⁴²lã¹³tiæ⁴²kɔ⁴².

例（6）有无可奈何之意，即实在拿你没办法。

（7）有一日嘞，好热人，（有一天，特别热。）

　　iəu⁴²ie³³n̠i³³le⁵³, xɔ⁴²e⁴⁵n̠i¹³⁻⁴⁵.

（8）安正果下的嘞，雷得龙在果那过。（正好这时，雷得龙从那儿经过。）

　　ŋã³³t̠ɔ⁴⁵ko⁴²xa⁴⁵tiæ⁴²le³³, lue¹³tiæ³³ləŋ¹³tsʻe⁴²ko⁴²la⁴⁵ko⁴⁵.

C. 嗒 ta⁴⁵

（9）我嗒三十岁了，你嗒还细。（我三十岁了，你还小。）

　　ŋo⁴²ta⁴⁵sã³³ɕie⁴⁵ɕiəu⁴⁵le⁵³, n̠i⁴²ta⁴⁵xa¹³ɕi⁴⁵.

（10）□□树嗒下死完了。（那些树都死光了。）

　　me³³ti⁴⁵ɕy⁴⁵ta⁴⁵xa⁴⁵sɿ⁴²uã¹³le⁵³.

（11）□人□嗒下来了。（他们都来了。）

　　tʻã¹³n̠i⁴⁵kæ⁴²ta⁴⁵xa⁴⁵le¹³le⁵³.

（12）你晚晚嗒唔声了，唔答佢咯口。（你叔叔不作声，不接他的话。）

　　n̠i³³mã⁴²mã⁴²ta⁴⁵ŋ⁴⁵ɕiɔ³³le⁵³, ŋ⁴⁵tiæ³³kɤ⁴²kɤ⁴²ke⁴².

例（9）加"嗒"有感叹意味，例（10）表惋惜。

D. 满 mã³³（或 mã⁴²）

（13）等倒你满，日头影啊落岭了。（等你来的话，太阳都下山了。）

　　tĩ⁴²tɔ⁴²n̠i⁴²mã³³, n̠i³³te⁴⁵ɔ̃⁴²a³³la⁴⁵n̠iɔ⁴²le⁵³.

（14）□条马路边上满，就有一只合作社。（那条马路边上，就有一个合作社。）

me³³t'iɔ⁴⁵ma⁴²lu⁴⁵piã³³sɔ̃⁴⁵mã³³, tɕ'iəu⁴⁵iəu⁴²ie³³ʈa³³xo⁴⁵tsɿ⁴²ɕie⁴⁵.

（15）你唔消亲自来满，弯你细人的来打个转就可以了满。（你不用亲自来，要你小孩来打个转就可以了。）

n̠i⁴²ŋ⁴⁵ɕiɔ³³tsʻɿ³³tsɿ⁴⁵le¹³mã⁴², uã³³n̠i⁴²ɕi⁴⁵n̠i⁴⁵tiæ⁴²le¹³ʈa⁴²ko⁴⁵tɕyã⁴²tɕ'iəu⁴⁵ko⁴² i⁴²le⁵³ mã⁴².

"满"跟其他句中语气词相比，显得委婉、亲切一些。试比较：

（16）A 我啊，□阵还细，唔懂事。（我呢，那时候还小，不懂事。）

ŋo⁴²a⁴², me³³ɕɿ⁴⁵xa¹³ɕi⁴⁵, ŋ⁴⁵təŋ⁴²sɿ⁴⁵.

B 我嘞，□阵还细，唔懂事。（我呢，那时候还小，不懂事。）

ŋo⁴²le³³, me³³ɕɿ⁴⁵xa¹³ɕi⁴⁵, ŋ⁴⁵təŋ⁴²sɿ⁴⁵.

C 我满，□阵还细，唔懂事。（我呢，那时候还小，不懂事。）

ŋo⁴²ma⁻³³, me³³ɕɿ⁴⁵xa¹³ɕi⁴⁵, ŋ⁴⁵təŋ⁴²sɿ⁴⁵.

A 句是一般叙述，B 句带点惋惜的意味，C 句语气亲切。

E. 嗟 tɕie⁴⁵（或 tɕie³³）

（17）还后□嗟，兴了个蛮大咯家，两口人。（后来呢，两口人发了家。）

xa¹³xe⁴⁵tiæ⁴²tɕie⁴⁵, ɕɿ̃³³le⁴²ko⁴²mã¹³t'a⁴⁵kɤ⁴²ʈa³³, liɔ̃¹³k'e⁴²n̠i¹³.

（18）今日落了箇大咯雨唔曾来嗟，怕明日□会来。（今天下了这么大的雨没有来，明天可能会来。）

kɿ³³n̠i³³la⁴⁵le⁵³ke⁴²t'a⁴⁵kɤ⁴²yˉ⁴²ŋ⁴⁵tsʻiã¹³le¹³tɕie⁴⁵, p'a⁴⁵miã¹³n̠i³³ie⁴⁵xue⁴⁵le¹³.

（19）你先行去，我嗟捱□嗒去。（你先去，我待会儿去。）

n̠i⁴²ɕiã³³xɔ̃¹³xɤ⁴⁵, ŋo⁴²tɕie³³ŋa¹³tsa⁴⁵ta⁴⁵xɤ⁴⁵.

②表列举的语气词

A. 啊 a³³

（20）佢话还有绿豆啊，米啊，蛮多蛮多。（他说还有绿豆啊，小米啊，什么的。）

kɤ⁴²ua⁴⁵xa¹³iəu⁴²liəu⁴⁵t'e⁴⁵a⁻², mi⁴²a³³, mã¹³to³³mã¹³to³³.

用"啊"表示一一列举。

B. 啦 la³³

（21）佢话还有绿豆啦，米啦，蛮多蛮多。（他说还有绿豆啊，小米啊，什么的。）

kɤ⁴²ua⁴⁵xa¹³iəu⁴²liəu⁴⁵t'e⁴⁵la³³, mi⁴²la³³, mã¹³to³³mã¹³to³³.

用"啦"则表示对一一列举的事物更加肯定。

（22）坛山岭□那有野鸡啦，野猪啦，野兔子啦，随吗咯有。（坛山岭那儿有野鸡、野猪、野兔子，什么都有。）

$$t'\tilde{a}^{13}s\tilde{a}^{33}li\tilde{ɔ}^{42}me^{33}la^{45}iəu^{42}ia^{42}tɕi^{33}la^{33}、ia^{42}tɕy^{33}la^{33}、ia^{42}t'u^{45}tsɿ^{42}la^{33},$$
$$ts'ue^{13}ma^{45}ka^{42}iəu^{42}.$$

"啦"比"啊"表列举时肯定的色彩更浓。

3. 句末语气词

①了 le^{53}

A. 通常表陈述语气

（23）鸡崽崽弯只猫□吃□了。（小鸡被猫吃了。）

$$tɕi^{33}tse^{42}tse^{42}u\tilde{a}^{33}ʈa^{33}mɔ^{33}ȵiəu^{45}ʈ'a^{33}ti^{45}le^{53}.$$

（24）立□秋了，一日一日咯冷了。（立秋了，天气一天比一天冷了。）

$$li^{45}ti^{45}tɕ'iəu^{33}le^{53}, ie^{33}ȵi^{33}ie^{33}ȵi^{33}kɤ^{42}lɔ̃^{42}le^{53}.$$

（23）、（24）句的"了"都有足句作用，表示已然事态，即事件发生了已然变化。

有时同样一句话，有"了"无"了"表示的事态不一样，句类也不一样。如：

（25）A□物件弯倒□那。（东西放在那儿。）

$$ti^{45}yæ^{33}ts'i\tilde{a}^{45}u\tilde{a}^{45}tɔ^{42}me^{33}la^{45}.$$

表示未然事态，是祈使句。

B □物件弯倒□那了。（东西放在那儿了。）

$$ti^{45}yæ^{33}ts'i\tilde{a}^{45}u\tilde{a}^{45}tɔ^{42}me^{33}la^{45}le^{53}.$$

表示已然事态，是陈述句。

（26）佢话佢唔来了。（他说他不来了。）

$$kɤ^{42}ua^{45}kɤ^{42}ŋ^{45}le^{13}le^{53}.$$

（27）电话打唔通了。（电话打不通了。）

$$ti\tilde{a}^{45}xua^{45}ta^{45}ŋ^{45}t'ɔ̃ŋ^{33}le^{53}.$$

（28）我三十岁了。（我三十岁了。）

$$ŋo^{42}s\tilde{a}^{33}ɕie^{45}ɕiəu^{45} le^{53}.$$

（26）～（28）无"了"也成句，加"了"语气缓和些。

B. 表祈使语气

（29）莫话了！（别说了！）

$$mo^{45}ua^{45}le^{53}！$$

（30）做事了！（干活儿！）

　　　tsu⁴⁵sʅ⁴⁵le⁵³！

（29）、（30）的"了"都是羡余的，加了"了"命令的语气有所缓和。

C. 表感叹语气

（31）气死我了！

　　　tɕ'i⁴⁵sʅ⁴²ŋo⁴²le⁵³！

（32）我恼死细佢了。（我恨死了他。）

　　　ŋo⁴²lɔ⁴²sʅ⁴²ɕi⁴⁵kɤ⁴²le⁵³！

（31）、（32）的"了"都是足句成分。

②咯 kɤ⁴²（或 kɔ⁴²）

"咯 kɤ⁴²"是快读、弱读，读得慢读音为"kɔ⁴²"。

A. 多用于祈使句

（33）掸□咯。（扔了。）

　　　tã⁴²ti⁴⁵kɔ⁴²．

（34）擦□黑板上咯字咯。（擦掉黑板上的字。）

　　　ts'a³³ti⁴⁵xiæ³³pã⁴²ɕiɔ̃⁴⁵kɔ⁴²ts'ʅ⁴⁵kɔ⁴²．

（35）吃□箇碗饭咯！（把这碗饭吃了！）

　　　tʂ'a³³ti⁴⁵ke³³uã⁴²fã⁴⁵kɔ⁴²．

（36）把□□豆剥□咯。（把那些豆子剥了。）

　　　pa⁴²me³³ti⁴⁵t'e⁴⁵po³³ti⁴⁵kɔ⁴²．

（37）把衣袖撸上咯。（把袖子扎起。）

　　　pa⁴²i³³tɕ'iəu⁴⁵lu³³ɕiɔ̃⁴² kɔ⁴²．

（38）把钱下取□咯。（把钱都取了。）

　　　pa⁴²tɕ'iã¹³xa⁴⁵tɕ'y⁴²ti⁴⁵kɔ⁴²．

"咯"在祈使句中有完句的作用，不能少。

B. 也用于陈述句、疑问句

（39）佢唔得哄你咯。（他不会骗你的。）

　　　kɤ⁴²ŋ⁴⁵tiæ³³xɔ̃⁴²n̩i⁴²kɔ⁴²．

（40）下是一样咯。（大家都是一样的。）

　　　xa⁴⁵sʅ⁴²ie³³iɔ̃⁴⁵kɔ⁴²．

（41）佢就来了咯。（他就来了。）

　　　kɤ⁴²tɕiəu⁴⁵le¹³le⁴⁵kɔ⁴²．

"咯"在上面三例中都是羡余的，有加强肯定的作用。

（42）问：是唔是咯？（是不是？）

$s\eta^{42}\eta^{45}s\eta^{42}k\mathfrak{o}^{42}$？

肯定回答：是咯。　（是的。）

$s\eta^{42}k\mathfrak{o}^{42}$.

否定回答：唔是咯。（不是的。）

$\eta^{45}s\eta^{42}k\mathfrak{o}^{42}$.

在上句问答中，"咯"都不能省略，起足句作用。

③咖 ka^{42}

上述"咯"的陈述句例句中均可换用成"咖"，说"咯"严肃正经，换用成"咖"语气轻松些。此外"咖"还可用于感叹句和疑问句中。

A. 感叹句

（43）箇口快咖！（这么快啊！）

$ke^{33}\eta^{45}k'ua^{45}ka^{42}$！

（44）箇口心灵咖！（这么聪明啊！）

$ke^{33}\eta^{45}s\tilde{i}^{33}l\tilde{i}^{13}ka^{42}$！

B. 疑问句

（45）你喊了曾咖？（你喊了没有啊？）

$\eta i^{42}x\tilde{a}^{42}le^{53}ts'i\tilde{a}^{45}ka^{42}$？

这句加"咖"有催促、提醒的意味，如果没有喊就要喊。

（46）做唔做得咖？（可不可以？）

$tsu^{45}\eta^{45}tsu^{45}ti\mathfrak{æ}^{42}ka^{42}$？

（47）吃唔吃杯酒咖？（喝杯酒吗？）

$t'a^{33}\eta^{45}t'a^{33}pe^{33}t\varsigma i\mathfrak{ə}u^{42}ka^{42}$？

（48）哪个要你去咖？（谁要你去？）

$la^{45}ko^{45}i\mathfrak{o}^{45}\eta i^{42}x\gamma^{45}ka^{42}$？

（46）～（48）"咖"是羡余的，加上显得语气亲切舒缓一些。

④嗲 $ti\mathfrak{æ}^{42}$

A. 用于陈述句。"嗲"在陈述句中起到加强陈述语气的作用。

（49）我唔敢去嗲。（我不敢去。）

$\eta o^{42}\eta^{45}kua\tilde{}^{42}x\gamma^{45}ti\mathfrak{æ}^{42}$.

（50）佢困倒咖嗲。（他在睡觉。）

$k\gamma^{42}xu\partial n^{45}t\mathfrak{o}^{42}ka^{42}ti\alpha^{42}$.

（51）灯还照起咖嗲。（灯还点着。）

$t\tilde{i}^{33}xa^{13}\mfn{t}\mathfrak{o}^{45}\mathfrak{c}i^{42}ka^{42}ti\alpha^{42}$.

（52）架眼打开在咖嗲。（窗户是开着的。）

$ka^{45}\eta\tilde{a}^{42}ta^{42}k'a^{42}ts'e^{42}ka^{42}ti\alpha^{42}$.

B. 用于疑问句

（53）在唔在咖嗲？（在不在？）

$ts'e^{42}\dot{\eta}^{45}ts'e^{42}ka^{42}ti\alpha^{42}$？

（54）你敢唔敢去嗲？（你敢不敢去？）

$\mathfrak{n}i^{42}ku\tilde{a}^{42}\dot{\eta}^{45}ku\tilde{a}^{42}x\gamma^{45}ti\alpha^{42}$？

（55）哪个在咖嗲？（谁在那儿？）

$la^{45}ko^{45}ts'e^{42}ka^{42}ti\alpha^{42}$？

（53）～（55）加上"嗲"有舒缓语气的作用。

（56）佢在咖嗲？（他在吗？）

$k\gamma^{42}ts'e^{42}ka^{42}ti\alpha^{42}$？

这一句读降调表示陈述，要读升调才表示疑问，加上"嗲"舒缓语气。

（57）明日你在咖屋嗲是唔在咖屋嗲？（明天你在家还是不在家？）

$mi\tilde{a}^{13}\mathfrak{n}i^{33}\mathfrak{n}i^{42}ts'e^{42}ka^{42}u^{33}ti\alpha^{42}s\mathfrak{\eta}^{21}\dot{\eta}^{45}ts'e^{42}ka^{42}u^{33}ti\alpha^{42}$？

例（57）"嗲"删掉则不成句。

⑤嘞 le^{53}（或 le^{42}、le^{13}）

A. 主要用于特指问。这时声调为53。

（58）箇个大下，囗个细下，箇两个物件哪个要好下嘞？（这个大，那个小，这两个东西哪个好些呢？）

$ke^{33}ko^{45}t'a^{45}xa^{45}$，$me^{33}ko^{45}\mathfrak{c}i^{42}xa^{45}$，$ke^{33}li\tilde{\mathfrak{o}}^{42}ko^{45}y\alpha^{33}t\mathfrak{c}'i\tilde{a}^{45}la^{45}ko^{45}i\mathfrak{o}^{45}x\mathfrak{o}^{42}xa^{45}$ le^{53}？

（59）你想囗囗嘞？（你想怎么样呢？）

$\mathfrak{n}i^{42}\mathfrak{c}i\tilde{\mathfrak{o}}^{42}\mfn{t}'\tilde{\mathfrak{o}}^{45}\mathfrak{c}i^{45}le^{53}$？

例（58）加"嘞"后语气亲切，例（59）加"嘞"后少了咄咄逼人的口气。

（60）你只杯嘞？（你的茶杯呢？）

$\mathfrak{n}i^{42}\mfn{t}a^{33}pe^{33}le^{53}$？

（61）你哥哥嘞？（你哥哥呢？）

$\mathfrak{n}i^{42}ko^{45}ko^{45}le^{53}$？

（62）佢唔来嘞？（他不来呢？）

$ke^{42}\eta^{45}le^{13}le^{53}$？

（60）～（62）无"嘞"不成问句，加了成特指问句。

B. 用于感叹句。这时声调为 42 或 13。

（63）箇个人好坏嘞！（这个人很坏！）

$ke^{33}ko^{45}\underset{\sim}{n}i^{13}x\circ^{42}xue^{45}le^{42/13}$！

（64）唔得了了嘞！（不得了了！）

$\eta^{45}tia^{33}li\circ^{42}le^{53}le^{42/13}$！

（65）箇回就喊了你老子了嘞。（这回要喊你老祖宗了。意即被你害惨了。）

$ke^{33}xue^{45}t\varphi'i\partial u^{45}x\tilde{a}^{42}le^{53}\underset{\sim}{n}i^{42}l\circ^{42}ts\eta^{42}le^{53}le^{42/13}$。

（63）～（65）"嘞"都是羡余的，起加强感叹语气的作用，声调读 13 时比读 42 时语气更加强烈，且音长还经常拖长，读成 133 甚至 1333。

⑥满 $m\tilde{a}^{42}$

"满"带有不言而喻的色彩，一般用于陈述句中，如：

（66）话就话满。（说就说嘛。）

$ua^{45}t\varphi'i\partial u^{45}ua^{45}m\tilde{a}^{42}$.

（67）就箇系满。（就这样嘛。）

$t\varphi'i\partial u^{45}ke^{33}\varphi i^{45}m\tilde{a}^{42}$.

（68）吃了唔断根空咯满。（吃了不断根没用。）

$\mathfrak{t}'a^{33}le^{53}\eta^{45}\mathfrak{t}'a^{42}k\tilde{i}^{33}k'\tilde{\partial}\eta^{45}k\curlyvee^{42}m\tilde{a}^{42}$.

这三例加上语气词"满"缓和了语气，例（67）还有亲切、满意之意。

（69）答得好满，箇只对子。（对得好嘛，这个对联。）

$tia^{33}tia^{42}x\circ^{42}m\tilde{a}^{42}$，$ke^{33}\mathfrak{t}a^{33}tue^{45}ts\eta^{42}$.

例（69）是主谓倒装句。

⑦啰 lo^{42}

A. 主要用于祈使句

（70）你搭我倒杯茶啰。（你替我倒杯茶。）

$\underset{\sim}{n}i^{42}ta^{45}\eta o^{42}t\circ^{42}pe^{33}ts'a^{13}lo^{42}$.

（71）□本书搭我啰。（把那本书给我。）

$me^{33}p\tilde{i}^{42}\varphi y^{33}ta^{45}\eta o^{42}lo^{42}$.

（72）快点点话啰！（快点儿说吧！）

k'ua$^{45-33}$tia^{45}tia^{42}ua^{45}lo^{42}.

（73）你莫话啰。（你别说了。）

ȵi^{42}mo^{45}ua^{45}lo^{42}.

（74）我□□在咖吃饭，你等下我啰。（我吃饭呢，你等一等我。）

ŋo^{42}ŋã^{45}ŋã^{45}ts'e^{45}ka^{42}t'a^{33}fã^{45}，ȵi^{42}tĩ^{45}xa^{45}ŋo^{42}lo^{42}.

（70）～（74）中，没有"啰"表示命令，加上"啰"变成了一种请求，命令的意味大大减弱。例（73）还隐含有不耐烦之意。

（75）你总管放心啰。（你尽管放心吧！）

ȵi^{42}tsəŋ^{42}kuã^{42}fã^{45}sĩ^{33}lo^{42}.

这一句的"啰"起加强语气的作用，要你一定放心。

（76）快进来啰。（快进来吧！）

k'ua^{45}tsi^{45}le^{13}lo^{42}.

这一句表催促，隐含有不耐烦的意思。

B. 用于疑问句

a. 主要用于特指问，如：

（77）□□搞啰？（怎么办呢？）

ȶ'ɔ̃^{45}ɕi^{45}kɔ^{42}lo^{42}？

（78）你去哪哪啰？（你去哪儿？）

ȵi^{42}xɤ^{45}la^{45}la^{45}lo^{42}？

（79）哪个话咯啰？（谁说的？）

la^{45}ko^{45}ua^{45}kɤ^{42}lo^{42}？

加上"啰"起到缓和语气的作用。例（77）还有请教意味。

（80）你□□箇□硬啰？（你怎么这么蠢啰？）

ȵi^{42}ȶ'ɔ̃^{45}ɕi^{45}ke^{33}ŋ^{45}ɔ̃^{45}lo^{42}？

（81）你吗事箇细唔听话啰？（你怎么这么不听话呢？）

ȵi^{42}ma^{45}sɿ^{45}ke^{33}ɕi^{45}ŋ^{45}t'iɔ̃^{33}xua^{45}lo^{42}？

（80）、(81) 是特指问句的反问用法，表示一种感叹语气，即"你真的蠢！""你真的不听话！"加上"啰"使句子隐含了担心、焦急的意味。

（82）你话吗咯话啰？（你说什么说？）

ȵi^{42}ua^{45}ma^{45}kɤ^{42}ua^{45}lo^{42}？

表示你别说了，实际是一种祈使语气，加"啰"缓和了语气。

b. 也可用于正反问中，如：

（83）你话好唔好啰？（你说好不好呢？）

$ȵi^{42}ua^{45}xɔ^{42}ŋ^{45}xɔ^{42}lo^{42}$？

这句话既可以是正反问，询问好还是不好；也可以是正反问表反问语气，即问话人实际上是认为不好。加上"啰"缓和了语气。

C. 用于陈述句，表示肯定语气

（84）是咯啰，读书要紧下啰。（是的，读书重要些。）

$sɿ^{42}kɔ^{42}lo^{42}$, $tʻu^{45}ɕy^{33}iɔ^{45}tɕĩ^{42}xa^{45}lo^{42}$.

（85）要得，我得空就来啰。（行，我有空就来。）

$iɔ^{45}tiæ^{42}$, $ŋo^{42}tiæ^{33}kʻəŋ^{45}tɕʻiəu^{45}le^{13}lo^{42}$.

（86）我晓得啰，佢就是唔肯出钱啰。（我知道，他就是不肯出钱。）

$ŋo^{42}ɕiɔ^{42}tiæ^{42}lo^{42}$, $kɤ^{42}tɕʻiəu^{45}sɿ^{42}ŋ^{45}kʻɿ^{42}tɕʻye^{33}tsʻiã^{13}lo^{42}$.

⑧ 啊 a^{33}（或 a^{42}）

多用于疑问句，也可用于祈使句和感叹句。

A. 疑问句

a. 可以用于特指问句，这时调值多为33。

（87）十三减七等于好多啊？（十三减七等于多少？）

$ɕie^{45}sã^{33}kã^{42}tɕʻie^{33}ti^{42}y^{13}xɔ^{42}to^{33}a^{33}$？

（88）箇案事□□搞啊？（这件事怎么办呢？）

$ke^{33}ŋa^{45}sɿ^{45}tʻɔ^{42}ɕi^{45}kɔ^{42}a^{33}$？

（89）箇个也唔要，果个也唔要，你要哪个啊？（这个也不要，那个也不要，你要哪个呢？）

$ke^{33}ko^{45}ia^{42}ŋ^{45}iɔ^{45}$, $ko^{42}ko^{45}ia^{42}ŋ^{45}iɔ^{45}$, $ȵi^{42}iɔ^{45}la^{45}ko^{45}a^{33}$？

（90）本书撂倒哪哪啊？（书放在哪儿？）

$pĩ^{42}ɕy^{33}liɔ^{45}tɔ^{42}la^{45}la^{45}a^{33}$？

（87）～（90）加了"啊"后问句语气缓和，显得亲切礼貌。

b. 可以构成是非问，调值多为42。

（91）箇个是新来咯老师啊？（这是新来的老师吧？）

$ke^{33}ko^{45}sɿ^{42}sĩ^{33}le^{13}kɤ^{42}lo^{42}sɿ^{33}a^{42}$？

（92）你想哄□人啊？（你想骗人吗？）

$ȵi^{42}ɕiɔ̃^{42}xəŋ^{42}tʻã^{13}ȵi^{13-45}a^{42}$？

（93）只是喊吃糖啊？（光请吃糖吗？）

$tsɿ^{42}sɿ^{42}xã^{42}tʻa^{33}tɔ̃^{13}a^{42}$？

（94）滴物件唔见□了啊？（东西不在了吗？）

ti⁴⁵yæ³³tɕ'iã⁴⁵ŋ⁴⁵tɕiã⁴⁵ti⁴⁵le⁵³a⁴²？

（91）～（94）中的"啊"是足句成分，无"啊"就不能构成是非问句，只能是陈述句。这一点跟普通话不一样，普通话不用语气词，只把句子语调升高也能表示是非问。

c. 也可以用于正反问句，如：

（95）你今日去唔去出工啊？（你今天出工吗？）

n̠i⁴²kĩ³³n̠i³³xɤ⁴⁵ŋ⁴⁵xɤ⁴⁵tɕ'ye³³kəŋ³³a³³？

（96）你拿唔拿得摇啊？（你拿得动吗？）

n̠i⁴²la¹³ŋ⁴⁵la¹³tiæ⁴²iɔ¹³a³³？

（97）迟下的佢来唔来啊？（晚一会儿他来吗？）

ts'ʅ¹³xa⁴⁵tiæ⁴²kɤ⁴²le¹³ŋ⁴⁵le¹³a³³？

（98）你去唔曾去过佢咖屋的啊？（你去过他家没有啊？）

n̠i⁴²xɤ⁴⁵ŋ⁴⁵ts'iã¹³xɤ⁴⁵ko⁴⁵kɤ⁴²ka⁴⁵u³³tiæ⁴²a³³？

正反问句中"啊"是羡余的，加上"啊"使语气平缓亲切。

d. 也可用于选择问句，如：

（99）佢来啊是唔来啊？（他来还是不来呢？）

kɤ⁴²le¹³a³³sʅ⁴²⁴⁵le¹³a⁴²？

（100）你提起啊是□起啊？（你提呢还是背呢？）

n̠i⁴²t'ia¹³ɕi⁴²a³³sʅ⁴²pa³³ɕi⁴²a⁴²？

（101）去啊是唔去啊？（去呢还是不去呢？）

xɤ⁴⁵a³³sʅ⁴²⁴⁵xɤ⁴⁵a⁴²？

选择问句中句末"啊"羡余，加上能使语气亲切缓和。

e. 还可以构成反问句，调值多为42。如：

（102）佢箇□聪明，你搭佢来比啊？（他这么聪明，你跟他比吗？）

kɤ⁴²ke³³ŋ⁴⁵ts'əŋ³³mĩ¹³，n̠i⁴²ta⁴⁵kɤ⁴²le¹³pi⁴²a⁴²？

（103）还□话是三个月啊？（难道是三个月吗？）

xa¹³tsa⁴⁵ua⁴⁵sʅ⁴²sã³³ko⁴⁵ye⁴⁵a⁴²？

（104）还□话你唔来啊？（难道你不来吗？）

xa¹³tsa⁴⁵ua⁴⁵n̠i⁴²ŋ⁴⁵le¹³a⁴²？

（102）～（104）无"啊"不成问句。

B. 祈使句

（105）莫要关门啊！（别关门哪！）

　　　　mo⁴⁵iɔ⁴⁵kʻuã³³mĩ¹³a³³！

（106）快点点来啊！（快点来呀！）

　　　　kʻua⁴⁵⁻³³tia⁴⁵tia⁴²le¹³a³³！

（107）□物件弯倒□那啊。（东西放在那儿。）

　　　　ti⁴⁵yæ³³tɕʻiã⁴⁵uã⁴⁵tɔ⁴²me³³la⁴⁵a³³.

"啊"使祈使意味减弱，即缓和了命令语气。

（108）慢慢行啊。（慢走啊。）

　　　　mã⁴⁵mã⁴⁵xɔ̃¹³a³³.

（109）莫要黑□嗒来啊！（别天黑才回来呀！）

　　　　mo⁴⁵iɔ⁴⁵xæ³³tʃi⁴⁵ta⁴⁵le¹³a³³！

（110）记得吃药啊！（记得吃药啊！）

　　　　tɕi⁴⁵tiæ⁴²tʃʻa³³io⁴⁵a³³！

（108）～（110）除了祈使意味减弱外，还增添了关心色彩。

（111）你莫要走了啊。（你别走了。）

　　　　n̠i⁴²mo⁴⁵iɔ⁴⁵tse⁴²le⁵³a³³.

这句隐含了挽留的意味。

C. 感叹句

在感叹句中，"啊"多半含有惊讶的感情色彩。

（112）今日好热啊！（今天好热啊！）

　　　　kĩ³³n̠i³³xɔ⁴²e⁴⁵a⁴²！

（113）你买一百斤啊！（你买一百斤啊！）

　　　　n̠i⁴²ma⁴²ie³³po³³tɕĩ³³a⁴²！

（114）箇□俅啊！（这么丑啊！）

　　　　ke³³ŋ⁴⁵səŋ¹³a⁴²！

（115）箇□心灵啊！（这么聪明啊！）

　　　　ke³³ŋ⁴⁵sĩ³³lĩ¹³a⁴²！

这里无"啊"不成感叹句。

⑨啦 la³³（或 la⁴²）

A. 主要用于疑问句

a. 表特指问

（116）你箇□肉好多钱一斤啦？（你这些肉多少钱一斤？）

ȵi⁴²ke³³ti⁴⁵ȵieu³³xɔ⁴²to³³ts'iã¹³ie³³tɕĩ³³la³³？

（117）佢来了好多回了啦？（佢来了多少次了？）

ȵi⁴²le¹³ le⁵³xɔ⁴²to³³xue⁴⁵ le⁵³la³³？

（118）箇□物件去□好多钱啦？（这些东西花了多少钱？）

ke³³ti⁴⁵yæ³³tɕ'iã⁴⁵xɤ⁴⁵ti⁴⁵xɔ⁴²to³³ts'iã¹³la³³？

（119）前夜晡你去搞吗咯了啦？（昨天晚上干什么来着？）

ts'iã⁴⁵ia⁴⁵pu³³ȵi⁴²xɤ⁴⁵kɔ²ma⁴⁵kɤ⁴²le⁵³la³³？

（120）哪个搭你打了餐啦？（谁把你打了一顿？）

la⁴⁵ko⁴⁵ta⁴⁵ȵi⁴²ta⁴² le⁵³ts'ã³³la³³？

（121）你吗事唔吃饭啦？（你怎么不吃饭呢？）

ȵi⁴²ma⁴⁵sɿ⁴⁵ŋ̍⁴⁵t'a³³fã⁴⁵la³³？

总体来说，加"啦"后表特指问显得语气亲切。例（120）还隐含有关心的意味，例（121）不加"啦"表责备，加了"啦"则不含责备语气，有关心意味。

（122）A. 你哪日走啊？（你哪一天走？）

ȵi⁴²la⁴⁵ȵi³³tse⁴²a³³？

B. 你哪日走啦？（你哪一天走？）

ȵi⁴²la⁴⁵ȵi³³tse⁴²la³³？

B 句用"啦"比 A 句用"啊"语气显得更亲切。

b. 表正反问

（123）你搭唔搭我啦？（你给不给我？）

ȵi⁴²ta⁴⁵ŋ̍⁴⁵ta⁴⁵ŋo⁴²la³³？

（124）只脚行唔行得啦？（脚能不能走了？）

ʈa³³ʈo³³xɔ̃¹³ŋ̍⁴⁵xɔ̃¹³tiæ⁴²la³³？

跟不加语气词的正反问相比，加上"啦"后语气亲切缓和。

(125) A 你喊了曾啦？（你喊了没有啊？）

ȵi⁴²xã⁴²le⁵³ ts'iã⁴⁵la³³？

B 你喊了曾咖？（你喊了没有？）

ȵi⁴²xã⁴² le⁵³ ts'iã⁴⁵ka⁴²？

A 句用"啦"语气和缓、委婉一些，B 句用"咖"语气重一些，有催促你喊的意味，没有喊的话就要喊。

c. 表反问

（126）你个人坐□一边，□人□□坐得下啦？（你一个人坐了一边，别人怎么坐得下呢？）

ȵi⁴²ko⁴⁵ȵi⁴⁵tsʻo⁴²ti⁴⁵ie³³piã³³,tʻã¹³ȵi⁴⁵tʃɔ̃⁴⁵çi⁴⁵tsʻo⁴²tiæ⁴²xa⁴²la³³？

（126）加"啊"语气亲切，责怪的意味减弱。

B. 也可用于祈使句

（127）你明日□□要来啦。（你明天一定要来。）

ȵi⁴²miã¹³ȵi³³tʃɔ̃⁴⁵çi⁴⁵io⁴⁵le¹³la⁴².

（128）记得吃药啦。（记得吃药。）

tçi⁴⁵tiæ⁴²tʃʻa³³io⁴⁵la⁴².

（129）莫要话啦。（别说。）

mo⁴⁵iɔ⁴⁵ua⁴⁵la⁴².

祈使句加"啦"总体说减弱了命令语气。例（127）和例（128）还隐含有提醒色彩。

⑩嗒 ta⁴⁵

A. 用于疑问句

a. 用于特指问

（130）□□是你个女客嗒？（怎么是你的老婆呢？）

tʃɔ̃⁴⁵çi⁴⁵sɿ⁴²ȵi⁴²ko⁴⁵ȵy⁴²kʻa³³ta⁴⁵？

（131）你想话吗咯嗒？（你想说什么呢？）

ȵi⁴²çiɔ̃⁴²ua⁴⁵ma⁴⁵kɤ⁴²ta⁴⁵？

b. 用于正反问

（132）你明日来唔来嗒？（你明天来不来？）

ȵi⁴²miã¹³ȵi³³le¹³ŋ⁴⁵le¹³ta⁴⁵？

"嗒"用于疑问句中表明说话者问话很果断，希望对方尽快回答。

B. 用于祈使句

（133）莫要话嗒！（别说！）

mo⁴⁵iɔ⁴⁵ua⁴⁵ta⁴⁵！

（134）搭我箇只物件嗒！（这个东西给我！）

a⁴⁵ŋo⁴²ke³³ta³³yæ³³tçʻia̅⁴⁵ta⁴⁵！

加上"嗒"加强了命令语气。

C. 用于陈述句

（135）话你个女客有个吗咯记你话出来嗒。（你老婆有个什么记号你说出来看。）

ua⁴⁵n̠i⁴²ko⁴⁵n̠y⁴²k'a³³iəu⁴²ko⁴⁵ma⁴⁵kɤ⁴²tɕi⁴⁵ n̠i⁴²ua⁴⁵tɕ'ye³³le¹³ta⁴⁵.

用"嗒"的语气很干脆。

D. 用于感叹句

（136）箇件衣裳箇□□□嗒。（这件衣服这么漂亮。）

ke³³tɕ'iã⁴⁵i³³sã³³ke³³ŋ⁴⁵kuæ³³tɕi⁴⁵ta⁴⁵.

（137）A 箇□大咯雨嗒。（这么大的雨啊。）

ke³³ŋ⁴⁵t'a⁴⁵kɔ⁴²y⁴²ta⁴⁵.

B 箇□大咯雨啊。（这么大的雨啊。）

ke³³ŋ⁴⁵t'a⁴⁵kɔ⁴²y⁴²a³³.

例（137）A 表示惊讶的感叹，即开始不知道下这么大的雨。B 表示看见雨越下越大发出的感叹。

⑪ 喃 lã⁴²

"喃"使用范围窄，只用于是非问句中，无"喃"则不成问句，用"喃"的是非问对所问事情信大于疑，提问是为了寻求证实。

（138）箇回□□也唔得落雨了喃？（这下再也不会下雨了吧？）

ke⁴²xue⁴⁵t'ɔ̃⁴⁵ɕi⁴⁵ia⁴²ŋ⁴⁵tiæ³³la⁴⁵y⁴²le⁵³lã⁴²？

（139）箇案事你晓得了喃？（这件事情你知道了吧？）

ke³³ŋã⁴⁵sŋ⁴⁵n̠i⁴²ɕiɔ⁴²tiæ⁴²le⁵³lã⁴²？

（140）今日是星期四喃？（今天是星期四吧？）

kĩ³³n̠i³³sŋ⁴²sĩ³³tɕ'i³³sŋ⁴⁵lã⁴²？

（141）你又迟到了喃？（你又迟到了吧？）

n̠i⁴²iəu⁴⁵ts'ŋ¹³tɔ⁴⁵le⁵³lã⁴²？

（142）就下蛮欢喜了喃？（就都很高兴，对吧？）

tɕ'iəu⁴⁵xa⁴⁵mã¹³xuã³³ɕi⁴² le⁵³lã⁴².

⑫ 哇 ua³³

用于特指问句、是非问句末，这种特指问句、是非问句用来表达反问，常常起到感叹语气的作用。

A. 用于特指问句

（143）佢□□箇□高咯哇？（他怎么这么高啊？）

kɤ⁴²t'ɔ̃⁴⁵ɕi³³ke³³ŋ⁴⁵kɔ³³kɤ⁴²ua³³？

（144）吗事话□箇咯话出来哇？（怎么说出这样的话来呢？）

ma⁴⁵sʅ⁴⁵ua⁴⁵ti⁴⁵ke³³kɤ⁴²xua⁴⁵tɕ'ye³³le¹³ua³³ ?

（143）、（144）加"哇"加强感叹语气，例（144）还隐含了说话者的不满情绪。

（145）A □物件吗事箇□贵哇？（这东西怎么这么贵？）

　　　　ti⁴⁵yæ³³tɕ'iã⁴⁵ma⁴⁵sʅ⁴⁵ke³³ŋ⁴⁵kue⁴⁵ua³³ ?

　　　B □物件吗事箇□贵啦？（这东西怎么这么贵？）

　　　　ti⁴⁵yæ³³tɕ'iã⁴⁵ma⁴⁵sʅ⁴⁵ke³³ŋ⁴⁵kue⁴⁵la³³ ?

相比较而言，用"哇"表疑问比用"啦"显得语气亲切些。

B. 用于是非问句

（146）你唔吃哇？（你不吃吗？）

　　　　ȵi⁴²ŋ⁴⁵t'a³³ua³³ ?

（147）点果事难哇？（一点这样的事还难吗？）

　　　　tia⁴⁵ko⁴²⁵sʅ⁴⁵lã¹³ua³³ ?

（148）件箇□好咯毛索子去拆□佢哇？（一件这么好的毛衣去拆掉它？）

　　　　tɕ'iã⁴⁵ke³³ŋ⁴⁵xɔ⁴²kɔ⁴²mo¹³so⁴²tsʅ⁴²xɤ⁴⁵tɕ'iæ³³ti⁴⁵kɤ⁴²ua⁴⁵ ?

（146）（147）（148）无"哇"就不能构成是非问句表反问，同时起到加强语气的作用。

⑬ 呃 e⁴²

"呃"用在正反问形式作"晓得"的宾语这一疑问句式后，表示一种揣摩，增强了句子的揣测色彩。

（149）晓得有唔有呃？（不知道有没有？）

　　　　ɕiɔ⁴²tiæ⁴²iəu⁴²ŋ⁴⁵iəu⁴²e⁴² ?

（150）晓得佢来唔来呃？（不知道他来不来？）

　　　　ɕiɔ⁴²tiæ⁴²kɤ⁴⁵le¹³ŋ⁴⁵le¹³e⁴² ?

（151）晓得去唔去呃？（不知道他去不去？）

　　　　ɕiɔ⁴²tiæ⁴²xɤ⁴⁵ŋ⁴⁵xɤ⁴⁵e⁴² ?

4. 余论

上面我们分别介绍了桂阳六合土话方言语气词的具体用法，总体来看，桂阳六合土话方言语气词具有以下两个较明显的特点：

①桂阳土话语气词不用轻声表现，不管是句末语气词还是句中语气词，读音多数采用声调系统的一个调值（桂阳六合土话有阴平 33、阳平

13、上声42、去声45四种调值），有少数语气词超出原有调值，如：了 le⁵³、嘞 le⁵³。语气的强弱和声调的高低有关系，语气词发音可能短而轻，也可能长而重。如：感叹句"唔得了了嘞！（不得了了呢！）ŋ⁴⁵tiæ³³liɔ⁴²le⁵³le⁴²/¹³！"，"嘞"起加强感叹语气的作用，可以有两种声调，读13时比读42时语气更加强烈，这是因为13是升调的缘故。还可以把13拖长读成133甚至1333，这时语气则更强烈。

②桂阳土话是非问句一定要加语气词表示，如"只是喊吃糖啊？（光请吃糖吗？）"中的"啊"是足句成分，无"啊"就不能构成是非问句，只能是陈述句。这一点跟普通话不一样，普通话是非问句既可以加语气词，如"光请吃糖吗？"，也可以不用语气词，如"光请吃糖？"，而只要把句子语调改为升调就能表示是非问。

（五）副词

1. 程度副词

①表程度高的副词

蛮 mã¹³　　　蛮蛮 mã¹³mã⁴⁵　　　好 xɔ⁴²　　　忒 t'iæ³³

最 tsue⁴⁵　　　还 xa¹³　　　　　　更加 kĩ⁴⁵ʨa³³

A. 蛮 mã¹³　　　蛮蛮 mã¹³mã⁴⁵

a. 副词"蛮"主要修饰形容词，如：

（1）佢对我蛮好。（他对我很好。）

kɤ⁴²tue⁴⁵ŋo⁴²mã¹³xɔ⁴².

（2）佢俚两个人咯关系蛮好。（他们两人的关系很好。）

kɤ⁴²liæ⁴²liɔ̃⁴²ko⁴⁵n̠i¹³⁻⁴⁵kɔ⁴²kuã³³ɕi⁴⁵mã¹³xɔ⁴².

（3）今年冬天蛮冷。（今年冬天很冷。）

kĩ³³n̠iã¹³təŋ³³t'iã³³mã¹³lɔ̃⁴².

（4）箇个细人的有蛮高了。（这孩子挺高的呢。）

ke³³ko⁴⁵ɕi⁴⁵n̠i⁴⁵tiæ⁴²iəu⁴²mã¹³kɔ³³ le⁵³.

（5）果个人蛮雄，雄鸟了。（这个人好傲，傲得不得了。）

ko⁴²ko⁴⁵n̠i¹³mã¹³ɕiəŋ¹³，ɕiəŋ¹³tiɔ⁴²le⁵³.

（6）箇□梨蛮好吃。（这些梨很好吃。）

ke³³ti⁴⁵li¹³mã¹³xɔ⁴²t'a³³.

b."蛮"能修饰心里活动动词和少数能愿动词，如：

（7）我唔是蛮喜欢佢。（我不是很喜欢他。）

ŋo⁴²ŋˀ⁴⁵sʅ⁴²mã¹³ɕi⁴²xuã³³kɤ⁴².

（8）佢蛮想去大姑咖屋□。（她很想去姑姑家。）

kɤ⁴²mã¹³ɕiɔ̃⁴²xɤ⁴⁵tˀa⁴⁵ku³³ka⁴⁵uˀ³³tiæ⁴².

（9）佢蛮敢咯。（他很敢于做事。）

kɤ⁴²mã¹³kuã⁴²kɔ⁴².

（10）佢蛮肯做。（他很愿意做事。）

kɤ⁴²mã¹³kˀĩ⁴²tsu⁴⁵.

c."蛮"还可以修饰动词短语，如：

蛮怕丑　　蛮讲礼性（很讲礼节）　　　蛮会话（很会说）

蛮要面子　　蛮有可能　　蛮划得来

蛮唔讲理（很不讲理）　　蛮逗人嫌（很逗人嫌）

d."蛮"有时还可以重叠，说成"蛮蛮"，重叠后意思基本不变，只是说话人的一种习惯。如下例都可换成"蛮"而意思基本不变。

（11）箇个苹果蛮蛮大。（这苹果很大。）

ke³³kɔ⁴⁵pˀĩ¹³kɔ⁴²mã¹³mã⁴⁵tˀa⁴⁵.

（12）箇个物件蛮蛮重，拿唔拿得摇啊？（这个东西很重，拿得动拿不动？）

ke³³kɔ⁴⁵yæ³³tɕˀiã⁴⁵mã¹³mã⁴⁵tˀəŋ⁴², la¹³ŋˀ⁴⁵la¹³tiæ⁴²iɔ¹³aˀ³³？

（13）我俚寻箇几本书寻了蛮蛮久。（我们找这几本书找了很久。）

ŋo⁴²liæ⁴²tsˀĩ¹³ke³³tɕi⁴²pĩ⁴²ɕy³³tsˀĩ¹³le⁵³mã¹³mã⁴⁵tɕiəu⁴².

（14）好是蛮蛮好，就是太少了点点。（好是很好，只是少了点。）

xɔ⁴²sʅ⁴²mã¹³mã⁴⁵xɔ⁴², tɕˀiəu⁴⁵sʅ⁴²ɕiɔ⁴²le⁵³tia⁴⁵tia⁴².

（15）今日比□日好得蛮蛮多。（今天比昨天好很多。）

kĩ³³n̩i³³pi⁴²tsiã⁴⁵n̩i³³xɔ⁴²tiæ⁴²mã¹³mã⁴⁵to³³.

B. 好 xɔ⁴²

a. 副词"好"主要修饰形容词。如：

（16）电视机好明。（电视机很清楚。）

tiã⁴⁵sʅ⁴⁵tɕi³³xɔ⁴²mĩ¹³.

（17）箇个人好厚咯书底。（这个人很有学问。）

ke³³kɔ⁴⁵n̩i¹³xɔ⁴²xe⁴²kɤ⁴²ɕy³³ti⁴².

（18）箇件衣裳好□□。（这件衣服很漂亮。）

ke³³tɕʻiɑ̃⁴⁵i³³sɑ̃³³xɔ⁴²kuæ³³tɕi⁴⁵.

（19）你做箇号坏事嗟好丑。（你做这种坏事真丢丑。）

n̠i⁴²tsu⁴⁵ke³³xɔ⁴⁵xua⁴⁵ʂɿ⁴⁵tɕie⁴⁵xɔ⁴²tɕʻiəu⁴².

（20）□南瓜好好吃。（这些南瓜很好吃。）

ti⁴⁵lɑ̃¹³kua³³xɔ⁴²xɔ⁴²tʻa³³.

b.“好”也可修饰心里活动动词，如：

（21）我好想你了。（我太想你了。）

ŋo⁴²xɔ⁴²ɕiɔ̃⁴²n̠i⁴²le⁵³.

（22）我好爱□个细人的。（我特别喜欢那孩子。）

ŋo⁴²xɔ⁴²ue⁴⁵me³³ko⁴⁵ɕin⁴⁵（ɕi⁴⁵n̠i⁴⁵“细人”的合音）tiæ⁴².

（23）佢好爱去大姑□那。（她很喜欢去姑姑那儿。）

kɤ⁴²xɔ⁴²ue⁴⁵xɤ⁴⁵tʻa⁴⁵ku³³me³³la⁴⁵.

（24）佢好怕佢老子。（他很怕他爸爸。）

kɤ⁴²xɔ⁴²pʻa⁴⁵kɤ⁴²lɔ⁴²tsɿ⁴².

c.“好”有时也可修饰动词性短语，如：

（25）你箇下的就好来得勤□了啦 。 （你这阵子来得很勤了。）

n̠i⁴²ke³³xa⁴⁵tiæ⁴²tɕʻiəu⁴⁵xɔ⁴²le¹³tiæ⁴²tɕʻɿ¹³tɕɿ¹³le⁵³la³³ .

这里“好”修饰“来得勤□”这个动补性短语，补语为形容词充当。普通话副词“好”可以修饰动词，常带动量词。如：“原来你躲在这儿，害得我好找！”“前些时候好忙了一阵。”“挨了好一通骂。”但普通话副词“好”不能修饰形容词作补语的动补性短语，而桂阳六合土话的副词“好”可以这样修饰。

d.“蛮”和“好”在很多情况下可以互相替换，只是“蛮”在表程度时一般不带感情色彩，“好”则带较强的感情色彩。如：

（26）箇条鱼蛮/好新鲜。（这条鱼很新鲜。）

ke³³tʻiɔ¹³⁻⁴⁵ŋ¹³mɑ̃¹³/xɔ⁴²sĩ³³²syɑ̃³³ .

（27）佢蛮/好壮。（他胖得很。）

kɤ⁴²mɑ̃¹³/xɔ⁴²tsɔ̃⁴⁵ .

（28）佢蛮/好像佢老娘。（她很像妈妈。）

kɤ⁴²mɑ̃¹³/xɔ⁴²tsʻiɔ̃⁴⁵kɤ⁴²lɔ⁴²liɔ̃⁴⁵ .

C. 忒 tʻiæ³³

（29）你箇细话忒话现了，我唔相信。（你这样说太夸张了，我不相信。）

ȵi⁴²ke³³ɕi⁴⁵ua⁴⁵tʻiæ³³ua⁴⁵ɕiã⁴⁵le⁵³, ŋo⁴²ŋ⁴⁵ɕiɔ̃³³sĩ⁴⁵.

（30）莫要忒担心了。（别太担心了。）

　　　　mo⁴⁵iɔ⁴⁵tʻiæ³³tã³³sĩ³³le⁴⁵.

"忒"的用法基本跟普通话的"太"一样。

D. 最 tsue⁴⁵　　　　还 xa¹³　　　　更加 kĩ⁴⁵ʈa³³

（31）咯只合作社咯物件最好了。（这个合作社的东西最好。）

　　　　ke³³ʈa³³xo⁴⁵tsɿ⁴²ɕie⁴⁵kɤ⁴²yæ³³tɕʻiã⁴⁵tsue⁴⁵xɔ⁴²le³³.

（32）三个细人的蛮懂事，老二嗟还懂下。（三个小孩很懂事，老二尤其懂事。）

　　　　sã³³ko⁴⁵ɕi⁴⁵ȵi⁴⁵tiæ⁴²mã¹³təŋ⁴²sɿ⁴⁵, lɔ⁴²ɔ⁴⁵tɕie³³xa¹³təŋ⁴²xa⁴⁵.

（33）你还打佢啰，佢更加唔听你咯了。（你还打他呀，他更加不听你的了。）

　　　　ȵi⁴²xa¹³ta⁴²kɤ⁴²lo⁴², kɤ⁴²kĩ⁴⁵ʈa³³ŋ⁴⁵tʻiɔ̃³³ȵi⁴²kɤ⁴²le⁵³.

②表程度较低的副词

唔老大 ŋ⁴⁵lɔ⁴²tʻa⁴⁵　　　　　　清姑 tsʻĩ³³ku³³

有点 iəu⁴²tia⁴⁵

A. 唔老大 ŋ⁴⁵lɔ⁴²tʻa⁴⁵

（34）箇个女的本身唔老大明。（这个女的本身不太聪明。）

　　　　ke³³ko⁴⁵ȵy⁴²tiæ⁴²pĩ⁴²ɕĩ³³ ŋ⁴⁵lɔ⁴²tʻa⁴⁵mĩ¹³.

（35）我唔老大喜欢□个细人的。（我不怎么喜欢那孩子。）

　　　　ŋo⁴²ŋ⁴⁵lɔ⁴²tʻa⁴⁵ɕi⁴²xuã³³me³³ko⁴⁵ɕin⁴⁵（"细人 ɕi⁴⁵ȵi⁴⁵"合音 ɕin⁴⁵）tiæ⁴².

B. 清姑 tsʻĩ³³ku³³

（36）佢清姑的话了下，就走□了。（他稍微说了下，就走了。）

　　　　kɤ⁴²tsʻĩ³³ku³³tiæ⁴²ua⁴⁵le⁵³xa⁴⁵, tɕʻiəu⁴⁵tse⁴²ti⁴⁵le⁵³.

C. 有点 iəu⁴²tia⁴⁵

（37）做箇□多事了，佢有点要力了。（做了这么多事，他有点费劲了。）

　　　　tsu⁴⁵ke³³ŋ⁴⁵tɔ³³sɿ⁴⁵ le⁵³, kɤ⁴²iəu⁴²tia⁴⁵iɔ⁴⁵li⁴⁵le⁵³.

2. 时间、频率副词
①表时间的副词

在咖 tsʻe⁴²ka⁴²　　□□ ŋã⁴⁵ŋã⁴⁵　　恰恰 kʻiæ³³kʻiæ³³⁻⁴⁵　　安正 ŋã³³ʈɔ̃⁴⁵

好久 xɔ⁴²tɕiəu⁴²　　捱□ ŋa¹³tsa⁴⁵　　或然 xuæ⁴⁵iã¹³　　接脚 tɕie³³ʈo³³

一下 ie³³xa⁴⁵　　快 kʻua⁴⁵　　快要 kʻua⁴⁵iɔ⁴⁵

A. 在咖 ts'e⁴²ka⁴²

表现在，相当于普通话的"在""正在"。

（38）在咖害起就在咖担心了，养细人的你话是咖了，要养出哒放心，你□□话。（还在怀就在担心了，生小孩你说是吧，要生出来才放心，你以为呀。）

ts'e⁴²ka⁴²xa⁴⁵çi⁴²tç'iəu⁴²ts'e⁴²ka⁴²tã³³sɿ³³le⁵³，iɔ̃⁴²çi⁴⁵n̠i⁴⁵tiæ⁴²n̠i⁴²ua⁴⁵sɿ⁴²ka⁴²le⁵³，iɔ⁴⁵iɔ̃⁴²tç'ye³³ta⁴⁵fɔ⁴⁵sɿ³³，n̠i⁴²pa⁴⁵tsɿ⁴⁵ua⁴⁵.

（39）佢俚在咖行。（他们在往来。）

kɤ⁴²liæ⁴²ts'e⁴²ka⁴²xɔ¹³.

（40）我在咖吃饭，你等下我啰。（我吃饭呢，你等一等。）

ŋo⁴²ts'e⁴²ka⁴²t̠'a³³fã⁴⁵，n̠i⁴²tĩ⁴²xa⁴⁵ŋo⁴²lo⁴².

B. □□ ŋã⁴⁵ŋã⁴⁵

表过去的时间，相当于普通话的"刚刚，刚"。

（41）佢□□走了。（他刚刚走了。）

kɤ⁴²ŋã⁴⁵ŋã⁴⁵tse⁴²ti⁴⁵le⁵³.

（42）□□四点钟。（刚刚四点钟。）

ŋã⁴⁵ŋã⁴⁵sɿ⁴⁵tiã⁴²t̠əŋ³³.

（43）佢□□教书唔久。（他刚教书不久。）

kɤ⁴²ŋã⁴⁵ŋã⁴⁵kɔ⁴⁵çy³³ŋ⁴⁵tçiəu⁴².

（44）佢□□吃□饭了。（他刚刚吃完饭了。）

kɤ⁴²ŋã⁴⁵ŋã⁴⁵t̠'a³³ti⁴⁵fã⁴⁵le⁵³.

（45）□□十八岁，就嫁□了。（刚十八岁，就嫁人了。）

ŋã⁴⁵ŋã⁴⁵çie⁴⁵piæ³³çiəu⁴⁵，tç'iəu⁴⁵ka⁴⁵ti⁴⁵le⁵³.

（46）问：梨花在你□那曾？（梨花在你那儿没有？）

li¹³xua³³ts'e⁴²n̠i⁴²me³³la⁴⁵ts'iã⁴⁵？

答：佢□□走□。（她刚刚才走。）

kɤ⁴² ŋã⁴⁵ ŋã⁴⁵tse⁴² ti⁴⁵.

C. "恰恰"表过去的时间，也相当于普通话的"刚刚，刚"，和"□□ŋã⁴⁵ŋã⁴⁵"基本上可以互换，如上述"□□ŋã⁴⁵ŋã⁴⁵"的例子全部可以换成"恰恰"。有些被调查人认为，在六合乡龙源村这一带多说"□□ŋã⁴⁵ŋã⁴⁵"，在隔壁板桥乡麻布村一带则多说"恰恰"。而龙源村的廖姓人本来就是从麻布村迁过来的。因此不少人"□□ŋã⁴⁵ŋã⁴⁵、恰恰"都说。

D. 安正 ŋã³³tɔ̃⁴⁵

"安正"可表示两个意思，一个意思是"刚好，正好。"

（47）我安正带了二十块钱。（我刚好带了二十块钱。）

　　　ŋo⁴²ŋã³³tɔ̃⁴⁵ta⁴⁵le⁵³ɔ⁴⁵ɕie⁴⁵kʻua⁴²tsʻiã¹³.

（48）我安正在箇那过身。（我刚好从这里经过。）

　　　ŋo⁴²ŋã³³tɔ̃⁴⁵tsʻe⁴²ke³³la⁴⁵ko⁴⁵ɕi³³.

（49）问：梨花在你口那曾？（梨花在你那儿没有？）

　　　li¹³xua³³tsʻe⁴²n̩i⁴²me³³la⁴⁵tsʻiã⁴⁵？

　　　答：佢安正在箇那，你来啰。（她刚好在这里，你过来吧。）

　　　kɤ⁴²ŋã³³tɔ̃⁴⁵tsʻe⁴²ke³³la⁴⁵, n̩i⁴²le¹³lo⁴².

　　另一个意思是"刚刚，刚"。表示行动或情况发生在不久以前。这个意思跟"口口 ŋã⁴⁵ŋã⁴⁵"和"恰恰"相同，可以互换。

（50）问：吃口饭曾？（吃过饭了没有？）

　　　tʻa³³ti⁴⁵fã⁴⁵tsʻiã¹³？

　　　答：安正吃口冇好久得。（刚刚吃过没多久。）

　　　ŋã³³tɔ̃⁴⁵tʻa³³ti⁴⁵mo⁴⁵xo⁴²tɕiəu⁴²tiæ⁴².

（51）安正十八岁，就嫁口了。（刚十八岁，就嫁人了。）

　　　ŋã³³tɔ̃⁴⁵ɕie⁴⁵piæ³³ɕiəu⁴⁵, tɕʻiəu⁴⁵ka⁴⁵ti⁴⁵le⁵³.

　E. 好久 xɔ⁴²tɕiəu⁴²

"好久"在桂阳六合土话中作副词，表过去的时间，表示"早已"的意思。普通话的"好久"只是一个形容词，表"很久，许久"之意。

（52）晒倒门前咯衣裳好久就干口了。（晾在外头的衣服早就干了。）

　　　sa⁴⁵tɔ⁴²mĩ⁴⁵tsʻiã¹³⁻⁴⁵kɤ⁴²i³³sã³³xɔ⁴²tɕiəu⁴² tɕʻiəu⁴⁵kuã³³ti⁴⁵le⁵³.

　F. 捱口 ŋa¹³ tsa⁴⁵

"捱口 ŋa¹³tsa⁴⁵"表示过一会儿，等一会儿，即不久的将来。

（53）捱口我就过来。（待会儿我就过来。）

　　　ŋa¹³tsa⁴⁵ŋo⁴²tɕʻiəu⁴⁵ko⁴⁵le¹³.

（54）捱口我俚去洗。（待会儿我们去洗。）

　　　ŋa¹³tsa⁴⁵ŋo⁴²liæ⁴²xɤ⁴⁵ɕi⁴².

（55）先切起肉嗒，捱口再炒。（先切好肉，待会儿再炒。）

　　　siã³³tɕʻie³³ɕi⁴²n̩iəu³³ta⁴⁵, ŋa¹³tsa⁴⁵tsa⁴⁵tsʻɔ⁴².

　G. 或然 xuæ⁴⁵iã¹³

"或然"相当于普通话的"忽然"。

（56）或然咯又好下，或然咯又发起了。（（病）时好时坏。）

xuæ⁴⁵iã¹³kɔ⁴²iəu⁴⁵xɔ⁴²xa⁴⁵, xuæ⁴⁵iã¹³kɔ⁴²iəu⁴⁵fiæ³³ɕi⁴²le⁵³.

（57）门或然咯就开□了。（门忽然就开了。）

mĩ¹³xuæ⁴⁵iã¹³kɔ⁴²tɕʻiəu⁴⁵kʻa³³ti⁴⁵le⁵³.

（58）或然咯就落大雨。（忽然就下大雨。）

xuæ⁴⁵iã¹³kɔ⁴²tɕʻiəu⁴⁵la⁴⁵tʻa⁴⁵y⁴².

H. 接脚 tɕie³³ʈo³³

"接脚"相当于普通话的"随后"。

（59）一下唔曾揸咯，接脚就跟起佢去了。（没有停留，随后就跟着去了。）

ie³³xa⁴⁵ŋ̍⁴⁵tɕʻiã¹³ŋa¹³kɔ⁴², tɕie³³ʈo³³tɕʻiəu⁴⁵kĩ³³ɕi⁴²kɤ⁴²xɤ⁴⁵le⁵³.

I. 一下 ie³³xa⁴⁵

普通话"一下"也是副词，表示短暂的时间。桂阳六合土话的"一下"有时可以理解为普通话的"一下"，有时只能理解为普通话的"马上"，表"立刻"之意。

（60）佢搭我撂了筒烟来，我一下就接倒了。（他丢了根烟过来，我一下就接住了。）

kɤ⁴²ta⁴⁵ŋo⁴²liɔ⁴⁵le⁴⁵təŋ⁴⁵iã³³le¹³, ŋo⁴²ie³³xa⁴⁵tɕʻiəu⁴⁵tɕie³³tɔ⁴²le⁵³.

（61）一下的，就个面挺下来了。（马上脸就黑下来了。）

ie³³xa⁴⁵tiæ⁴², tɕʻiəu⁴⁵kɔ⁴⁵miã⁴⁵tʻĩ⁴²xa⁴²le¹³le⁵³.

（62）我一下就去接佢。（我马上就去接他。）

ŋo⁴²ie³³xa⁴⁵tɕʻiəu⁴⁵xɤ⁴⁵tɕie³³kɤ⁴².

J. 快 kʻua⁴⁵　　　　快要 kʻua⁴⁵iɔ⁴⁵

（63）就吃饭了，快来。（马上吃饭了，快来。）

tɕʻiəu⁴⁵tʻa³³fã⁴⁵le⁵³, kʻua⁴⁵le¹³.

（64）快要落雪了，唔消去算了。（快下雪了，别去算了。）

kʻua⁴⁵iɔ⁴⁵la⁴⁵sye³³le⁵³, ŋ̍⁴⁵ɕiɔ³³xɤ⁴⁵suã⁴⁵le⁵³.

（65）芳芳快要养毛头了。（芳芳快要生小孩了。）

fɔ̃³³fɔ̃³³kua⁴⁵iɔ⁴⁵iɔ̃⁴²mɔ⁴⁵te⁴⁵le⁵³.

②表频率的副词

大势 tʻa⁴⁵sɿ⁴⁵　一路来 ie³³lu⁴⁵le¹³　一向来 ie³³ɕiɔ̃⁴⁵le¹³

总是 tsɔ̃⁴²sʅ⁴²　　日日 ȵi³³ȵi³³　　　　哒 ta⁴⁵　过下过下 ko⁴⁵xa⁴⁵ko⁴⁵xa⁴⁵

另换 li⁴⁵xuã⁴⁵　连唔捱 iã¹³ŋ⁴⁵ŋa¹³　连 iã¹³　还是 xa¹³sʅ⁴²

随时 tsʻue¹³sʅ⁴⁵　先 ɕiã³³　　　　　先行 ɕiã³³xɔ̃¹³　头道 tʻe¹³tɔ⁴⁵

还 xa¹³　　　　　就 tɕʻiəu⁴⁵　　　　慢慢 mã⁴⁵mã⁴⁵　迟早 tsʻʅ¹³tsɔ⁴²

也 ia⁴²　再 tsa⁴⁵　又 iəu⁴⁵　　　照样 ȶɔ⁴⁵iɔ̃⁴⁵　从来 ȶsʻəŋ¹³le¹³

A. 大势 tʻa⁴⁵sʅ⁴⁵

相当于普通话的"经常、常常、向来、一直"。

（66）我大势唔认得细佢。（我向来就不认识他。）

　　　ŋo⁴²tʻa⁴⁵sʅ⁴⁵ŋ⁴⁵ȵi⁴⁵tiæ⁴²ɕi⁴⁵kɤ⁴².

（67）佢大势唔在咖屋□。（他常常不在家。）

　　　kɤ⁴²tʻa⁴⁵sʅ⁴⁵ŋ⁴⁵tsʻe⁴²ka⁴²u³³tiæ⁴².

（68）□阵细人的大势端起碗饭在门前吃。（那时小孩子们经常端着饭在外面吃。）

　　　me³³ɕĩ⁴⁵ɕi⁴⁵ȵi⁴⁵tiæ⁴²tʻa⁴⁵sʅ⁴⁵tua̠³³ɕi⁴²uã⁴²fã⁴⁵tsʻe⁴²mĩ⁴⁵tsʻiã⁴⁵ȶʻa³³.

（69）读书大势取□果名（读书时一直取的那样的名字）

　　　tʻu⁴⁵ɕy³³tʻa⁴⁵sʅ⁴⁵tɕʻy⁴²ti⁴⁵ko³³miɔ̃¹³.

B. 一路来 ie³³lu⁴⁵le¹³　一向来 ie³³ɕiɔ̃⁴⁵le¹³

（70）佢读书一路来读得。（他读书一直会读。）

　　　kɤ⁴²tʻu⁴⁵ɕy³³ie³³lu⁴⁵le¹³tʻu⁴⁵tiæ⁴².

（71）佢一路来喜欢细人的。（他历来喜欢小孩。）

　　　kɤ⁴²ie³³lu⁴⁵le¹³ɕi⁴²xuã³³ɕi⁴⁵ȵi⁴⁵tiæ⁴².

（72）佢一路来蛮□。（他一直很蠢。）

　　　kɤ⁴²ie³³lu⁴⁵le¹³mã¹³ɔ̃⁴⁵.

（73）箇个人读书一向来□□，考起大学了。（这个人读书一直很勤奋，考上大学了。）

　　　ke³³ko⁴⁵ȵi¹³tʻu⁴⁵ɕy³³ie³³ɕiɔ̃⁴⁵le¹³tsĩ⁴⁵ie³³，kʻɔ⁴²ɕi⁴²tʻa⁴⁵ɕio¹³le⁴⁵.

(C) 总是 tsəŋ⁴²sʅ⁴²

a. 相当于普通话的"老"，即"经常"的意思

（74）爷爷，你莫总是箇□驼碎啰？（爷爷，您别老唠叨行吗？）

　　　ia¹³ia⁴⁵，ȵi⁴²mo⁴⁵tsəŋ⁴²sʅ⁴²ke³³ŋ⁴⁵tʻo¹³sue⁴⁵lo⁴².

（75）你莫总是打岔。（你别老是打岔。）

　　　ȵi⁴²mo⁴⁵tsəŋ⁴²sʅ⁴²ta⁴²tsʻa⁴⁵.

（76）你总是眯眼珠，吗事啥？（你老眨眼睛干嘛？）

ȵi⁴²tsəŋ⁴²sʅ⁴²mi⁴⁵ŋa⁴²tɕy⁴²，ma⁴⁵sʅ⁴⁵sa⁴²？

（77）你就总是爱话我。（你老喜欢讲我。）

ȵi⁴⁵tɕˈiəu⁴⁵tsəŋ⁴²sʅ⁴²ue⁴⁵ua⁴⁵ŋo⁴².

（78）佢总是爱逗细人的。（他老爱逗小孩。）

kɤ⁴²tsəŋ⁴²sʅ⁴²ue⁴⁵te³³ɕi⁴⁵ȵi⁴⁵tiæ⁴².

（79）佢总是笑，唔话事。（她老是笑，不说话。）

kɤ⁴²tsəŋ⁴²sʅ⁴²ɕio⁴⁵，ŋ̍⁴⁵ua⁴⁵sʅ⁴⁵.

b. 相当于普通话的"再三"

（80）爹爹总是摆布我要下米读书。（爸爸再三叮嘱我要努力读书。）

tia³³tia³³tsəŋ⁴²sʅ⁴²pa⁴²pu⁴⁵ŋo⁴²io⁴⁵ɕia⁴⁵mi⁴²tˈu⁴⁵ɕy³³.

c. 相当于普通话的"永远"

（81）你总是莫到举了。（你永远别回来了。）

ȵi⁴²tsəŋ⁴²sʅ⁴²mo⁴⁵tɔ⁴⁵tɕy⁴²le⁵³.

D. 日日 ȵi³³ȵi³³

相当于普通话的"成天、整天"

（82）佢日日在门前口。（他成天在外面玩。）

kɤ⁴²ȵi³³ȵi³³tsˈe⁴²mĩ⁴⁵tsˈiã⁴⁵xe³³.

E. 哒 ta⁴⁵

相当于普通话的"才""都"。

（83）佢二十五哒结婚咯。（他二十五才结婚。）

kɤ⁴²ɔ⁴⁵ɕie⁴⁵ŋ̍⁴²ta⁴⁵tɕie³³xuən³³kɔ⁴².

（84）六点钟哒天光。（六点钟才天亮。）

liəu⁴⁵tiã⁴²ʈəŋ³³ta⁴⁵tˈiã³³kɔ̃³³.

（85）一个哒冇一个。（一个都没有。）

ie³³ko⁴⁵ta⁴⁵mo⁴⁵ie³³ko⁴⁵.

刘丽华（2001）娄底方言也有副词"哒 ta³⁵"，可以表示对某一种情况的强调，相当于普通话的"甚至"和"都"的强调义，如"手里只钱唧哒冇得。（手里一个钱都没有。）"。还可以表示时间、结果等，相当于"已经""才"，如"你吗介到己个时际哒回来？（你怎么到这个时候才回来？）"。桂阳六合土话副词"哒 ta⁴⁵"表"才、都"的意思，和娄底方言的副词"哒ta³⁵"是一致的。

F. 过下过下 ko⁴⁵xa⁴⁵ko⁴⁵xa⁴⁵

"过下过下"表"渐渐、逐渐"的意思。

（86）过下过下佢就唔记得果案事了。（他渐渐忘记了这件事。）

　　　ko⁴⁵xa⁴⁵ko⁴⁵xa⁴⁵kɤ⁴²tɕ'iəu⁴⁵ŋ⁴⁵tɕi⁴⁵tiæ⁴²ko⁴²ŋã⁴⁵sʅ⁴⁵le⁵³.

G. 另换 lĩ⁴⁵xuã⁴⁵

"另换"相当于普通话的"重、重新"。

（87）箇回你唔曾写好，还要另换写一回。（这次写得不好，你重（新）
写一次。）

　　　ke³³xue¹³⁻⁴⁵n̠i⁴²ŋ⁴⁵ts'iã¹³ɕia⁴²xɔ⁴²，xa¹³iɔ⁴⁵lĩ⁴⁵xuã⁴⁵ɕia⁴²ie³³xue¹³⁻⁴⁵.

（88）开始算错了，另换算一道。（开始算错了，重新算一次。）

　　　k'a³³sʅ⁴²suã⁴⁵ts'o⁴⁵le⁵³，lĩ⁴⁵xuã⁴⁵suã⁴⁵ie³³tɔ⁴⁵.

H. 连唔捱 iã¹³ŋ⁴⁵ŋa¹³

作为副词，"连唔捱"表示"不断地，连续地"，如：

（89）佢连唔捱咯话。（他不断地说。）

　　　kɤ⁴²iã¹³ŋ⁴⁵ŋa¹³kɤ⁴²ua⁴⁵.

"连唔捱"有时不是副词，是作为一个短语出现的，表示"没有停"
的意思，如：

（90）佢连唔捱就走。（他没有停就走。）

　　　kɤ⁴²iã¹³ŋ⁴⁵ŋa¹³tɕ'iəu⁴⁵tsɔ⁴².

I. 连 iã¹³

普通话"连"作副词表示"连续；接续"之意，如"连演一个多月；
连打几枪"。桂阳六合土话"连"用作副词表示"很久"的意思。

（91）你连唔来啦。（你总是不来。）

　　　n̠i⁴²iã¹³ŋ⁴⁵le¹³la³³.

J. 还是 xa¹³sʅ⁴²

桂阳六合土话的"还是"跟普通话的副词"还是"意义不完全一样，
它还可以表示"才、终于"的意思。

（92）还是四点钟，就天光了。（才四点钟，就天亮了。）

　　　xa¹³sʅ⁴²sʅ⁴⁵tiã⁴²ɬəŋ³³，tɕ'iəu⁴⁵t'iã³³kɔ̃³³le⁵³.

（93）佢还是来了一日。（他才来了一天。）

　　　kɤ⁴²xa¹³sʅ⁴²le¹³le⁵³ie³³n̠i³³.

（94）我俚等了蛮久，还是等倒细佢了。（我们等了很久，终于等到他了。）

ŋo⁴²liæ⁴²tĩ⁴²le⁴⁵mã¹³tɕiəu⁴²，xa¹³sʅ⁴²tĩ⁴²tɔ⁴²ɕi⁴⁵kɤ⁴²le⁵³.

K. 随时 ts'ue¹³sʅ⁴⁵

桂阳六合土话中的"随时"除普通话"不拘什么时候，有需要的时候"的意思外，还有"经常、常常"之意。

（95）佢随时来喊百花去□。（他经常叫百花出去玩。）

kɤ⁴²ts'ue¹³sʅ⁴⁵le¹³xã⁴²piæ³³xua³³xɤ⁴⁵xe³³.

（96）佢随时一个人去。（他常常一个人去。）

kɤ⁴²ts'ue¹³sʅ⁴⁵ie³³ko⁴⁵n̠i⁴⁵xɤ⁴⁵.

L. 先 ɕiã³³ 先行 ɕiã³³ xɔ̃¹³

桂阳六合土话和普通话一样也有表示先后顺序的副词"先 ɕiã³³"，语义也相同。但桂阳六合土话中的副词"先"可以像普通话一样放在谓语前作状语，如：

（97）你先行。（你先走。）

n̠i⁴² ɕiã³³ xɔ̃¹³.

也可以放在谓语后作补语，说成：

（98）你行先。

n̠i⁴² xɔ̃¹³ɕiã³³.

例（98）可以有两个意思。它可以和例（97）表达的意思一样，即"你先走。"它还可以表达另外一个意思："你走前面。"

（99）你走先行，我走屁（股）头。（你先走，我后走。）

n̠i⁴²tse⁴²ɕiã³³ xɔ̃¹³，ŋo⁴²tse⁴²p'i⁴⁵（ku⁴²）te⁴⁵.

这句话的"先行"显然已经比较虚化。项梦冰先生的《连城客家话语法研究》也有"先行"的这种用法，如"洗浴先行（先洗澡）；去田底先行（先去田里）；药费拿来先行（先把药费拿来）"。项先生认为这里的"行"已丧失其行走的意思。在这里我们把"先行"看成一个副词。

M. 头道 t'e¹³tɔ⁴⁵

副词"头道"相当于普通话的副词"从来"。但"头道"做状语在桂阳六合土话中一定后置，放在谓语后面。如：

（100）佢去过桂阳，我唔曾去过头道。（他去过桂阳，我从来没去过。）

kɤ⁴²xɤ⁴⁵ko⁴⁵kue⁴⁵iã¹³，ŋo⁴²ŋ⁴²ts'iã¹³xɤ⁴⁵ko⁴⁵t'e¹³tɔ⁴⁵.

（101）佢养出来以后，唔曾哭过头道。（他生出来以后，从来没有哭过。）

kɤ⁴²iɔ̃⁴²tɕ'ye³³le¹³ːi⁴²xe⁴⁵，ŋ⁴⁵ts'iã¹³k'u³³ ko⁴⁵t'e¹³tɔ⁴⁵.

N. 还 xa¹³　　也 ia⁴²　　再 tsa⁴⁵　　又 iəu⁴⁵　　就 tɕ'iəu⁴⁵

　慢慢 mã⁴⁵mã⁴⁵　迟早 ts'ŋ̍¹³tsɔ⁴²　照样 ȶɔ⁴⁵iɔ̃⁴²　从来 ts'əŋ¹³le¹³

这一组副词词形和普通话一样，用法基本一致，举例如下：

（102）还话唔曾话，就在咖笑了。（还没有说，就在笑了。）

　　　　xa¹³ua⁴⁵ŋ⁴⁵ts'iã¹³ua⁴⁵，tɕiəu⁴⁵ts'e⁴²ka⁴²ɕiɔ⁴⁵le⁵³.

（103）唔同意细你了，你还要来啦？（不同意你了，你还来？）

　　　　ŋ⁴⁵t'əŋ¹³i¹³ɕi⁴⁵n̩i⁴²le⁵³，n̩i⁴²xa¹³iɔ⁴⁵le¹³la³³？

（104）我俚也去了上海。（我们也去了上海。）

　　　　ŋo⁴²liæ⁴²ia⁴²xɤ⁴⁵le⁴⁵ɕiɔ̃⁴⁵xa⁴².

（105）莫要再话了。（不要再说了。）

　　　　mo⁴⁵iɔ⁴⁵tsa⁴⁵ua⁴⁵le⁴⁵.

（106）后头了，我俚再也唔敢箇细做□了。（后来，我们再也不敢这样做了。）

　　　　xe⁴⁵tiæ⁴²le⁵³，ŋo⁴²liæ⁴²tsa⁴⁵ia⁴²ŋ⁴⁵kuã⁴²ke³³ɕi⁴⁵tsu⁴⁵tiæ⁴²le⁵³.

（107）喊了两次啊唔曾来，你再喊一次啰。（请了两次都没来，你就再请一次吧。）

　　　　xã⁴²le³³liɔ̃⁴²ts'ŋ̍⁴⁵a⁴²ŋ⁴⁵ts'iã¹³ le¹³，n̩i⁴²tsa⁴⁵xã⁴²ie³³ ts'ŋ̍⁴⁵lo⁴².

（108）佢前日又来了。（他昨天又来了。）

　　　　kɤ⁴²ts'ia⁴⁵n̩i⁴²iəu⁴⁵le¹³le⁵³.

（109）□□又唱了一回，捱□还唱回。（刚才又唱了一遍，待会儿还唱一遍。）

　　　　sã³³te⁴⁵iəu⁴⁵ȶɔ̃⁴⁵le⁴⁵ie³³xue¹³，ŋa¹³tsa⁴⁵xa¹³ȶɔ̃⁴⁵xue¹³.

（110）佢上头一打电话来，我就去接佢了。（她上午一打电话来，我马上就去接她了。）

　　　　kɤ⁴²ɕiɔ̃⁴⁵te⁴⁵ie³³ta⁴²tiã⁴⁵xua⁴⁵le¹³，ŋo⁴²tɕ'iəu⁴⁵xɤ⁴⁵tɕie³³kɤ⁴² le⁵³.

（111）佢就来了咯。（他就来了。）

　　　　kɤ⁴²tɕ'iəu⁴⁵le¹³le⁴⁵kɔ⁴².

（112）慢慢冷人了。（天气渐渐地冷了。）

　　　　mã⁴⁵mã⁴⁵lɔ̃⁴²n̩i⁴⁵le⁵³.

（113）迟早总是你做咯，箇阵去做□咯好下。（早晚都是你做的，现在去做完好些。）

ts'ŋ¹³tsɔ⁴²tsəŋ⁴²sŋ⁴²n̠i⁴²tsu⁴⁵kɔ⁴², ke³³ɕi⁴⁵xɤ⁴⁵tsu⁴⁵ti⁴⁵ kɔ⁴²xɔ⁴²xa⁴⁵.

（114）你<u>果</u>下的莫告诉佢嗒，佢迟早会晓得箇回事咯。（你这下先别告诉他，他早晚会知道这回事的。）

n̠i⁴²kɔ⁴²xa⁴⁵tiæ⁴²mo⁴⁵kɔ⁴⁵su⁴⁵kɤ⁴²ta⁴⁵, kɤ⁴²ts'ŋ¹³tsɔ⁴²xue⁴⁵ɕiɔ⁴²tiæ⁴² ke³³xue⁴⁵sŋ⁴⁵kɔ⁴².

（115）你话佢，佢也唔恼，照样笑眯了。（你说他，他也不恼火，仍然笑眯眯的。）

n̠i⁴²ua⁴⁵kɤ⁴², kɤ⁴²ia⁴²ŋ⁴⁵lɔ⁴², tɔ⁴⁵iɔ̃⁴⁵ɕiɔ⁴⁵mi⁴⁵le⁵³.

（116）从来唔曾搭我做只吗咯事。（从来不帮我做什么事。）

ts'əŋ¹³le¹³ŋ⁴⁵ts'iã¹³ta⁴⁵ŋo⁴²tsu⁴⁵ʨa³³ma⁴⁵kɤ⁴²sŋ⁴⁵.

3. 范围副词

寡 kua⁴²	寡是 kua⁴²sŋ⁴²	下 xa⁴⁵
<u>劳杠</u> lɔ¹³kã⁴⁵	就是 ʨ'iəu⁴⁵sŋ⁴²	
只 tsŋ⁴²	就 ʨ'iəu⁴⁵	
一概 ie³³k'a⁴⁵	一起 ie³³ʨ'i⁴²	总共 tsəŋ⁴²k'əŋ⁴⁵

①寡 kua⁴²　　　寡是 kua⁴²sŋ⁴²

（117）你总是吃寡菜，饭就唔吃。（你净吃菜，不吃饭。）

n̠i⁴²tsəŋ⁴²sŋ⁴²ʨ'a³³kua⁴²ts'ue⁴⁵, fã⁴⁵ʨ'iəu⁴⁵ŋ⁴⁵ʨ'a³³.

这里"吃寡菜"相当于"净吃菜"，即这里副词"寡"虽然和名词"菜"组合，但它实际上修饰"吃菜"。桂阳官话也说"寡"如：

（118）他吃菜总是吃寡咯，唔吃饭。（他净吃菜，不吃饭。）

kɤ⁴²ʨ'a³³ts'ue⁴⁵tsəŋ⁴²sŋ⁴²ʨ'a³³kua⁴²kɤ⁴², ŋ⁴⁵ʨ'a³³fã⁴⁵.

六合土话"寡是"相当于普通话"就、净、光"等。

（119）寡是你个人去啊？（就你一个人去吗？）

kua⁴²sŋ⁴²n̠i⁴²kɔ⁴⁵n̠i⁴⁵xɤ⁴⁵a⁴⁵？

（120）饭就唔吃，寡是吃菜。（饭就不吃，净吃菜。）

fã⁴⁵ʨ'iəu⁴⁵ŋ⁴⁵ʨ'a³³, kua⁴²sŋ⁴²ʨ'a³³ts'ue⁴⁵.

（121）寡是沙林就去了两百个了。（光沙林就去了两百个。）

kua⁴²sŋ⁴²sa³³lĩ⁴⁵ʨ'iəu⁴⁵xɤ⁴⁵le⁵³liɔ̃⁴²po³³kɔ⁴⁵le⁵³.

②下 xa⁴⁵

（122）佢俚一家人下来了。（他们一家人都来了。）

kɤ⁴² liæ⁴²ie³³ka³³n̠i⁴⁵xa⁴⁵le¹³le⁵³.

（123）下出去！（都出去！）

xa⁴⁵tɕ'ye³³xɤ⁴⁵！

（124）坐到箇□下是□老师。（在座的全是老师。）

ts'o⁴²tɔ⁴²ke³³ti⁴⁵xa⁴⁵sɿ⁴⁵ti⁴⁵lɔ⁴²sɿ³³.

③劳杠 lɔ¹³kã⁴⁵

（125）箇只笔劳杠嗒是要块多钱。（这支笔只要一块多钱。）

ke³³ʈa³³pie³³lɔ¹³kã⁴⁵ta⁴⁵sɿ⁴²iɔ⁴⁵k'ua⁴²to³³ts'iã¹³.

（126）劳杠嗒是做了两日，又到举咖了。（只做了两天，又回家了。）

lɔ¹³kã⁴⁵ta⁴⁵sɿ⁴²tsu⁴⁵le⁵³n̠iɔ̃⁴²n̠i³³, iəu⁴⁵tɔ⁴⁵tɕy⁴²ka⁴²le⁵³.

④就是 tɕ'iəu⁴⁵sɿ⁴²

桂阳六合土话"就是"作副词相当于普通话的副词"唯独；只是"，普通话"就是"作副词只能单用，表示同意，如："就是，就是，您的话很对。"

（127）老大、老二下来了，就是老三唔曾来。（老大、老二都来了，唯独老三没有来。）

lɔ⁴²t'a⁴⁵lɔ⁴²ɔ⁴⁵xa⁴⁵le¹³le⁵³, tɕ'iəu⁴⁵sɿ⁴²lɔ⁴²sã³³ŋ⁴⁵ts'iã¹³ le¹³.

（128）好是蛮蛮好，就是太少了点点。（好是很好，只是少了点。）

xɔ⁴²sɿ⁴²mã¹³mã¹³⁻⁴⁵xɔ⁴², tɕ'iəu⁴⁵sɿ⁴²ɕiɔ⁴²le⁵³tia⁴⁵tia⁴².

⑤只 tsɿ⁴²　就 tɕ'iəu⁴⁵

（129）你只下米读书就要得了，莫要默倒咖屋□。（你只努力读书就行了，不要挂念家里。）

n̠i⁴²tsɿ⁴²ɕia⁴⁵mi⁴²t'u⁴⁵ɕy³³tɕ'iəu⁴⁵iɔ⁴⁵tiæ⁴²le⁵³, mo⁴⁵iɔ⁴⁵miæ³³tɔ⁴²ka⁴⁵u³³tiæ⁴².

（130）佢结婚好闹热，就车子啊来了四五只。（他结婚好热闹，仅车子就来了四五辆。）

kɤ⁴²tɕie³³xuən³³xɔ⁴²lɔ⁴⁵ie⁴⁵, tɕ'iəu⁴⁵tɕ'ie³³tsɿ⁴²a³³le¹³le⁵³sɿ⁴⁵ŋ⁴²ʈa³³.

（131）就你一个人来了，你咯细人的唔曾来咖？（就你一个人来了，你小孩没有来吗？）

tɕ'iəu⁴⁵n̠i⁴²ie³³ko⁴⁵n̠i⁴⁵le¹³le⁵³, n̠i⁴²kɤ⁴²ɕi⁴⁵n̠i⁴⁵tiæ⁴²ŋ⁴⁵ts'iã¹³le¹³ka⁴²？

⑥一概 ie³³k'a⁴⁵　　　一起 ie³³tɕ'i⁴²　　　总共 tsən⁴²k'əŋ⁴⁵

（132）一概唔准迟到。（一概不准迟到。）

ie³³k'a⁴⁵ŋ⁴⁵tsuən⁴²ts'ɿ¹³tɔ⁴⁵.

（133）我俚一起去。（我们一起去。）

ŋo⁴²liæ⁴²ie³³tɕʻi⁴²xɤ⁴⁵.

（134）佢做酒，一起嗒是十桌人□。（他办酒席，一共才十桌。）

kɤ⁴²tsu⁴⁵tɕieu⁴²，ie³³tɕʻi⁴²ta⁴⁵sʅ⁴²ɕie⁴⁵tso³³n̠i¹³tiæ⁴².

和普通话的副词"一起"相同，桂阳六合土话的"一起"可表示"一同"的意思，如例（133）；还可以表示"一共"的意思，如例（134）。

（135）佢总共袋了三十块钱。（他总共带了三十块钱。）

kɤ⁴²tsəŋ⁴²kʻəŋ⁴⁵tʻue⁴⁵le⁵³sã³³ɕie⁴⁵kʻua⁴²tsʻiã¹³.

（136）我总共赢了一盘。（我总共才赢了一盘。）

ŋo⁴²tsəŋ⁴²kʻəŋ⁴⁵iɔ̃¹³le⁵³ie³³pʻã¹³.

4. 肯定、否定和估量副词
① 表肯定的副词
A. 肯 xĩ⁴²

（137）佢肯做。（他一定同意。）

kɤ⁴²xĩ⁴²tsu⁴⁵.

B. 就是 tɕʻieu⁴⁵sʅ⁴²

（138）你就是要去。（你一定要去。）

n̠i⁴²tɕʻieu⁴⁵sʅ⁴²iɔ⁴⁵xɤ⁴⁵.

② 表否定的副词

A. 表否定的副词主要有三个：唔 [ŋ̍⁴⁵]、唔曾 [ŋ̍⁴⁵tsʻiã¹³] 和莫 [mo⁴⁵]

a. 唔 [ŋ̍⁴⁵]。否定副词。在桂阳六合土话中，它的意义和用法相当于北京话的否定副词"不"。"唔"用在动词前，否定主观意愿或某种习惯。如：

唔话（不说） ŋ̍⁴⁵ua⁴⁵　　　唔同意 ŋ̍⁴⁵tʻəŋ¹³i⁴⁵

（139）我唔做生意了。（我不做生意了。）

ŋo⁴²ŋ̍⁴⁵tsu⁴⁵sĩ³³ʅ⁴⁵le⁵³.

这是否定主观意愿。

（140）佢唔吃烟，唔吃酒，唔打牌，性子好。（他不抽烟，不喝酒，不打牌，脾气好。）

kɤ⁴²ŋ̍⁴⁵tʻa³³iã³³，ŋ̍⁴⁵tʻa³³tɕieu⁴²，ŋ̍⁴⁵ta⁴²pʻa¹³，sĩ³³tsʅ⁴²xɔ⁴².

这是否定某种习惯。即没有抽烟、喝酒和打牌的习惯。

"唔"用在形容词、副词前否定某种状态。

唔舒服　　　　　　唔□□（不漂亮）ŋ̍⁴⁵kuæ³³tɕi⁴⁵

唔老成（不老成）

（141）箇□字写得一点唔好。（这些字写得很不好。）

ke³³ti⁴⁵tsʻŋ̍⁴⁵sia⁴²tiæ⁴²ieᵌᵌtia⁴⁵ŋ̍⁴⁵xɔ⁴².

（142）开唔快就追唔倒。（开不快就追不上。）

kʻa³³ŋ̍⁴⁵kʻua⁴⁵tɕʻiəu⁴²tsue³³ŋ̍⁴⁵tɔ⁴².

（143）佢屋□我唔老大去。（他家我不常去。）

kɤ⁴²u³³tiæ⁴²ŋo⁴²ŋ̍⁴⁵lɔ⁴²tʻa⁴⁵xɤ⁴⁵.

"唔"可以直接和多数助动词组合，如：

唔得（不会）	唔敢（不敢）
唔肯（不肯）	唔愿意（不愿意）
唔爱（不想）ŋue⁴⁵（合成一个音节）	唔想（不想）
唔该（不该）	唔准（不准）

（144）佢唔得去。（他不会去。）

kɤ⁴²ŋ̍⁴⁵tiæ³³xɤ⁴⁵.

（145）佢话唔爱去□。（她说不想去。）

kɤ⁴²ua⁴⁵ŋue⁴⁵xɤ⁴⁵tiæ⁴².

但"唔"一般不直接和助动词"能"组合，如"不能去、不能吃、不能走、不能打、不能做、不能忍耐"，桂阳六合土话要说成："去唔得、吃唔得、走唔得、打唔得、做唔得、耐唔得"。

"唔"可以构成固定格式，如：

唔声唔气（不声不气）

唔大唔细（不大不小）

唔高唔矮（不高不矮）

唔长唔短（不长不短）

□ₜₛʻₐ⁴² 懂唔懂（半懂不懂）

□ₜₛʻₐ⁴² 明唔明（又知道又不知道）

唔精唔肥（（指吃的肉，多指猪肉）不肥不瘦）

唔壮唔瘦（（指人或动物）不胖不瘦）

北京话的"不"可以单独回答问题，如："后天你去不去玩？—— 不，我不去。"桂阳六合土话的"唔"不能单独回答问题，如："后日你去唔去□ₓₑ³³？—— 我唔去。"不能回答成"唔，我唔去。"

对动补结构进行否定时，"唔"通常插入动补之间，跟普通话相同。如：

摸唔倒（摸不着）　　　　　（中奖）中唔倒（中不了）

买唔倒（买不到）　　　　　　要唔得（要不得）

但也有把"唔"放在动补之前的情况。如：

看也唔看见（看也看不见）

唔听见（听不见）

（146）门前黑墨了，唔看见。（外面漆黑的，看不清。）

$mĩ^{45}ts'iã^{13-45}xæ^{33}miæ^{45-33}le^{53}$, $ŋ^{45}$ $k'ã^{45}$ $tɕiã^{45}$.

在能性述补结构的否定式中，普通话只能采用"V 不 CO"这样的格式，如：打不过他。有些南方方言可以有三种语序存在，如连城客家话可以说：喊佢唔醒/喊唔佢醒/喊唔醒佢。我们考察了桂阳六合土话的这种语序情况，如下：

否定式 A （VO 唔 C）	否定式 B(V 唔 OC)	否定式 C(V 唔 CO)
讨女客唔倒（娶不到老婆）	*讨唔女客倒	讨唔倒女客
寻你唔倒（找不到你）	*寻唔你倒	寻唔倒你
打佢唔过（打不过他）	*打唔佢过	打唔过佢
话你唔赢（说不赢你）	*话唔你赢	话唔赢你
话佢唔倒（劝不住他）	*话唔佢倒	话唔倒佢
喊佢唔张（叫不醒他）	*喊唔佢张	喊唔张佢
养佢唔大（养不大它）	*养唔佢大	?养唔大佢
吓我唔倒（吓不倒我）	*吓唔我倒	吓唔倒我
屙屎唔出（拉不出屎）	*屙唔屎出	屙唔出屎
出气唔赢（喘不上气）	*出唔气赢	?出唔赢气
搭车唔倒（搭不着车）	*搭唔车倒	搭唔倒车
看□场电影唔倒	*看唔□场电影倒	看唔倒□场电影

（看不着那场电影）

以上加＊号短语在六合土话中均不能说，加？号短语能不能说不太确定。否定式 A 在桂阳六合土话中都能说，也是最常用的一种语序，否定式 C 除个别可疑或不太说外，也都能说，而否定式 B 则不能说。吴福祥（2003）认为否定式 A 是方言从历史汉语中继承下来的固有层次，否定式 B 是一种方言类推层次，否定式 C 则是一种源于北方官话的外来层次。土话不可避免地要受到县城的西南官话影响，所以否定式 C 基本能说。否定式 A 则是土话的固有层次。从记录的自然语料中，否定式 A 是占优势的。如下面三例：

（147）痛啊唔痛，佢咯意思是话就是过年前就总有点吃饭唔进。（痛还是不痛，他的意思是说就是过年前总有点吃不进饭。）

t'əŋ⁴⁵a³³ŋ⁴⁵t'əŋ⁴⁵,kɤ⁴²kɤ⁴²i⁴⁵sɿ³³sɿ⁴⁵ua⁴⁵tɕ'iəu⁴⁵sɿ⁴²ko⁴⁵n̠iã¹³ts'iã¹³tɕ'iəu⁴⁵tsən⁴²iəu⁴²tia⁴⁵t̠'a³³fã⁴⁵ŋ⁴⁵tsɿ̃⁴⁵.

（148）佢话我冇文化，搞吗咯事唔正。（他说我没文化，什么事也做不成。）

kɤ⁴²ua⁴⁵ŋo⁴⁵mo⁴⁵uən¹³xua⁴⁵，kɔ⁴²ma⁴⁵kɤ⁴²sɿ⁴⁵ŋ⁴⁵tɔ̃⁴⁵.

（149）唔去就做事唔正了。（不去就做不了事。）

ŋ⁴⁵xɤ⁴⁵tɕ'iəu⁴⁵tsu⁴⁵sɿ⁴⁵ŋ⁴⁵tɔ̃⁴⁵le⁵³.

吴福祥（2003）分析，A 类格式见于历史文献的时间最早，产生的时间不会晚于唐五代。如：

留春不住登城望，惜夜相将秉烛游。（白居易《城上夜宴》）

一百二十个蜣螂，推一个屎块不上。（《唐摭言》）

缘心念不整肃，所以意思宽缓，都凑泊他那意思不著，说从别处去。（《朱子语类辑略》205 页）

我见那妇人随后便出来，扶大郎不动，我慌忙也自走了。（《水浒传》第 24 回）

因是管辖他不下，只得由他。（《古今小说》卷 21）

可见桂阳六合土话保留了比较古老的语法层次。

b. 唔曾 [ŋ⁴⁵ ts'iã¹³]。"唔曾"是一个复合否定副词，它相当于普通话的"不曾"，现代汉语已不太用"不曾"，多说成"没（有）"。

石毓智和李讷（2000）详细阐述了名词类的否定标记"没"向动词否定标记扩展并取代"不曾"类词的原因。

在汉魏至元明汉语否定词的基本分工为：

动词、形容词等的否定标记：不、未、不曾、未曾等；

名词性成分的否定标记：无、没。

"不"的用法最固定，一直是形容词、静态动词或者无界动词的否定标记。与现代汉语的动词否定标记"没（有）"相当的是"未"、"未曾"和"不曾"，如下例中的这些词现在都要说成"没"。

草木未动而鸟已翔矣。（《淮南子·泰族训》）

只见包裹已拿在彼，未曾打开。（《水浒传》第 6 回）

也是寿数未绝，不曾关上房门。（《喻世明言·蒋兴哥重堪珍珠衫》）

"不曾"只限于完全否定（即对整个事件的否定），否定的范围包括行为和结果。如：

玉钏儿倒不曾烫着，唬了一跳。（《红楼梦》第 35 回）

而"没（有）"可以完全否定，也可以部分否定。完全否定如：

从来没有听见有个什么"金刚丸"。（《红楼梦》第 28 回）

部分否定如：

他要悄悄的唬他一跳，还没有走到跟前，他倒看见我了。（《红楼梦》第 27 回）

宝玉见没摔碎，便回身找东西来砸。（《红楼梦》第 29 回）

进来只刚问了好，说了没两句话。（《红楼梦》第 35 回）

连那些衣服我还没穿遍了，又做什么？（《红楼梦》第 35 回）

对动补结构来说，"没"可自由地加以否定，"不曾"则有很大的限制。这样随着动补结构的进一步发展，普通话中"没"的使用频率越来越高，"不曾"则趋于消失。

而在南方方言中，"不曾"类的否定词还较多地存在着，不像普通话和北方方言那样已经趋于消失了。如广州、建瓯说"未曾"、苏州是"勿"和"曾"的合音"勿曾 fən⁴⁴"、梅县话说成"唔□（"□"本字为"曾"）m̩¹¹tiɛn¹¹"。这说明方言是汉语历史的活化石。

桂阳六合土话里"唔曾"用于动词前否定动作的发生或状态的存在，有时体含义，是对完成体的否定。如：

（150）佢去了，我唔曾去。（他去了，我没有去。）

　　kɤ⁴²xɤ⁴⁵le⁵³,ŋo⁴²ŋ⁴⁵ts'iã¹³xɤ⁴⁵.

（151）□□唔曾落雨，箇阵落下来了。（刚才没下雨，现在下雨了。）

　　sã⁴⁵te⁴⁵ ŋ⁴⁵ts'iã¹³la⁴⁵,ke³³çĩ⁴⁵la⁴⁵xa⁴²le¹³le⁵³.

（152）□日佢唔曾搭我莳田。（昨天他没有帮我插田。）

　　ts'iã⁴⁵n̩i³³kɤ⁴² ŋ⁴⁵ts'iã¹³ta⁴⁵ŋo⁴²ts'ŋ⁴⁵t'iã¹³.

"唔曾"用于实现体问句的答句前表示否定，即"唔曾"可单独回答问题。如：

（153）问：你吃□饭了曾？——答：唔曾。（问：你吃过饭了没有？——答：没有。）

　　n̩i⁴²t'a³³ti⁴⁵fã⁴⁵le⁵³ts'iã⁴⁵？ ŋ⁴⁵ts'iã¹³.

（154）问：你买了肥料曾？——答：唔曾，我明日去买。（问：你买了化肥吗？ —— 答：没有，我明天去买。）

$\text{n̠i}^{42}\text{ma}^{42}\text{le}^{53}\text{fi}^{13}\text{liɔ}^{45}\text{tsʻiã}^{45}$ ？ $\text{ŋ}^{45}\text{tsʻiã}^{13},\text{ŋo}^{42}\text{miã}^{13}\text{n̠i}^{33}\text{xɤ}^{45}\text{ma}^{42}$.

在土话中"唔曾"既可以表示全部否定，也可以表示部分否定。

（155）佢唔曾火赖倒。（他没有烫着。）

$\text{kɤ}^{42}\text{ŋ}^{45}\text{tsʻiã}^{13}\text{la}^{45}\text{tɔ}^{42}$.

在这里"唔曾"是对整个事件的否定，否定的范围包括行为和结果。表明他既没有被烫，也没有烫伤。

（156）佢挺了一跤，还算口了，唔曾挺倒哪哪。（他摔了一跤，还算好，没有摔着哪个地方。）

$\text{kɤ}^{42}\text{ti}^{42}\text{le}^{53}\text{ie}^{33}\text{kɔ}^{33},\text{xa}^{13}\text{suã}^{45}\text{pa}^{45}\text{liɔ}^{42},\text{ŋ}^{45}\text{tsʻiã}^{13}\text{ti}^{42}\text{tɔ}^{42}\text{la}^{45}\text{la}^{45}$.

（157）话唔曾话完，就弯佢骂得要死。（话还没说完，就被他狠狠地骂了一顿。）

$\text{xua}^{45}\text{ŋ}^{45}\text{tsʻiã}^{13}\text{ua}^{45}\text{uã}^{13},\text{tɕʻiəu}^{45}\text{uã}^{33}\text{kɤ}^{42}\text{ma}^{45}\text{tiæ}^{42}\text{iɔ}^{45}\text{sʅ}^{42}$.

（156）、（157）中的"唔曾"没有否定行为"挺"和"话"，只否定行为的结果"挺倒"和"话完"，属于部分否定。

c. 莫 $[\text{mo}^{45}]$。表劝阻或禁止的否定副词。大体相当于北京话的"不要，别"的意思，如：

（158）莫弯辣子。（别放辣椒。）

$\text{mo}^{45}\text{uã}^{33}\text{liæ}^{45}\text{tsʅ}^{42}$.

（159）我唔吃茶叶，你莫搭我拿起来了。（我不吃茶叶，你别给我拿来。）

$\text{ŋo}^{42}\text{ŋ}^{45}\text{tʻa}^{33}\text{tsʻa}^{13}\text{ie}^{45},\text{n̠i}^{42}\text{mo}^{45}\text{ta}^{45}\text{ŋo}^{42}\text{la}^{13}\text{ɕi}^{42}\text{le}^{13}\text{le}^{53}$.

（160）口 $_{\text{kəŋ}^{335}}$ 多物件，下莫争了。（这么多东西，大家不用抢。）

kəŋ^{335}（ 这么 ke^{33} ŋ^{45} 的合音 ）$\text{to}^{33}\text{yæ}^{33}\text{tɕʻiã}^{45},\text{xa}^{45}\text{mo}^{45}\text{tsɔ}^{33}\text{le}^{53}$.

（161）你莫总是话倒哪一个。（你别总是只说哪一个（人）。）

n̠i^{42} mo^{45} tsəŋ^{42} sʅ^{42} ua^{45} tɔ^{42} la^{45} ie^{33} ko^{45}.

（162）箇口事莫要弯志佢俚晓得。（这些事别让他们知道。）

$\text{ke}^{33}\text{ti}^{45}\text{sʅ}^{45}\text{mo}^{45}\text{iɔ}^{45}\text{uã}^{33}\text{tsʅ}^{45}\text{kɤ}^{42}\text{liæ}^{42}\text{ɕiɔ}^{42}$ tiæ^{42}.

（163）莫要躁，搭佢话好下点。（别急躁，好点跟他说。）

$\text{mo}^{45}\text{iɔ}^{45}\text{tsʻɔ}^{45},$ $\text{ta}^{45}\text{kɤ}^{42}\text{ua}^{45}\text{xɔ}^{42}\text{xa}^{45}\text{tiæ}^{42}$.

"莫"的后面经常可以跟"要"，如例（162）、（163），其他四例的"莫"后也可以加。按说，既然是表示禁止否定，后面就不能再跟"要"了，它造成了语义上的冗余。杨荣祥（1999）认为这是一种习惯性用法。造成这种用法产生的原因可能有两点：一"是受汉语词汇双音节化趋势的影响"（刘坚等，269页），二是在"莫"后加上"要"后，可使语气变得委婉一点。

B. 正反问句句末的否定副词"唔曾"的演变

否定副词"唔曾"位于正反问句句末会有三种情况：

第一种是"唔曾"读音不变。如：

（164）你话了箇□话唔曾？（你说过这些话没有？）

　　　　ȵi⁴²ua⁴⁵le⁵³ke³³ti⁴⁵xua⁴⁵ŋ⁴⁵tsʻiã¹³？

（165）你搭佢倒了茶唔曾？（你帮他倒了茶没有？）

　　　　ȵi⁴²taⁿ⁴⁵kɤ⁴²tɔ⁴²le⁵³tsʻa¹³ ŋ⁴⁵tsʻiã¹³？

（166）北京你去过唔曾？（北京你去过没有？）

　　　　piæ³³tɕĩ³³ȵi⁴²xɤ⁴⁵ko⁴⁵ ŋ⁴⁵tsʻiã¹³？

第二种是音节"唔"脱落，只剩下"曾tsʻiã¹³"，如：

(167) 你晒了衣裳曾？（你晒了衣服没有？）

　　　　ȵi⁴²sa⁴⁵le⁵³ i³³sã³³ tsʻiã¹³？

第三种也是最常见的一种是音节"唔"脱落，说成一个音节"曾tsʻiã⁴⁵"，"曾"的声调由13变成45，呈高升调。

（168）你喊了大姑曾？（你喊了大姑没有啊？）

　　　　ȵi⁴² xãⁿ⁴⁵leⁿ⁵³tʻaⁿ⁴⁵ku³³tsʻiã⁴⁵？

（169）肚饥了曾？（肚子饿了没有？）

　　　　tʻu⁴²tɕi³³le⁵³tsʻiã⁴⁵？

（170）你洗了面曾？（你洗了脸没有？）

　　　　ȵi⁴²ɕi⁴²le⁵³miã⁴⁵tsʻiã⁴⁵？

（171）肉□烂了曾？（肉炖烂了没有？）

　　　　ȵiəu³³ȵiã⁴⁵lã⁴⁵le⁵³tsʻiã⁴⁵？

（172）佢吃饱了曾？（他吃饱了没有？）

　　　　kɤ⁴² tʂ'a³³pɔ⁴²le⁵³tsʻiã⁴⁵？

第二、第三种情况否定副词脱落，由"VP唔曾"变成"VP曾tsʻiã¹³"和"VP曾tsʻiã⁴⁵"的形式。我们知道普通话的正反问句主要有两种类型：一种是"VP不VP？"，另一种是"VP没有？"，如果单从表面形式判断，"VP曾tsʻiã¹³"和"VP曾tsʻiã⁴⁵"就不是正反问句。目前学界对正反问句的定义主要是从形式入手的，认为谓语的肯定形式和否定形式叠用作为供选择的项目才是正反问句。我们认为"VP曾tsʻiã¹³"和"VP曾tsʻiã⁴⁵"虽然不具备"谓语的肯定形式和否定形式叠用作为供选择的项目"这样一个形式条件，但仍然是正反问句。因为：

㈠它们的回答形式和"VP 唔曾"完全相同。如：

提问　　（164）你话了箇滴话唔曾？

(167) 你晒了衣裳曾？

（168）你喊了大姑曾？

肯定回答　　—— 话了。　　—— 晒了。　　—— 喊了。

否定回答　　—— 唔曾话。　　—— 唔曾晒。　　—— 唔曾喊。

㈡同一种方言里同时存在"VP 唔曾"和"VP 曾 ts'iã^{13}"和"VP 曾 ts'iã^{45}"，而且同一个发音人在说同一个正反问句时有时用"VP 唔曾"式，有时用"VP 曾 ts'iã^{13}"和"VP 曾 ts'iã^{45}"。说得快时就省略了否定成分"唔 ŋ^{45}"，也就是在语流中"唔 ŋ^{45}"很容易弱化并脱落。你再追问发音人是这样的吗，他有时就把否定成分"唔 ŋ^{45}"又给加上去了。而否定回答时为什么又不脱落，这是因为在否定回答中否定成分"唔 ŋ^{45}"是语义焦点，所以决不会脱落。这都证明了"VP 曾 ts'iã^{13}"和"VP 曾 ts'iã^{45}"是从"VP 唔曾"脱落否定成分而来的。侯兴泉 (2004) 详细地阐述了把"VP 曾"仍然看成正反问句的理由。他提到了贺街本地话的正反问句是"VPneg（neg 表示否定词）曾？"形式，桂岭本地话、仁义本地话、铺门话、南丰话、罗董话是"VP 曾"形式，但没有提到同一种方言里同时存在"VPneg 曾？"和"VP 曾"的情况。

从不同的发音人，或者同一发音人的使用频率来看，第三种"VP 曾 ts'iã^{45}"的使用情况居多。"VP 唔曾""VP 曾 ts'iã^{13}"和"VP 曾 ts'iã^{45}"三种形式并存于同一方言中，但从三种形式的使用频率来看，反映了"唔曾"逐步向"曾"演变的过程，即"唔曾 ŋ^{45}ts'iã^{13}"→"曾 ts'iã^{13}"→"曾 ts'iã^{45}"，先脱落"唔"，然后"曾"的声调由 13 高升为 45。把"曾"读成高升调 45 应该是在疑问语气的语调作用下形成的。"VP 唔曾"、"VP 曾 ts'iã^{13}"和"VP 曾 ts'iã^{45}"在桂阳六合土话中除主要表示已然体外，也可以表示未然体。

表已然体如：

（173）你去过了唔曾 / 曾 ts'iã^{13} / 曾 ts'iã^{45}？（你去过了吗？/ 你去过没有？）

　　　　ȵi^{42}xɤ^{45}ko^{45}le^{53}ŋ^{45}ts'iã^{13} / ts'iã^{13}/ ts'iã^{45}？

肯定回答：去过。xɤ^{45}ko^{45}.

否定回答：唔曾。（没有。）ŋ̍⁴⁵ ts'iã¹³.

（174）你洗□澡了唔曾 / 曾 ts'iã¹³ / 曾 ts'iã⁴⁵？（你洗了澡没有？）

  ȵi⁴²ɕi⁴²ti⁴⁵tsɔ⁴²le⁵³ŋ̍⁴⁵ ts'iã¹³ /ts'iã¹³ / ts'iã⁴⁵？

肯定回答：洗□了。（洗了。）ɕi⁴²ti⁴⁵le⁵³.

否定回答：唔曾。（没有。）ŋ̍⁴⁵ ts'iã¹³.

表未然体如：

（175）你走了唔曾 / 曾 ts'iã¹³ / 曾 ts'iã⁴⁵？（你走吗？）

  ȵi⁴²tse⁴²le⁵³ŋ̍⁴⁵ ts'iã¹³ / ts'iã¹³ / ts'iã⁴⁵？

这里的预设是：问话人知道被问人打算要走。比如对方在等我一块走，而我在跟另外一人谈话，对方等了很久想走了，就可以这样问我。

肯定回答：走。tse⁴².

否定回答 1：唔曾。ŋ̍⁴⁵ ts'iã¹³.

这个回答表示现在还不走，等会儿才走。这里的 "曾" 语义虚化，不表曾经义了。

否定回答 2：我唔去了。ŋo⁴² ŋ̍⁴⁵xɤ⁴⁵le⁵³.

这个回答表示不会走了。

（176）你洗澡了唔曾 / 曾 ts'iã¹³ / 曾 ts'iã⁴⁵？（你洗澡吗？）

  ȵi⁴²ɕi⁴² tsɔ⁴² le⁵³ŋ̍⁴⁵ ts'iã¹³ / ts'iã¹³ / ts'iã⁴⁵？

这里的预设是：问话人知道被问人打算要洗澡。比如我烧了一壶水，知道你今天说要洗澡，便可以这样问你，意思是你洗的话就把热水倒给你，不洗的话就把水灌到热水瓶里。

肯定回答：洗。ɕi⁴²。

否定回答 1：唔曾。ŋ̍⁴⁵ ts'iã¹³.

这个回答表示现在还不洗，等会儿才洗。这里的 "曾" 语义虚化，不表曾经义了。

否定回答 2：唔洗了。ŋ̍⁴⁵ɕi⁴²le⁵³.

这个回答表示今天不会洗了。

六合土话里 "你走唔走？""你洗唔洗澡？" 也表示未然体，它们跟（175）"你走了唔曾 / 曾 ts'iã¹³ / 曾 ts'iã⁴⁵？" 和（176）"你洗澡了唔曾 / 曾 ts'iã¹³ / 曾 ts'iã⁴⁵？" 表未然的区别是：（175）、（176）是问话人知道对方要走、要洗澡，问对方是不是马上要走、要洗澡，而 "你走唔走？""你洗唔洗澡？" 问话人不知道对方是不是要走、要洗澡，是不知而问。由此可见，"VP（neg）曾"表未然是有语境依赖的，它是一种肯定性的询问，问是不是马上要实施该行动。而"VPnegVP"表未然可以不需要语境依赖，它是一种中性的询问。（175）、（176）表明"唔曾"、"曾 ts'iã¹³"、"曾 ts'iã⁴⁵"可以不承担已然的语法意义，而只表疑问语气。六合土话已然和未然主要是通过谓语动词是否带动态助词来区分的。如例（173）的"过"是经历态标记，例（174）的"□ ti⁴⁵"是表示动作完成的动态助词，相当于普通话的动态助词"了"。特别是"曾 ts'iã¹³"、"曾 ts'iã⁴⁵"这种否定成分脱落只剩下"曾"一个单音节在句尾的情况，由于句末没有疑问语气词，兼起煞尾作用的"曾"也可不表已然而逐步虚化，可能会导致"曾"向疑问标记演变。从发展的角度来看，我们认为"VP 曾 ts'iã⁴⁵"中的"曾"可以"重新分析"为疑问语气词。从它在未然体中使用的情况来看，把它归为是非问句的疑问语气词（带疑问标记问句）似乎也是可以的，它实际上是正反问句向是非问句过渡的一种类型。

③表估量的副词

限定 xã⁴⁵t'ĩ⁴⁵　　　慢唔限定 mã⁴⁵ŋ⁴⁵xã⁴⁵t'ĩ⁴⁵　　　当得 tɔ⁴⁵tiæ⁴²

怕 p'a⁴⁵

A. 限定 xã⁴⁵t'ĩ⁴⁵

（177）佢限定来□了啦。（他可能已经来了）

　　　kɤ⁴²xã⁴⁵t'ĩ⁴³le¹³ti⁴⁵le⁵³la⁴².

（178）佢明日限定□会来了。（他明天很可能会来）

　　　kɤ⁴²miã¹³ȵi³³xã⁴⁵t'ĩ⁴⁵ie³³xue⁴⁵le¹³le⁵³.

（179）箇案事限定你晓得了喃？（这事情你知道了吧？）

　　　ke³³ŋã⁴⁵sɿ⁴⁵xã⁴⁵t'ĩ⁴⁵ȵi⁴²ɕiɔ⁴²tiæ⁴²le⁵³la⁴² ?

（180）佢限定唔得来了咯，我先吃了。（他可能不会来了，我先吃了。）

　　　kɤ⁴²xã⁴⁵t'ĩ⁴⁵ŋ⁴⁵tiæ³³le¹³le⁵³kɔ⁴², ŋo⁴²ɕiã³³t'a³³le⁵³.

（181）你唔限定话得对。（你未必说得对。）

　　　ȵi⁴²ŋ⁴⁵xã⁴⁵ t'ĩ⁴⁵ua⁴⁵tiæ⁴²tue⁴⁵.

（182）今日落了箇大咯雨怕来唔□，明日就□会来了限定。（今天下了这么大的雨怕来不了，明天肯定会来。）

　　　kĩ³³ȵi³³la⁴⁵le⁴⁵ke³³t'a⁴⁵kɤ⁴²y⁴²p'a⁴⁵le¹³ŋ⁴⁵tɔ⁴⁵, miã¹³ȵi³³tɕ'iəu⁴⁵ie³³xue⁴⁵ le¹³le⁴⁵xã⁴⁵t'ĩ⁴⁵.

副词"限定"的语序比较自由，可以放到谓语的后面，句子的末尾。

例（182）也可说成"今日落了箇大咯雨怕来唔□，明日就限定□会来了"。

B. 慢唔限定 mã⁴⁵ŋ⁴⁵xã⁴⁵t'ĩ⁴⁵

（183）慢唔限定佢来□了啦。（说不定他已经来了。）

　　　mã⁴⁵ŋ⁴⁵xã⁴⁵t'ĩ⁴⁵kɤ⁴²le¹³ti⁴⁵le⁵³ la⁴².

C. 当得 tɔ̃⁴⁵tiæ⁴²

"当得"作副词，表示"似乎；仿佛"。

（184）佢当得唔曾去。（他好像没有去。）

　　　kɤ⁴²tɔ̃⁴⁵tiæ⁴²ŋ⁴⁵ts'iã¹³xɤ⁴⁵.

（185）当得佢唔在咖。（好像他不在。）

　　　tɔ̃⁴⁵tiæ⁴² kɤ⁴² ŋ⁴⁵ts'e⁴²ka⁴².

"当得"在桂阳六合土话中还可以作动词，如：

（186）你箇把伞当得我□把伞一样。（你这把伞好像和我那把伞一样。）

　　　n̠i⁴²ke³³pa⁴²sã⁴²tɔ̃⁴⁵tiæ⁴²ŋo⁴²me³³pa⁴²sã⁴²ie³³iɔ̃⁴⁵.

D. 怕 p'a⁴⁵

（187）佢怕唔得来了。（他恐怕不会来了。）

　　　ke⁴²p'a⁴⁵ŋ⁴⁵tiæ³³le¹³le⁵³.

（188）今日落了箇大咯雨唔曾来嗟，怕明日□会来了。（今天下了这么大的雨没有来，明天可能会来。）

　　　kĩ³³n̠i³³la⁴⁵le⁵³ke³³t'a⁴⁵kɤ⁴²y⁴²ŋ⁴⁵ts'iã¹³le¹³tɕie⁴⁵，p'a⁴⁵miã¹³n̠i³³ie³³xue⁴⁵le¹³le⁵³.

（189）怕来了有三百个人。（大概来了三百个人。）

　　　p'a⁴⁵le¹³le⁵³iəu⁴²sã³³po³³ko⁴⁵n̠i¹³.

5. 情状副词

□特 tĩ³³t'iæ⁴⁵　　　偷心 t'e³³sĩ³³　　当倒 tɔ̃³³to⁴²

专门 tɕyã³³mĩ¹³　　　亲自 ts'ĩ³³tsʅ⁴⁵

顺便 suən⁴⁵p'iã⁴⁵　　　顺带 suən⁴⁵ta⁴⁵　　空 k'əŋ³³

A. □特 tĩ³³t'iæ⁴⁵　　　专门 tɕyã³³mĩ¹³

（190）箇件衣裳□特搭你做起咯。（这件衣服特意为你做的。）

　　　ke³³tɕ'iã⁴⁵i³³sã³³tĩ³³t'iæ⁴⁵ta⁴⁵n̠i⁴²tsu⁴⁵ɕi¹³kɔ⁴².

（191）我□特来喊你咯。（我特意来叫你的。）

　　　ŋo⁴²tĩ³³t'iæ⁴⁵le¹³xã⁴²n̠i⁴²kɔ⁴².

（192）佢□特为难我。（他故意为难我。）

kɤ⁴²tĩ³³tʻiæ⁴⁵ue¹³lã¹³ŋo⁴².

（193）咯□是我专门搭你留起咖。（这是我特意留给你的。）

ke³³ti⁴⁵sɿ⁴²ŋo⁴²tɕyã³³mĩ¹³ta⁴⁵ȵi⁴²liəu¹³ɕi⁴²ka⁴².

B. 偷心 tʻe³³sɿ³³

（194）佢偷心□喜欢我。（他暗暗地喜欢我。）

kɤ⁴²tʻe³³sɿ³³tiæ⁴²ɕi⁴²xuã³³ŋo⁴².

（195）百花偷心□搭佢咖袋□撂了滴钱。（百花悄悄地在他的口袋里放了点钱。）

piæ³³xua³³tʻe³³sɿ³³tiæ⁴²ta⁴⁵kɤ⁴²ka⁴⁵tʻue⁴⁵tiæ⁴²liɔ⁴⁵le⁴⁵ti⁴⁵tsʻiã¹³.

（196）我心上里头偷心□喜欢你。（我心里暗暗地喜欢你。）

ŋo⁴²sɿ³³ɕiɔ⁴⁵li⁴²te⁴⁵tʻe³³sɿ³³tiæ⁴²ɕi⁴²xuã³³ȵi⁴².

C. 当倒 tɔ̃³³tɔ⁴²

（197）有话当倒话，莫要到后背去话。（有话当面说，不要背地说。）

iəu⁴²xua⁴⁵tɔ̃³³tɔ⁴²ua⁴⁵, mo⁴⁵iɔ⁴⁵tɔ⁴⁵xe⁴⁵pe⁴⁵xɤ⁴⁵ua⁴⁵.

D. 亲自 tsʻɿ³³tsɿ⁴⁵

（198）你唔消亲自来满，弯你细人的来打个转就可以了满。（你不用亲自来，要你小孩来打个转就可以了。）

ȵi⁴²ŋ⁴⁵ɕiɔ⁵⁵tsʻɿ³³tsɿ⁴⁵le¹³mã⁴², uã³³ȵi⁴²ɕi⁴³ ȵi⁴⁵tiæ⁴² le¹³ta⁴²ko⁴⁵tɕyã⁴² tɕʻiəu⁴⁵ko⁴²i⁴²le⁵³ mã⁴².

E. 顺便 suən⁴⁵pʻiã⁴⁵ 顺带 suən⁴⁵ta⁴⁵

（199）佢顺便到医院□去看了细佢。（他顺便到医院去看了他。）

kɤ⁴²suən⁴⁵pʻiã⁴⁵tɔ⁴⁵iʳ³³yã⁴⁵tiæ⁴²xɤ⁴⁵kʻã⁴⁵le⁵³ɕi⁴⁵kɤ⁴².

（200）顺带搭我担点豆来。（顺便帮我带点豆子来。）

suən⁴⁵ta⁴⁵ta⁴⁵ŋo⁴²tã³³tiæ⁴⁵tʻe⁴⁵le¹³.

F. 空 kʻəŋ³³

（201）唔曾会倒细佢，空走了一回。（没碰到他，白走了一趟。）

ŋ⁴⁵tsʻiã¹³xue⁴⁵tɔ⁴²ɕi⁴⁵kɤ⁴², kʻəŋ³³tse⁴²le⁵³ie³³xue⁴⁵.

例（201）也可以说成"唔曾会倒细佢，走空了。"副词"空"状语后置。

桂阳官话也说副词"空 koŋ²⁴"，如"不要到果里话空咯。（别在这里白费劲说。），"但这里"空"读成去声，不像桂阳六合土话读成33的阴平调。普通话"空跑一趟"的"空"也读阴平。

6. 语气副词

还至 xa¹³tsɿ⁴⁵　　　　好□ xɔ⁴²ti⁴⁵　　　　宁搞 n̠ĩ¹³kɔ⁴²

老唔□ lɔ⁴² ŋ⁴⁵pã⁴⁵　　老蛮□ lɔ⁴²mã¹³pã⁴⁵　　爽另 sõ⁴²lĩ⁴⁵

真咯 tɕĩ³³kɔ⁴²　　　怪唔得 kua⁴⁵ŋ⁴⁵tiæ⁴²　差□的 tsʻa³³ti⁴⁵tiæ⁴²

实在 ɕie⁴⁵tse⁴⁵　　　到底 tɔ⁴⁵ti⁴²　　　反正 fã⁴²tɕɿ⁴⁵

千万 tsʻiã³³uã⁴⁵

A. 还至 xa¹³tsɿ⁴⁵

（202）还至是两三个月啊？（难道是两三个月吗？）

xa¹³tsɿ⁴⁵sɿ⁴⁵liɔ̃⁴²sã³³kɔ⁴⁵ye⁴⁵a⁴⁵？

（203）还至你还唔来啊？（难道你还不来吗？）

xa¹³tsɿ⁴⁵n̠i⁴²xa¹³ŋ⁴⁵le¹³a⁴⁵？

B. 好□ xɔ⁴²ti⁴⁵

（204）□只喻厕砌得一点唔好，倒□了，好□唔曾打倒人。（那个厕所盖得很不好，塌掉了，幸亏没有压着人。）

me³³t̠a³³y⁴⁵sɿ⁴²ɕi⁴²tiæ⁴²ie³³tia⁴⁵ŋ⁴⁵xɔ⁴²，tɔ⁴²ti⁴⁵le⁵³，xɔ⁴²ti⁴⁵ŋ⁴⁵tsʻiã¹³ta⁴²tɔ⁴²n̠i¹³.

（205）好□来了个大人，饭了就唔曾倒了。（幸好来了个大人，饭就没倒了。）

xɔ⁴²ti⁴⁵le¹³le⁵³kɔ⁴⁵tʻa⁴⁵n̠i⁴⁵，fã⁴⁵le⁵³tɕʻiəu⁴⁵ŋ⁴⁵tsʻiã¹³tɔ⁴² le⁵³.

C. 宁搞 n̠ĩ¹³kɔ⁴²

（206）我唔去看戏，我宁搞在咖屋□看电视。（我不去看戏，我宁可在家里看电视。）

ŋo⁴²ŋ⁴⁵xɤ⁴⁵kʻã⁴⁵tɕʻi⁴⁵，ŋo⁴²n̠ĩ¹³kɔ⁴²tsʻe⁴²ka⁴u³³tiæ⁴²kʻã⁴⁵tiã⁴⁵sɿ⁴⁵.

（207）宁搞我多做点，唔要佢来做。（我宁可自己多做点，不要他来做。）

n̠ĩ¹³kɔ⁴²ŋo⁴²to³³tsu⁴⁵tia⁴⁵，ŋ⁴⁵iɔ⁴⁵kɤ⁴⁵le¹³tsu⁴⁵.

D. 老唔□ lɔ⁴² ŋ⁴⁵pã⁴⁵　　　　　　　老蛮□ lɔ⁴²mã¹³pã⁴⁵

（208）佢老唔□要搭我。（他一定要给我。）

kɤ⁴² lɔ⁴² ŋ⁴⁵pã⁴⁵iɔ⁴⁵ta⁴⁵ŋo⁴².

（209）你老蛮□去追求细佢，佢也唔同意细你了。（你硬要去追求她，她也不同意你。）

n̠i⁴²lɔ⁴²mã¹³pã⁴⁵xɤ⁴⁵tsue³³tɕʻiəu¹³ɕi⁴⁵kɤ⁴²，kɤ⁴²ia⁴²ŋ⁴⁵tʻəŋ¹³i⁴⁵ɕi⁴⁵n̠i⁴²le⁵³.

（210）我话□唔听，你硬是老蛮□总是要去。（我说了不听，你硬是要去。）

ŋo⁴²ua⁴⁵ti⁴⁵ŋ̍⁴⁵t'iɔ̃³³，n̠i⁴²ĩ⁴⁵sɿ⁴²lɔ⁴²mã¹³pã⁴⁵tsəŋ⁴²sɿ⁴²iɔ⁴⁵xɤ⁴⁵.

"老唔□ pã⁴⁵"和"老蛮□ pã⁴⁵"在桂阳六合土话中意思一样，都表示"一定、硬、坚决或执拗地"，所以上述例句中两个词语均可以互换。且在桂阳六合土话中只能作状语，是副词。桂阳六合土话还有一个形容词"□蛮 pã⁴⁵mã¹³"，表示不顾客观规律或实际情况去硬干。可以作谓语，如"箇个人好□蛮。"也可以作状语，如"你老娘唔同意细你俚，你俚□蛮到一起啊。（你妈妈不同意你们，你们硬要在一起啊。）n̠i⁴²lɔ⁴²n̠iɔ̃⁴⁵ŋ̍⁴⁵t'əŋ¹³i⁴⁵çi⁴⁵n̠i⁴²liæ⁴²，n̠i⁴² liæ⁴²pã⁴⁵mã¹³tɔ⁴⁵ie³³ tɕ'i⁴² a³³"。桂阳官话也有形容词"□蛮 pan²⁴man³¹"，声调分别也是去声和阳平，调类和桂阳六合土话一样。长沙话也说"霸蛮 pa⁴⁵man¹³"，声调分别也是阴去和阳平。它们意思都是一样的。但桂阳官话和长沙话都没有类似的副词。

E. 爽另 sɔ̃⁴²lĩ⁴⁵

（211）去啊忒迟了，爽另唔去了。（去也太晚了，干脆不去了。）

xɤ⁴⁵a⁴²t'iæ³³ts'ɿ¹³le⁵³，sɔ̃⁴²lĩ⁴⁵ŋ̍⁴⁵xɤ⁴⁵le⁵³.

F. 真咯 tɕĩ³³kɔ⁴²　　　　　实在 çie⁴⁵tse⁴⁵

（212）真咯唔曾来，我一点唔曾哄你。（真的没来，我没有骗你。）

tɕĩ³³kɔ⁴²ŋ̍⁴⁵ts'iã¹³le¹³，ŋo⁴²ie³³tia⁴⁵ŋ̍⁴⁵ts'iã¹³xəŋ⁴²n̠i⁴².

（213）你真咯来唔来？来我就多煮点饭，唔来就减煮点饭。（你到底来不来？来的话我就多煮点饭，不来就少煮点饭。）

n̠i⁴² tɕĩ³³kɔ⁴²le¹³ŋ̍⁴⁵le¹³？ le¹³ŋo⁴²tɕ'iəu⁴⁵to³³tɕy⁴²tia⁴⁵fã⁴⁵，ŋ̍⁴⁵le¹³tɕ'iəu⁴⁵kã⁴²tɕu⁴²tia⁴⁵fã⁴⁵.

（214）箇个人真咯好。（这个人实在好。）

ke³³ko⁴⁵n̠i¹³ tɕĩ³³kɔ⁴²xɔ⁴².

（215）箇个人实在好。（这个人实在好。）

ke³³ko⁴⁵n̠i¹³ çie⁴⁵tse⁴⁵xɔ⁴².

G. 怪唔得 kua⁴⁵ŋ̍⁴⁵tiæ⁴²

（216）你个女的在咖的，怪唔得你今日唔打牌啰。（你女儿在这儿呀，怪不得你今天不打牌。）

n̠i⁴²ko⁴⁵n̠y⁴²tiæ⁴²ts'e⁴²ka⁴⁵tiæ⁴²，kua⁴⁵ŋ̍⁴⁵tiæ⁴²n̠i⁴²kĩ³³n̠i¹³ŋ̍⁴⁵ta⁴²p'a¹³lo⁴².

H. 差□的 ts'a³³ti⁴⁵tiæ⁴²

（217）差□的挺倒了。（差点儿摔了。）

ts'a³³ti⁴⁵tiæ⁴²t'ɿ⁴²tɔ⁴²le⁵³.

I. 到底 tɔ⁴⁵ti⁴²

（218）你来我箇那到底是来搞吗咯事咯？（你来我这儿到底是来干嘛的？）

ȵi⁴²le¹³ŋo⁴²ke³³la⁴⁵tɔ⁴⁵ti⁴²sɿ⁴²le¹³kɔ⁴²ma⁴²kɔ⁴²sɿ⁴⁵kɔ⁴²？

J. 反正 fã⁴²tɕɿ⁴⁵

（219）你反正唔去，你莫话果口事。（你反正不去，你别说这些事。）

ȵi⁴²fã⁴²tɕɿ⁴⁵ŋ⁴⁵xɤ⁴⁵，ȵi⁴²mo⁴⁵ua⁴⁵kɔ⁴²ti⁴⁵sɿ⁴⁵.

K. 千万 ts'iã³³uã⁴⁵

（220）你千万要注意。（你千万要注意。）

ȵi⁴²ts'iã³³uã⁴⁵iɔ⁴⁵tɕy⁴⁵i⁵.

二、句法特点

（一）体貌系统

体貌又叫动态，或是体。李小凡先生（1998）将体貌区分为词与句两个平面，词平面称为动态，是观察动作发展和变化的过程所区分的体貌类型，分为完成体、持续体、进行体、继续体、反复体、经历体、短时体等；句平面称为事态，是观察事件发生、存在、变化与否所区分的体貌类型，分为已然态、未然态、将然态、仍然态、当然态等。

影响较大的 Comrie 对体的定义是："体是观察情状的内部时间构成的不同方式。"这里的情状，主要是对动词来说的，而戴耀晶（1997）认为，体不仅跟动词有关，而且跟整个事件有关，因此他将 Comrie 的定义稍加修改为"体是观察时间进程中的事件构成的方式"。刘丹青（2008）认为体范畴是指用形态这类综合性手段、虚词之类分析性形态或至少是半虚化的词语来表示的语法范畴。

汉语的体貌表现可能通过词法手段，也可能利用句法手段，可能是有标记形式，也可能是零标记形式。刘丹青先生（1996）认为，确定某种语言、方言存在某种体貌范畴，依据不在于存在这种意义，而在于这种意义的表达用了形态的手段（相对广义的，包括屈折、附加、重叠、虚词等多种手段的综合运用）。张双庆主编《动词的体——中国东南方言比较研究丛书第二辑》（1996）前言中认为体范畴标记的认定可以用四条标准来界定：1.意义的虚化；2.结构关系的粘着；3.功能上的专用；4.语音的弱化（轻声或合音）。本节不讨论零形式。

1. 动态

①完成

A. 了 [le⁵³]

"了"是完成体最普通最基本的助词，表示的意义类别很多，与普通话助词"了₁"基本相当。

（1）佢去了一个多月了，还唔曾到举。（他去了一个多月了，还没有回来。）

kɤ⁴²xɤ⁴⁵le⁵³ie³³ko⁴⁵to³³ye⁴⁵le⁵³，xa¹³ŋ⁴⁵tsʻiã¹³tɔ⁴⁵tɕy⁴².

（2）我做好了三只台桌了。（我已经做了三张桌子了。）

ŋo⁴²tsu⁴⁵xɔ⁴²le⁵³sã³³ɬa³³tʻa¹³tso³³le⁵³.

（3）我去了三回下唔曾寻倒（细）佢。（我去了三趟都没找到他。）

ŋo⁴²xɤ⁴⁵le⁵³sã³³xue⁴⁵xa⁴⁵ŋ⁴⁵tsʻiã¹³tsʻi¹³tɔ⁴²（ɕi⁴⁵）kɤ⁴².

（4）我俚寻箇几本书寻了蛮蛮久。（我们找这几本书找了好久。）

ŋo⁴²liæ⁴²tsʻĩ¹³ke³³tɕi⁴²pĩ⁴²ɕy³³tsʻĩ¹³le⁵³mã¹³mã¹³tɕiəu⁴².

（5）门前企了蛮多咯人。（门口站了许多人。）

mĩ⁴⁵tsʻiã⁴⁵tɕʻi⁴²le⁵³mã¹³to³³kɤ⁴²n̠i¹³.

（6）明日箇个时候佢就到了北京了。（明天这个时候他已经到了北京了。）

miã¹³n̠i³³ke³³ko⁴⁵sʅ⁴⁵xe⁴⁵kɤ⁴²tsʻiəu⁴⁵tɔ⁴⁵le⁵³piæ³³tɕĩ³³le⁵³.

（7）话错了做得，另外话一次就是咯。（讲错了没关系，另外再讲一遍就是了。）

ua⁴⁵tsʻo⁴⁵le⁵³tsu⁴⁵tiæ⁴²，lĩ⁴⁵ue⁴⁵ua⁴⁵i³³tsʻʅ⁴⁵tɕʻiəu⁴⁵sʅ⁴²kɔ⁴².

（8）天亮了，头起了！（天亮了，起来！）

tʻiã³³liɔ⁴⁵le⁵³，tʻe¹³ɕi⁴²le⁵³！

（9）佢眼起了一个时辰。（他睡了一个小时。）

kɤ⁴²ŋã⁴²ɕi⁴²le⁵³ie³³ko⁴⁵sʅ¹³⁻⁴⁵ɕi⁴⁵.

B. □ [ti⁴⁵]

结果补语是汉语体标记的重要来源，普通话的"了、着"以及很多方言的体标记都是来自结果补语而虚化程度不一的体标记。桂阳六合话体标记"□ti⁴⁵"来自结果补语，在桂阳六合话中既是结果补语，又是完成体的体标记。"□ti⁴⁵"的最基本意义应是表示消失性结果，本字不明，六合土话里没有相应的同音字。

在普通话里，"了₁"在有些动词后面往往表示动作有了结果，跟动词后的"掉"很相似。这类动词有"忘、丢、关、喝、吃、咽、吞、泼、洒、扔、放、涂、抹、擦、碰、砸、摔、磕、撞、踩、伤、杀、宰、切、冲、卖、还、毁"等。（吕叔湘1999，352页）如："我的手表掉了"中的"了"除了表完成还兼表动作有了结果。

"□ti⁴⁵"在六合话中作结果补语如："那个碗被他打破了"在六合话中既可说成"□只碗弯佢打烂了。me³³ʈa³³uã⁴²uã³³kɤ⁴²ta⁴²lã⁴⁵le⁵³"，也可说成"□只碗弯佢打□了。me³³ʈa³³uã⁴²uã³³kɤ⁴²ta⁴²ti⁴⁵le⁵³"，只不过说话人说前一句是认为他是不小心打烂碗的，说成后一句则认为他是故意把碗打烂的。由此可推"□ti⁴⁵"最初的词义有消极、损坏义。桂阳六合土话这个"□ti⁴⁵"有可能是"掉"字脱落韵腹而成。

又如：

（10）擦□黑板上咯字咯。（擦掉黑板上的字。）

　　　ts'a³³ti⁴⁵xæ³³pã⁴²ɕiõ⁴⁵kɤ⁴²ts'ɿ⁴⁵kɔ⁴².

a."□ti⁴⁵"的语义虚化轨迹

"□ti⁴⁵"除了表示消失外，还可表一些更加虚化的范畴意义。下面我们按照由实到虚的顺序来探讨一下"□ti⁴⁵"在六合话中的语义虚化轨迹。

所谓消失，是指动作行为导致行为主体或受事成分从说话人角度看已经消失。如：

（11）我只手表□□了。（我的手表掉了。）

　　　ŋo⁴²ʈa³³ɕiəu⁴²piɔ⁴²la¹³ti⁴⁵le⁵³.

（12）佢□□只笔。（他掉了一只笔。）

　　　kɤ⁴²la¹³ti⁴⁵ʈa³³pie³³.

（13）就后背死□了满。（后来就死了嘛。）

　　　tɕ'iəu⁴⁵xe⁴⁵pe⁴⁵sɿ⁴²ti⁴⁵le⁵³mã⁴².

（14）佢咯物件□□了，哪个寻唔倒。（他的东西藏起来了，谁也找不到。）

　　　kɤ⁴²kɤ⁴²yæ³³tɕ'iã⁴⁵pəŋ⁴⁵ti⁴⁵le⁵³，la⁴⁵ko⁴⁵ts'ĩ¹³ŋ⁴⁵tɔ⁴².

由消失义略加引申而来的是损坏、失效、偏离正常、减少、不如意等一类意义，如：

（15）菜馊□了。（菜馊了。）

ts'ue⁴⁵se³³ti⁴⁵le⁵³.

（16）鼎饭烧□了。（烧坏了一锅饭。）

tiɔ̃⁴²fã⁴⁵ɕiɔ³³ti⁴⁵le⁵³.

（17）电视机坏□了。（电视机坏了。）

tiã⁴⁵sʅ⁴⁵tɕi³³xua⁴⁵ti⁴⁵le⁵³.

（18）树倒□了。（树倒了。）

ɕy⁴⁵tɔ⁴²ti⁴⁵le⁵³.

（19）你箇□物件去□好多钱啦？（你这些东西花了多少钱？）

ȵi⁴²ke³³ti⁴⁵yæ³³tɕ'iã⁴⁵xɤ⁴⁵ti⁴⁵xɔ⁴²tɔ³³ts'iã¹³la³³？

（20）佢俚脱□离了。（他们离了婚了。）

kɤ⁴²liæ⁴²t'o³³ ti⁴⁵ li¹³le⁵³.

（21）吃□饭嗒去。（吃了饭去。）

t̢'a³³ti⁴⁵fã⁴⁵ta⁴⁵xɤ⁴⁵.

由"减少"一类意义再引申，又产生"完成工作、打发时光"等更加虚化的范畴义，它们与"消失"这一实义距离更远，而跟完成体的意义更加接近，适合的动词也更多，"□ ti⁴⁵"完成体标记的性质更加明显。如：

（22）把衣裳卜洗□咯。（把衣服都洗了。）

pa⁴²i³³sã̃³³xa⁴⁵ɕi⁴²ti⁴⁵kɔ⁴².

（23）又过了两年了。（又过了两年。）

iəu⁴⁵ko⁴⁵le⁵³liɔ̃⁴²ȵiã¹³le⁵³.

（24）立□秋了，一日比一日凉了。（立秋了，天气一天比一天冷了。）

li⁴⁵ti⁴⁵tɕ'iəu³³le⁵³，ie³³ȵi³³pi⁴²ie³³ȵi³³liɔ̃¹³le⁵³.

（25）箇□熟□了，吃得。（这些熟了，可以吃。）

ke³³ti⁴⁵ɕiəu⁴⁵ti⁴⁵le⁵³，t̢'a³³tiæ⁴².

（26）晒倒门前咯衣裳好久就干□了。（晾在外头的衣服早就干了。）

sa⁴⁵tɔ⁴²mĩ⁴⁵ts'iã⁴⁵kɤ⁴²i³³sã̃³³xɔ⁴²tɕiəu⁴² tɕ'iəu⁴⁵kuã³³ti⁴⁵le⁵³.

"□ ti⁴⁵"最常见是用在表消失或偏离性的完成体句子中，由于意义的虚化、泛化，慢慢地也能用在一般的句子中，但还是没有"了"用得广泛。

b．"□ ti⁴⁵"和"了"的区别

"了"和"□ ti⁴⁵"虚化的来源不同，虽然都是完成体标记，有时表意上有细微差别，如：

走口 ti⁴⁵ 两回（逃了两次）　　　　走了两回（逃了两次）

前者表明一定是逃出去过两次了，而后者则只表明逃了两次，但不一定逃出去了。这说明由结果补语"口 ti⁴⁵"虚化而成的体助词在这里还有结果义，"了"则仅仅只表完成，不表结果。又如：

学口 ti⁴⁵ 两三年徒（学了两三年徒）

学了两三年徒（学了两三年徒）

前者可加后续句。"学口 ti⁴⁵ 两三年徒，还是只果号样子。（学了两三年徒，还是这个样子。）"这句话带有不满色彩，觉得没学好，白学了。而后者则无贬义色彩，只是客观表述学了两三年徒这一事实。

当然，很多情况下，两者作为完成体标记是可以互换的，且意思也没有明显不同。如：

我吃口 ti⁴⁵ 两个梨。　　　　　我吃了两个梨。

佢关口 ti⁴⁵ 电视机了。　　　　佢关了电视机了。

你吃口 ti⁴⁵ 饭了曾？（你吃过饭没有？）

你吃了饭了曾？（你吃过饭没有？）

这里"了"和"口 ti⁴⁵"没有区别。

有些时候只能说"了"，不说"口 ti⁴⁵"，如：

到了北京了：到了北京　　　　　　＊到口 ti⁴⁵ 北京了

"到口 ti⁴⁵ 北京了"在六合话中不能说。

②进行

语法意义是表示动作或变化正在持续进行的过程中。桂阳六合土话的进行体最常见的是在动词前面加副词"在咖"表示。"在咖"是动词、副词兼类词，作动词时，它可以重读，而作副词时，相当于一个半虚化的词语，则不会重读。如：

（27）阿母在咖打衣裳，姐姐在咖煮饭。（妈妈在缝衣服，姐姐在煮饭。）

a³³mu³³tsʻe⁴²kaʻta⁴²iʻ³³sã³³, tsia⁴²⁻⁴⁵tsia⁴²⁻⁴⁵ tsʻe⁴²ka⁴²tçy⁴²fa⁴⁵.

（28）我口口在咖吃饭，你等下我啰。（我吃饭呢，你等一等。）

ŋo⁴²ŋã⁴⁵ŋã⁴⁵tsʻe⁴²ka⁴²tʻa³³fa⁴⁵, ȵi⁴²tĩ⁴²xa⁴⁵ŋo⁴²lo⁴².

（29）在咖落雪了，莫要去了。（外面下雪呢，别去了。）

tsʻe⁴²ka⁴⁵la⁴⁵sye³³le⁵³, mo⁴⁵iɔ⁴⁵xɣ⁴⁵le⁵³.

（30）佢在咖搞吗咯啊？佢在咖口细人的。（他在干什么？他在抱孩子。）

kɤ⁴²tsʻe⁴²ka⁴⁵kɔ⁴²ma⁴⁵ka³³a⁴⁵？ kɤ⁴²tsʻe⁴²ka⁴²pa³³çi⁴⁵n̦i⁴⁵tiæ⁴².

（31）佢在唔在咖洗手啦？唔曾，佢唔曾洗手。（她在洗手吗？没有，她没有洗手。）

kɤ⁴²tsʻe⁴²ŋ⁴⁵tsʻe⁴²ka⁴⁵çi⁴²çiəu⁴²la³³？ ŋ⁴⁵tsʻiã¹³，kɤ⁴²ŋ⁴⁵tsʻiã¹³çi⁴²çiəu⁴².

（32）我唔在咖吃饭，我在咖扫屋。（我没在吃饭呢，我在扫地。）

ŋo⁴²ŋ⁴⁵tsʻe⁴²ka⁴⁵ȶʻa³³fã⁴⁵，ŋo⁴²tsʻe⁴²ka⁴⁵sɔ⁴⁵u³³.

（33）油漆在咖挺。（油漆正在脱落。）

iəu¹³tɕʻie³³tsʻe⁴²ka⁴²tʻĩ⁴².

③持续

持续体表示某种状态在某一段时间内保持不变。桂阳六合土话表持续有三种方式：第一种表持续的方式是用完成体来表达，即在动词后加体标记"了"。这里的"了"并不是与普通话的"着"对应，而仍是与"了₁"对应。普通话里有些句子，往往既可用持续体"着"又可用完成体"了"，整句意义差别不大。而桂阳六合土话则用完成体"了"既可表完成，也可表持续。如：

（34）壁上挂了一幅画。（墙上挂着/了一幅画。）

pia³³çiɔ̃⁴⁵kua⁴⁵le⁵³ie³³fu⁴⁵xua⁴⁵.

（35）门口企了三个人。（门口站着/了三个人。）

mĩ¹³kʻe⁴²tɕʻi⁴²le⁵³sã³³ko⁴⁵n̦i⁴⁵.

（36）佢咖手上拿了只茶杯。（他手里拿着/了一个茶杯。）

kɤ⁴²ka⁴⁵çiəu⁴²çiɔ̃⁴⁵la¹³le⁵³ȶa³³tsʻa¹³pe³³.

（37）凳上坐了两个后生家。（凳上有两个年轻人坐着。）

tĩ⁴⁵çiɔ̃⁴⁵tsʻo⁴²le⁵³liɔ̃⁴²ko⁴⁵xe⁴²sɔ̃³³ka³³.

（38）佢穿了件花衣。（她穿着/了一件花衣服。）

kɤ⁴²tɕʻyã³³le⁵³tɕia⁴⁵xua³³i³³.

第二种表持续的方式是在动词或动词短语后加上"在咖"或"在咖□ tiæ⁴²"，与进行体用词相同而语序正好相反。

（39）佢端倒只茶杯在咖□。（他手里拿着一个茶杯。）

kɤ⁴²tuã³³tɔ⁴²ȶa³³tsʻa¹³pe³³tsʻe⁴²ka⁴²tiæ⁴².

（40）门又放开在咖□，人又冇□。（门开着，里面没有人。）

mĩ¹³iəu⁴²fɔ̃⁴⁵kʻa³³tsʻe⁴²ka⁴²tiæ⁴²，n̦i¹³iəu⁴²mo⁴⁵tiæ⁴².

（41）弯块板子垫倒在咖（□）。（用块木板垫着。）

　　uã³³kʻua⁴⁵pã⁴²tsʅ⁴²tʻiã⁴⁵tɔ⁴²tsʻe⁴²ka⁴²（tiæ⁴²）.

　　据刘丹青（1996）分析，处所词虚化为持续体标记走的是由空间变为时间的道路。是较典型的补语性体标记。

　　比较两种不同的持续表达法：

（42）a. 台桌上放了一碗水。（桌上放着一碗水。）

　　ta¹³tsʻo³³ɕiɔ̃⁴⁵fɔ̃⁴⁵le⁵³ie¹³uã⁴²ɕy⁴².

　　b. 台桌上放了一碗水在咖。（桌上放着一碗水。）

　　ta¹³tsʻo³³ɕiɔ̃⁴⁵fɔ̃⁴⁵le⁵³ie¹³uã⁴²ɕy⁴²tsʻe⁴²ka⁴².

　　（42）a 表示也许刚放，也许放了很久，b 表示这碗水早就放在桌上了。

　　第三种表持续的方式是用" 倒 "字句来表达。

（43）佢企倒咖瓦檐下。（他在屋檐下站着呢。）

　　kɤ⁴²tɕʻi⁴²tɔ⁴²ka⁴⁵ŋa⁴²iã¹³xa⁴².

（44）困倒（咖床上）看书要唔得。（躺着看书不好。）

　　xuən⁴⁵tɔ⁴²（ka⁴²tsʻɔ̃¹³ɕiɔ̃⁴⁵）kʻã⁴⁵ɕy³³iɔ⁵⁴ŋ⁴⁵tiæ⁴².

（45）佢坐倒咖地下，唔愿意企起。（她在地上坐着，不肯站起来。）

　　kɤ⁴²tsʻo⁴²tɔ⁴²ka⁴²tʻi⁴⁵xa⁴²，ŋ⁴⁵yã⁴⁵i⁴⁵tɕʻi⁴²ɕi⁴².

（46）你拿倒！（你拿着！）

　　ȵi⁴²la¹³tɔ⁴² !

（47）你徛倒吗事啦？坐倒啰。（你站着干什么？坐着吧。）

　　ȵi⁴²tɕʻi⁴²tɔ⁴²ma⁴⁵sʅ⁴⁵la³³ ?　tsʻo⁴²tɔ⁴²lo⁴².

（48）小刘眯倒眼珠。（小刘眯着眼睛。）

　　siɔ⁴²liəu¹³mi³³tɔ⁴²ŋã⁴²tɕy⁴².

　　第四种表持续的方式是用" 起 "字句表达。

（49）佢□起伞。（他打着伞。）

　　kɤ⁴²tsʻɔ̃⁴⁵ɕi⁴²sã⁴².

（50）你坐车来咖是走起来咖？我是走起来咖。（你坐车来的还是走着来的？我是走着来的。）

　　ȵi⁴²tsʻo⁴²tɕʻie³³le¹³ka⁴²sʅ⁴²tse⁴²ɕi⁴²le¹³ka⁴² ?　ŋo⁴²sʅ⁴²tse⁴²ɕi⁴²le¹³ka⁴².

（51）□糖收起，明日嗒吃了。（这些糖收着，明天再吃。）

　　ti⁴⁵tʻɔ̃¹³ɕiəu³³ɕi⁴²，miɔ̃¹³ȵi¹³ta⁴⁵tʂʻa³³ le⁵³.

例（49）、（50）是已然的状态持续，例（51）是未然的。

④经历

经历体表示动作或事态变化曾经发生。桂阳六合土话用"过"附加在动词后来表示。如：

（52）佢去过蛮多咯垱子。（他到过很多国家。）

$k\gamma^{42}x\gamma^{45}ko^{45}m\tilde{a}^{13}to^{33}k\gamma^{42}t\tilde{o}^{45}ts\gamma^{45}$.

（53）佢先□阵做过生意。（他从前做过生意。）

$k\gamma^{42}\varphi i\tilde{a}^{33}me^{33}\varphi \tilde{i}^{45}tsu^{45}ko^{45}s\tilde{i}^{33}i^{45}$.

⑤起始

起始表示动作或事态变化的开始，桂阳六合土话用"起"附加在谓词后来表示。如：

（54）你□□做起生意来了啦？（你怎么做起生意来了？）

$\textbardbl i^{42}t'\tilde{o}^{45}\varphi i^{45}tsu^{45}\varphi i^{42}s\tilde{i}^{33}i^{45}le^{13}le^{53}la^{33}$?

（55）坐倒，莫要企起。（坐着，不要站起来。）

$ts'o^{42}t\tilde{o}^{42}$, $mo^{45}i\tilde{o}^{45}t\varphi'i^{42}\varphi i^{42}$.

⑥继续

继续体表示动作或事态变化的继续。桂阳六合土话用"下去"附加在谓词后来表示。如：

（56）寽佢诂下去，莫要答话。（让他说下去，不要插嘴。）

$u\tilde{a}^{33}k\gamma^{42}ua^{45}xa^{42}x\gamma^{45}$, $mo^{45}i\tilde{o}^{45}ti\varpi^{33}xua^{45}$.

⑦反复

反复表示某个动作在一段时间里不断地重复进行。桂阳六合土话用"V下（□$_{ti\varpi^{42}}$）V下（□$_{ti\varpi^{42}}$）"格式，如：

（57）话下□话下□就在咖笑了。（说着说着，笑起来了。）

$ua^{45}xa^{45}ti\varpi^{42}ua^{45}$ $xa^{45}ti\varpi^{42}t\varphi'i\vartheta u^{45}$ $ts'e^{42}ka^{45}\varphi i\vartheta^{45}le^{53}$.

（58）佢唱下（□）唱下（□），一下的喉咙管就嘶□了。（他唱着唱着忽然哑了喉咙。）

$k\gamma^{42}t'\tilde{o}^{45}xa^{45}ti\varpi^{42}t'\tilde{o}^{45}xa^{45}ti\varpi^{33}$, $ie^{33}xa^{45}ti\varpi^{42}xe^{45}l\vartheta\eta^{45}$ $ku\tilde{a}^{42}t\varphi'i\vartheta u^{45}s\gamma^{33}ti^{45}le^{53}$.

（59）佢看下□看下□眯倒只眼珠就眼起了。（他看着看着慢慢地闭上眼睛睡着了。）

$k\gamma^{42}k\tilde{a}^{45}xa^{45}ti\varpi^{42}k\tilde{a}^{45}xa^{45}ti\varpi^{42}mi^{33}t'\tilde{o}^{45}ta^{33}\eta\tilde{a}^{42}t\varphi y^{32-45}t\varphi'i\vartheta u^{45}\eta\tilde{a}^{42}\varphi i^{42}le^{53}$.

或者采用"V（啊）来V（啊）去"的格式，如：

（60）佢总是问（啊）来问（啊）去。（他总喜欢问啊问的。）

kɤ⁴²tsəŋ⁴²sʅ⁴²uən⁴⁵（a³³）le¹³uən⁴⁵（a³³）xɤ⁴⁵.

（61）你莫总是摇来摇去。（你不要老是动啊动的。）

n̠i⁴²mo⁴⁵tsəŋ⁴²sʅ⁴²iɔ¹³le¹³iɔ¹³xɤ⁴⁵.

⑧短时

短时表示动作或事态变化所经历的时间短暂。桂阳六合土话采用"V下"的格式表示，如：

（62）下歇下气嗒再做。（大家歇歇再干。）

xa⁴⁵ɕie³³xa⁴⁵ɕi⁴⁵ta⁴⁵tsa⁴⁵tsu⁴⁵.

（63）我到门前去走下就到举来了咯。（我到外头走走就回来。）

ŋo⁴²tɔ⁴⁵mĩ¹³⁻⁴⁵tsʻiã¹³⁻⁴⁵xɤ⁴⁵tse⁴²xa⁴⁵tɕʻiəu⁴⁵tɔ⁴⁵tɕy⁴⁵le¹³le⁵³kɤ⁴².

（64）我想下嗒啊。（我想想看。）

ŋo⁴²ɕiɔ̃⁴²xa⁴⁵ta⁴⁵ta³³.

（65）箇案事□人做唔好，看我来试下嗒。（这件事别人做不好，我来试试看。）

ke³³ŋã⁴⁵sʅ⁴⁵tʻã¹³ni¹³⁻⁴⁵tsu⁴⁵ŋ⁴⁵xɔ⁴²，kʻã⁴⁵ŋo⁴²le¹³sʅ⁴⁵xa⁴⁵ta⁴⁵.

（66）我写下嗒看。（我写一写看。）

ŋo⁴²ɕia⁴²xa⁴⁵ta⁴⁵kʻã⁴⁵.

⑨先行

"嗒 [ta⁴⁵]"作为语气词具有表体作用，可表示先行态，"嗒 [ta⁴⁵]"是去声。桂阳城关也有表先行态的语气词，读成"唻 [ta⁵³]"，是上声，衡阳话（彭兰玉 2005）也有表先行态的语气词"嗟 [tɕia³³]"，也是上声字。从声韵来看，可能来源一致。"嗒"通常用在句子末尾，表示首先要做某事。

（67）先切起肉嗒，捱□再炒。（先把肉切了，待一会儿炒菜。）

ɕiã³³tɕʻie³³ɕi⁴²n̠iəu³³ta⁴⁵，ŋa¹³tsa⁴⁵tsa⁴⁵tsʻɔ⁴².

（68）先去□嗒话。（先去了再说。）

ɕiã³³xɤ⁴⁵ti⁴⁵ta⁴⁵ua⁴⁵.

（69）等我梳□头丝嗒话。（等我梳完头再说。）

ti̊⁴²ŋo⁴²su³³ti⁴⁵tʻe¹³sʅ⁴²ta⁴⁵ua⁴⁵.

（70）莫着急啰，歇下气嗒话啰。（别着急，休息一下再说。）

mo⁴⁵tʻo⁴⁵tɕie³³lo⁴²，ɕie³³xa⁴⁵ɕi⁴⁵ta⁴⁵ua⁴⁵lo⁴².

（71）吃饱吃饱饭嗒去做事。（吃饱了饭再干活。）

ʈ‘a³³pɔ⁴²ʈ‘a³³pɔ⁴²fã⁴⁵ta⁴⁵xɤ⁴⁵tsu⁴⁵sŋ⁴⁵.

（72）箇案事搞好搞好嗒啰。（先办好这件事再说。）

ke³³ŋã⁴⁵sŋ⁴⁵kɔ⁴²xɔ⁴²kɔ⁴²xɔ⁴²ta⁴⁵lo⁴².

（73）你做好做好嗒去□啰。（你做好了再去玩。）

n̠i⁴²tsu⁴⁵xɔ⁴²tsu⁴⁵xɔ⁴²ta⁴⁵xɤ⁴⁵xe³³lo⁴².

（74）等佢默好默好嗒。（先等他想好。）

tĩ⁴²kɤ⁴²miæ³³xɔ⁴²miæ³³xɔ⁴²ta⁴⁵.

2. 事态

①已然

已然态表示新的情况已经发生。普通话用"了₂"放在句末来表示。桂阳六合土话已然态的语法形式是在句末附加"了"，与完成体标记"了"同音。

（75）我吃□饭了，你吃（□）了曾？（我吃了饭了，你吃了吗？）

ŋo⁴²ʈ‘a³³ti⁴⁵fã⁴⁵le⁵³，n̠i⁴²ʈ‘a³³（ti⁴⁵）le⁵³ts‘iã¹³.

（76）我吃了茶了嘴巴还颈干。（我喝了茶了还渴。）

ŋo⁴²ʈ‘a³³le⁵³ts‘a¹³le⁵³tɕiəu⁴²pa⁴⁵xa¹³ʈɔ⁴²kuã³³.

（77）我个奶的考起大学了。（我儿子考上大学了。）

ŋo⁴²ko⁴⁵la⁴²tiæ⁴²k‘ɔ⁴²ɕi⁴²t‘a⁴⁵ɕio¹³le⁵³.

（78）佢去了一个多月了，还咍曾到举。（他去了一个多月了，还没有回来。）

kɤ⁴²xɤ⁴⁵le⁵³ie³³ko⁴⁵to³³ye⁴⁵le⁵³，xa¹³ŋ̍⁴⁵ts‘iã¹³tɔ⁴⁵tɕy⁴².

（79）明日箇个时候佢早就到了北京了。（明天这时候他早就到了北京了。）

miã¹³n̠i³³ke³³ko⁴⁵sŋ⁴⁵xe⁴⁵kɤ⁴²tsɔ⁴²tɕ‘iəu⁴⁵tɔ⁴⁵le⁴⁵piæ³³tɕĩ³³le⁵³.

（80）球□到咖眼□咖了。（球滚到洞里去了。）

tɕ‘iəu¹³lue³³tɔ⁴⁵ka⁴²ŋã⁴²tiæ⁴²ka⁴⁵le⁵³.

（81）钱下拿出来了，就箇多。（钱都拿了出来了，就这么一点儿。）

ts‘iã¹³xa⁴⁵la¹³tɕ‘ye³³le¹³le⁵³，tɕ‘iəu⁴⁵ke³³to³³.

（82）佢来敲门咯时候我嗒眼起了。（他来敲门的时候我已经睡了。）

kɤ⁴²le¹³k‘ɔ⁴⁵mĩ¹³kɔ⁴²sŋ⁴⁵xe⁴⁵ŋo⁴²ta⁴⁵ŋã⁴²ɕi⁴²le⁵³.

（83）还有点钱我唔搭你了。（还有一点钱我不给你了。）

xa¹³iəu⁴²tia⁴⁵ts‘iã¹³ŋo⁴²ŋ̍⁴⁵ta⁴⁵n̠i⁴²le⁵³.

（84）你认出佢是哪个了曾？认出来了。（你认出他是谁了没有？认出来了。）

ȵi⁴²ĩ⁴⁵tɕ‘ye³³kɤ⁴²sŋ⁴²la⁴⁵ko⁴⁵le⁵³ts‘iã⁴⁵？ĩ⁴⁵tɕ‘ye³³le¹³le⁵³.

（85）衣裳□大了，唔合适。（衣服太大了，不合身。）

i³³sã³³tiæ³³t‘a⁴⁵le⁵³，ŋ⁴⁵xo⁴⁵ɕie³³.

（86）箇件衣裳□黑了，唔好看。（这件衣服太黑了，不好看。）

ke³³tɕ‘iã⁴⁵i³³sã³³ tiæ³³xiæ³³le⁵³，ŋ⁴⁵xɔ⁴²k‘ã⁴⁵.

（87）你□□病了几日了啦？三日了。（你奶奶病了几天了？三天了。）

ȵi⁴²lã³³lã³³p‘iɔ⁴⁵le⁵³tɕi⁴²ȵi³³le⁵³la³³？sã³³ȵi³³le⁵³.

六合土话的"咯 [kɔ⁴²]（或读成 [kɤ⁴²]）"相当于普通话的"的"，可以用作结构助词，也可以在句尾用作表肯定语气的语气词，语气词的"咯"具有表示事态的作用，带"咯"的陈述句所表事件是已然的。如：

（88）佢今日下头走咯。（他今下午走的。）

kɤ⁴²kĩ³³ȵi³³xa⁴²te⁴⁵tse⁴²kɤ⁴².

例（88）去掉"咯"即为未然句。

（89）门放开咯。（门开着的。）

mĩ¹³fɔ⁴⁵k‘a³³ kɤ⁴².

（90）门开咯，你进来。（门开着的，你进来吧。）

mĩ¹³k‘a³³ kɤ⁴²，ȵi⁴²tsĩ⁴⁵le¹³.

②将然

将然态表示某种新情况将要出现。将然态的语法形式是在句中用"要"或"快"，同时在句末使用事态语气词"了"。

（91）要落雨了，我哩到举咯咖。（快下雨了，我们回去吧。）

iɔ⁴⁵la⁴⁵y⁴²le⁵³，ŋo⁴²liæ⁴²tɔ⁴⁵tɕy⁴²kɔ⁴²ka³³.

（92）要发工资了。（快发工资了。）

iɔ⁴⁵fa³³kəŋ³³tsŋ³³le⁵³.

（93）太迟了，我要到举了。（太晚了，我要回家了。）

t‘iæ³³ts‘ŋ¹³le⁵³，ŋo⁴²iɔ⁴⁵tɔ⁴⁵tɕy⁴²le⁵³.

（94）快点点上来，车子要走了。（快上来吧，车快开了。）

k‘ua³³tia⁴⁵tia⁴²ɕiɔ⁴²le¹³，tɕ‘ie³³tsŋ⁴²iɔ⁴⁵tse⁴²le⁵³.

（95）快三十岁了。（快三十岁了。）

k'ua⁴⁵sã³³ɕie⁴⁵ɕiəu⁴⁵le⁵³.

（96）端午节快到了。（快端午节了。）

tuã³³ŋ⁴²tɕie³³k'ua⁴⁵tɔ⁴⁵le⁵³.

③未然

未然态表示新的情况尚未出现。否定副词"唔曾 [ŋ⁴⁵ts'iã¹³]、唔 [ŋ⁴⁵]、莫 [mo⁴⁵]"都是泛未然事件标记，如：

（97）佢唔曾吃饭就走□了。（他没吃饭就走了。）

kɤ⁴²ŋ⁴⁵ts'iã¹³ʈ'a³³fã⁴⁵tɕ'iəu⁴⁵tse⁴²ti⁴⁵le⁵³.

（98）我唔曾吃过烤鸭。（我没吃过烤鸭呢。）

ŋo⁴²ŋ⁴⁵ts'iã¹³ʈ'a³³ko⁴⁵k'ɔ⁴²æ³³.

（99）你唔话就算了。（你不说就算了。）

ȵi⁴²ŋ⁴⁵ua⁴⁵tɕ'iəu⁴⁵suã⁴⁵le⁵³.

（100）莫闹。（别吵。）

mo⁴⁵lɔ⁴⁵.

④仍然

仍然态表示某事态在参照点前后的一段时间内保持不变。其语法形式是在谓词前使用时间副词"还 xa¹³"。如：

（101）佢个奶□还细嘞。（他的儿子还小呢。）

kɤ⁴²ko⁴⁵la⁴²tiæ⁴²xa¹³ɕi⁴⁵le⁵³.

（102）里头还有人嘞。（里面还有人呢。）

li⁴²te⁴⁵xa¹³iəu⁴²ȵi¹³le⁵³.

（103）雨还在咖落。（雨还在下呢。）

y⁴²xa¹³ts'e⁴²ka⁴²lo³³.

（104）佢还坐倒咖□。（他还坐着呢。）

kɤ⁴²xa¹³ts'o⁴²tɔ⁴²ka⁴⁵tiæ⁴².

（105）佢还在咖看下的看下的。（他还在看啊看的呢。）

kɤ⁴²xa¹³ts'e⁴²ka⁴²k'ã⁴⁵xa⁴⁵tiæ³³k'ã⁴⁵xa⁴⁵tiæ⁴².

（二）疑问句

本章对桂阳六合土话的疑问句做一个初步考察。刘丹青（2008）从类型学的角度出发来看人类语言普遍存在的疑问句基本功能类别有两种：一为是非疑问句，二为特指疑问句。而汉语语法学中还分出选择问和反复问

（正反问）两类。选择问在英语中被看作是是非问内的一个小类，采用的是跟是非问同样的句法手段（主‐谓换位等），区别只在列举超过一个选择项供听话人选择回答。但选择问在汉语中跟是非问明显不同，是非问用语气词"吗"，而选择问不能用"吗"，却可以用"呢"，跟特指问一样。反复问（正反问）不是一种普遍的问句类型，很多语言完全没有这种问句，但汉语周边不少语言也存在这种类型。

桂阳六合土话疑问句也可以分为是非问、特指问、选择问、正反问四种类型。我们试以描写和比较的方法，讨论桂阳六合土话的疑问句。

1. 是非问句

A. S ＋啊 a^{42}

（1）箇个是新来咯老师啊？（这位是新来的老师吧？）

　　ke^{33}ko^{45}sɿ^{42}sĩ^{33}le^{13}kɤ^{42}lɔ^{42}sɿ^{33}a^{42}？

（2）你想哄□人啊？（你想骗人吗？）

　　ȵi^{42}ɕiɔ̃^{42}xəŋ^{42}t'ã^{13}ȵi$^{13-45}$a^{42}？

（3）只是喊吃糖啊？（光请吃糖吗？）

　　tsɿ^{42}sɿ^{42}xã^{42}ʈ'a^{33}t'ɔ^{13}a^{42}？

（4）□物件唔见□了啊？（东西不在了吗？）

　　ti^{45}yæ^{33}tɕ'iã^{45}ŋ^{45}tɕiã^{45}ti^{45}le^{53}a^{42}？

（1）～（4）中无"啊"就不能构成是非问句，只能是陈述句。这一点跟普通话不一样，普通话不用语气词，只把句子语调升高也能表示是非问。

B. S ＋哇 ua$^{33/45}$

（5）点果事难哇？（一点这样的事还难吗？）

　　tia^{45}ko^{425}sɿ^{45}lã^{13}ua^{33}？

（6）件箇□好咯毛索子去拆□佢哇？（一件这么好的毛衣去拆掉它？）

　　tɕ'iã^{45}ke^{33}ŋ^{45}xɔ^{42}kɔ^{42}mɔ^{13}so^{42}tsɿ^{42}xɤ^{45}tɕ'iæ^{33}ti^{45}kɤ^{42}ua^{45}？

（5）、（6）无"哇"就不能构成是非问句表反问。

C. S ＋喃 lã^{42}

（7）箇回□□也唔得落雨了喃？（这下再也不会下雨了吧？）

　　ke^{42}xue^{45}t'ɔ̃^{45}ɕi^{33}ia^{33}ŋ^{45}tiæ^{33}la^{45}y^{42}le^{53}lã^{42}？

（8）箇案事你晓得了喃？（这件事情你知道了吧？）

　　ke^{33}ŋã^{45}sɿ^{45}ȵi^{42}ɕiɔ^{42}tiæ^{42}le^{53}lã^{42}？

（9）今日是星期四嘀？（今天是星期四吧？）

kĩ³³n̠i³³ʂʅ⁴²sĩ³³tɕʻi³³ʂʅ⁴⁵lã⁴² ？

（10）你又迟到了嘀？（你又迟到了吧？）

n̠i⁴²iəu⁴⁵tsʻʅ¹³tɔ⁴⁵le⁵³lã⁴² ？

（11）就下蛮欢喜了嘀？（就都很高兴，对吧？）

tɕʻiəu⁴⁵xa⁴⁵mã¹³xuã³³ɕi⁴² le⁵³lã⁴² ？

这里无"嘀"则不成问句，用"嘀"的是非问对所问事情信大于疑，提问是为了寻求证实。

D.　S＋嗲 tiæ⁴²

（12）吗咯？佢在咖嗲？信啊唔信。（什么？他在吗？我不相信。）

ma⁴⁵ka⁴⁵ ？　kɤ⁴²tsʻe⁴²ka⁵³tiæ⁴² ？　sĩ⁴⁵a³³ŋ⁴⁵sĩ⁴⁵.

这一句"佢在咖嗲"读降调表示陈述，"佢在咖嗲"要读升调才表示疑问。

桂阳六合土话是非问的语气词跟普通话不一样，我们根据不同的语气词分为"S＋啊""S＋哇""S＋嘀""S＋嗲"四小类。桂阳六合土话是非问必须要有语气词，这一点跟普通话不一样，，如"只是喊吃糖啊？（光请吃糖吗？）"中的"啊"是足句成分，无"啊"就不能构成是非问句，只能是陈述句。而普通话是非问句既可以加语气词，如"光请吃糖吗？"，也可以不用语气词，如"光请吃糖？"，而只要把句子语调改为升调就能表示是非问。

2. 特指问句
A. 有疑问代词的特指问句

（13）你住倒哪那？（你住在哪里？）

n̠i⁴² tɕʻy⁴⁵tɔ⁴² la⁴⁵la⁴⁵ ？

（14）十三减七等于好多啊？（十三减七等于多少？）

ɕie⁴⁵sã³³kã⁴²tɕʻie³³tĩ⁴²y¹³xɔ⁴²to³³a³³ ？

（15）箇案事□□搞啊？（这件事怎么办呢？）

ke³³ŋã⁴⁵ʂʅ⁴⁵tʻɔ⁴⁵ɕi⁴⁵kɔ⁴²a³³ ？

（16）佢在咖搞吗咯啊？（他在干什么？）

kɤ⁴²tsʻe⁴²ka⁴²kɔ⁴²ma⁴⁵ka⁴²a³³ ？

（14）～（16）加了"啊"后问句语气缓和，显得亲切礼貌。

（17）我只杯摺倒哪哪啦？（我的杯子放到哪儿去了？）

ŋo⁴²ȶa³³pe³³liɔ⁴⁵tɔ⁴²la⁴⁵la⁴⁵la³³?

（18）你咯屋在哪那啦？（你的家在哪里？）

ȵi⁴²kɤ⁴²u³³tsʻe⁴²la⁴⁵la⁴⁵la³³?

（19）佢在咖吗事啦？（他在干什么？）

kɤ⁴²tsʻe⁴²ka⁴²ma⁴⁵sɿ⁴⁵la³³?

（20）□□搞啰？（怎么办呢？）

ȶʻɔ̃⁴⁵ɕi⁴⁵kɔ⁴²lɔ⁴²?

（21）你去哪哪啰？（你去哪儿？）

ȵi⁴²xɤ⁴⁵la⁴⁵la⁴⁵lo⁴²?

（22）哪个话咯啰？（谁说的？）

la⁴⁵ko⁴⁵ua⁴⁵kɤ⁴²lo⁴²?

加上"啰"起到缓和语气的作用。（20）还有请教意味。

（23）□□是你个女客嗒？（怎么是你的老婆呢？）

ȶɔ̃⁴⁵ɕi⁴⁵sɿ⁴²ȵi⁴²ko⁴⁵ȵy⁴²kʻa³³ta⁴⁵?

（24）哪个在咖嗲？（谁在那儿？）

la⁴⁵ko⁴⁵tsʻe⁴²ka⁵³tiæ⁴²?

（24）加上"嗲"有舒缓语气的作用。

（25）箇个大下，□个细下，箇两个物件哪个要好下嘞？（这个大，那个小，这两个东西哪个好些呢？）

ke³³ko⁴⁵tʻa⁴⁵xa⁴⁵，me³³ko⁴⁵ɕi⁴²xa⁴⁵，ke³³liɔ̃⁴²ko⁴⁵yæ³³tɕʻiã⁴⁵la⁴⁵ko⁴⁵iɔ⁴⁵
xɔ⁴²xa⁴⁵le⁵³?

（26）你想□□嘞？（你想怎么样呢？）

ȵi⁴²ɕiɔ̃⁴²ȶʻɔ̃⁴⁵ɕi⁴⁵le⁵³?

（25）加"嘞"后语气亲切，（26）加"嘞"后少了咄咄逼人的口气。

（27）佢□□箇□高咯哇？（他怎么这么高啊？）

kɤ⁴²ȶʻɔ̃⁴⁵ɕi³³ke³³ŋ⁴⁵kɔ³³kɔ⁴²ua³³?

（28）吗事唔吃哇？（为什么不吃呢？）

ma⁴⁵sɿ⁴⁵ŋ⁴⁵ȶʻa³³ua³³?

有疑问代词的特指问的疑问信息均由疑问代词充当，问句要求就疑问代词所指内容作答。语气词可以用"啊、啦、啰、嗒、嗲、嘞、哇"，但语气词不表疑问，去掉它疑问句仍可成立，加上语气词句子的语气强弱有所不同，还会带上感情色彩等附加意义。

B. 无疑问代词的特指问句

（29）你只杯嘞？（你的茶杯呢？）

ȵi⁴²ta³³pe³³le⁵³？

（30）你哥哥嘞？（你哥哥呢？）

ȵi⁴²ko⁴⁵ko⁴⁵le⁵³？

（31）佢唔来嘞？（他不来呢？）

kɤ⁴²ŋ⁴⁵le¹³le⁵³？

（29）～（31）一定要用语气词"嘞"，"嘞"在语义上理解为"在哪儿、怎么办、怎么样"等。

3. 选择问句

选择问句是并列几个项目，让回答的人选择其中的一种。

（32）你吃口了还是唔曾吃？（你吃了还是没吃？）

ȵi⁴²tʻaʻ³³ti⁴⁵le⁵³xa¹³sɿ⁴²ŋ⁴⁵tsʻiã¹³tʻaʻ³³？

（33）佢去还是唔曾去啦？（他去还是没去？）

ȵi⁴²xɤ⁴⁵xa¹³sɿ⁴²ŋ⁴⁵tsʻiã¹³xɤ⁴⁵la³³？

（34）你高下（还）是佢高下？（你高还是他高？）

ni⁴²kɔ³³xa⁴⁵（xa¹³）sɿ⁴²kɤ⁴²kɔ³³xa⁴⁵？

（35）箇口物件你拿得摇（还）是拿唔摇啊？（这些东西你拿得动还是拿不动？）

ke³³ti⁴⁵yæ³³tɕʻiã⁴⁵ȵi⁴²la¹³tiæ⁴²iɔ¹³（xa¹³）sɿ⁴²la¹³ŋ⁴⁵iɔ¹³a³³？

（36）佢来啊是唔来啊？（他来还是不来呢？）

kɤ⁴²le¹³a³³sɿ⁴²ŋ⁴⁵le¹³a⁴²？

（37）你坐车来咖是走起来咖？（你坐车来的还是走着来的？）

ȵi⁴²tsʻo⁴²tɕʻie³³le¹³ka⁴²sɿ⁴²tse⁴²ɕi⁴²le¹³ka⁴²？

（38）明日你在咖屋嗲是唔在咖屋嗲？（明天你在家还是不在家？）

miã¹³ȵi³³ȵi⁴²tsʻe⁴²ka⁵³u³³tiæ⁴²sɿ⁴²ŋ⁴⁵tsʻe⁴²ka⁵³u³³tiæ⁴²？

（39）话得是话唔得？（说得还是说不得？）

ua⁴⁵tiæ³³sɿ⁴²ua⁴⁵ŋ⁴⁵tiæ³³？

（40）佢话得快是唔快？（他说得快还是不快？）

kɤ⁴²ua⁴⁵tiæ³³kʻua⁴⁵sɿ⁴²ŋ⁴⁵kʻua⁴⁵？

桂阳六合土话与普通话的选择问基本相同，疑问点都在"A 还是 B"格式中，只是六合土话中"还是"可以省略"还"只说"是"。桂阳六合土话选择问句常用语气词是"啊、啦、咖"。

4. 正反问句（反复问句）

刘丹青（2008）认为正反问句（反复问句）从形式上看像选择问句（用肯定、否定两项发问），从功能上看像是非问句（要求作出肯定或否定回答，可以用点头、摇头作答）。大致是用选择问形式表达是非问功能的一种问句，从历时看则是从选择问到是非问的一种中间过渡类型。

桂阳六合土话正反问句可分两种类型：

A. A式： X 唔 X

（41）后日你去唔去□？（后天你去不去玩？）

$xe^{33}n_i^{33}n_i^{42}x\gamma^{45}\mathfrak{y}^{45}x\gamma^{45}xe^{33}$ ？

（42）你明日来唔来嗒？（你明天来不来？）

$n_i^{42}mi\tilde{a}^{13}n_i^{33}le^{13}\mathfrak{y}^{45}le^{13}ta^{45}$ ？

（43）晓得佢来唔来呃？（不知道他来不来？）

$\varsigma io^{42}ti\mathfrak{x}^{42}k\gamma^{42}le^{13}\mathfrak{y}^{45}le^{13}e^{42}$ ？

（44）只脚走唔走的啦？（脚能不能走了？）

$\mathfrak{t}a^{33}\mathfrak{t}o^{33}tse^{42}\mathfrak{y}^{45}tse^{42}ti\mathfrak{x}^{42}la^{33}$ ？

（45）你搭唔搭我？（你给不给我？）

$n_i^{42}ta^{45}\mathfrak{y}^{45}ta^{45}\mathfrak{y}o^{42}$ ？

（46）箇哪咯村长是唔是你啊？（这里的村长是你不？）

$ke^{33}la^{45}k\gamma^{42}ts'u\mathfrak{o}n^{33}\mathfrak{t}\tilde{o}^{42}s\gamma^{42}\mathfrak{y}^{45}s\gamma^{42}n_i^{42}a^{33}$？

（47）你拿唔拿了件雨衣去啦？（你拿了雨衣去没有？）

$n_i^{42}la^{13}\mathfrak{y}^{45}la^{13}le^{53}t\varsigma'i\tilde{a}^{45}y^{42}i^{33}x\gamma^{45}la^{33}$ ？

（48）你敢唔敢去嗲？（你敢不敢去？）

$n_i^{42}ku\tilde{a}^{42}\mathfrak{y}^{45}ku\tilde{a}^{42}x\gamma^{45}ti\mathfrak{x}^{42}$ ？

（49）痛得狠唔狠啦？（痛得厉害不厉害？）

$t'\mathfrak{o}\mathfrak{y}^{45}ti\mathfrak{x}^{42}x\tilde{i}^{42}\mathfrak{y}^{45}x\tilde{i}^{42}la^{33}$ ？

（50）你困唔困下咖？（你睡一下吗？）

$n_i^{42}xu\mathfrak{o}n^{45}\mathfrak{y}^{45}xu\mathfrak{o}n^{45}xa^{45}ka^{42}$ ？

（51）眼唔眼起了？（睡着了没有？）

$\mathfrak{y}\tilde{a}^{42}\mathfrak{y}^{45}\mathfrak{y}\tilde{a}^{42}\varsigma i^{45}le^{53}$ ？

（52）你打算去唔去（啦）？（你打算不打算去？）

$n_i^{42}ta^{42}su\tilde{a}^{45}x\gamma^{45}\mathfrak{y}^{45}x\gamma^{45}$（$la^{33}$）？

（53）屋□也搭唔搭佢弯钱啦？（家里给他钱不？）

u³³tiæ⁴²ia⁴²ta⁴⁵ŋ⁴⁵ta⁴⁵kɤ⁴²uã³³tsʻiã¹³la³³？

（54）学校□派唔派佢去啦？（学校派他去不？）（兼语句）

çio¹³çiɔ⁴⁵tiæ⁴²pʻa⁴⁵ŋ⁴⁵pʻa⁴⁵kɤ⁴²xɤ⁴⁵la³³？

（55）你有唔有哥哥啦？（你有哥哥吗？）

ȵi⁴²iəu⁴²ŋ⁴⁵iəu⁴²ko⁴⁵ko⁴⁵la³³？

（56）你有唔有□本书啊？（你有没有那本书？）

ȵi⁴²iəu⁴²ŋ⁴⁵iəu⁴²me³³pĩ⁴²çy³³a³³？

例（55）、（56）中"有"作谓语，跟普通话的表达不一样。普通话里，"有"的否定式是"没有、没"，正反相叠说成"有没有"，动词"有"不能与否定副词"不"组合，即没有"不有"和"有不有"的说法。土话里没有"唔有"的说法，但有"有唔有"的说法。土话的否定回答不能说成"唔有"，只能说"冇得"。这种表达在桂阳官话中也说，即"你有不有咯本书？"否定回答也只能说"冇得"，而不能说成"不有"。

（57）在唔在咖嗲？（在不在？）

tsʻe⁴² ŋ⁴⁵ tsʻe⁴²ka⁵³tiæ⁴²？

（58）□个人老唔老实？（那人老实不老实？）

me³³ko⁴⁵ȵi¹³⁻⁴⁵lɔ⁴²ŋ⁴⁵lɔ⁴²çie⁴⁵？

（59）箇案事我告诉细佢，做唔做得？（这件事我告诉他，可以吗？）

ke³³ŋã³³sʅ⁴⁵ŋo⁴²kɔ⁴⁵sɔ̃¹³çi⁴⁵kɤ⁴²，tsu⁴⁵ŋ⁴⁵tsu⁴⁵tiæ⁴²？

（60）佢在唔在咖洗手啦？（她在洗手吗？）

kɤ⁴²tsʻe⁴² ŋ⁴⁵ tsʻe⁴²ka⁴⁵çi⁴²çiəu⁴² la³³？

（61）你晓唔晓得打牌啦？（你会打牌吗？）

ȵi⁴²çiɔ⁴²ŋ⁴⁵çiɔ⁴²tiæ⁴²ta⁴²pʻa¹³la³³？

（62）你喜唔喜欢看戏？（你喜欢不喜欢看戏？）

ȵi⁴²çi⁴²ŋ⁴⁵çi⁴²xuã³³kʻã⁴⁵tɕʻi⁴⁵？

（63）你打唔打得佢过啊？（你打得过他打不过他？）

ni⁴²ta⁴²ŋ⁴⁵ta⁴²tiæ⁴²kɤ⁴²ko⁴⁵a⁴²？

（64）箇□饭吃唔吃得进？（这些饭吃得下吗？）

ke³³ti⁴⁵fã⁴⁵tʂʻa³³ŋ⁴⁵tʂʻa³³tiæ⁴²tsʅ⁴⁵？

（65）晴唔晴得起？（会天晴吗？）

tsʻiɔ̃¹³ŋ⁴⁵tsʻiɔ̃¹³tiæ⁴²çi⁴²？

肯定回答：晴得起。ts'iɔ̃¹³tiæ⁴²ɕi⁴²

否定回答： 晴唔起。ts'iɔ̃¹³ŋ̍⁴⁵ɕi⁴²

（66）佢快唔快得去？（他说得快说不快？）

    kɤ⁴²k'ua⁴⁵ŋ̍⁴⁵k'ua⁴⁵tiæ⁴²xɤ⁴⁵？

肯定回答：佢快得正。kɤ⁴²k'ua⁴⁵tiæ⁴²tɔ̃⁴⁵.

否定回答：佢快唔正。kɤ⁴²k'ua⁴⁵ ŋ̍⁴⁵tɔ̃⁴⁵.

（67）雨落得大唔大啦？（雨下得大不大？）

    y⁴²la⁴⁵tiæ⁴²t'a⁴⁵ŋ̍⁴⁵t'a⁴⁵la³³？

（68）你拿唔拿得摇啊？（你拿得动吗？）

    n̠i⁴²la¹³ŋ̍⁴⁵la¹³tiæ⁴²iɔ¹³a³³？

（69）你去唔曾去过佢咖屋□啊？（你去过他家没有啊？）

    n̠i⁴²xɤ⁴⁵ŋ̍⁴⁵ts'iã¹³xɤ⁴⁵ko⁴⁵kɤ⁴²ka⁴⁵u³³tiæ⁴²a³³？

（70）水烧唔烧开了？（水要不要烧开？）

    ɕy⁴²ɕiɔ³³ŋ̍⁴⁵ɕiɔ³³k'a³³le⁵³？

（71）□只盒子打唔打开了？（要不要把盒子打开？）

    me³³ta³³o⁴⁵tsŋ̍⁴²ta⁴²ŋ̍⁴⁵ta⁴²k'e³³le⁵³？

（72）箇□物件摞唔摞进去？（这些东西要不要放进去？）

    ke³³ti³³yæ³³tɕ'iã⁴⁵liɔ⁴⁵ŋ̍⁴⁵liɔ⁴⁵tsĩ⁴⁵xɤ⁴⁵？

    普通话动补结构前有助动词“要”的正反问句，通常是把“要”进行正反重叠，六合话则直接用动词进行正反重叠后再带补语。如例（69）。

    在正反问句中，桂阳六合土话还有一种“V 唔 V ＋得倒”的形式，它不同于普通话 。如：

    （73）五块钱买唔买得倒一斤肉？ —— 买唔倒。（五块钱能不能买一斤肉？ —— 不能。）

    ŋ̍⁴²k'ua⁴⁵ts'iã¹³ma⁴²ŋ̍⁴⁵ma⁴²tiæ⁴²tɔ⁴²ie³³tɕĩ³³n̠iəu³³ ？ ——ma⁴²ŋ̍⁴⁵tɔ⁴².

    （74）箇张纸写唔写得倒？ —— 写唔倒。（这张纸能不能写下？ —— 写不下。）

    ke³³tɔ̃³³tsŋ̍⁴²sia⁴²ŋ̍⁴⁵sia⁴²tiæ⁴²tɔ⁴²？ ——sia⁴²ŋ̍⁴⁵tɔ⁴².

    （75）我写咯信你收唔收得倒？ —— 收唔倒。（我写的信你能不能收到？ —— 收不到。）

    ŋo⁴²sia⁴²kɤ⁴²sĩ⁴⁵n̠i⁴²ɕiəu³³ŋ̍⁴⁵ɕiəu³³tiæ⁴²tɔ⁴²——ɕiəu³³ŋ̍⁴⁵tɔ⁴².

    “得倒 [tiæ⁴²tɔ⁴²]”是可能补语，“V 唔 V 得倒”实际上是“V 得倒 V 唔倒”

相叠提问。

B．B式：S＋（唔）曾

B式可细分为五种：

B1：S＋唔曾 ŋ⁴⁵ts'iã¹³

（76）你话了□□话唔曾？（你说过这些话没有？）

　　　ni⁴²ua⁴⁵le⁵³ke³³ti⁴⁵xua⁴⁵ŋ⁴⁵ts'iã¹³？

（77）你搭佢倒了茶唔曾？（你帮他倒了茶没有？）

　　　n̠i⁴²ta⁴⁵kɤ⁴²tɔ⁴⁵le⁵³ts'a¹³ŋ⁴⁵ts'iã¹³？

（78）北京你去过唔曾？（北京你去过没有？）

　　　piæ³³tɕĩ³³n̠i⁴²xɤ⁴⁵ko⁴⁵ŋ⁴⁵ts'iã¹³？

B2：S＋曾 ts'iã¹³

即音节"唔"脱落，只剩下"曾 ts'iã¹³"。

（79）你晒了衣裳曾？（你晒了衣服没有？）

　　　n̠i⁴²sa⁴⁵le⁵³i³³sã³³ts'iã¹³？

（80）你去过北京了曾？（你到过北京没有？）

　　　n̠i⁴²xɤ⁴⁵ko⁴⁵piæ³³tɕĩ³³le⁵³ts'iã¹³？

侯兴泉(2004)提到了广西贺街本地话的正反问句是"VPneg（neg表示否定词）曾？"形式，桂岭本地话、仁义本地话、铺门话、南丰话、罗董话是"VP曾"形式，表明副词"唔曾"及其脱落否定词的情况在广西方言也存在。

在黄伯荣的《汉语方言语法类编》中只提到浙江金华话有这种脱落而导致的省略，"①佢去曾？（他去没去？）②尔吃曾的？（你吃没吃？）"，"曾"本来虽无否定的意义，但在此处相当于否定副词"未"。这很可能是由"未曾"或"弗曾"省略而来的。

B3：S＋曾 ts'iã⁴⁵

这是B式里最常见的一种，音节"唔"脱落，说成一个音节"曾ts'iã⁴⁵"，"曾"的声调由13变成45，呈高升调。

（81）佢在咖洗手了曾？唔曾，佢唔曾洗手。（他在洗手吗？没有，他没有洗手。）

　　　kɤ⁴²ts'e⁴²ka⁴²ɕi⁴²ɕiəu⁴²le⁵³ts'iã⁴⁵？ ŋ⁴⁵ts'iã¹³，kɤ⁴²ŋ⁴⁵ts'iã¹³ɕi⁴²ɕiəu⁴².

（82）肚饥了曾？（肚子饿了没有？）

　　　t'u⁴²tɕi³³le⁵³ts'iã⁴⁵？

（83）你洗了面曾？（你洗了脸没有？）

　　ɲi⁴²ɕi⁴²le⁵³miã⁴⁵ ts'iã⁴⁵?

（84）肉□烂了曾？（肉煮烂了没有？）

　　ɲiəu³³liã⁴⁵lã⁴⁵le⁵³ts'iã⁴⁵?

（85）架起鼎了曾？（架锅（煮饭）了没有？）

　　ka⁴⁵ ɕi⁴²tiɔ̃⁴²le⁵³ts'iã⁴⁵ ?

B2、B3 式的否定副词脱落，由 "唔曾 ŋ⁴⁵ ts'iã¹³" 变成 " 曾 ts'iã¹³" 和 " 曾 ts'iã⁴⁵" 的形式。

桂阳六合土话正反问 B 式句 "S＋唔曾 ŋ⁴⁵ ts'iã¹³"、"S＋ 曾 ts'iã¹³" 和 "S＋ 曾 ts'iã⁴⁵" 三种形式并存于六合土话，但从三种形式的使用频率来看，反映了 " 唔曾 " 逐步向 " 曾 " 演变的过程，即：唔曾 ŋ⁴⁵ ts'iã¹³ → 曾 ts'iã¹³ → 曾 ts'iã⁴⁵，先脱落 " 唔 "，然后 " 曾 " 的声调由 13 高升为 45。把 " 曾 " 读成高升调 45 应该是在疑问语气的语调作用下形成的。

刘丹青（2008）认为随着反复问句语法化程度的加深，其选择问的句法形式会愈益模糊直至消失，这时其是非问功能的性质就得到凸现，成为真正的是非问。如汉语 " 吗 " 字是非问就是由句末带否定词 " 无 "（" 吗 " 的前身）的反复问演化而来的。山东、东北等地一些官话方言用句末的 " 不 " 表疑问，如 " 你去不？ "，形式上也正处在由选择问向语气助词表示的是非问演变的途中。"S＋ 唔曾 ŋ⁴⁵ ts'iã¹³"、"S＋ 曾 ts'iã¹³" 和 "S＋ 曾 ts'iã⁴⁵" 在六合土话中除主要表示已然体外，也可以表示未然体。具体分析见前（五）副词 4 的 B 表否定的副词。" 唔曾 ŋ⁴⁵ ts'iã¹³、曾 ts'iã¹³、曾 ts'iã⁴⁵" 可以不承担已然的语法意义，而只表疑问语气。六合土话已然和未然主要是通过谓语动词是否带动态助词来区分的。特别是 " 曾 ts'iã¹³、曾 ts'iã⁴⁵" 这种否定成分脱落只剩下 " 曾 " 一个单音节在句尾的情况，由于句末没有疑问语气词，兼起煞尾作用的 " 曾 " 也可不表已然而逐步虚化，有可能会导致 " 曾 " 向疑问标记（语气助词）演变，这种正反问（反复问）句式也可能会演变成是非问。

B4：S ＋曾＋咖

（86）去了曾咖？（去了没有？）

　　xɤ⁴⁵le⁵³ts'iã⁴⁵ka⁴² ?

（87）佢来了曾咖？（他来了没有？）

　　kɤ⁴²le¹³le⁵³ts'iã⁴⁵ka⁴² ?

（88）你吃了曾咖？（你吃了没有？）

$\eta i^{42} t' a^{33} le^{53} ts' i\tilde{a}^{45} ka^{42}$ ？

（89）吃□曾咖？吃□了。（吃了没有？吃了。）

$t' a^{33} ti^{45} ts' i\tilde{a}^{45} ka^{42}$ ？　$t' a^{33} ti^{45} le^{53}$.

（90）你喊了曾咖？（你喊了没有啊？）

$\eta i^{42} xa^{42} le^{53} ts' i\tilde{a}^{45} ka^{42}$ ？

B5：S＋曾＋啦

（91）你喊了曾啦？（你喊了没有啊？）

$\eta i^{42} x\tilde{a}^{42} le^{53} ts' i\tilde{a}^{45} la^{33}$ ？

例（91）用"啦"语气和缓、委婉一些，例（90）用"咖"语气重一些，有催促你喊的意味，没有喊的话就要喊。

（92）佢吃饱了曾啦？（他吃饱了没有？）

$k\gamma^{42} t' a^{33} p o^{42} le^{53} ts' i\tilde{a}^{45} la^{33}$ ？

（93）你进城了曾啦？（你进城了没有？）

$\eta i^{42} tsĩ^{45} t\varphi' ĩ^{13} le^{53} ts' i\tilde{a}^{45} la^{33}$ ？

（三）述宾结构

1. 述宾之间加"细"的问题

桂阳六合土话的述宾短语，如果宾语是人称代词（经常是表单数人称代词"我、你、佢"），在述语和宾语之间可以加上一个衬字"细"，"细"为同音字，本字不详。如：

（1）a. □本书弯志我。（把那一本书给我。）

$me^{33} pĩ^{42} \varphi y^{33} u\tilde{a}^{33} ts\eta^{45} \eta o^{42}$.

b. □本书弯志细我。（把那一本书给我。）

$me^{33} pĩ^{42} \varphi y^{33} u\tilde{a}^{33} ts\eta^{45} \varphi i^{45} \eta o^{42}$.

a、b 两句话表示的意义一样，但 b 句比 a 句显得语气要委婉礼貌些。

述宾之间加不加"细"，跟述语的音节数有关，我们来看看述语的构成情况。

① 述语是双音节动词

（2）下负担细佢了。（（我们家的钱）都负担他了。）

$xa^{13} fu^{45} t\tilde{a}^{45} \varphi i^{45} k\gamma^{42} le^{53}$.

（3）唔同意细你了，你还要来啊？（不同意你了，你还来？）

ŋ̍⁴⁵tʻəŋ¹³i⁴⁵ɕi⁴⁵n̪i⁴²le⁵³, n̪i⁴²xa¹³iɔ⁴⁵le¹³a⁴² ?

（4）你一定要告诉细我咖。（你一定要告诉我。）

n̪i⁴²ie³³tʻi⁴⁵iɔ⁴⁵kɔ⁴⁵su⁴⁵ɕi⁴⁵ŋo⁴²ka⁴².

类似的组合还有：" 相信细佢、监督细佢、帮助细佢、随便细你、招呼细你 " 等。双音节动词后面直接跟 " 细我、细你、细佢 " 的双音节组合，述宾短语形成 " 双音节＋双音节 " 的语音格局，双音节动词后一般不再带其他成分。当然也可以不加 " 细 "，如例（2）、（3）、（4）分别可说成：

（5）下负担佢了。

（6）唔同意你了，你还要来啊？

（7）你一定要告诉我咖。

这时候述宾短语形成 " 双音节＋单音节 " 的语音格局。例（2）～（4）加 " 细 " 的语气比例（5）～（7）不加 " 细 " 显得委婉柔和。

② 述语是单音节动词带后附成分

述语如果是单音节动词，则一定有表完成的动态助词 " 了 " 或者补语 " 倒、下、死 " 等跟单音节动词构成一个双音节结构。如：

（8）你问了细佢曾？（你问了他没有？）

n̪i⁴²uən⁴⁵le⁵³ɕi⁴⁵kɤ⁴²tsʻiã⁵³ ?

（9）你大势顾倒细佢。（你一直顾着他。）

n̪i⁴²tʻa⁴⁵sʅ⁴⁵ku⁴⁵tɔ⁴²ɕi⁴⁵kɤ⁴².

（10）你话下细佢啰。（你说说他。）

n̪i⁴²ua⁴⁵xa⁴⁵ɕi⁴⁵kɤ⁴⁵lo⁴².

（11）总是还话□箇号胀死人咯话，气死细我了。（总还是说些这样气死人的话，气死我了。）

tsəŋ⁴² sʅ⁴²xa¹³ua⁴⁵ti⁴⁵ke³³xɔ⁴⁵tiɔ̃⁴⁵sʅ⁴²n̪i¹³ke⁴²xua⁴⁵, tɕʻi⁴⁵sʅ⁴²ɕi⁴⁵ŋo⁴²le⁵³.

单音节动词接人称代词前加 " 细 " 的话，则单音节动词后面一定有表完成的动态助词 " 了 " 或者补语 " 倒、下、死 " 等构成一个双音节结构，这样 " 双音节＋双音节 " 读起来琅琅上口，如 " 问了＋细佢、顾倒＋细佢、话下＋细佢、气死＋细我 "。当然，不加 " 细 " 也是可以说的，如例（8）、（9）、（10）、（11）可以分别说成

（12）你问了佢曾？

（13）你大势顾倒佢。

（14）你话下佢啰。

（15）总是还话□箇号胀死人咯话，气死我了。

这时是"双音节＋单音节"的语音格局。从语用来说，例（8）～（11）加"细"比例（12）～（15）不加"细"说起来语气从容一些，舒缓一些。但桂阳六合土话绝对不会说：

问细佢

顾细佢

话细佢

气细我

这说明述语是单音节时，一般不会加"细"形成上述"单音节动词＋细＋人称代词"的格局。

再举例如下：

（16）哪个打了细你啦？（谁打了你呢？）

la^{45}ko^{45}ta^{42} le^{53}ɕi^{45}ȵi^{42}la^{33} ？

（17）你撞倒细佢就哭。（你碰了他就哭。）

ȵi^{42}tsˆɔ^{45}tɔ^{42}ɕi^{45}kɤ^{42}tɕˈiəu^{45}kˈu^{33}．

（18）佢还瞒倒细我。（他还瞒着我。）

kɤ^{42}xa^{13}mã^{13}tɔ^{42}ɕi^{45}ŋo^{42}．

（19）我去了三回下唔曾寻倒细佢。（我去了三趟都没找到他。）

ŋo^{42}xɤ^{45}le^{53}sã^{33}xue^{45}xa^{45}ŋ^{45}tsˈiã^{13}tsˈɿ^{13}tɔ^{42}ɕi^{45}kɤ^{42}．

（20）赶倒细佢。（赶上他。）

tɕyã^{42}tɔ^{42}ɕi^{45}kɤ^{42}．

（21）碰倒细佢。（碰到他。）

pˈəŋ^{45}tɔ^{42}ɕi^{45}kɤ^{42}．

（22）捉倒细佢。（抓住他。）

tso^{33}tɔ^{42}ɕi^{45}kɤ^{42}．

（23）问下细佢。（问他一下。）

uən^{45}xa^{45}ɕi^{45} kɤ^{42}．

（24）佢恼死细我了。（他对我很恼火。）

kɤ^{42}lɔ^{42}sɿ^{42}ɕi^{45}ŋo^{42}le^{53}．

（25）我恨死细佢了。（我恨死他了。）

ŋo^{42}xĩ^{45}sɿ^{42}ɕi^{45}kɤ^{42}le^{53}．

（26）□死细佢。（推死他。）

ts'əŋ⁴²sʅ⁴²ɕi⁴⁵kɤ⁴².

（27）看起细佢。（看得起他。）

k'ã⁴⁵tɕ'i⁴²ɕi⁴⁵kɤ⁴².

（28）养出细你（生出你）

iɔ̃⁴²tɕ'ye³³ɕi⁴⁵n̠i⁴².

（29）佢弯志细□人打□餐。（他被别人打了一顿。）

kɤ⁴²uã³³tsʅ⁴⁵ɕi⁴⁵t'ã¹³n̠i⁴⁵ta⁴²ti⁴⁵ts'ã³³.

（30）六六弯志细佢俚打□餐。（六六被他们打了一顿。）

liəu⁴⁵liəu⁴⁵uã³³tsʅ⁴⁵ɕi⁴⁵kɤ⁴²liæ⁴²ta⁴²ti⁴⁵ts'ã³³.

③述语是"A 唔 A 得"的形式，A 为动词

这种述宾短语的音节格局是"四音节＋二音节"。如：

（31）你认唔认得细佢？（你认不认识他？）

n̠i⁴²˥⁴⁵ŋ˥⁴⁵i˥⁴⁵tiæ⁴²ɕi⁴⁵kɤ⁴²？

总的来说，述宾短语中的衬字"细"起到了和谐音节，舒缓语气的作用，加"细"比不加"细"的句子要显得从容平和舒缓、委婉礼貌柔和一些，所以在说话急促时是不会加"细"的。就句法结构来说，述宾短语的述语是光杆单音节动词时，述宾之间不能加"细"。

2. 自感性述宾短语"V 人"

这类短语的述语由某些单音节的谓词充当，宾语一定是"人"。因此这种结构都是双音节的。自感性述宾短语都表示说话人的某种不愉悦的感受。如"冷人"是天气冷得让人感觉不舒服。旁边的四里乡说成"寒人"。"热人"是天气热得让人感觉不舒服。"丑人"是某件事或某句话让人感觉不舒服。

（32）冷人了，要多穿衣裳。（天气冷起来了，要多穿衣服。）

lɔ̃⁴²n̠i⁴⁵le⁵³, iɔ⁴⁵to³³tɕ'yã³³i³³sã³³.

（33）有一日嘞，好热人。（有一天，天气很热。）

iəu⁴²ie³³n̠i³³le⁵³, xɔ⁴²e⁴⁵n̠i⁴⁵.

（34）做生意丑人。（做生意丢丑。）

tsu⁴⁵sĩ³³˥⁴⁵ tɕ'iəu⁴²n̠i⁴⁵.

（35）果那路上□人过上过下咯人好多啦，话啊话起丑人咯满。（那条路上上上下下的人很多，说起来丢人。）

ko⁴²la⁴⁵lu⁴⁵ɕiɔ⁴⁵t'ã¹³n̠i⁴⁵ko⁴⁵ɕiɔ⁴²ko⁴⁵xa⁴²kɔ⁴²n̠i⁴⁵xɔ⁴²to³³la³³, ua⁴⁵a³³ ua⁴⁵ɕi⁴²tɕ'iəu⁴²n̠i⁴⁵kɔ⁴²mã⁴².

能进入自感动词结构的述语很有限，因此自感性述宾短语实际上是一个很小的封闭类。

3."一个哒有一个"类句式

（36）一个哒有一个。（一个都没有。）

ie³³ko⁴⁵ta⁴⁵mo⁴⁵ie³³ko⁴⁵.

（37）五个苹果佢一个唔曾搭我弯一个。（五个苹果他一个也没给我。）

ŋ̍⁴²ko⁴⁵p'ĩ¹³ko⁴²kɤ⁴²ie³³ko⁴⁵ ŋ̍⁴⁵tsʻiã¹³ta⁴⁵ŋo⁴²uã³³ie³³ko⁴⁵.

这种句式普通话一般不说，即"一个"作为宾语提前后，后面还有一个同样的宾语，这里的宾语只限于周遍性宾语。即周遍性宾语在动词前后共现。

（四）语序

1.补语和宾语的语序
①结果补语和宾语

桂阳六合土话动词后出现结果补语和宾语时，句子的顺序跟普通话一样，一般是"动＋补＋宾"。

（38）一下得就洗净了几件衣裳。（一会儿功夫就洗干净了几件衣服。）

ic³³xa⁴⁵tiæ⁴²tɕʻiəu⁴⁵ ɕi⁴²tʂʻiɔ̃⁴⁵le⁵³tɕi⁴²tɕʻiã⁴⁵i³³sã³³.

②可能补语和宾语

桂阳六合土话动词后出现可能补语和宾语时，句子顺序可以是"动＋得＋补＋宾"，也可以是"动＋得＋宾＋补"，如：

（39）a.你寻得倒我。（你找得到我。）

n̠i⁴²tsʻĩ¹³tiæ⁴² tɔ⁴²ŋo⁴².

b.你寻得我倒。

（40）a.还搭得倒车。（还搭得着车。）

xa⁴⁵ta³³tiæ⁴²tɔ⁴²tɕie³³.

b.还搭得车倒。

（41）话了箇句话出来要有道理，要服得人倒。（说了这句话出来要有道理，要让人服气。）

ua⁴⁵le⁵³ke³³tɕy⁴⁵xua⁴⁵tɕʻye³³le¹³iɔ̃⁴⁵iəu⁴²tɔ⁴⁵li⁴², iɔ⁴⁵fu³³tiæ⁴²n̠i¹³tɔ⁴².

两种语序的使用频率大致相当。

可能补语如果是否定形式，则其位置顺序常见的是"动＋宾＋否定词＋补"也可以是"动＋否定词＋补＋宾"。

（42）a. 你寻我唔倒。（你找不到我。）

　　　　ȵi⁴²ts'ʅ¹³ŋo⁴²ŋ̍⁴⁵tɔ⁴².

　　　b. 你寻唔倒我。（你找不到我。）

（43）a. 搭车唔倒（搭不着车）

　　　　ta³³tɕ'ie³³ŋ̍⁴⁵tɔ⁴².

　　　b. 搭唔倒车（搭不着车）

（44）a. 你哄我唔倒。（你骗不了我。）

　　　　ȵi⁴²xəŋ⁴²ŋo⁴²ŋ̍⁴⁵tɔ⁴².

　　　b. 你哄唔倒我。（你骗不了我）

吴福祥（2003）认为"动＋宾＋否定词＋补"是方言从历史汉语中继承下来的固有层次，"动＋否定词＋补＋宾"则是一种源于北方官话的外来层次。桂阳六合土话不可避免要受到桂阳县城的西南官话影响，所以"动＋否定词＋补＋宾"也基本能说。"动＋宾＋否定词＋补"是土话的固有层次。从记录的自然语料中看，这一语序是占优势的。

在正反问疑问句当中，可能补语和宾语一般是"V唔V＋宾＋补"的语序。

（45）你寻唔寻得我倒？（你找得到我吗？）

　　　ȵi⁴²ts'ʅ¹³ŋ̍⁴⁵ts'ʅ¹³tiæ⁴²ŋo⁴²tɔ⁴²？

（46）你寻唔寻得我只屋倒？（你找得到我的家吗？）

　　　ȵi⁴²ts'ʅ¹³ŋ̍⁴⁵ts'ʅ¹³tiæ⁴²ŋo⁴² ʈa³³u³³tɔ⁴²？

（47）你写唔写得信正啊？（你能写信吗？）

　　　ȵi⁴²sia⁴²ŋ̍⁴⁵sia⁴²tiæ⁴²sʅ⁴⁵tɔ⁴⁵a³³？

也可说成"V唔V＋补＋宾"的语序。

（48）搭唔搭得倒车啊？

　　　ta³³ŋ̍⁴⁵ta³³tiæ⁴²tɔ⁴²tɕ'ie³³a³³？

但"V唔V＋宾＋补"的语序比"V唔V＋补＋宾"占优势。

在是非问形式的反问句当中，"动＋宾＋补"也比"动＋补＋宾"常见。

（49）A 你巴资吓得我倒啊？（你以为吓得了我吗？）

　　　ȵi⁴²pa³³tsʅ³³xa³³tiæ⁴²ŋo⁴²tɔ⁴²a³³？

　　　B 你巴资吓得倒我啊？（你以为吓得了我吗？）

③趋向补语和宾语

严格地说，当补语为趋向补语时，只有"VC/O"一种情况，因为充当补语的趋向动词一旦后移，也就是 O 处在 V 和趋向动词之间时，趋向动词就成了连谓结构的后项而不再是 V 的补语了，即"拿来 / 一本书""拿进来 / 一本书"是述补结构带宾语，"拿一本书 / 来""拿进一本书 / 来"则是连谓结构。为了讨论的方便，我们仍把"拿（进）一本书 / 来"一类的连谓结构后项"来"叫作补语。我们来讨论宾语的位置问题。

A. 单纯趋向补语的述补结构中宾语的位置。

一般宾语的位置比较自由，可以是"述语 + 补语 + 宾语"，即"VC/O"。

（50）我搭佢寄去一百块钱。（我给他寄去 100 元钱。）

$$\text{ŋo}^{42}\text{ta}^{45}\text{kɤ}^{42}\text{tɕi}^{45}\text{ xɤ}^{45}\text{ie}^{33}\text{po}^{33}\text{k'ua}^{42}\text{ts'iã}^{13}.$$

也可以插在述语和补语之间，即"述语 + 宾语 + 补语"。

（51）开了一只车来。（开来一辆车。）

$$\text{k'a}^{33}\text{le}^{53}\text{ie}^{33}\text{ʈa}^{33}\text{tɕ'ie}^{33}\text{le}^{13}.$$

（52）我搭佢寄了一百块钱去。（我给他寄去一百块钱。）

$$\text{ŋo}^{42}\text{ta}^{45}\text{kɤ}^{42}\text{tɕi}^{45}\text{le}^{53}\text{ie}^{33}\text{po}^{33}\text{k'ua}^{42}\text{ts'iã}^{13}\text{xɤ}^{45}.$$

（53）你唔敢去就喊个人去。（你不敢去就叫个人去。）

$$\text{ɳi}^{42}\text{ŋ}^{45}\text{kuã}^{42}\text{xɤ}^{45}\text{tɕ'iəu}^{45}\text{xã}^{42}\text{ko}^{45}\text{ɳi}^{45}\text{xɤ}^{45}.$$

（54）搭我拿本书来。（帮找拿本书来。）

$$\text{ta}^{45}\text{ŋo}^{42}\text{la}^{13}\text{pĩ}^{42}\text{ɕy}^{33}\text{le}^{13}.$$

（55）我就怕□佢□野人呀，读书唔进了。（我就怕把人玩野，读不进书了。）

$$\text{ŋo}^{42}\text{tɕ'iəu}^{45}\text{p'a}^{45}\text{ti}^{45}\text{kɤ}^{42}\text{xe}^{33}\text{ia}^{42}\text{ɳi}^{13}\text{ia}^{42},\ \text{t'u}^{45}\text{ɕy}^{33}\text{ŋ}^{45}\text{tsĩ}^{45}\text{le}^{53}.$$

北京话由"来"和"去"充任补语的述补结构后边只能带一般宾语，不能带处所宾语，处所宾语要插在述语和补语之间，如可以说：

进教室来　　回学校去　　拿家里来　　寄上海去

但不能说成：

进来教室　　回去学校　　拿来家里　　寄去上海

六合土话则没有这个限制，处所宾语可以插在述语和补语之间。如：

（56）佢进屋来了。（他进房间来了。）

$$\text{kɤ}^{42}\text{tsĩ}^{45}\text{u}^{33}\text{le}^{13}\text{le}^{53}.$$

（57）跳倒水寠的去了。（跳下水去了。）

tiɔ⁴⁵tɔ⁴²ɕy⁴²kʻo³³tiæ⁴²xɤ⁴⁵le⁵³.

（58）掸到天池□□去。（扔到天池里去。）

tã⁴²tɔ⁴²tʻiã³³tsʻʅ⁴⁵tʻã⁴²tiæ⁴²xɤ⁴⁵.

也可以放在述语和补语之后。如：

（59）箇封信是寄（起）去长沙咯。（这封信是寄往长沙的。）

ke³³fəŋ³³sĩ⁴⁵sʅ⁴²tɕi⁴⁵(ɕi⁴²)xɤ⁴⁵tʻɔ¹³sa³³kɤ⁴².

（60）掸（起）去河□边。（扔到河那边去。）

tã⁴²(ɕi⁴²)xɤ⁴⁵xo¹³me³³piã³³.

B. 包含复合趋向补语的述补结构中宾语的位置。决定这类格式里宾语位置的因素有三个：（1）宾语是一般宾语还是处所宾语；（2）宾语是有定的还是无定的；（3）充任述语的动词是及物的还是不及物的。

无定宾语的位置比有定宾语自由。不论充任述语的动词是及物的还是不及物的，无定宾语都可以占据三种位置：

a. 述语之后

（61）飞了一只鸟鸟进来。（飞了一只鸟进来。）

fi³³le⁵³ie³³ʨa³³tiɔ⁴²⁻⁴⁵tiɔ⁴²tsʅ⁴⁵le¹³.

（62）飞了一个咪崽进来。（飞进一只苍蝇来。）

fi³³le⁵³ie³³ko⁴⁵mi³³tse⁴²tsʅ⁴⁵le¹³.

（63）佢拿了一本书进来。（他拿了一本书进来。）

kɤ⁴²la¹³le⁴⁵ie³³pĩ⁴²ɕy³³tsʅ⁴⁵le¹³.

b. 复合趋向补语中间

（64）飞进一个咪崽来了。（飞进一只苍蝇来。）

fi³³tsʅ⁴⁵ie³³ko⁴⁵mi³³tse⁴²le¹³ le⁵³.

（65）你□□做起生意来了啦？（你怎么做起生意来了？）

n̩i⁴²tʻɔ⁴⁵ɕi⁴⁵tsu⁴⁵ɕi⁴²sĩ³³i⁴⁵le¹³le⁵³la³³？

c. 整个述补短语之后

（66）飞进来一个咪崽。（飞进一只苍蝇来 。）

fi³³tsʅ⁴⁵le¹³ie³³ko⁴⁵mi³³tse⁴².

（67）佢拿进来一本书。（他拿进来一本书。）

kɤ⁴²la¹³tsʅ⁴⁵le¹³ie³³pĩ⁴²ɕy⁴⁵.

有定宾语只能在述语是及物动词的格式里出现，而且只能占据①和②两种位置，不能占据③的位置。例如：

（68）佢□□在箇那过，就喊佢进来吃饭。（他刚刚从这里经过，就喊他进来吃饭。）

kɤ⁴²ŋã⁴⁵ŋã⁴⁵ts'e⁴²ke³³la⁴⁵ko⁴⁵, tɕ'iəu⁴⁵xã⁴² kɤ⁴²tsĩ⁴⁵le¹³ȶ'a³³fã⁴⁵.

（69）你喊佢出来。（你喊他出来。）

n̩i⁴²xã⁴² kɤ⁴²tɕ'ye³³le¹³.

（70）你喊出队长来。（你喊队长出来。）

n̩i⁴²xã⁴²tɕ'ye³³tue⁴⁵ȶɔ̃⁴²le¹³.

（71）你喊出佢来。（你喊他出来。）

n̩i⁴²xã⁴²tɕ'ye³³le¹³.

（72）佢□□在箇那过，就喊进佢来吃饭。（他刚刚从这里经过，就喊他进来吃饭。）

kɤ⁴²ŋã⁴⁵ŋã⁴⁵ts'e⁴²ke³³la⁴⁵ko⁴⁵, tɕ'iəu⁴⁵xã⁴²tsĩ⁴⁵kɤ⁴²le¹³ȶ'a³³fã⁴⁵.

在述语是不及物动词的格式里，有定的体词性成分不能作为宾语出现，只能作为主语出现。如：

（73）□个咪崽又飞进来了。（那只苍蝇又飞进来了。）

me³³ko⁴⁵mi³³tse⁴² iəu⁴⁵fi³³tsĩ⁴⁵le¹³le⁵³.

（74）队长打万子到举去了。（队长跑回去了。）

tue⁴⁵ȶɔ̃⁴²ta⁴²uã⁴⁵tsɿ⁴²tɔ⁴⁵tɕy⁴²xɤ⁴⁵le⁵³.

2. 副词"先、先行、头道"的位置

桂阳六合土话和普通话一样也有表示先后顺序的副词"先 siã³³"，语义也相同。但桂阳六合土话中的副词"先"可以像普通话一样放在谓语前作状语，如：

（76）你先行。（你先走。）

n̩i⁴²siã³³xɔ̃¹³.

也可以状语后置，说成：

（77）你行先。（意思一：你先走。意思二：你走前面。）

n̩i⁴² xɔ̃¹³siã³³.

例（77）可以有两个意思。它可以和例（76）表达的意思一样，即"你先走。"，它还可以表达另外一个意思"你走前面。"。

（78）你走先行，我走屁（股）头。（你先走，我后走。）

n̩i⁴³tse⁴²siã³³ xɔ̃¹³, ŋo⁴²tse⁴²p'i⁴⁵（ku⁴²）te⁴⁵.

例（78）的"先行"显然已经比较虚化。项梦冰先生的《连城客家话语法研究》也有"先行"的这种用法，如"洗浴先行（先洗澡）；去田底先行（先去田里）；药费拿来先行（先把药费拿来）"。项先生认为这里的"行"已丧失其行走的意思，我们认为"先行"在这里已经相当于一个副词，就表示"先"的意思。

（79）你俚先吃，我捱下哒吃。（你们先吃，我等会儿再吃。）

ȵi⁴²liæ⁴²siã³³ʈʻa³³, ŋo⁴²ŋa¹³xa⁴⁵ta⁴⁵ʈʻa³³.

例（79）就不能说成"你俚吃先，我捱下哒吃。"，可见状语后置只保留在少数常见、生活化的句子当中。

（80）佢去过桂阳，我唔曾去过头道。（他去过桂阳，我从来没去过。）

kɤ⁴²xɤ⁴⁵ko⁴⁵kue⁴⁵iã¹³, ŋo⁴²ŋ⁴⁵tsʻiã¹³xɤ⁴⁵ko⁴⁵tʻe¹³tɔ⁴⁵.

（81）佢养出来以后，唔曾哭过头道。（他生出来以后，从来没有哭过。）

kɤ⁴²iɔ̃⁴²tɕʻye³³le¹³i⁴²xe⁴⁵, ŋ̍⁴⁵tsʻiã¹³kʻu³³ ko⁴⁵tʻe¹³tɔ⁴⁵.

这里副词"头道"做状语后置，放在谓语后面。

3. 述补短语"好下点"的位置

（82）a 莫要躁，搭佢话好下点。（别急躁，好点儿跟他说。）

mo⁴⁵iɔ⁴⁵tsʻɔ⁴⁵, ta⁴⁵kɤ⁴²ua⁴⁵xɔ⁴²xa⁴⁵tiæ⁴².

　　 b 莫要躁，好下点搭佢话。（别急躁，好点儿跟他说。）

a、b 两句在桂阳六合土话中都能说，但比较起来，a 句明显是六合土话的优势语序，b 句也可以说，估计是受官话或普通话的影响。而普通话相应的述补短语"好点儿"一般放在动词前，不放在动词后。又比如：

（83）默好下点。（好好想想。）

miæ³³xɔ⁴²xa⁴⁵tia⁴².

4. 否定副词"唔"的位置

桂阳六合土话中，在"认得、晓得、耐得"这些动词中的否定词，可放在词的前面，也可插入这些词中间。

（84）a. 我唔认得细佢。（我不认识他。）

ŋo⁴²ŋ̍⁴⁵ȵ̍⁴⁵tiæ⁴²ɕi⁴⁵kɤ⁴².

　　 b. 我认唔得细佢。（我不认识他。）

（85）a. 我唔晓得。（我不知道。）

ŋo⁴²ŋ̍⁴⁵ɕiɔ⁴²tiæ⁴².

　　 b. 我晓唔得。（我不知道。）

（86）认也认唔得细你了咖。（都不认识你了。）

ĩ⁴⁵iɑ⁴² ĩ⁴⁵ŋ⁴⁵tiæ⁴²ɕi⁴⁵n̦i⁴²le⁵³kɑ⁴².

（87）箇个床忒硬了，困到咖连唔耐得。（这个床太硬，睡着让人不舒服。）

ke³³ko⁴⁵ts'ɔ̃¹³tiæ³³ɔ̃⁴⁵le⁵³，xuən̦⁴⁵tɔ⁴²kɑ³³iɑ̃¹³ ŋ⁴⁵lɑ⁴⁵tiæ⁴².

（88）我住倒箇那连耐唔得。（我住在这儿不舒服。）

ŋo⁴²tɕ'y⁴⁵tɔ⁴²ke³³lɑ⁴⁵iɑ̃¹³ lɑ⁴⁵ŋ⁴⁵tiæ⁴².

5. *"好话得好嘞"类句式*

普通话中程度副词一般不修饰动词或动词性短语，只修饰形容词或形容词性短语。如不能说"很看得清、很吃得香"，只能说"看得很清，吃得很香"。桂阳六合土话程度副词有时可以修饰述补短语。

述补短语的补语是表状态的。即程度副词"好"直接修饰述补短语。如：

（89）你箇下的就好来得勤□了啦。（你这阵子来得很勤了。）

n̦i⁴²ke³³xa⁴⁵tiæ⁴²tɕ'iəu⁴⁵xɔ⁴²le¹³tiæ⁴²³³tɕ'ĩ¹³tɕĩ⁴²le⁵³lɑ³³.

（90）好话得好嘞。（说得很好。）

xɔ⁴²uɑ⁴⁵tiæ⁴²xɔ⁴² le⁵³.

（91）好演得好嘞。（演得很好。）

xɔ⁴²iɑ̃⁴²tiæ⁴²xɔ⁴² le⁵³.

（92）好唱得好嘞。（唱得很好。）

xɔ⁴²ʈʂɔ̃⁴⁵tlæ⁴²xɔ⁴² le⁵³.

（93）好做得好嘞。（做得很好。）

xɔ⁴²tsu⁴⁵tiæ⁴²xɔ⁴² le⁵³.

（五）谓词短语的重叠

谓词短语的重叠包括动词短语和形容词短语的重叠。

1. 述补式谓词短语的重叠

（94）等佢默好默好嗒。（先等他想好。）

tĩ⁴²kɤ⁴²miæ³³xɔ⁴²miæ³³xɔ⁴²ta⁴⁵.

例（94）和"等佢默好嗒"比起来程度加深了，重叠后表示更加深思熟虑。

（95）默好默好嗒话。（想好再说。）

miæ³³xɔ⁴²miæ³³xɔ⁴²ta⁴⁵uɑ⁴⁵.

（96）吃饱吃饱嗒去做事啰。（先吃饱了再去干活。）

t‘a³³pɔ⁴²t‘a³³pɔ⁴²ta⁴⁵xɤ⁴⁵tsu⁴⁵sʅ⁴⁵lo⁴².

（97）你做好做好嗒去□啰。（你做好了再去玩。）

　　ȵi⁴²tsu⁴⁵xɔ⁴²tsu⁴⁵xɔ⁴²ta⁴⁵xɤ⁴⁵xe³³lo⁴².

（98）箇案事搞好搞好嗒啰。（先办好这件事再说。）

　　ke³³ŋã⁴⁵sʅ⁴⁵kɔ⁴²xɔ⁴²kɔ⁴²xɔ⁴²ta⁴⁵lo⁴².

（99）只有查清查清以后才话的。（只有查清后才能说。）

　　tsʅ⁴²iəu⁴²ts‘a¹³tsʅ³³ts‘a¹³tsʅ¹³i⁴²xe⁴⁵ts‘a¹³ua⁴²tiæ⁴².

（100）想好想好再话，莫要乱话乱话。（想好再说，不要乱说。）

　　siɔ̃⁴²xɔ⁴²siɔ̃⁴²xɔ⁴²tsa⁴⁵ua⁴⁵，mo⁴⁵iɔ⁴⁵luã⁴⁵ua⁴⁵ luã⁴⁵ua⁴⁵.

2. 动词带动态助词"倒"的重叠

（101）佢总是勾倒勾倒嗒鬼脑壳。（他总是低着脑袋。）

　　kɤ⁴²tsəŋ⁴²sʅ⁴²ke³³tɔ⁴²ke³³tɔ⁴²ta⁴⁵ kue⁴²lɔ⁴²ko⁴².

我们还可以说成：

（102）佢总是勾倒勾倒勾倒。（他总是低着头。）

　　kɤ⁴²tsəŋ⁴²sʅ⁴²ke³³tɔ⁴²ke³³tɔ⁴² ke³³tɔ⁴².

而重叠次数越多，表明程度越深。

3. 状中式谓词短语的重叠

（103）想好想好再话，莫要乱话乱话。（想好再说，不要乱说。）

　　ɕiɔ̃⁴²xɔ⁴²ɕiɔ̃⁴²xɔ⁴²tsa⁴⁵ua⁴⁵，mo⁴⁵iɔ⁴⁵luã⁴⁵ua⁴⁵ luã⁴⁵ua⁴⁵.

（104）你□□话□□话，佢总是听唔进。（无论你怎样说，他总是听不进。）

　　ȵi⁴²tɔ̃⁴⁵ɕi⁴⁵ua⁴⁵⁵tɔ̃⁴⁵ɕi⁴⁵ua⁴⁵²，kɤ⁴²tsəŋ⁴²sʅ⁴²tiɔ̃³³ŋ̍⁴⁵tsʅ̃⁴⁵.

例（103）"乱话乱话"是状中式谓语短语的重叠。例（104）的两个"话"都要拖长声调，前一个"话"为455调，后一个"话"为452调。表示翻来覆去的说的时间很长，所以把字调拖长来表示时间的长，这跟人类的认知是一致的。

（105）佢心好坏好坏。（他的心很坏。）

　　kɤ⁴²sĩ³³xɔ⁴²xua⁴⁵xɔ⁴²xua⁴⁵.

（106）蛮好蛮好。（很好。）

　　mã¹³xɔ⁴² mã¹³xɔ⁴².

（107）门前企了蛮多蛮多咯人。（门口站了许多人。）

　　mĩ¹³ ts‘iã¹³⁻⁴⁵tɕ‘i⁴²le⁴⁵mã¹³tɔ³³mã¹³tɔ³³kɔ⁴²ȵi¹³.

例（103）、（104）是状中式动词短语的重叠，例（105）～（107）是状中式形容词短语的重叠。

谓词短语的重叠是程度加深的一种表达法，在桂阳六合土话中有时还伴随着字调的拖长这种程度表示法，如例（104），两者结合更显程度之深。句法重叠在很多方言都是表示程度加深的。

三、语法例句

1. 哪个啊？我是老三。 谁呀？我是老三。

   la^{45}ko^{45}a^{45}？　ŋo^{42}sɿ^{42}lɔ^{42}sã^{33}。

2. 老四嘞？佢□□搭一个朋友在咖话事。 老四呢？他正在跟一个朋友说着话呢。

   lɔ^{42}sɿ^{45}le^{53}？　kɤ^{42}ŋã^{45}ŋã^{45}ta^{45}ie^{33}ko^{45}pʻən^{13}iəu^{42}tsʻe^{42}ka^{42}ua^{45}sɿ^{45}。

3. 佢还唔曾话完啊？ 他还没有说完吗？

   kɤ^{42}xa^{13}ŋ^{45}tsʻiã^{13}uã^{13}uã^{13}a^{42}？

4. 还唔曾，还要等下□话得完。 还没有，大约再有一会儿就说完了。

   xa^{13}ŋ^{45}tsʻiã^{13}，xa^{13}iɔ^{45}tĩ^{42}xa^{45}ta^{45}ua^{45}tiæ^{42}uã^{13}。

5. 佢话搭倒就走，嘛事半日还在咖屋□嘞？ 他说马上走，怎么这半天了还在家里呢？

   kɤ^{42}ua^{45}ta^{33}tɔ^{42}tɕʻiəu^{45}tse^{42}，ma^{45}sɿ^{45}pã^{45}n̩i^{33}xa^{13}tsʻe^{42}ka^{42}u^{33}tiæ^{42}le^{53}？

6. 你去哪哪去？我去城里头。 你到哪里去？我到城里去。

   n̩i^{42}xɤ^{45}la^{45}la^{45}xɤ^{45}？　ŋo^{42}xɤ^{45}tɕʻi^{13}li^{42}te^{45}。

7. 在□那，唔在箇那。 在那儿，不在这儿。

   tsʻe^{42}me^{33}la^{45}，ŋ^{45}tsʻe^{42}ke^{33}la^{45}。

8. 唔是果细做咯，要是箇细做。 不是那么做，是要这么做的。

   ŋ^{45}sɿ^{42}ko^{42}ɕi^{45}tsu^{45}kɤ^{42},iɔ^{45}sɿ^{42}ke^{33}ɕi^{45}tsu^{45}。

9. □多了，要唔□果□多，有箇多就够□了。 太多了，用不着那么多，只要这么多就够了。

   tʻiæ^{33}to^{33}le^{53}，iɔ^{45}ŋ^{45}tiæ^{42}ko^{42}ŋ^{45}to^{33}，iəu^{42}ke^{33}to^{33}tɕʻiəu^{45}ke^{45}tiæ^{42}le^{53}。

10. 箇个大，果个细，箇两个哪个好点点？ 这个大，那个小，这两个哪一个好一点呢？

    ke^{33}ko^{45}tʻa^{45},ko^{42}ko^{45}ɕi^{45}，ke^{33}liɔ^{42}ko^{45}la^{45}ko^{45}xɔ^{42}tia^{45}tia^{42}？

11. 箇个比□个好。 这个比那个好。

    ke^{33}ko^{45}pi^{45}me^{33}ko^{45}xɔ^{42}。

12. 箇□屋莫得□□屋好下。 这些房子不如那些房子好。

    ke^{33}ti^{45}u^{33}mo^{45}tiæ^{42}me^{33}ti^{45}u^{33}xɔ^{42}xa^{45}。

13. 箇句话用六合话口细话？ 这句话用六合话怎么说？

ke³³tɕy⁴⁵xua⁴⁵iəŋ⁴⁵lu⁴⁵xo⁴⁵xua⁴⁵t‘ɔ̃⁴⁵ɕi⁴⁵ua⁴⁵？

14. 佢今年好多岁了？ 他今年多大岁数？

kɤ⁴²kĩ³³n̦iã¹³xɔ⁴²to³³ɕiəu⁴⁵le⁵³？

15. 大概有三十岁了。 大概有三十岁吧。

t‘a⁴⁵k‘a⁴⁵iəu⁴²sã³³ɕie⁴⁵ɕiəu⁴⁵le⁵³。

16. 箇个物件有好重啦？ 这个东西有多重呢？

ke³³ko⁴⁵yæ³³tɕ‘iã⁴⁵iəu⁴²xɔ⁴²t‘əŋ⁴²la³³？

17. 有五十斤重。 有五十斤重呢。

iəu⁴²ŋ̍⁴²ɕie⁴⁵tɕĩ³³t‘əŋ⁴²。

18. 拿唔拿得摇？ 拿得动吗？

la¹³ŋ̍⁴⁵la¹³tiæ⁴²iɔ¹³？

19. 我拿得摇，佢拿唔摇。 我拿得动，他拿不动。

ŋo⁴²la¹³tiæ⁴²iɔ¹³，kɤ⁴²la¹³ŋ̍⁴⁵iɔ¹³。

20. 唔轻嘞，重起我啊拿唔摇。 真不轻，重得连我都拿不动了。

ŋ̍⁴⁵t‘ɔ̃³³le⁵³，t‘əŋ⁴²ɕi²ŋo⁴²a³³la¹³ŋ̍⁴⁵iɔ¹³。

21. 你话得蛮好，你还晓得话口吗咯啦？ 你说得很好，你还会说点儿什么呢？

n̦i⁴²ua⁴⁵tiæ⁴²mã¹³xɔ⁴²，n̦i⁴²xa¹³ɕiɔ⁴²tiæ⁴²ua⁴⁵ti⁴⁵ma⁴⁵kɤ⁴²la³³？

22. 我唔会话口，我话佢唔过。 我嘴笨，我说不过他。

ŋo⁴²ŋ̍⁴⁵xue⁴⁵ua⁴⁵tiæ⁴²，ŋo⁴²ua⁴⁵kɤ⁴²ŋ̍⁴⁵ko⁴⁵。

23. 话了一道，又话一道。 说了一遍，又说一遍。

ua⁴⁵le⁵³ie³³tɔ⁴⁵，iəu⁴⁵ua⁴⁵ie³³tɔ⁴⁵。

24. 你再话一道！ 请你再说一遍！

n̦i⁴²tsa⁴⁵ua⁴⁵ie³³tɔ⁴⁵！

25. 唔早了，快几去啰！ 不早了，快去吧！

ŋ̍⁴⁵tsɔ⁴²le⁵³，k‘ua⁴⁵tɕi⁴²xɤ⁴⁵lo⁴²！

26. 箇下口还早，捱口哒去。 现在还很早呢，等一会儿再去吧。

ke³³xa⁴⁵tiæ⁴²xa¹³tsɔ⁴²，ŋa¹³tsa⁴⁵ta⁴⁵xɤ⁴⁵。

27. 吃口饭哒去好唔好？ 吃了饭再去好吧？

tʂ‘a³³ti⁴⁵fã⁴⁵ta⁴⁵xɤ⁴⁵xɔ⁴²ŋ̍⁴⁵xɔ⁴²？

28. 吃慢点点，莫着急！ 慢慢儿地吃啊，不要急！

$t\text(\text'a^{33}m\tilde{a}^{45\text{-}33}tia^{45}tia^{42}$，$mo^{45}t\text(\text'o^{45}t\textctcie^{33}$。

29. 倚起吃莫得坐起吃好下。 _{坐着吃比站着吃好些。}

$t\textctc\text'i^{42}\textctci^{42}t\textctc\text'a^{33}mo^{45}tiæ^{42}ts\text'o^{45}\textctci^{42}t\textctc\text'a^{33}x\textcupsilon^{42}xa^{45}$。

30. 佢吃□饭了，你吃□饭了曾？ _{他吃了饭了，你吃了饭没有呢？}

$k\textcupsilon^{42}t\textctc\text'a^{33}ti^{42}f\tilde{a}^{45}le^{53}$，$\text{n}i^{42}t\textctc\text'a^{33}ti^{45}f\tilde{a}^{45}le^{53}ts\text'i\tilde{a}^{45}$？

31. 佢去过上海，我唔曾去过。 _{他去过上海，我没有去过。}

$k\textcupsilon^{42}xe^{45}ko^{45}\textctci\tilde{\textopeno}^{45}xa^{42}$，$\text{ŋo}^{42}\text{ŋ}^{45}ts\text'i\tilde{a}^{13}x\textcupsilon^{45}ko^{45}$。

32. 来听下果朵花香唔香喷。 _{来闻闻这朵花香不香。}

$la^{13}ti\tilde{\textopeno}^{33}xa^{45}ko^{42}to^{45}xua^{33}\textctci\tilde{\textopeno}^{33}\text{ŋ}^{45}\textctci\tilde{\textopeno}^{33}p\text'\tilde{i}^{45}$。

33. 搭我弯一本书。 _{给我一本书。}

$ta^{45}\text{ŋo}^{42}u\tilde{a}^{33}ie^{33}p\text'\tilde{i}^{42}\textctcy^{33}$。

34. 我硬是莫得书了！ _{我实在没有书了！}

$\text{ŋo}^{42}\tilde{i}^{45}s\text{ʅ}^{42}mo^{45}tiæ^{42}\textctcy^{33}le^{53}$！

35. 你告诉细佢。 _{你告诉他。}

$\text{n}i^{42}ko^{45}s\tilde{\textopeno}^{45}\textctci^{45}k\textcupsilon^{42}$。

36. 走好点点，莫要打飞脚！ _{好好儿走，不要跑！}

$tse^{42}x\textopeno^{42}tia^{45}tia^{42}$，$mo^{45}i\textopeno^{45}ta^{42}fi^{33}t\textctco^{33}$！

37. 好生□点，莫要挺下来了，爬啊爬唔上来。 _{小心跌下去爬也爬不上来。}

$x\textopeno^{42}s\tilde{i}^{33}ti^{45}tia^{42}$，$mo^{45}i\textopeno^{45}t\text'\tilde{i}^{42}xa^{42}le^{13}le^{53}$，$p\text'a^{13}a^{47}p\text'a^{13}\text{ŋ}^{45}\textctci\textopeno^{42}le^{13}$。

38. 医生喊你多眼起下。 _{医生叫你多睡一睡。}

$i^{33}s\tilde{i}^{33}x\tilde{a}^{42}\text{n}i^{42}to^{33}\text{ŋ}\tilde{a}^{42}\textctci^{42}xa^{45}$。

39. 吃烟搭吃茶下要唔得。 _{吸烟或者喝茶都不行。}

$t\textctc\text'a^{33}i\tilde{a}^{33}ta^{45}t\textctc\text'a^{33}ts\text'a^{13}xa^{45}i\textopeno^{45}\text{ŋ}^{45}tiæ^{42}$。

40. 烟好，茶好，我下唔喜欢。 _{烟也好，茶也好，我都不喜欢。}

$i\tilde{a}^{33}x\textopeno^{45}$，$ts\text'a^{13}x\textopeno^{42}$，$\text{ŋo}^{42}xa^{45}\text{ŋ}^{45}\textctci^{42}xu\tilde{a}^{33}$。

41. 唔管你去唔去，反正我要去咯。 _{不管你去不去，反正我是要去的。}

$\text{ŋ}^{45}kua^{42}\text{n}i^{42}x\textcupsilon^{45}\text{ŋ}^{45}x\textcupsilon^{45}$,$f\tilde{a}^{42}t\textctci^{45}\text{ŋo}^{42}i\textopeno^{45}x\textcupsilon^{45}k\textcupsilon^{42}$。

42. 我就是要去。 _{我非去不可。}

$\text{ŋo}^{42}t\textctc\text'i\textschwa u^{45}s\text{ʅ}^{42}i\textopeno^{45}x\textcupsilon^{45}$。

43. 你是哪一年来咯啦？ _{你是哪一年来的？}

$\text{n}i^{42}s\text{ʅ}^{42}la^{45}ie^{33}\text{n}i\tilde{a}^{13}le^{13}k\textcupsilon^{42}la^{33}$？

44. 我是前年到北京咯。 _{我是前年到的北京。}

ŋo⁴²sๅ⁴²ts'iã¹³n̠iã¹³⁻⁴⁵tɔ⁴⁵piæ³³tɕĩ³³kɤ⁴²。

45. 今日开会哪个是主席啦？ _{今天开会谁的主席？}

kĩ³³n̠i³³k'a³³xue⁴⁵la⁴⁵kо⁴⁵sๅ⁴²tɕy⁴²ɕie⁴⁵la³³ ？

46. 你要请我略客。 _{你得请我的客。}

n̠i⁴²iɔ⁴⁵ts'ĩ⁴²ŋo⁴²kɤ⁴²k'a³³。

47. 一边走，一边话。 _{一边走，一边说。}

ie³³piã³³tse⁴²，ie³³piã³³ua⁴⁵。

48. 越走越远，越话越多。 _{越走越远，越说越多。}

ye⁴⁵tse⁴²ye⁴⁵yã⁴²，ye⁴⁵ua⁴⁵ye⁴⁵to³³。

49. □个物件拿起散我。 _{把那个东西拿给我。}

me³³kо⁴⁵yæ³³tɕ'iã⁴⁵la¹³ɕi⁴²sã⁴⁵ŋo⁴²。

50. 有□垱子喊太阳喊日头影。 _{有些地方把太阳叫日头影。}

iəu⁴²ti⁴⁵tɔ̃⁴⁵tsๅ⁴²⁻⁴⁵xã⁴²t'a⁴⁵iɔ̃¹³xã⁴²n̠i³³te⁴⁵ɔ̃⁴²。

51. 你姓吗略啦？我姓王。 _{您贵姓？我姓王。}

n̠i⁴²sĩ⁴⁵ma⁴⁵kɤ⁴²la³³ ？ ŋo⁴²sĩ⁴⁵uã¹³。

52. 你姓王，我啊姓王，我俩人下姓王。 _{你姓王，我也姓王，咱们两个人都姓王。}

n̠i⁴²sĩ⁴⁵uã¹³，ŋo⁴²a⁴²sĩ⁴⁵uã¹³，ŋuæ⁴²liɔ⁴²n̠i⁴⁵xa⁴⁵sĩ⁴⁵uã¹³。

53. 你先行啰，我俚捱□哒行。 _{你先去吧，我们等一会儿再去。}

n̠i⁴²siã³³xɔ̃¹³lo⁴²，ŋo⁴²liæ⁴²ŋa¹³tsa⁴⁵ta⁴⁵xɔ̃¹³。

第五章　桂阳六合土话语料记音

一、谚语

吃　了　清　明　酒，　功　夫　唔　离　手。
tʂ‘a³³ le⁵³ ts‘ĩ³³ mĩ¹³ tɕiəu⁴², kəŋ³³fu³³ ŋ⁴⁵ li¹³ ɕiəu⁴².

清　明　前，好　种　棉；　清　明　后，好　种　豆。
ts‘ĩ³³ mĩ¹³ ts‘iã¹³,xɔ⁴² təŋ⁴⁵ miã¹³；ts‘ĩ³³ mĩ¹³xe⁴⁵, xɔ⁴² təŋ⁴⁵ t‘e⁴⁵.

穷　人　莫　信　富　人　哄，　桐　崽　打　花　来　下　种。
tʂ‘əŋ¹³n̠i¹³ mo⁴⁵ sĩ⁴⁵ fu⁴⁵n̠i¹³ xəŋ⁴², tʂ‘əŋ¹³ tse⁴² ta⁴² xua³³ le¹³ ɕia⁴⁵ təŋ⁴².

四　月　五，　冻　死　老　水　牯。
sʅ⁴⁵ ye⁴⁵ ŋ̍⁴², təŋ⁴⁵ sʅ⁴² lɔ⁴² ɕy⁴² ku⁴².

春　　天　春　天，　□　时　发　癫。
ts‘uən³³t‘iã³³ ts‘uən³³t‘iã³³, iɔ¹³ sʅ⁴⁵ fa³³ tiã³³.

（□ ᵢₒ₁₃ 时：随时。这则农谚指春天天气多变，一下子又下雨了。）

早　红　雨　□　□，　夜　红　晒　背　颈。
tsɔ⁴² xəŋ¹³ y⁴² tiã⁴² tiã⁴², ia⁴⁵xəŋ¹³ sa⁴⁵ pe⁴⁵ tʂɔ̃⁴².

（即早霞预示会下雨，晚霞预示第二天会出太阳）

六　　月　六，　皇　帝　老　子　晒　衣　袖。
liəu⁴⁵ye⁴⁵liəu⁴⁵, xɔ̃¹³t‘i⁴⁵lɔ⁴²tsʅ⁴²sa⁴⁵i³³tɕ‘iəu⁴⁵.

（民间这天都晒衣被，这天晒的衣物不起霉）

六　　月　带　棉　衣　老　江　湖。
liəu⁴⁵ ye⁴⁵ ta⁴⁵ miã¹³ i³³ lɔ⁴² tʂɔ̃³³fu¹³.

（ 六月出远门也带棉衣的人是很有出门经验的人，是老江湖。）

六　月　日　日　好　尝　新，十　二　月　日　日　好　讨　亲。
liəu⁴⁵ye⁴⁵ n̠ie³³ n̠ie³³ xɔ⁴² ɕĩɔ̃¹³ sĩ³³, ɕie⁴⁵ ɔ⁴⁵ye⁴⁵ n̠ie³³ n̠ie³³ xɔ⁴² t‘ɔ⁴² ts‘ĩ³³.

七　　月　半　看　牛　奶　□　跕　□　框。
tɕ‘ie³³ ye⁴⁵ pã⁴⁵,k‘ã⁴⁵n̠iəu¹³ la⁴² tiæ⁴² ku⁴⁵ ĩ¹³ k‘uã⁴⁵.

（农历七月半了，放牛的小孩也怕冷而蹲在由田埂围起的避风处。）

冬　至　滴　一　滴，夏　至　落　一　尺。

təŋ³³ts'ɿ⁴⁵ tia³³ ie³³tia³³，ɕia⁴⁵ ts'ɿ⁴⁵ la⁴⁵ ie³³ ʨ'a³³.

（如果冬至下一滴雨，第二年的夏至就会下一尺厚的雨，即雨水好。）

鸟　鸟　过　都　要　扯　皮　毛。

tiɔ⁴²⁻⁴⁵tiɔ⁴²⁻⁴⁵ko⁴⁵ tu³³ iɔ⁴⁵ ʨ'a⁴² p'i¹³ mɔ¹³.

（形容人很贪心。）

男　怕　平，女　怕　一。

lã¹³ p'a⁴⁵p'ĩ¹³，ȵy⁴² p'a⁴⁵ ie³³.

（男的怕过整岁，如50、60、70，女的怕过51、61、71这样逢一的岁数。）

崽　大　爷　难　做，女　大　心　难　为。

tse⁴² t'a⁴⁵ ia¹³ lã¹³tsu⁴⁵，ȵy⁴² t'a⁴⁵ sɿ³³ lã¹³ue¹³.

（即儿女儿大了，父母不能作住了。）

月　亮　靠　唔　倒　还　靠　星。

ye⁴⁵liɔ̃⁴⁵ k'ɔ⁴⁵ŋ⁴⁵ tɔ⁴² xa¹³k'ɔ⁴⁵siɔ̃³³.

（意思是儿子辈靠不倒更不用想靠孙辈）

吃　唔　穷，　穿　唔　穷，　唔　会　打　算　一　世　也　穷。

ʨ'a³³ ŋ⁴⁵ʨ'əŋ¹³，tɕ'yã³³ ŋ⁴⁵ʨ'əŋ¹³，ŋ⁵xue⁴⁵ta⁴² suã⁴⁵ie³³sɿ⁴⁵a⁴²ʨ'əŋ¹³.

聪　明　一　世，懵　懂　一　时。

ts'əŋ³³mĩ¹³ie³³sɿ⁴⁵，məŋ⁴²təŋ⁴²ie³³sɿ¹³.

会　打　官　司　同　凳　坐

xue⁴⁵ ta⁴² kuã³³ sɿ³³ t'əŋ¹³ tĩ⁴⁵ ts'o⁴².

（意思是境界高，为人好，并不因打官司而把对方看成仇敌，还可以
　跟对方坐同一条凳子）

春　天　雾　露　雨；夏　天　雾　露　晴。

ts'uən³³t'iã³³mu³³lu⁴⁵y⁴²，ɕia⁴⁵t'iã³³mu³³lu⁴⁵tɕ'iɔ̃¹³.

老　来　唔　传　古，少　来　就　失　了　古

lɔ⁴²le¹³ ŋ⁴⁵ tɕ'yã¹³ ku⁴²，ɕiɔ⁴⁵le¹³ tɕ'iəu⁴⁵ ɕie³³le⁵³ku⁴².

（即老年人不把历史告诉年轻人，年轻人就失去历史、失去传统了）

二、歌谣

（一）半升绿豆种沙田

半 升 绿 豆 种 沙 田，
pɔ̃⁴⁵ ɕi³³ liəu⁴⁵t'e⁴⁵ ʈəŋ⁴⁵ sa³³ t'iã¹³,

种 起 沙 田 粒 粒 生。
ʈəŋ⁴⁵ ɕi⁴² sa³³ t'iã¹³ liæ⁴⁵⁻³³ liæ⁴⁵⁻³³sɔ̃³³.

我 爷 养 女 唔 会 弯，
ŋo⁴² ia¹³ iɔ̃⁴² ɳy⁴² ŋ̩⁴⁵ xue⁴⁵ ɔ̃³³,

弯 起 对 门 穷 人 家。
ɔ̃³³ ɕi⁴²tue⁴⁵ mĩ¹³ ʈ'əŋ¹³ɳi⁴⁵ka³³.

去 了 三 日 冇 米 煮，
xɤ⁴⁵le⁵³ sã³³ ɳi³³ mo⁴⁵ mi⁴² tɕy⁴²,

去 了 四 日 冇 碓 舂。
xɤ⁴⁵ le⁵³ sʅ⁴⁵ ɳi³³ mo⁴⁵tue⁴⁵ʈ'əŋ³³.

一 打 一 簸 大 半 升，
ie³³ ta⁴² ie³³ po⁴⁵ t'a⁴⁵ pɔ̃⁴⁵ ɕi³³,

细 细 大 大 十 八 口，
ɕi⁴⁵ ɕi⁴⁵ t'a⁴⁵ t'a⁴⁵ɕie⁴⁵ piæ³³k'e⁴²,

满 笼 筷 子 十 八 双。
mɔ̃⁴² ləŋ⁴⁵k'ua⁴⁵tsʅ⁴² ɕie⁴⁵piæ³³ sɔ̃³³.

（弯：本义是"给"，在这里理解为"找婆家"）

（二）　骂新郎

1

新 郎 你 来 得 急，
sĩ³³ lɔ̃¹³ ɳi⁴² le¹³ tiæ⁴² tɕi³³,

你 嫂 嫂 筛 茶 筛 唔 及，
ɳi⁴² sɔ⁴² sɔ⁴² sa³³ ts'a¹³ sa³³ŋ̩⁴⁵ tɕ'ie³³,

一 筛 筛 到 只 辣 子 杯，
i³³ sa³³ sa³³ tɔ⁴² ʈa³³ liæ⁴⁵ tsʅ⁴² pe³³,

你 倒 起 只 厅 屋 □ 巴 子 湿，
ɳi⁴² tɔ⁴² ɕi⁴² ʈa³³ t'iɔ̃¹³ u³³ tsiɔ³³ pa⁴⁵tsʅ⁴²ɕie³³,

念　你　新　郎　第　一　回，

n̥iã⁴⁵ n̥i⁴² sĩ³³ lɔ̃¹³ ti⁴⁵ ie³³ xue¹³,

芧　是　要　你　抹　干　才　准　　出。

y⁴⁵ ʂɿ⁴⁵ iɔ⁴⁵ n̥i⁴² ma¹³ kuã³³ tsʻa¹³ tsuən⁴² tɕʻye³³.

（芧是：不然的话）

　　2

新　郎　你　手　又　长，

sĩ³³ lɔ̃¹³ n̥i⁴² ɕiəu⁴² iəu⁴⁵ ȶɔ̃¹³,

你　接　倒　拿　过　五　只　盘，

n̥i⁴² tɕie³³ tɔ⁴² la¹³ kuo⁴⁵ ŋ̍⁴²ȶa³³ pʻã¹³,

今　年　咯　花　生　瓜　子　好　贵，

kĩ³³ n̥iã¹³ kɔ⁴² xua³³ sĩ³³ kua³³tsɿ⁴² xɔ⁴² kue⁴⁵,

你　少　吃　□　也　做　得。

n̥i⁴² ɕiəu⁴² ȶʻa³³ ti⁴⁵ ia⁴² tsu⁴⁵ tiæ⁴².

（接倒：接连）

　　　　3

新　郎　你　脑　勾　勾，

sĩ³³ lɔ̃¹³ n̥i⁴² lɔ⁴² ke³³ ke³³,

当　得　我　背　□　□　木　　□，

tɔ̃⁴⁵ tiæ⁴² ŋo⁴² pe⁴⁵ kʻɔ̃³³ tsɿ⁴⁵ mu⁴⁵ tiəu⁴⁵,

一　斧　两　斧　挖　出　你，

ie³³ fu⁴² liɔ̃⁴² fu⁴² uæ³³ tɕʻye³³ n̥i⁴²,

掸　进　灶　眼　里　头　去　慢　慢　煨。

tã⁴² tsĩ⁴⁵ tsɔ⁴⁵ ŋã⁴² li⁴² te⁴⁵ xɤ⁴⁵ mã⁴⁵ mã⁴⁵ ue³³.

（背□ₖʻɔ̃ ₃₃：屋的背后。　□ₜsɿ₄₅木□ₜiəu₄₅：一种灌木。）

　　　　4

新　郎　你　眼　白　白，

s ĩ³³ lɔ̃¹³ n̥i⁴² ŋã⁴² pʻo⁴⁵ pʻo⁴⁵,

你　　□　起　只　眼　珠　看　哪　个，

n̥i⁴² mɔ³³ ɕi⁴² ȶa³³ ŋã⁴² tɕy⁴² kʻã⁴⁵ la⁴⁵ ko⁴⁵,

看　我　壁　上　咯　字　写　得　　丑，

kʻã⁴⁵ ŋo⁴² piæ³³ ɕiɔ̃⁴⁵ kɔ⁴²tsɿ⁴⁵ sia⁴²tiæ⁴² tɕʻiəu⁴²,

你 也 拿 只 笔 来 写 四 个。
n̠i⁴² ia⁴² la¹³ t̠a³³ pie³³ le¹³ ɕia⁴² s̩⁴⁵ ko⁴⁵.

（三）童谣 娃娃歌

1

月 亮 光 光，摆 火 烧 香，
ye⁴⁵ liɔ̃⁴⁵ kɔ̃³³ kɔ̃³³, pa⁴² xo⁴² ɕiɔ³³ ɕiɔ̃³³,

烧 到 哪 哪，烧 到 背 □，
ɕ iɔ³³ tɔ⁴⁵ la⁴⁵ la⁴⁵, ɕiɔ³³ tɔ⁴⁵ pe⁴⁵ k'ɔ̃³³,

背 □ 园 里 抓 只 鹅，
pe⁴⁵ k'ɔ̃³³ yã¹³ li⁴² tsua³³ t̠a³³ ŋo¹³,

担 起 去 走 外 外，
tã³³ ɕi⁴² xɤ⁴⁵ tse⁴² ue⁴⁵ ue⁴⁵,

外 外 唔 在 咖，
ue⁴⁵ ue⁴⁵ŋ⁴⁵ ts'e⁴² ka⁴²,

走 到 背 □ 园 里 寻 虱 婆。
tse⁴² tɔ⁴⁵ pe⁴⁵ k'ɔ̃³³ yã¹³ li⁴² ts' ĩ¹³ɕia³³ po¹³⁻⁴⁵.

（哪哪：哪里。 外外 ue⁴⁵ ue⁴⁵：外婆。）

2

娃 娃 娃，打 豆 芽，
ua⁴⁵ ua⁴⁵ ua⁴⁵, ta⁴² t'e⁴⁵ŋa¹³⁻⁴⁵,

豆 芽 折 了 本，
t'e⁴⁵ ŋa¹³⁻⁴⁵ɕie⁴⁵ le⁵³ pĩ⁴²,

赚 了 个 烧 饼，
ts'uã⁴⁵ le⁵³ ko⁴⁵ ɕiɔ³³ pĩ⁴²,

烧 饼 赚 了 钱，
ɕiɔ³³ pĩ⁴² ts'uã⁴⁵ le⁵³ ts'iã¹³,

赚 倒 金 莲，
ts'uã⁴⁵ tɔ⁴² tɕĩ³³liã¹³,

金 莲 会 □ 碓，
tɕĩ³³liã¹³ xue⁴⁵t'iæ⁴⁵tue⁴⁵,

□ 倒 娃 娃，

t'iæ⁴⁵tɔ⁴²ua⁴⁵ua⁴⁵，

娃 娃 会 讨 吃，

ua⁴⁵ua⁴⁵x'ue⁴⁵tɔ⁴² ʈ'a³³，

讨 两 粒 梅 粑 粑，

t'ɔ⁴²liɔ̃⁴²liæ⁴⁵ me¹³ pa³³pa³³，

娃 娃 粒， 妹 妹 粒，

ua⁴⁵ua⁴⁵ liæ³³， me⁴⁵me⁴⁵liæ³³，

吃 了 吃 了 还 嫌 少，

ʈ'a³³ le⁵³ ʈ'a³³le⁵³ xa¹³ɕiã¹³ ɕiɔ⁴²，

一 边 一 个 □ 槌 佬。

ie³³piã³³ ie³³ ko⁴⁵ mã¹³ tɕ'y¹³lɔ⁴².

（娃娃 ua⁴⁵ ua⁴⁵：称呼弟弟；□ t'iæ⁴⁵ 碓：用脚踩碓；梅粑粑：饺粑；□ mã¹³ 槌：捶衣的木棍。最后一句意思是弟弟、妹妹好吃，一人敲一下以示惩戒）

三、民间故事

雷 得 龙 咯 古 技
lue¹³ tiæ³³ ləŋ¹³ kɤ⁴² ku⁴² tɕ'i⁴⁵

雷 得 龙，坏 人，唔 是 个 好 人。话 就 话 唔

lue¹³tiæ³³ləŋ¹³，xua⁴⁵ɲi¹³⁻⁴⁵，ŋ⁴⁵ sʅ⁴² ko⁴⁵ xɔ⁴² ɲi¹³. ua⁴⁵tɕ'iəu⁴⁵ua⁴⁵ŋ⁴⁵

完， 佢 咯 事。佢 讨 女 客 唔 倒。有 一 日 嘞，

uã¹³， kɤ⁴² kɤ⁴² sʅ⁴⁵. kɤ⁴² t'ɔ⁴² ɲy⁴² k'a³³ ŋ⁴⁵ tɔ⁴². iəu⁴²ie³³ ɲi³³ le⁵³，

好 热 人，有 两 口 人 嘞 带 了 个 细 人 的 在

xɔ⁴² e⁴⁵ɲi¹³⁻⁴⁵，iəu⁴² liɔ⁴² k'e⁴²ɲi¹³ le⁵³ ta⁴⁵ le⁵³ ko⁴⁵ ɕi⁴⁵ ɲi¹³ tiæ⁴² ts'e⁴²

咖 树 脚 下 歇 凉。□ 个 女 客 搭 佢 个 奶 的

ka⁵³ɕy⁴⁵ ʈo³³ xa⁴²ɕie³³liɔ̃¹³. me³³ko⁴⁵ ɲy⁴²k'a³³ ta⁴⁵ kɤ⁴²ko⁴⁵ la⁴²tiæ⁴²

在 咖 吃 奶 奶。安 正 果 下 的 嘞，雷 得 龙 在

ts'e⁴²ka⁵³ ʈ'a³³ la⁴²⁻⁴⁵ la⁴²⁻⁴⁵. ŋã³³ ʈɔ̃⁴⁵ ko⁴² xa⁴⁵tiæ⁴² le³³， lue¹³ tiæ³³ləŋ¹³ ts'e⁴²

果 那 过， 就 看 倒 □ 个 女 客 □ 那 奶 奶

ko⁴²la⁴⁵ ko⁴⁵， tɕ'iəu⁴⁵k'ã⁴⁵tɔ⁴² me³³ ko⁴⁵ ɲy⁴²k'a³³ me³³ la⁴⁵ la⁴²⁻⁴⁵ la⁴²⁻⁴⁵

上 有 粒 痣，雷 得 龙 就 话：" 箇 个 是 我 个
ɕiɔ̃⁴⁵iəu⁴²liæ⁴⁵ tsʅ⁴⁵, lue¹³ tiæ³³ ləŋ¹³ tɕ'iəu⁴⁵ ua⁴⁵: "ke³³ko⁴⁵ sʅ⁴² ŋo⁴² ko⁴⁵
女 客。" □ 人 □ 个 男 咯 话："佢 搭 我 一 起 来
ȵy⁴²k'a³³." t'ã¹³ ȵi⁴⁵me³³ko⁴⁵ ȵã¹³kɤ⁴² ua⁴⁵: "kɤ⁴²ta⁴⁵ ŋo⁴² ie³³tɕ'i⁴² le¹³
咯，你 个 女 客 话？ 是 我 个 女 客。"雷 得 龙
kɤ⁴², ȵi⁴² ko⁴⁵ ȵy⁴² k'a³³ ua⁴⁵? sʅ⁴² ŋo⁴² ko⁴⁵ ȵy⁴²k'a³³." lue¹³tiæ³³ləŋ¹³
话："是 我 个 女 客。"□ 个 男 咯 话："我 个 女 客，
ua⁴⁵: "sʅ⁴² ŋo⁴²ko⁴⁵ȵy⁴²k'a³³." me³³ko⁴⁵ȵã¹³ kɤ⁴² ua⁴⁵: "ŋo⁴²ko⁴⁵ȵy⁴² k'a³³,
就 是 我 个 女 客 满。" 雷 得 龙 话："是 你 个
tɕ'iəu⁴⁵sʅ⁴² ŋo⁴² ko⁴⁵ȵy⁴² k'a³³mã⁴²." lue¹³tiæ³³ləŋ¹³ ua⁴⁵: "sʅ⁴² ȵi⁴² ko⁴⁵
女 客，□ □ 是 你 个 女 客 嗒？ 话 你 个 女
ȵy⁴²k'a³³, tɔ̃⁴⁵ɕi⁴⁵ sʅ⁴² ȵi⁴² ko⁴⁵ ȵy⁴² k'a³³ta⁴⁵? ua⁴⁵ ȵi⁴² ko⁴⁵ ȵy⁴²
客 有 个 吗 咯 记 你 话 出 来 嗒。 你 话 出 个
k'a³³iəu⁴²ko⁴⁵ ma⁴⁵ kɤ⁴²tɕi⁴⁵ ȵi⁴² ua⁴⁵ tɕ'ye³³le¹³ta⁴⁵." ȵi⁴²ua⁴⁵tɕ'ye³³ ko⁴⁵
记 就 是 你 个 女 客，箇 个 记 话 唔 出 就 是
tɕi⁴⁵tɕ'iəu⁴⁵sʅ⁴²ȵi⁴² ko⁴⁵ȵy⁴²k'a³³, ke³³ ko⁴⁵ tɕi⁴⁵ ua⁴⁵ ŋ⁴⁵tɕ'ye³³tɕ'iəu⁴⁵sʅ⁴²
我 个 女 客。"两 个 人 争 来 争 去，哪 个 啊
ŋo⁴²ko⁴⁵ ȵy⁴²k'a³³." liɔ̃⁴² ko⁴⁵ ȵi¹³⁻⁴⁵tsɔ̃³³ le¹³ tsɔ̃³³xɤ⁴⁵, la⁴⁵ ko⁴⁵ a³³
争 唔 赢。后 头 嘞，就 到 衙 门 里 头 去 讲 理。
tsɔ̃³³ ŋ⁴⁵ iɔ̃¹³. xe⁴⁵ tiæ⁴²le⁵³, tɕ'iəu⁴⁵tɔ⁴⁵ ia¹³mĩ¹³li⁴² t'e⁴⁵ xɤ⁴⁵ kɔ̃⁴² li⁴².
判 官 就 问 □ 个 男 咯："你 话 是 你 个 女
p'ã⁴⁵kuã³³ tɕ'iəu⁴⁵uən⁴⁵me³³ ko⁴⁵ȵã¹³ kɤ⁴²: "ȵi⁴² ua⁴⁵ sʅ⁴² ȵi⁴² ko⁴⁵ ȵy⁴²
客， 你 个 女 客 有 个 吗 咯 记 嘞？"个 记 话
k'a³³, ȵi⁴² ko⁴⁵ ȵy⁴²k'a³³ iəu⁴² ko⁴⁵ma⁴⁵kɤ⁴² tɕi⁴⁵le⁵³? " ko⁴⁵tɕi⁴⁵ua⁴⁵
唔 出 满。 判 官 又 问 雷 得 龙："你 话 有 个
ŋ⁴⁵tɕ'ye³³mã⁴². p'ã⁴⁵kuã³³ iəu⁴⁵uən⁴⁵ lue¹³tiæ³³ləŋ¹³: " ȵi⁴² ua⁴⁵ iəu⁴²ko⁴⁵
记， 你 话 有 个 吗 咯 记 啦？"雷 得 龙 就
tɕi⁴⁵, ȵi⁴² ua⁴⁵ iəu⁴² ko⁴⁵ma⁴⁵ kɤ⁴² tɕi⁴⁵ la³³? " lue¹³ tiæ³³ ləŋ¹³ tɕ'iəu⁴⁵
话：" 我 个 女 客 奶 奶 上 有 粒 痣。" 后 头 去
ua⁴⁵: "ŋo⁴²ko⁴⁵ ȵy⁴² k'a³³ la⁴²⁻⁴⁵la⁴²⁻⁴⁵ ɕiɔ̃⁴⁵ iəu⁴² liæ⁴⁵ tsʅ⁴⁵." xe⁴⁵ tiæ⁴²xɤ⁴⁵
翻 开 看 下， 真 咯 有 粒 痣。个 女 客 就 判 志
fã³³k'a³³ k'ã⁴⁵ xa⁴⁵, tɕi³³kɔ⁴² iəu⁴² liæ⁴⁵ tsʅ⁴⁵. ko⁴⁵ȵy⁴² k'a³³ tɕ'iəu⁴⁵ p'ã⁴⁵ tsʅ⁴⁵

雷 得 龙 了 满， □ 个 男 咯 嘞， 还 打 了 二 十
lue¹³tiæ³³ ləŋ¹³ le⁵³ mã⁴², me³³ko⁴⁵ lã¹³kɤ⁴² le⁵³, xa¹³ ta⁴² le⁵³ ɔ⁴⁵ɕie⁴⁵
四 板。
sʅ⁴⁵pã⁴².

普通话译文：

雷得龙的故事

雷得龙，坏人，不是个好人。他的事说也说不完。他娶不到媳妇。有一天，天气很热，有两口子带了个小孩在树下乘凉。那个女的给小孩在喂奶。正好这时，雷得龙从那里经过，看到那个女的乳房上有粒痣，雷得龙就说："这个是我的老婆。"那个男的说："她跟我一起来的，怎么是你的老婆？是我的老婆。"雷得龙说："是我的老婆。"那个男的说："我的老婆，就是我的老婆。"雷得龙说："是你的老婆，怎么是你的老婆呢？你的老婆有个什么标记你说出来看。你说出标记来就是你的老婆，说不出就是我的老婆。"两人争来争去，谁也争不赢。后来就到衙门去讲理。判官问那个男的："你说是你的老婆，你的老婆有什么标记呢？"男的说不出标记。判官又问雷得龙："你说有标记，有个什么标记呢？"雷得龙就说："我的老婆乳房上有粒痣。"后来翻开衣服看，真的有粒痣。这个女的就判给雷得龙了，那个男的，还被打了二十四板。

四、语篇转写

(一)小时候的故事

我 细 人 的 咯 时 候， 蛮 干 雄。 □ 阵 细 人
ŋo⁴² ɕi⁴⁵ ȵi⁴⁵ tiæ⁴² ko⁴² sʅ¹³ xe⁴⁵, mã¹³kã³³ɕiəŋ⁴⁵. me³³ çĩ⁴⁵ ɕi⁴⁵ȵi⁴⁵
的 大 势 端 起 碗 饭 在 门 前 吃。 有 一 回，
tiæ⁴²t'a⁴⁵ sʅ⁴⁵ tuã³³ ɕi⁴² uã⁴² fã⁴⁵ts'e⁴² mĩ⁴⁵tɕ'iã¹³⁻⁴⁵t'a³³. iəu⁴² ie³³xue¹³,
在 门 前 吃 饭 咯 时 候， □ □ 有 个 叫 化 子
ts'e⁴²mĩ⁴⁵ts'iã¹³⁻⁴⁵t'a³³fã⁴⁵ ko⁴² sʅ¹³ xe⁴⁵, ŋã⁴⁵ŋã⁴⁵ iəu⁴²ko⁴⁵ ko⁴⁵xua⁴⁵tsʅ⁴²
来 我 俚 村 子 □ 讨 饭 吃， 佢 讨 了 碗 蛮 大
le¹³ŋo⁴² liæ⁴²ts'uən³³tsʅ⁴² tiæ⁴²t'ɔ⁴² fã⁻⁴⁵t'a³³, kɤ⁴²t'ɔ⁴² le³³ uã⁴² mã¹³t'a⁴⁵
咯 饭， 恰 恰 佢 要 走 咯 时 候， 我 咧 看 倒 只
kɔ⁴² fã⁴⁵, k'iæ³³k'iæ⁴⁵kɤ⁴²iɔ⁴⁵ tse⁴² ko⁴² sʅ¹³xe⁴⁵, ŋo⁴² liæ⁴² k'ã⁴⁵tɔ⁴² ʈa³³

死 老 鼠， 就 想 逗 下 佢， 捡 起 只 死 老 鼠
sๅ⁴² lɔ⁴² ɕy⁴⁵, tɕ'iəu⁴⁵ ɕiɔ̃⁴² te³³ xa⁴⁵kɤ⁴², tɕiã⁴²ɕi⁴² ȵa³³ sๅ⁴² lɔ⁴² ɕy⁴⁵
掸 倒 佢 身 上 去， 死 老 鼠 □ □ 挺 倒 佢
tã⁴² tɔ⁴² kɤ⁴²ɕĩ³³ ɕiɔ̃⁴⁵ xɤ⁴⁵, sๅ⁴² lɔ⁴² ɕy⁴⁵ ŋã⁴⁵ŋã⁴⁵ t'ĩ⁴² tɔ⁴² kɤ⁴²
眼 门 前， 佢 默 倒 饭 里 头 有 毒， 就 想 倒 □
ŋã⁴²mĩ⁴⁵tɕ'iã¹³, kɤ⁴²mia³³tɔ⁴²fã⁴⁵ li⁴² te⁴⁵ iəu⁴²t'u⁴⁵, tɕ'iəu⁴⁵ ɕiɔ̃⁴² tɔ⁴² ti⁴⁵
佢。 好 □ 来 了 个 大 人， 饭 了 就 唔 曾
kɤ⁴². xɔ⁴² ti⁴⁵ le¹³ le⁵³ ko⁴⁵ t'a⁴⁵ ȵi⁴⁵, fã⁴⁵ le⁵³tɕ'iəu⁴⁵ ŋ̍⁴⁵ ts'iã¹³
倒 了。大 人 默 倒 我 咧 箇 □ 细 人 的 □ 要
tɔ⁴² le⁵³. t'a⁴⁵ ȵi⁴⁵ mia³³ tɔ⁴² ŋo⁴² liæ⁴² ke³³ti⁴⁵ ɕi⁴⁵ ȵi⁴⁵ tiæ⁴²tiæ³³ iɔ⁴⁵
唔 得 了， 就 搭 我 俚 骂 □ 一 餐。 后 头 了，
ŋ̍⁴⁵ tiæ⁴² le⁵³, tɕ'iəu⁴⁵ ta⁴⁵ ŋo⁴²liæ⁴² mã⁴⁵ti⁴⁵ ie³³ts'ã³³. xe⁴⁵ tiæ⁴² le⁵³,
我 俚 再 也 唔 敢 箇 细 做 的 了。
ŋo⁴² liæ⁴² tsa⁴⁵ia⁴² ŋ̍⁴⁵ kuã⁴² ke³³ ɕi⁴⁵ tsu⁴⁵ tiæ⁴²le⁵³.

普通话译文： 小时候的故事

我小的时候，很调皮。那时小孩子们经常端着饭在外面吃。有一次，在外面吃饭的时候，恰巧有一个乞丐来我们村讨饭，她讨了很大一碗饭。她刚要离开的时候，我们看见一个死老鼠，就想逗她一下，捡起死老鼠往她身上扔，死老鼠恰巧掉到她眼前，她还以为饭里面有毒，就想把饭倒掉。幸好来了个大人，饭就没倒了。大人觉得我们小孩子太过分了，就把我们骂了一顿。于是以后我们再也不敢这样做了。

（二）桂阳六合婚嫁习俗

一 个 做 媒 人 咯， 就 话 你 今 日 喊 啰 好 比 一 个
ie³³ko⁴⁵tsu⁴⁵me¹³⁻⁴⁵ȵi¹³⁻⁴⁵kɤ⁴²,tɕ'iəu⁴⁵ua⁴⁵ȵi⁴²kĩ³³ȵi³³xã⁴²lo⁴²xɔ⁴²pi⁴²ie³³ko⁴⁵
女 咯， 就 去 搭 箇 个 女 咯 话， 哪 个 有 个 好 奶 □
ȵy⁴²kɤ⁴², tɕ'iəu⁴⁵xɤ⁴⁵ta⁴⁵ke³³ko⁴⁵ ȵy⁴²kɤ⁴²ua⁴⁵, la⁴⁵ko⁴⁵iəu⁴²ko⁴⁵xɔ⁴²la⁴²tiæ⁴²
搭 你 做 个 媒 人 去， 就 话 今 日 去 对 个 面，
ta⁴⁵ȵi⁴²tsu⁴⁵ko⁴⁵me¹³⁻⁴⁵ȵi¹³⁻⁴⁵xɤ⁴⁵, tɕ'iəu⁴⁵ua⁴⁵kĩ³³ȵi³³xɤ⁴⁵tue⁴⁴ko⁴⁵miã⁴⁵,
到 圩 上 去， 对 个 面 嘞， 就 两 个 人 看 倒 同 意
tɔ⁴⁵ɕy³³ɕiɔ̃⁴⁵ xɤ⁴⁵, tue⁴⁴ko⁴⁵miã⁴⁵le⁴⁵, tɕ'iəu⁴⁵liɔ̃⁴⁵ ko⁴⁵ ȵi¹³⁻⁴⁵k'ã⁴⁵tɔ⁴²t'əŋ¹³i⁴⁵

了，愿意了嘞　就 交 个 手 镜，　就 交 点 钱，　　就
le⁴⁵,yã⁴⁵i⁴⁵le⁴²le³³ tɕ'iəu⁴⁵tɔ³³ko⁴⁵ɕiəu⁴²tɕĩ⁴⁵, tɕ'iəu⁴⁵ tɔ³³tia⁴⁵ts'iã¹³, tɕ'iəu⁴⁵
算 一 回 箇 哪　就。
suã⁴⁵ie³³xue¹³ke³³la⁴⁵tɕ'iəu⁴⁵.

　　箇 下 嘞，　就 箇 门 就 看 垱 子 了，　看 垱 子，
ke³³xa⁴⁵le⁴⁵, tɕ'iəu⁴⁵ke³³mĩ¹³⁻⁴⁵tɕ'iəu⁴⁵k'ã⁴⁵tɔ⁴⁵tsʅ⁴²⁻⁴⁵le³³, k'ã⁴⁵tɔ⁴⁵tsʅ⁴²⁻⁴⁵,
就 去 男 咯 屋 的 去 吃 饭。就 箇 个 女 咯 箇 哪 嘞，tɕ'iəu⁴⁵xɤ⁴⁵lã¹³
kɤ⁴²u³³tiæ⁴²xɤ⁴⁵t'a³³fã⁴⁵. tɕ'iəu⁴⁵ke³³ko⁴⁵ɳy⁴²kɤ⁴²ke³³la⁴⁵le⁴⁵,
就 吗 咯 子 妹 啊，　爸 爸 妈 妈 咯 满 姨 啊、姑 姑 啊，
tɕ'iəu⁴⁵ma⁴⁵kɤ⁴²tsʅ⁴²me⁴⁵a³³, pa³³pa³³ma³³ma³³kɤ⁴²mã⁴²i¹³⁻⁴⁵a³³、ku³³ku³³a³³,
还 找 □ 大 哥 咯 女 □ 人 啊，就 下 去 男 方 面
xa¹³tsɔ⁴²ti⁴⁵t'a⁴⁵ko³³kɤ⁴²ɳy⁴²tiæ⁴²ɳi¹³⁻⁴⁵a³³, tɕ'iəu⁴⁵xa⁴⁵xɤ⁴⁵lã¹³fɔ³³miã⁴⁵
去 吃 饭，　就 去 看 垱 子。　看 垱 子 嘞，　就 爸 爸
xɤ⁴⁵t'a³³fã⁴⁵, tɕ'iəu⁴⁵xɤ⁴⁵k'ã⁴⁵tɔ⁴⁵ tsʅ⁴²⁻⁴⁵. k'ã⁴⁵tɔ⁴⁵tsʅ⁴²⁻⁴⁵le⁴⁵,tɕ'iəu⁴⁵pa³³pa³³
妈 妈 嘞，　就 要 原 先 咯 钱 嘞，就 吗 咯 十 块 钱
ma³³ma³³le⁴⁵, tɕ'iəu⁴⁵iɔ⁴⁵yã¹³siã³³kɤ⁴²ts'iã¹³le⁴⁵, tɕ'iəu⁴⁵ma⁴⁵kɤ⁴² ɕie⁴⁵k'ua⁴²ts'iã¹³
啰，其 他 咯 人 就 两 块 钱 啰，其 他 咯 果 □ 看 咯
lo⁴²,tɕ'i¹³t'a³³kɤ⁴²ɳi¹³tɕ'iəu⁴⁵liɔ⁴²k'ua⁴²ts'iã¹³lo⁴², tɕ'i¹³t'a³³kɤ⁴²ko⁴²ti⁴⁵k'ã⁴⁵ kɤ⁴²
人，　果 □ 陪 起 去 咯 就。　就 好 比 箇 个 女 咯 嘞，
ɳi¹³, ko⁴²ti⁴⁵p'e¹³tɕ'i⁴²xɤ⁴⁵kɤ⁴²tɕ'iəu⁴⁵. tɕ'iəu⁴⁵xɔ⁴²pi⁴²ke³³ko⁴⁵ɳy⁴²kɤ⁴²le³³,
箇 个 新 母 娘 箇 个 嘞，就 要 最 少 一 身 衣 衫 裤，
ke³³ko⁴⁵sĩ³³mu⁴²⁻³³ɳiɔ¹³⁻⁴⁵ke³³ko⁴⁵le³³, tɕ'iəu⁴⁵iɔ⁴⁵tsue⁴⁵ɕiɔ⁴²ie³³ɕĩ¹³i¹³sã³³ku⁴⁵,
就 吗 咯 一 百 块 钱，　　就 看 垱 子 箇 日 就 。
tɕ'iəu⁴⁵ma⁴⁵kɤ⁴²ie³³po³³k'ua⁴²ts'iã¹³, tɕ'iəu⁴⁵ k'ã⁴⁵tɔ⁴⁵ tsʅ⁴²⁻⁴⁵ke³³ɳi³³tɕ'iəu⁴⁵.

　　看 □ 垱 子 以 后 嘞，同 意 了 嘞，吃 □ 饭 以 后 嘞，　就
k'ã⁴⁵ti⁴⁵tɔ⁴⁵tsʅ⁴²⁻⁴⁵i⁴²xe⁴⁵le⁴⁵,t'əŋ¹³i⁴⁵le⁴⁵le³³,t'a³³ti⁴⁵fã⁴⁵i⁴²xe⁴⁵le⁴⁵, tɕ'iəu⁴⁵
过 段 时 间，　就 喊 过 书 了。过 书，　就 要 破 菜
ko⁴⁵tuã⁴⁵sʅ¹³tɕiã³³, tɕ'iəu⁴⁵xã⁴²ko⁴⁵ɕy³³le⁴⁵. ko⁴⁵ɕy³³, tɕ'iəu⁴⁵iɔ⁴⁵p'o⁴⁵ts'ue⁴⁵
搭 女 方 面。　要 担 两 百 块 钱，　就 担 吗 咯 七
ta⁴⁵ɳy⁴²fɔ³³miã⁴⁵. iɔ⁴⁵tã³³ɳiɔ⁴²po³³k'ua⁴²ts'iã¹³, tɕ'iəu⁴⁵tã³³ma⁴⁵kɤ⁴²tɕ' ie³³
十 斤 肉 咯 样 子，　就 好 比 姑 姑 啊 晚 晚 啊 姐 姐
ɕie⁴⁵tɕĩ³³ɳiəu³³kɤ⁴²iɔ⁴⁵tsʅ⁴², tɕ'iəu⁴⁵xɔ⁴²pi⁴²ku³³ku³³a³³mã⁴²mã⁴²a³³tsia⁴⁵tsia⁴⁵

啊 哥 哥 啊 箇 □ 就 □ 人 砍 只 □ 子， 就 吗 咯
a³³ko⁴⁵ko⁴⁵a³³ke³³ ti⁴⁵tɕ'iəu⁴⁵tɕie⁴⁵n̠i⁴⁵k'ã⁴²ta³³k'u⁴⁵tsɿ⁴². tɕ'iəu⁴⁵ma⁴⁵kɤ⁴²

五 斤 咯 □ 子 。 就 过 书， 就 一 □ 钱， 一 □ □
ŋ⁴²tɕĩ³³kɤ⁴²k'u⁴⁵tsɿ⁴². tɕ'iəu⁴⁵ ko⁴⁵çy³³ ,tɕ'iəu⁴⁵ie³³ti⁴⁵ts'iã¹³ ,ie³³ti⁴⁵k'u⁴⁵

子， 就 搭 七 十 斤 肉， 好， 就 是 过 书 了。
tsɿ⁴², tɕ'iəu⁴⁵ta⁴⁵tɕ'ie³³çie⁴⁵tɕĩ³³n̠iəu³³, xɔ⁴², tɕ'iəu⁴⁵sɿ⁴²ko⁴⁵çy³³le⁵³.

过 □ 书 以 后， 就 过 段 时 间， 过 莫 好 久 □，
ko⁴⁵ ti⁴⁵ çy³³i⁴²xe⁴⁵, tɕ'iəu⁴⁵ ko⁴⁵tuã⁴⁵sɿ¹³tɕiã³³, ko⁴⁵mo⁴⁵ xɔ⁴²tɕiəu⁴²tiæ⁴²,

就 结 婚 了，扯 结 婚 证 了。扯 结 婚 证，箇 下 嘞，
tɕ'iəu⁴⁵tɕie³³xuən³³le⁵³,t̠'a⁴²tɕie³³xuən³³tɕĩ⁴⁵le⁵³. t̠'a⁴²tɕie³³xuən³³tɕĩ⁴⁵, ke³³xa⁴⁵ le⁵³.

就 箇 个 新 母 娘 嘞， 就 要 结 婚 就 要
tɕ'iəu⁴⁵ke³³ ko⁴⁵sĩ³³mu⁴²⁻³³n̠iõ¹³⁻⁴⁵le⁵³, tɕ'iəu⁴⁵iɔ⁴⁵tɕie³³xuən³³tɕ'iəu⁴⁵iɔ⁴⁵

好 多 钱 啰，□ 阵 咯 钱 最 少 吗 咯 两 百 块 钱，
xɔ⁴²to³³ts'iã¹³lo⁴²,me³³çĩ⁴⁵kɤ⁴²ts'iã¹³tsue⁴⁵çiɔ⁴²ma⁴⁵kɤ⁴²liõ⁴²po³³ k'ua⁴²ts'iã¹³,

吗 咯 一 百 五 十 块 钱，男 咯 就 唔 肯 变 啰，有 □ 人
ma⁴⁵kɤ⁴²ie³³po³³ŋ⁴²çie⁴⁵k'ua⁴²ts'iã¹³,lã¹³kɤ⁴²tɕ'iəu⁴⁵ŋ⁴⁵xĩ⁴²uã³³lo⁴²,iəu⁴²ti⁴⁵n̠i¹³

就， 唔 肯 变 嘞，箇 下 □ 个 女 咯 嘞，唔 肯 变 就 唔
tɕ'iəu⁴⁵, ŋ⁴⁵xĩ⁴²uã³³ le⁵³, ke³³xa⁴⁵ me³³ko⁴⁵n̠y⁴²kɤ⁴²le⁵³, ŋ⁴⁵xĩ⁴²uã³³ tɕ'iəu⁴⁵ ŋ⁴⁵

嫁 起 搭 你， 就 硬 起 去 咯 喃。还 不 是 莫 办 法， 怕 □
ka⁴⁵çi⁴²ta⁴⁵n̠i⁴², tɕ'iəu⁴⁵ĩ⁴²çi⁴²xɤ⁴⁵kɤ⁴²lã⁴².xa¹³pu³³sɿ⁴⁵mo⁴⁵p'ã⁴⁵fa³³,p'a⁴⁵ti⁴⁵

讨 亲 唔 倒， 一 百 五 就 一 百 五， 两 百 就 两 百，
t'ɔ⁴²ts'i ŋ⁴⁵tɔ⁴², ie³³po³³ŋ⁴² tɕ'iəu⁴⁵ ie³³po³³ŋ⁴², liõ⁴²po³³ tɕiəu⁴⁵ liõ⁴²po³³,

也 要 变。
ia⁴²iɔ⁴⁵uã³³.

　 箇 下 嘞， 就 扯 过 结 婚 证 以 后， 就 箇 门
ke³³xa⁴⁵le⁵³, tɕ'iəu⁴⁵t̠'a⁴²ko⁴⁵tɕie³³xuən³³tɕĩ⁴⁵i⁴²xe⁴⁵, tɕ'iəu⁴⁵ke³³mĩ¹³⁻⁴⁵

就 做 酒 了。搭 女 方 面 就 担 两 百 斤 肉，
tɕiəu⁴⁵tsu⁴⁵tɕiəu⁴²le⁵³ .ta⁴⁵n̠y⁴²fõ³³miã⁴⁵tɕiəu⁴⁵tã³³ liõ⁴²po³³tɕĩ³³n̠iəu³³,

就 先 日 咯 上 头 担 起 去。箇 个 女 方 面 嘞，箇 日
tɕ'iəu⁴⁵siã³³n̠i³³kɤ⁴²çiõ⁴⁵te⁴⁵tã³³çi⁴²xɤ⁴⁵. ke³³ko⁴⁵n̠y⁴²fõ³³miã⁴⁵le⁵³, ke³³n̠i³³

夜 晡 嘞 就 做 酒 咯 先 夜 晡 嘞 就 坐 歌。
ia⁴⁵pu³³le⁵³tɕ'iəu⁴⁵tsu⁴⁵tɕiəu⁴²kɤ⁴²siã³³ia⁴⁵pu³³le⁵³tɕ'iəu⁴⁵ts'o⁴²ko³³.

坐 歌 嘞，　　就 蛮 多 咯 人 嘞，　　就 唱 歌 。 唱 □ 歌
ts'o⁴²ko³³le⁵³, tɕ'iəu⁴⁵mã¹³to³³kɤ⁴²ɲi¹³le⁵³, tɕ'iəu⁴⁵ɬɔ̃⁴⁵ko³³. ɬɔ̃⁴⁵ti⁴⁵ko³³

以 后 就 吃 个 宵 夜 ，　吃 □ 个 宵 夜 就 睡 觉 了 啰 。
i⁴²xe⁴⁵tɕ'iəu⁴⁵ɬ'a³³ko⁴⁵sio³³ia⁴⁵, ɬ'a³³ti⁴⁵ko⁴⁵sio³³ia⁴⁵tɕ'iəu⁴⁵sue⁴⁵kɔ⁴⁵le⁵³lo⁴².

箇 下 就 早 晨 ，　就 吃 餐 酒 ，　吃 餐 酒 以 后 ，
ke³³xa⁴⁵tɕ'iəu⁴⁵tsɔ⁴²ɕĩ⁴⁵, tɕ'iəu⁴⁵ɬ'a³³tsʰã³³tɕiəu⁴², ɬ'a³³tsʰã³³tɕiəu⁴²i⁴²xe⁴⁵,

就　　　吗 咯 十 二 点 钟、　一 点 钟 ，　　就　　去 男 方 面 。
tɕ'iəu⁴⁵ma⁴⁵kɤ⁴²ɕie³³ɔ̃⁴⁵tiã⁴²təŋ³³、 ie³³tiã⁴²təŋ³³, tɕ'iəu⁴⁵xɤ⁴⁵lã¹³fɔ̃³³miã⁴⁵.

就　女 方 面 箇 哪 嘞，一 个 自 家 咯，好 比 自 家 咯
tɕ'iəu⁴⁵ɲy⁴²fɔ̃³³miã⁴⁵ke³³la⁴⁵le⁵³,ie³³ko⁴⁵sʅ⁴⁵ka³³kɤ⁴²,xɔ⁴²pi⁴² sʅ⁴⁵ka³³kɤ⁴²

哥 哥 咯 女 啊， 哥 哥 咯 崽 啊，姐 姐 咯 崽 啊，
ko³³⁻⁴⁵ko³³⁻⁴⁵kɤ⁴²ɲy⁴²a³³, ko³³⁻⁴⁵ko³³⁻⁴⁵kɤ⁴²tse⁴² a³³, tsia⁴⁵tsia⁴⁵kɤ⁴²tse⁴²a³³,

就 两 个 抬 锁 □ 咯，　就 吗 咯 哥 哥 啊，舅
tɕ'iəu⁴⁵liɔ̃⁴²ko⁴⁵te¹³so⁴²so⁴⁵kɤ⁴², tɕ'iəu⁴⁵ ma⁴⁵kɤ⁴² ko³³⁻⁴⁵ko³³⁻⁴⁵ a³³,tɕ'iəu⁴²

□ 啊，　就 四 个 挂 帐 咯，　就　一 个 提 火 桶 礼 咯，
sʅ⁴⁵a³³, tɕ'iəu⁴⁵sʅ⁴⁵ ko⁴⁵kua⁴⁵tɔ⁴⁵kɤ⁴², tɕ'iəu⁴⁵ie³³ko⁴⁵tia¹³xo⁴²t'əŋ⁴²li⁴²kɤ⁴²,

就　是 个 命 好 咯，要 个 。 个 命 好 咯 嘞 就 提 火
tɕ'iəu⁴⁵ sʅ⁴⁵ko⁴⁵miɔ̃⁴⁵xɔ⁴²kɤ⁴²,io⁴⁵ko⁴⁵. ko⁴⁵ miɔ̃⁴⁵xɔ⁴²kɤ⁴²le⁵³tɕ'iəu⁴⁵tia¹³xo⁴²

桶 礼 提 到 半 路 上 就 箇 门 就 □ 两 个 接 咯
t'əŋ⁴²li⁴² tia¹³tɔ⁴⁵pã⁴⁵lu⁴⁵ɕiɔ̃⁴⁵ tɕ'iəu⁴⁵ke³³mĩ⁴⁵ tɕ'iəu⁴⁵uã³³liɔ̃⁴²ko⁴⁵tɕie³³kɤ⁴²

女 □ 人 提 。
ɲy⁴² tiæ⁴²ɲi⁴⁵ tia¹³.

就 箇 门 就 送 到 男 方 面 去 就 上 头
tɕ'iəu⁴⁵ke³³mĩ¹³⁻⁴⁵tɕ'iəu⁴⁵səŋ⁴⁵tɔ⁴⁵lã¹³ fɔ̃³³miã⁴⁵xɤ⁴⁵tɕ'iəu⁴⁵ɕiɔ̃⁴⁵te⁴⁵

吃 餐 酒 ，吃 餐 酒 嘞，　就 搭 箇 □ 送 亲 咯　□
ɬ'a³³tsʰã³³tɕiəu⁴², ɬ'a³³tsʰã³³tɕiəu⁴²le⁵³, tɕ'iəu⁴⁵ta⁴⁵ke³³ti⁴⁵səŋ⁴⁵tsʰĩ³³kɤ⁴² tɕie⁴⁵

人 □ 一 块 钱 ，　就 算 完 □ 了 。
ɲi⁴⁵uã³³ ie³³ k'ua⁴²tsʰiã¹³, tɕ'iəu⁴⁵suã⁴⁵uã¹³ti⁴⁵le⁵³.

普通话大意：　　　　　桂阳六合婚嫁习俗

一个做媒的人，就说打比方有一个女的，（媒人）就去跟这个女的说，谁（家）有个好小伙子给你做个媒，就说今天到圩上去见个面，见了面呢，两个人见面就同意了，愿意了就交手镜，就交点钱，这里就算一次。

　　第二次呢，就是看地方了，看地方就是女方去男方家里吃饭，看看男方家里怎么样。女方的姊妹啊，爸爸妈妈的姨啊、姑姑啊，还有嫂嫂等，就都去男方家里吃饭，就去看地方。看地方呢，就（男方给女方的）爸爸妈妈，就要给原先的钱呢，（原先的钱意思是指原来的人民币，那时的钱很值钱）就大约十块钱。其他的人就给 2 块钱，其他的那些看的人，那些陪着去的（亲戚）。这个女的呢，这个新娘呢，就最少要给一身新衣裤、一百块钱，看地方这天就（这样）。

　　看了地方以后呢，同意了呢，吃过饭以后呢，就过段时间，就要过书了。过书的时候就要送菜给女方，要送 200 块钱，70 斤肉。女方的姑姑、叔叔、姐姐、哥哥等亲戚每人要送 5 斤左右的肘子肉。过书就是给女方一点钱、一点肘子肉，还有 70 斤肉，就是过书了。

　　过了书以后，就过段时间，过没多久，就结婚，要扯结婚证了。扯结婚证这时呢，新娘子这一方就要很多钱，那时的钱最少 200 块钱或 150 块钱。有的男方就不肯给，不肯给呢，这一下那个女方呢，不给就不嫁给你，就很强硬。还不是没办法，怕讨不到老婆，一百五就一百五，两百就两百，也得给。

　　这下呢，扯过结婚证以后呢，就要办酒了，给女方要挑两百斤肉过去，前一天上午挑过去。女方这天晚上即办酒的前一天晚上就坐歌，坐歌是很多的人一起唱歌。唱完歌以后就吃宵夜，吃完宵夜就睡觉了。

　　第二天早晨，大家在女方家里喝喜酒，快中午时分，动身送亲去男方家。从女方哥哥、姐姐的儿女中，要找两个抬钥匙的（即陪嫁箱子的钥匙）。从女方舅舅或哥哥等人中要找四个人去挂新房帐子。还要找一个命好的人提火桶礼，火桶提到半路上会被男方派来的女子接过去。

　　就这样（把新娘）送到男方家里，中午在男方家喝喜酒，喝完酒，（男方）就给送亲的每人 1 元钱，婚礼就结束了。

参考文献

[1] 鲍厚星 . 东安土话研究 [M]. 长沙：湖南教育出版社，1998.

[2] 鲍厚星 . 长沙方言中的新派与老派 [J]. 湘潭大学学报（湖南方言专辑），1983 年增刊 .

[3] 鲍厚星等 . 湘南土话论丛 [M]. 长沙：湖南师范大学出版社，2004.

[4] 鲍厚星 . 湘南土话系属问题 [J]. 方言，2004(4)：301 — 310.

[5] 曹志耘 . 吴语汤溪方言的否定词——兼与若干方言的比较 [J]. 中国语学 , 2005, 252：23 — 35.

[6] 陈泽平 . 北京话和福州话疑问语气词的对比分析 [J]. 中国语文，2004(5)：452 — 458.

[7] 戴耀晶 . 现代汉语时体系统研究 [M]. 杭州：浙江教育出版社，1997.

[8] 戴耀晶 . 赣语泰和方言的否定表达 [C]// 汉语方言语法研究和探索 . 哈尔滨：黑龙江人民出版社，2003：409 — 418.

[9] 戴昭铭 . 天台方言初探 [M]. 北京：中国社会科学出版社，2002.

[10] 邓永红 . 湘南土话的被动标记和处置标记 [J]. 汉语学报，2005(4):40 — 45.

[11] 范继淹 . 是非问句的句法形式 [J]. 中国语文，1982(6)：426 — 434.

[12] 范俊军 . 郴州土话语音及词汇研究 [D]. 广州：暨南大学博士学位论文，1999.

[13] 范俊军 . 桂阳方言词典 [M]. 北京：民族出版社，2008.

[14] 方小燕 . 广州方言句末语气助词 [M]. 广州：暨南大学出版社，2003.

[15] 甘于恩，邵慧君 . 汉语部分南方方言否定副词的类型比较 [C]// 第四届国际闽方言研讨会论文集 . 汕头：汕头大学出版社，1996：308 —

319.

[16] 桂阳县志编纂委员会. 桂阳县志 [M]. 北京：中国文史出版社，1994.

[17] 桂阳县志编纂委员会. 桂阳县志（1989—2000 年）评议稿 [Z]. 2002.

[18] 何杰. 现代汉语量词研究（修订版）[M]. 北京：民族出版社，2001.

[19] 侯兴泉. 贺江流域本地话的正反问句"VP（neg）曾？"[C] // 武汉：第二届国际汉语方言语法学术研讨会论文，2004.

[20] 黄伯荣主编. 汉语方言语法类编 [M]. 青岛：青岛出版社，1996.

[21] 黄伯荣. 汉语方言语法调查手册 [M]. 广州：广东人民出版社，2001.

[22] 黄盛璋. 先秦古汉语指示词研究 [J]. 语言研究，1993(2)：136 - 157.

[23] 黄雪贞. 江永方言研究 [M]. 北京：社会科学文献出版社，1993.

[24] 江蓝生. 汉语使役与被动兼用探源 [C] // 近代汉语探源. 北京：商务印书馆，2000.

[25] 李如龙，张双庆主编. 动词谓语句 [C]. 广州：暨南大学出版社，1997.

[26] 李如龙，张双庆主编. 介词 [C]. 广州：暨南大学出版社，2000.

[27] 李小凡. 苏州方言语法研究 [M]. 北京：北京大学出版社，1998.

[28] 李永明. 临武方言——土话与官话的比较研究 [M]. 长沙：湖南人民出版社，1988.

[29] 刘丹青. 东南方言的体貌标记 [C] // 张双庆主编. 动词的体——中国东南方言比较研究丛书第二辑. 香港：香港中文大学中国文化研究所吴多泰中国语文研究中心，1996：9 - 33.

[30] 刘丹青. 苏州方言的体范畴系统与半虚化体标记 [C] // 胡明扬主编. 汉语方言体貌论文集. 南京：江苏教育出版社，1996，21 - 46.

[31] 刘丹青. 上海方言否定词与否定式的文本统计分析 [C]. 语言学论丛第二十六辑，北京：商务印书馆，2002：109 - 133.

[32] 刘丹青. 语序类型学与介词理论 [M]. 北京：商务印书馆，2003.

[33] 刘丹青. 语法调查研究手册 [M]. 上海：上海教育出版社，2008.

[34] 刘纶鑫主编. 客赣方言比较研究 [M]. 北京: 中国社会科学出版社, 1999.

[35] 刘祥柏. 六安丁集话的反复问形式 [J]. 方言, 1997(1): 65 — 73.

[36] 刘祥柏. 六安丁集话体貌助词"倒" [J]. 方言, 2000(2): 138 — 146.

[37] 卢小群. 嘉禾土话研究 [M]. 长沙: 中南大学出版社, 2002.

[38] 卢小群. 湘南土话代词研究 [M]. 北京: 中国社会科学出版社, 2004.

[39] 陆俭明. 由"非疑问形式＋呢"造成的疑问句 [J]. 中国语文, 1982(6): 435 — 438.

[40] 陆俭明. 关于现代汉语里的疑问语气词 [J]. 中国语文, 1984(5): 330 — 337.

[41] 罗美珍, 邓晓华. 客家方言 [M]. 福州: 福建教育出版社, 1995.

[42] 罗昕如. 湘南土话词汇研究 [M]. 北京: 中国社会科学出版社, 2004.

[43] 罗昕如. 湘语中的"滴" [C]. 长沙: 首届湘语国际学术研讨会论文. 2006.

[44] 罗自群. 现代汉语方言持续标记的比较研究 [D]. 北京: 中国社科院博士学位论文, 2003.

[45] 彭兰玉. 衡阳方言语法研究 [M]. 北京: 中国社会科学出版社, 2005.

[46] 齐沪扬. 语气词与语气系统 [M]. 合肥: 安徽教育出版社, 2002.

[47] 钱乃荣. 北部吴语研究 [M]. 上海: 上海大学出版社, 2003.

[48] 桥本万太郎. 汉语被动式的历史. 区域发展 [J]. 中国语文, 1987(1)36-49.

[49] 覃远雄. 汉语方言否定词的读音 [J]. 方言, 2003 (2): 127 — 146.

[50] 沈若云. 宜章土话研究 [M]. 长沙: 湖南教育出版社, 1999.

[51] 石毓智, 李讷. 十五世纪前后的句法变化与现代汉语否定标记系统的形成——否定标记"没（有）"产生的句法背景及其语法化过程 [J]. 语言研究, 2000(2):39 — 62.

[52] 汪国胜 . 大冶方言语法研究 [M]. 武汉：湖北教育出版社，1994.

[53] 王力 . 汉语史稿 [M]. 北京：中华书局，1980.

[54] 吴福祥 . 南方方言能性述补结构"V 得 / 不 C"带宾语的语序类型 [J]. 方言 , 2003(3)，243 － 254.

[55] 吴启主 . 常宁方言研究 [M]. 长沙：湖南教育出版社，1998.

[56] 吴云霞 . 万荣方言动词体貌考察 [J]. 语言科学，2006(2)：76 － 84.

[57] 伍巍，王媛媛 . 南方方言性别标记的虚化研究 [J]. 中国语文，2006（4）：321-332.

[58] 伍云姬主编 . 湖南方言的动态助词 [M]. 长沙：湖南师大出版社，1996.

[59] 伍云姬主编 . 湖南方言的介词 [M]. 长沙：湖南师大出版社，1998.

[60] 伍云姬主编 . 湖南方言的代词 [M]. 长沙：湖南师范大学出版社，2000.

[61] 项梦冰 . 连城客家话语法研究 [M]. 北京：语文出版社，1997.

[62] 谢留文 . 客家方言的一种反复问句 [J]. 方言，1995(3)：208 － 210.

[63] 谢奇勇 . 新田南乡土话研究 [M]. 长沙：湖南教育出版社，2005.

[64] 杨荣祥 . 近代汉语否定副词及相关语法现象略论 [J]. 语言研究，1999(1)：20-28

[65] 曾毓美 . 湖南江华寨山话研究 [M]. 长沙：湖南师范大学出版社，2005.

[66] 张惠英 . 汉语方言代词研究 [M]. 北京：语文出版社，2001.

[67] 张惠英 . 语言现象的观察与思考 [M]. 北京：民族出版社，2005.

[68] 张双庆主编 . 动词的体 [C]. 香港：香港中文大学中国文化研究所吴多泰中国语文研究中心，1996.

[69] 张双庆主编 . 乐昌土话研究 [M]. 厦门：厦门大学出版社，2000.

[70] 张双庆，庄初升 . 从巴色会出版物看一百多年前新界客家话的否定词和否定句 [J]. 语言研究，2001(4)：39 － 51.

[71] 张双庆主编 . 连州土话研究 [M]. 厦门：厦门大学出版社，2004.

[72] 张晓勤 . 宁远平话研究 [M]. 长沙：湖南教育出版社，1999.

[73] 张谊生 . 现代汉语副词研究 [M]. 上海：学林出版社，2000.

[74] 志村良志 . 中国中世语法史研究 [M]. 北京：中华书局，1995.

[75] 朱德熙 ."V－neg－VO"与"VO－neg－V"两种反复问句在汉语方言里的分布——为纪念季羡林先生八十寿辰作 [J]. 中国语文，1991（5）：321-331.

[76] 邹嘉彦，游汝杰主编 . 语言接触论集 [M]. 上海：上海教育出版社，2004.

后 记

从 2003 年读博士到现在，望着厚厚的一沓书稿，感觉算是交出了一份答卷。

硕士期间我师从湖南师范大学吴启主教授，研究方向是普通话语法。当时也修习了方言课程，老师讲述湘南土话是系属未明的语言，而我正是湘南人，就对此产生了浓厚的兴趣。考博时为了湘南土话，我选择了方言方向，跟随湖南师范大学鲍厚星先生，从学习方言调查开始。

读博开题时导师根据研究现状和我的情况，要我做湘南方言语法一个点的研究，我选择了桂阳县六合乡土话。不仅因为它是桂阳北半县最有代表性的一种土话，还因为它是我生父的家乡话。虽然生父过世早，我没有习得，但奶奶、叔叔、姑姑们都会说，调查起来方便。

对导师鲍厚星教授的感激之情不是一两句话就能表达清楚的。我天资驽钝，又不甚努力，在全书调查写作中，他不时耳提面命，检查督促。导师对书稿数次修改订正，使我获益匪浅。导师高尚的师德、丰富的学识，值得我一辈子学习。

博士论文答辩时，答辩主席暨南大学伍巍老师和各位答辩老师，还有论文匿名评审的老师都给了我很好的修改建议。我所在的湖南师范大学文学院汉语言文字学学科的老师提供了许多相关资料，我要感谢他们的帮助和支持。

2003 至 2007 年，我曾 5 次回六合乡进行调查。2007 年博士论文《桂阳土话语法研究》顺利通过。2011 年湖南师范大学出版社国家"十二五"重点图书出版规划项目"濒危汉语方言研究丛书（湖南卷）"立项，鲍厚星先生任主编，要我承担桂阳六合土话的调查研究。这次是语音、词汇、语法全面的调查，我先后又回去了 3 次。在每次调查中，都得到了桂阳县有关领导、同学、亲戚朋友和村民们热情的支持和配合。桂阳县文化馆胡忠红给我提供了馆员们以前下乡收集的桂阳各个乡镇的民谣故事，还是手写稿，让我深为感动。在桂阳工作的同学何卫群送我一套 2002 年编的县志，当时还是评议稿。同学张日生兼职桂阳历史文化研究中心研究员，写了很多关于桂阳历史文化的文章，他不仅把文章提供给我参考，而且不管我要什么资料，他都尽可能帮助查找。我不能忘记，四叔廖廷顺每次陪着我一坐就是十天半个月，把坐功都练出来了。他每天不厌其烦地回答我刨根究底的问询。四婶雷江红没有上过学堂，但聪明能干，记得很多小时候的歌谣，她一首首如数家珍地说给我听。她爽朗健谈，当地风俗人情都能娓娓道来，每次谈话我都如获珍宝地录下来。我的姑姑廖廷梅人缘极好，有领导风范，除了她自己配合我调查外，每次下到六合乡都是她一手帮我安排，使我能一心一意搞调查，免除了很多杂事的负担。我的奶奶雷达香有腿疾，她不顾年事已高，躺在床上给我讲了很多民间故事、歌谣。我的堂妹廖定玲是英语专科毕业，自考拿了中文本科学位，还读了英语专业研究生，有语言学基础，加上她在长沙，离我很近，我经常把她叫到家里来，一调查讨论就是一整天。我的堂妹廖桐移，我打电话问她问题，一打就是一个多小时，她不清楚的话，还主动帮我打电话到桂阳老家去问了再告诉我。我的三婶尹秀凤、堂叔廖廷湘、堂弟廖土国、表妹尹凯乐都曾放下手中的事情，陪我到乡下走访村民，查看家谱。我的另一些堂叔廖廷周、廖井文，他们都住在乡下，我下乡去调查就住他们家中，他们除了要照顾我的食宿，还要腾出时间，协助我调查。词汇补充调查时，印象最深刻的是廖廷周叔叔陪着我在圩上转了一天，我拿着摄像机，边拍边问，收获很大。还有很多很多我的父老乡亲，都给予了我很大的帮助。我只能努力写好这本书来报答他们的热情。本书历经这么久才写完，我意外的收获就是能完全听懂桂阳六合土话并且能说这种土话，这也是我和家乡亲近的最好方式。

我的婆婆承担了大量家务，让我腾出了更多的时间写作。我的先生王国军在工作繁忙的情况下，主动接送女儿，还帮我解除电脑故障。我的女儿王瑞佳学习一直自觉勤奋，不要我操心。我要感谢他们。

本书是湖南师范大学出版社国家"十二五"重点图书出版规划项目"濒危汉语方言研究丛书（湖南卷）"之一，感谢湖南师范大学出版社一直以来对湖南方言事业的支持，感谢出版社曹爱莲、刘苏华等同志为本书付出的辛勤劳动。本人自 2016 年加入广州大学人文学院以来，得到了院领导和同事的支持和关心，在此谨向他们表示衷心感谢。

最后恳请同行专家和读者对本书不当之处给予批评指正。

邓永红
广州大学人文学院
2016 年 11 月

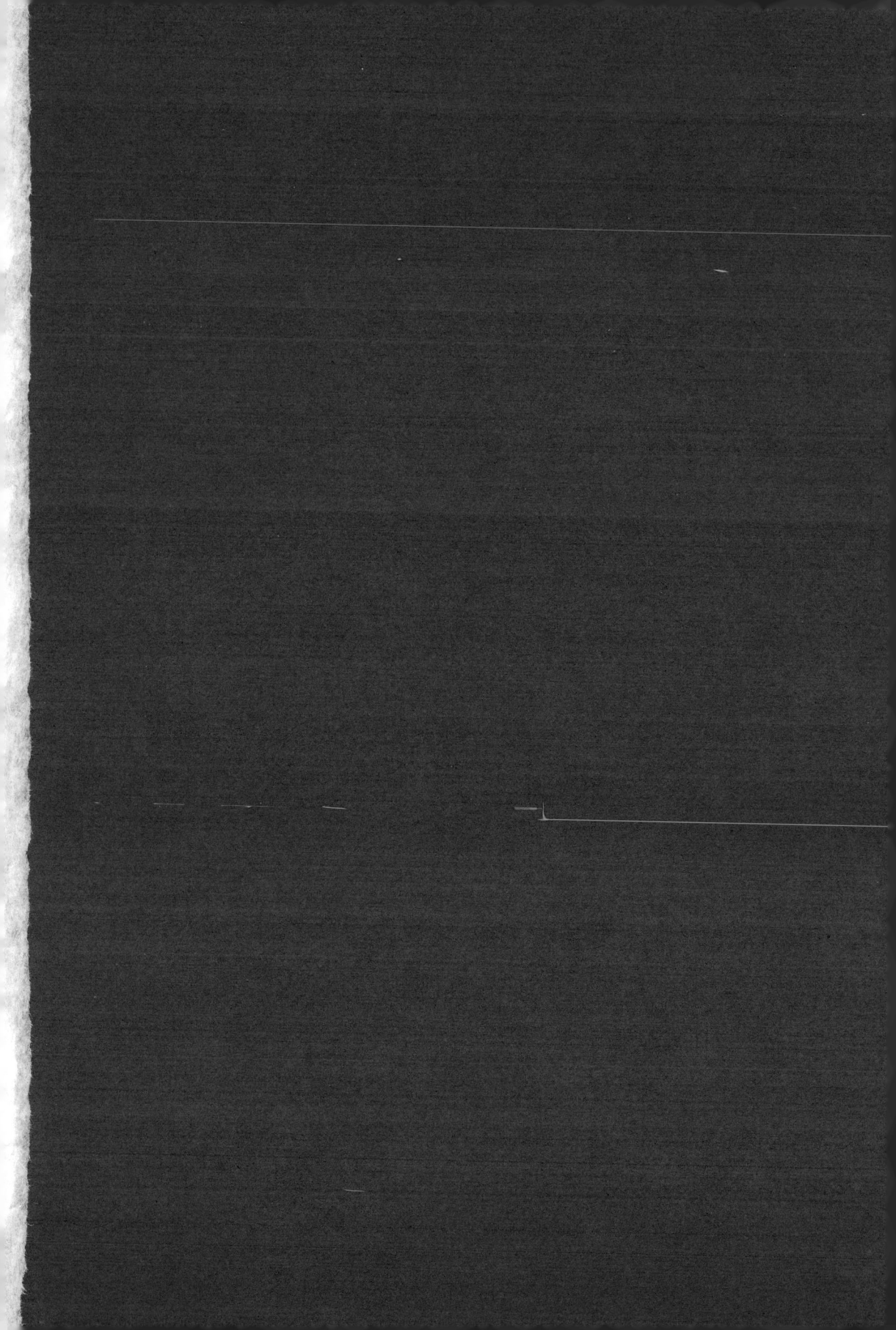